CHINESE YEARBOOK
OF
LEGAL EDUCATION

中国法学教育年刊

Chinese Yearbook
of
Legal Education

主　办／中国法学教育研究会
主　编／张文显
副主编／韩大元

2018
（第六卷）

法律出版社
LAW PRESS·CHINA

编辑说明

《中国法学教育年刊》由中国法学会法学教育研究会主办，中国法学会党组成员、学术委员会主任、中国法学会法学教育研究会会长张文显教授任主编，研究会常务副会长韩大元教授任副主编，是以法学教育研究为主题的学术文集，也是中国法学教育研究会的学会文集。

在中国法学会的指导下，中国法学会法学教育研究会和编辑部全体工作人员的共同努力下，《中国法学教育年刊》(2012—2013)、《中国法学教育年刊》(2014·第二卷)、《中国法学教育年刊》(2015·第三卷)以及《中国法学教育年刊》(2016·第四卷)、《中国法学教育年刊》(2017·第五卷)分别于2014年、2015年、2016年、2017年、2018年顺利编辑出版，在中国法学教育界产生了深远且良好的影响。2019年，编辑部在广泛征求稿件和2018年年会论文集中遴选的基础上，《中国法学教育年刊》(2018·第六卷)顺利编辑并交付出版。现就本书中的各部分内容作如下说明：

笔谈部分为新时代法学教育的使命与向度专题，收录8篇论文。周叶中探讨了新时代中国法学教育的问题与使命。吕泽华从智能视角对法学教育变革作出了初步思考。田宝会分析了习近平新时代中国特色社会主义法治思想与法学教学改革。冯果提出新时代要将法律人公共精神的培育贯穿于法治人才培养的全过程。姬亚平提出要加强党内法规学的学科建设。李栗燕、鲁婷提出要加强高校思想政治教育中的法治教育。张献勇、刘亚丁分析了财经院校法学教育的挑战、机遇与改革路径。佴澎、孙健飞通过对改革开放40年来的回顾与展望，探索了法学文献检索教育。

法律职业与法学教育部分共收录7篇论文，主要探讨法律职业与法学教育的问题。如华小鹏、刘用军的《法律职业资格考试改革背景下法学教育的职业化改革》和屈茂辉、汪全军的《法律职业资格考试的职业共同体塑造功能探析》分别分析了法律职业资格考试改革背景下对法学教育的职业化改革以及法律职业共同体的塑造。查云飞、徐涤宇对现有的法学教育作出反思，并探索新的案例教学模式。郑春燕、王友健探索了法律硕士研究生培养模式的转型：从"应用型"主导到"复合型"主导。仝其宪分析了地方院校卓越法律人才实践应用能力的创新路径。王祥修、赵永鹏的《"一带一路"倡议下的中国涉外法治人才培养》和裴兆斌、曲亚囡、杨斯婷、翟姝影的《"一带一路"倡议下涉外海洋法治人才培养的机遇与挑战》分别探讨了"一带一路"倡议下的中国涉外法治人才的培养以及面对的机遇与挑战，并给出了具体建议。

法学教育标准与质量保障共收录5篇论文。如刘国强、杨旭的《普通高等学校法学类本科专业教学质量国家标准》基本精神解读和邹世允的《法科研究生培养质量保障体系建设研究》深入探讨了要重视法学类本科专业的教学质量,提高法科研究生的培养质量保障,输送更多符合社会需要的一流法治人才。袁钢的《法律硕士专项评估指标体系的效度研究》和黄锡生、陈先根的《法学实践教育标准制度探究》强调要加强法律硕士的专项评估,重视法学实践教育,统一法学实践教育标准,保证教育质量。

法学教育的院校实践与探索共收录7篇论文。这些论文主要结合典型的具体院校为例,从实际出发,深入探索法学教育,具有很强的针对性。

信息动态部分收录了教育部高校法学类专业教学指导委员会、中国法学会法学教育研究会2018年年会暨"改革开放40年与中国法学教育的发展"论坛、中国法学会法学教育研究会诊所法律教育专业委员会(CCCLE)2018年年会,以及包括北京等10个省市法学教育研究会的2018年年会综述。

研究资料部分主要包括法学教育研究著作目录和法学教育研究论文目录,提供有关法学教育研究的相关著作和学术论文,供有兴趣的同人进一步检索参考。

《中国法学教育年刊》(2018·第六卷)的顺利出版,得到中国法学会和北京市曾宪义法学教育与法律文化基金会的支持。本书的出版也离不开法律出版社的支持,责任编辑负责、高效、专业的工作,使本书增色不少。当然,在本书编辑过程中不免存在一些不足,在论文收集、论文选择等方面也可能不够周全,恳请各位读者、各位理事的理解和支持,并提出批评和建议,努力使《中国法学教育年刊》日臻完善。

联系邮件:zgfxjy821@163.com

《中国法学教育年刊》编辑部

2019年7月

目　录

新时代法学教育的使命与向度

法律职业与法学教育

法学教育标准与质量保障

法学教育的院校实践与探索

信息动态

研 究 资 料

Contents

The Mission and the Orientation of the Legal Education in New Era

Legal profession and legal Education

The standard of law education and the guarantee of quality

Practice and exploration of law education in colleges and universities

Academic Information

Research Materials

新时代法学教育的使命与向度

新时代中国法学教育的问题与使命

周叶中*

党的十九大报告宣告中国特色社会主义进入新时代。法治建设在新时代中国特色社会主义事业中居于重要地位。习近平总书记指出,“法治人才培养上不去,法治领域不能人才辈出,全面依法治国就不可能做好。”中国法学教育承担着为新时代中国法治建设培养人才的重任。尽管法学理论界和教育界对于法学教育已经有着丰富的论述,但在“为何培养人?”“培养什么样的人?”“怎样培养人?”的问题上,仍然存在诸多需要深入讨论之处。本文坚持问题导向,以新时代为讨论中国法学教育的宏观背景,对上述三个问题进行探讨。而对这三个问题的回答,也能凝练出新时代中国法学教育的使命。

一、新时代中国法学教育的特点

“新时代”是党的十九大报告对中国特色社会主义发展阶段的总体判断。把“新时代”作为研究和讨论中国法学教育问题与使命的宏观背景,至少应当澄清三个方面的问题:(1)新时代是承前启后、继往开来的时代,也是在前人基础上不断创造新成就和新辉煌的时代。对于新时代中国法学教育的探讨,应当客观评价以往中国法学教育的成就和不足,一味批判和简单赞扬中国法学教育现状的观点都有失偏颇。(2)新时代是不断适应新环境、面临新挑战、解决新问题的时代。中国法学教育应当随着新时代的特点和我国社会主要矛盾的转变进行调整和适应,坚决打破不适应新时代全面依法治国和法治人才培养的体制桎梏、学科桎梏和理论桎梏。(3)新时代也是中国日益走近世界舞台中央的时代。新时代中国法学教育既需要坚持中国特色、中国国情,又需要在面对世界法学思潮、法律制度交融、冲击的背景下树立中国自信,形成立足中国立场和面向世界的胸怀。

自1977年恢复法学教育后,中国法学教育经过40年的发展,已经取得丰硕的成就,为中国法治建设培养了数以十万计的优秀法治人才。中国法学教育40年的发展,为新时代中国法学教育厚植了基础:(1)形成了包括各个学历层次在内的学历教育和非学历教育的法治人才培养体系,为适应不同法治工作岗位设置了不同的法学教育培养方案和培养模式;(2)以学科为中心、以学科建设为枢纽的法学教育模式基本形成,学科设置和

---

* 武汉大学副校长、教授。

各学科的理论体系、教材体系、课程体系基本建立,并逐渐出现大学科、跨学科的法学教育新模式;(3)形成了一支以高等院校法学教师为主、科研机构和实务部门共同参与、专兼职结合的法学师资队伍,并形成了稳定的师资培养模式,为中国法学教育可持续发展奠定了基础;(4)法学专业在全国高等院校普遍设置,各类别法律职业资格考试的社会认可度不断提高,法学专业在社会的辨识度和公信力保持较高水平;(5)培养了一大批党和人民信任、有扎实的专业基础和奉献精神的法治工作队伍,为中国法治建设提供了源源不断的人才资源。

同时,也必须认识到,中国法学教育也存在诸多问题:(1)在法学教育过程中,法学的学理性获得尊重和重视,而法学的政治性和意识形态性还没有得到应有的重视,马克思主义法学理论在法学教育中的指导地位尚不突出,形形色色的西方法学理论占据着中国法学教育的话语主流;(2)以学科为中心、以学科建设为枢纽的法学教育模式被异化为学术资源分配机制,学科建设采取目录管理,各学科之间、传统学科和新兴学科之间、目录内学科和目录外学科之间,存在"以邻为壑""条块分割"的现象,囿于体制的障碍,新兴学科、目录外学科的成长以及跨学科人才培养还较艰难;(3)法学教育规模过大,法学专业设置过多过滥,卓越法律人才培养效果不明显,法学教育精英性和大众性的关系未能获得有效协调;(4)法学教育以书本为主、以学说为主、以理论为主,法律实践教学远远落后于法学理论教育,法治能力培养效果欠佳;(5)以司法职业为导向的法学教育却时常忽略社会对法治人才的多元需求,在面对多法系交融,国内法、外国法和国际法互动的法治发展格局和我国日趋复杂的涉外法律事务时,难以提供有效的人才供给。在这些问题中,有些是具有根本性、全局性的问题,如马克思主义法学理论的指导地位体现不明显等,需要从根本上予以扭转和解决;有些是由体制原因造成的问题,如学科设置的目录管理体制等,需要以改革创新精神破除利益壁垒,革除体制弊端;有些是发展中必然产生的问题,如法学教育规模过大等,需要通过转变发展理念、不断优化法学教育布局解决;有些则是过程性的问题,如法学教育理论与实践脱节、国际化效果不理想等,需要不断积累经验,加大政策引导和资源投入,持之以恒予以解决。

中国法学教育在改革开放40年取得的成绩,为新时代中国法学教育积累了经验、厚植了基础,而其中的问题也成为新时代中国法学教育实现突破的契机。新时代中国法学教育需要坚持问题导向,不断推动中国法学教育与中国法治建设、与推进国家治理体系和治理能力现代化的需求相适应,为中国特色社会主义法治事业继续培养数以十万计的卓越人才。新时代的中国法学教育应当有新气象,结合新时代的宏观背景,新时代中国法学教育的特点主要有:(1)马克思主义法学理论在法学教育中的指导地位更加突出。马克思主义法学理论不仅是政治指导原则,而且是法学教育、法学研究、法学学习的基本原则,必须深入到法治人才培养的全过程。(2)中国法学教育应当为解决我国社会主要矛盾提供法治支撑和法治保障,特别是以满足人民群众日益增长的法治需要为目标,实现法学教育的平衡发展和充分发展。(3)中国法学教育应当建立起高度的中国法治自信,以前所未有的自信姿态传递中国的法治知识,传播中国的法治声音,传递中国的法治传统,培养具有高度自信和创新话语体系、有能力争夺国际法治话语权的法治人才。(4)中国法学教育应当具有更宏大的发展格局,协调法学教育的精英性和大众性,注重法学法律在网络时代、人工智能时代、大数据时代的变化及其因应。(5)中国法学教育应当具有更加深邃的世界眼光,服务于国家发展战略和人类命运共同体的构建,集各法系法学精髓,促进国内法、代表性外国法和国际法教育共同发展。

中国法学教育站在新时代的起点。本文对新时代中国法学教育特点的归纳,也可以理解为是对新时代中国法学教育的一种愿景。这些特点和愿景需要中国法学教育工作者脚踏实地、不懈努力,解决好新时代中国法学教育必须着力解决的关键问题,从而为新时代中国法学教育起好步。

二、为何培养人——新时代中国法学教育的价值取向

为何培养人,这是新时代中国法学教育的首要问题。对于这个问题的回答,本质上是厘清新时代中国法学教育的价值取向。习近平总书记指出,全面依法治国是坚持和发展中国特色社会主义的本质要求和重要保障,事关我们党执政兴国,事关人民幸福安康,事关党和国家事业发展。建设法治国家、法治政府、法治社会,实现科学立法、严格执法、公正司法、全民守法,都离不开一支高素质的法治工作队伍。新时代中国法学教育承担着为全面依法治国输送法治人才、为法治建设的各项工作培养法治工作队伍的根本任务。这个根本任务回答了"为何培养人"的问题,也决定了新时代中国法学教育的价值取向。

第一,实现"四个伟大"的历史使命,是新时代中国法学教育最根本的价值取向。"四个伟大"的历史使命,是中国共产党在新时代对人民的承诺,也是指引中国未来长远发展的旗帜。"四个伟大"的历史使命与法治有着密切的关联:用法治思维和法治方式开展伟大斗争、建设伟大工程、推进伟大事业、实现伟大梦想,是实现"四个伟大"的特色和基本方法之一。可以说,实现全面依法治国既是"四个伟大"的有力支撑和保障,也是"四个伟大"的重要组成部分和题中应有之义。实现中国梦的法治篇章,法治人才必不可少。为"四个伟大"提供人才支撑,是新时代中国法学教育最重要的任务使命。实现"四个伟大"的历史使命,作为新时代中国法学教育最根本的价值取向,主要体现在三个方面:(1)为实现"四个伟大"培养法治人才,是从人的角度保障"四个伟大"实现的重要组成部分。新时代中国法学教育在"为何培养人""培养什么样的人""怎样培养人"等问题上,都要紧扣"四个伟大"的历史使命,要从这个根本出发点来思考中国法学教育面临的形势和问题。(2)"四个伟大"是党领导人民所要实现的历史使命,法学教育应当以坚持党的领导、人民当家作主和依法治国有机统一为根本,在教育目标定位、教育内容实施、教育过程管理和教育效果评估上不能偏离这一根本政治方向。(3)实现"四个伟大"的历史使命具有长期性和复杂性,新时代中国法学教育在坚持政治性的同时,也要具备包容性和延展性,按照实现"四个伟大"的需求,实施多样化的人才战略和培养方案,以符合

党和国家事业发展对于法治人才的多样化需求。

第二,推进国家治理体系和治理能力现代化,是新时代中国法学教育的重要任务。法治体系是国家治理体系的内核,法治能力是国家治理能力的关键。推进国家治理体系和治理能力现代化,本质上是推进治理法治化。法治作为一种社会治理方式,其与人治的根本区别并不是在于实施过程中要不要人、有没有人,而是法与人、法与权发生冲突时的价值选择和价值判断。因此,法治并不是冷冰冰的规则之治,而是人与规则的完美融合,法治较之人治更加强调人在社会治理中的能动作用。人的法治素养、法治意识和法治能力对于推动国家治理体系和治理能力现代化至关重要。新时代中国法学教育承担着为国家治理提供法治人才的重要任务,推动国家治理体系和治理能力现代化需要法学教育的支持和保障。具体而言:(1)在人才培养模式上,新时代中国法学教育要服务于国家战略和国家需求,重点解决法学教育执拗于理论言说,而忽视政策导向的自说自话问题,按照国家战略和国家需求创新人才培养模式;(2)在人才培养目标上,新时代中国法学教育要把国家全局发展和法治工作实践结合起来,既要培养法治人才的法治素养,也要培养法治人才的全局眼光;既要培养能够从事法律职业的"法律工匠",也要培养能够担当国家改革发展战略顶层设计的高端人才。

第三,坚持以人民为中心是中国法学教育的核心价值取向。为人民培养法治人才,是新时代中国法学教育的价值目标。党的十九大报告指出,人民是历史的创造者,是决定党和国家前途命运的根本力量。由于历史的原因,法律职业在产生时就具有贵族化、精英化特征,法学教育因而在很多国家和社会也具有贵族化、精英化特征,法学教育为部分阶层垄断已经成为西方社会法学教育的顽疾之一。中国法学教育从一开始走的就是一条完全不同于西方社会法学教育的发展之路,走的是始终坚持面向人民、面向大众的法学教育发展之路。新时代中国法学教育必须继续坚持以人民为中心,推动卓越法律人才培养,让法学教育成果面向大众、面向基层、面向人民:(1)在教育对象上,坚持开门办学,着力解决法学教育资源分配不平衡的问题和中西部地区法学教育发展不充分的问题,让人民群众都能接受高质量的法学教育;(2)在教学内容上,坚持精英性和大众性相统一,把理论探讨和实务操作紧密结合起来,推动学以致用;(3)在教育理念上,把实现社会公平正义作为法学教育在理念层次的目标,既传递法学知识,又传承公平正义的法学理念,让法学教育成果能够惠及全体人民。

第四,推动构建人类命运共同体,是新时代中国法学教育需要具备的价值取向。中国已经日益走近世界舞台的中央,"一带一路"的宏大布局已经展开,人类命运共同体的构成也逐步推进,中国面临的跨国法律问题和全球法律问题越来越多。如"一带一路"因沿线国家不同文化背景、不同语言、不同法系所面临的法律风险问题,推进"一国两制"和遏制"台独""港独"涉及大陆法系和英美法系的相关问题,中国周边外交涉及的国际法律争议及其应对问题;全球化及反全球化过程中的法律问题等。这些问题都超越了传统法学教育以国内法和国际法做二元划分的模式,而需要从多国家、多法系、多规则体系的视角改革法学人才培养模式。具体而言:(1)在法学教育中增加国情意识教育和国际视野教育,不断加强法治人才的全球观和大局观;(2)打破法系、国别等传统分类,把各法系、代表性国家、主要国际组织的规则体系进行贯通式教育;(3)在法学教育中发展多语言、跨文化、跨地域的教育内容和教学方法,增强法治人才对于应对国际法律风险和挑战的适应性。

新时代中国法学教育,就是为党的历史使命培养人,为国家治理的战略需求培养人,为人民的民生福祉和社会的公平正义培养人,为中国走近世界舞台中央培养人。这是新时代中国法学教育的出发点和落脚点,也是检验新时代中国法学教育成败与否的关键所在。

三、培养什么样的人——新时代中国法学教育的目标定位

新时代中国法学教育的价值取向决定目标定位,而培养什么样的人,则是“为何培养人”这个问题的延续。习近平总书记在视察中国政法大学的重要讲话中明确指出,法学教育要坚持立德树人,不仅要提高学生的法学知识水平,而且要培养学生的思想道德修养。习近平总书记关于立德树人、德法兼修的重要论述,与党的十九大报告关于依法治国与以德治国有机结合的重要论述内涵相通,表达了党和国家对于新时代中国法学教育应当“培养什么样的人”这一问题的要求与期待,也是回答这一问题的方向指引。结合新时代中国法学教育的价值取向,新时代中国法学教育应当培养具有高度的政治认同、良好的职业伦理、卓越的法治能力、优秀的战略视野的法治工作者,这也是新时代中国法学教育的目标定位。

在政治上,新时代中国法学教育应当培养学生对中国共产党的领导、中国特色社会主义事业和中国特色社会主义法治建设的高度认同。法学是以法律和法律现象为主要研究对象的科学,法学教育则是以法学为主要教育内容的教育形态。法律和法律现象的政治性和意识形态性,决定了法学和法学教育的政治性和意识形态性。必须明确,世界上并不存在完全政治中立和“去意识形态性”的法学和法学教育,一切法学和法学教育都是为本国的国家目标服务的。那种用“普世价值”“价值中立”“远离政治”等话语,试图把中国法学教育“去政治化”的活动,都被实践证明是站不住脚的,或者是为另一种政治目的服务的。不仅政治性和意识形态性比较突出的理论法学、宪法学是如此,表面看技术性较强的部门法也是如此。新时代中国法学教育应当牢牢守住政治性和意识形态性的底线,坚持把马克思主义法学及其中国化的最新理论成果作为法学教育的核心内容,在法学教育的同时融入政治性和意识形态性,让学生明白为谁学、学什么的重大问题。把中国共产党领导中国法治建设的伟大贡献和中国法治建设的伟大成就作为重要教学内容,提高学生对于中国共产党领导法治建设必要性、必然性和优越性的认识,帮助学生建立对党领导法治建设和中国特色社会主义法治建设的政治认同。同时,敢于和善于回答学生提出的敏感问题,引导学生正确看待法治建设中的曲折和问题,认识到中国法治建设的长期性和复杂性。高度的政治认同,是其他一切能力、素质、思维的底线,也是新时代中国法学教育需要着力培养的核心素质。能不能培养出具有高度政治认同的法治工作者,是判断新时代中国法学教育效果和成绩的先决因素。

在道德上,新时代中国法学教育应当培养学生牢记从事法学学习和法律职业的初心,守住从事法律职业的底线,养成良好的职业伦理。习近平总书记指出,中国特色社会主义法治道路的一个鲜明特点,就是坚持依法治国和以德治国相结合,强调法治和德治两手抓、两手都要硬。法学教育的核心问题依然是人的问题,道德素质在人的培养问题上是不可缺位的关键要素。道德素质在新时代中国法学教育中体现为良好职业伦理的养成。法律职业伦理,是对从事法律职业的法治工作者各项道德品质要求的集中规定。崇尚法治、公平理性、坚守正义、廉洁从业的法律职业伦理,是法律的精神和法治的公信力所在,也是法治工作者从事法学学习和法律职业的初心所在。近年来,一些法官、检察官、律师等法治工作者知法犯法,一些出身法律专业的领导干部沦为阶下囚,关键并不是他们的法律业务不过关,而是作为法律人的职业伦理严重欠缺,失掉了作为法律人的素质底线。因此,养成良好的职业伦理,把道德教育和品质锻造放在人才培养的重要位置,克服"唯才是举"的片面理解,是保证法治工作者运用法学理论和法律知识不走样、不扭曲、不变形的关键,理应成为新时代中国法学教育的重要组成部分。

在业务上,新时代中国法学教育应当培养学生牢固掌握法学理论、法律实践的基本知识、理论体系和实践技能,形成卓越的法治能力。法学是科学,学习法学就是学习科学。法学理论的学习和法律实践的锻炼因而是新时代中国法学教育的中心环节。加强法学业务学习,目标是打通理论与实践、知识与技能,形成卓越的法治能力。中国法治建设的实践表明,随着普法的深入开展,法治意识已经普遍树立,法律知识也广为传播,但依循法治进行治国理政、社会治理、个案处理和定分止争的能力,仍然严重不足。法治能力不足已经成为中国法治建设重要的制约因素。法治能力是把法学理论知识向法治实践运用的素质和技艺的总和,法治能力的养成关键是要在法学教育中破除法学理论和法律实践之间的壁垒。习近平总书记强调:法学学科是实践性很强的学科,法学教育要处理好知识教学和实践教学的关系。在新时代中国法学教育中倡导培养卓越的法治能力,是对中国法学教育长期重理论、重书本、重知识,而轻实践、轻技能、轻实务现象的纠正。新时代中国法治建设将面临更加复杂的环境和人民群众更加热切的期待,必须形成卓越的法治能力,以满足新时代中国法治建设的需求。形成卓越的法治能力,应当构建法学理论和法律实践相结合的学习平台,注重法学教育的实践性,着力打通从法学知识到法治能力的"中梗阻",推动法学教育从知识型教育到能力型教育的转变。

在思维上,新时代中国法学教育应当培养学生建立宏观思维,具备站在法律视角、运用法治思维观察党和国家重大问题、思考全球治理和人类命运共同体关键问题的战略视野。高度的政治认同和良好的职业伦理守住新时代中国法学教育的底线,卓越的法治能力丰富新时代中国法学教育的内涵,而优秀的战略视野则决定新时代中国法学教育的高度。新时代中国法治建设,需要勤勤恳恳、扎根一线的法律职业工作者,以"工匠精神"为中国法治大厦筑牢根基，也需要在面对党和国家重大问题、面对世界形势深刻变化的关键时刻，能够运用法治思维进行思考的战略家。新时代中国法学教育不仅要教会学生像法律人那样思考法律问题，还需要培养学生运用政治家的战略眼光思考国家重大问题和社会现实问题的能力。视野决定高度，视野决定发展前景。法学、法律和法治在坚持和发展中国特色社会主义事业中将发挥越来越重要的作用，培养一大批具有优秀战略视野的法治工作者，对党和国家事业长远发展、对中国特色社会主义法治建设的深入推进都有着重大而深远的影响。

四、怎样培养人——新时代中国法学教育的实施路径

习近平总书记指出，为政之要莫先于得人。人才培养是党和国家事业发展的第一资源。如果说回答"为何培养人"和"培养什么样的人"这两个问题回应了新时代中国法治建设需求侧的问题，那么回答"怎样培养人"的问题，则是回应新时代中国法治建设供给侧的问题。新时代中国法学教育承担着为全面依法治国提供人才供给的重要任务，因而是全面依法治国的人才"供给侧"。与适应经济新常态需要推进供给侧结构性改革一样，新时代中国法学教育同样需要一场供给侧结构性改革。

第一，坚持马克思主义法学及其中国化理论成果的指导地位不动摇，在新时代中国法学教育中贯彻马克思主义法学的基本原理、基本立场。马克思主义法学及其中国化理论成果，是中国法治建设和全面依法治国的指导思想。新时代中国法学教育相较于其他国家法学教育的一大特色，就是始终坚持马克思主义法学的指导地位。马克思主义法学及其中国化理论成果是新时代中国法学教育有效、合适的思想根源，必须长期坚持并不断发展。以往法学教育之所以出现各类问题，在思想上的根源就是马克思主义法学及其中国化理论成果的指导思想地位未能充分体现，或者仅仅停留在政策层面乃至于口头上，没有真正贯彻落实于人才培养的全过程。新时代中国法学教育必须坚持马克思主义法学及其中国化的理论成果，坚持正确的价值取向和目标定位，以马克思主义法学的政治立场构筑政治认同的理论基石，以马克思主义法学的科学理论和方法作为法学理论学习和法治能力提升的理论依据和根本方法论。

第二，坚持把法治人才培养和政治认同塑造、职业伦理养成、战略视野培育结合起来，在新时代中国法学教育中贯彻依法治国和以德治国相结合、法学理论和法治能力共同培养的精神，把新时代中国法学教育的目标定位作为法学教育成果评价的基本标准。政治认同、职业伦理、法治能力和战略视野，是新时代中国法学教育的目标定位。新时代中国法学教育应当围绕目标定位，把目标实现作为贯穿于法治人才培养的一条主线，在法学教育过程中既传授法学理论知识，又进行政治认同塑造、职业伦理养成和战略视野培育。这就需要改革法学教育的评价方法，避免重业务、轻政治、轻道德或者业务实、政治虚、道德虚的评价标准，按照新时代中国法学教育的目标定位合理设计评价指标和评价方法，避免新时代中国法学教育的目标定位在法学教育实践中沦为"口号"。

第三，坚持法学教育的问题导向，打破法学学科和领域的桎梏，围绕问题精准发力，改变法学教育管理体制,合理规划法学教育布局。面对全面依法治国所涉及问题的不断涌现,面对新兴科技浪潮的挑战,面对中国日益走近世界舞台中央所面临的法律风险,新时代中国法学教育理应作出回应。因此,新时代中国法学教育必须打破理论法学与部门法学、传统法学门类和新兴法学门类、法学与其他社会科学、自然科学的界限,破除法学理论的非知识壁垒,以改革创新精神形成适应于新时代中国法学教育的教学模式、课程体系和教材体系。各层次各类别各地区高校,需要着力解决培养方案"千篇一律""千校一面"的问题,根据本地区本行业特点,结合生源质量和需求,精准施策,合理制定培养方案和课程体系。国家层面也应当改变法学教育的学科目录管理和法学核心课程制度,放权各地区各高校根据需要合理设置学科体系和课程体系,以实现法学教育资源的最佳配置。

第四,坚持人才培养和师资队伍培养同步开展,培养一大批坚持立德树人的法学教师队伍,形成中国法学教育的高原和高峰。师资队伍是新时代中国法学教育的重要力量,也是法治人才成长的"母机"。师资不过硬、不合格,无法培养出过硬、合格的法治人才。新时代中国法学教育归根结底是一项人的工作,无论何种学科体系、课程体系、教材体系,也无论何种教育模式、教学方法,归根结底都需要通过一支过硬、合格的师资队伍作为传递媒介。当前对于中国法学教育改革较少涉及师资队伍建设,而对新时代中国法学教育的讨论也较少触及师资队伍建设问题。这一现象不利于新时代中国法学教育的深入发展。师资队伍建设是新时代中国法学教育"供给侧改革"的核心和根本。新时代中国法学教育应当把师资队伍建设放在与人才培养同等重要的地位。坚持把能否坚持立德树人作为师资遴选和培养的基本标准,吸引和鼓励优秀法学人才投入新时代中国法学教育事业,提升师资队伍的质量和教师素质,打造一支政治过硬、业务突出、能力出众、视野宽广的法学师资队伍。

第五,坚持理论和实践相结合的人才培养路径,探索建立实务部门参与法学教育的有效方法和途径。新时代中国法学教育不能照本宣科,也不能执拗于抽象空洞的理论探讨。法学是实践之学,法学教育需要把理论和实践结合起来,探索理论和实践相结合的人才培养路径。法院、检察院、律师事务所以及其他党政机关、企事业单位是法律实践的主要场域,也应成为法律实践教学的主要场所。当前,实务部门并未深度参与法学教育,而缺乏合理的激励机制以及存在诸多体制障碍是重要原因。因此,要打破法学理论和法律实践之间的"中梗阻",需要建立合理的激励机制,破除体制障碍,建立实务部门参与法学教育的有效方法和途径,形成法学院校和实务部门共同参与的法学教育格局。

五、结语

法律是治国之重器,法治人才是治国之良才。以改革创新精神推动中国法学教育在新时代实现从高速增长向高质量发展的转变,既是为中国法治建设和全面依法治国培养人才之所需,也是为党和国家事业储备人才之所需。新时代中国法学教育应当结合新时代的特点,坚持正确的价值取向、确立合理的目标定位,形成有效的实施路径,秉持法学教育的初心和使命,坚持中国特色和世界眼光,继续为培养高水平法治人才提供助力。

智能时代法学教育变革的初步思考*

吕泽华**

摘　要:信息化、人工智能时代来势汹涌,智慧教育系统的生成必将对传统的教育形式产生巨大的冲击。"人"的社会而非机器的社会,体现出教育永远是对"人"进行文化传承、人性塑造的活动。智能教育会让法学教育呈现标准化的基础教育,精准性的职业定制培训,创新性的人才培养机制,共享与互通的法学教育资源。法学教育者要以积极的主动精神投入到智能化教育改革中,欣然接受重复性脑体劳动解放的红利,华丽转身投入更有创造性的法治思想塑造、法学理论研究工作中,为培养更有人性,更加专业,人与人工智能协同配合的新型法律人才而幸福转型。

关键词:人工智能　法学教育　教学改革　人性

当下,"人工智能"已经成了最流行的时髦术语,专著、期刊论文、学术会议等多以"人工智能"为主题来进行演绎畅想。不可否认,大数据、云计算、物联网、人工智能已经逐渐开启了人类智能科技时代的历史序幕——第四次认知革命的门槛,我们称为"智能时代"。① "以人工智能为代表的智能科技必将在未来大幅改变人类的教育和生活。人类需要深入思考和探索机器智能与人类智能的关系,学会与人工智能共存共处,也需要深入思考和探索人工智能背景下人的学习、人的存在。"②目光聚焦法学教育领域,智能检务、智慧法院已经开启了智能科技司法探索与应用的大门。而作为培养法律专业人才的法学教育在智能科技的适用上仍步履缓慢。不难发现,智能科技时代的到来,引发了对法学教育活动的本质思考,譬如智能科技对法学教育的变革与冲击是什么,法学教育的形式与内容会有什么变化,教师职业会受到什么样的冲击,尤其是,法学教育如何能插

* 本文系北京理工大学2018年研究生教学水平提升项目"教学模式改革课程"类(刑事诉讼实务)的研究成果。

** 中国海洋大学法学院副教授。

① 伏彩瑞等:《"人工智能与未来教育"笔谈(下)》,载《华东师范大学学报》(教育科学版)2017年第5期。

② 朱永新等:《"人工智能与未来教育"笔谈(上)》,载《华东师范大学学报》(教育科学版)2017年第4期。

上智能科技的翅膀飞向法治文明发展的更高境界。对这些问题的迷茫与思索,引发了法学教育工作者的深深的忧虑甚或恐惧。

一、法学教育的本质思考

面对汹涌而来的智能科技时代,有很多专家认为人工智能将取代社会上的很多人力职业,以后教师工作也将由人工智能来完成。2013 年 9 月牛津大学的卡尔·弗瑞和迈克尔·奥斯本发表的《就业未来》研究报告估计,2030 年美国 47% 的工作将有较高的被取代风险。① 同样,花旗银行与牛津大学最近发布的一个研究显示,到 2040 年左右,在中国的现有工作岗位中,77% 要被淘汰或被智能机器人所代替。这不仅包括流水线上的工人,也包括会计、律师、记者等目前看来是很高大上的很多职位。② 人工智能在改变着我们未来的社会工作与生活,现在的一些传统教育内容将会消亡,传统教育形式将会被取代。这不能不引发我们对教育活动本质的思考。智能科技时代究竟能改变教育什么?无法改变的又是什么?对这些问题的思考,会让我们更加清醒地认识到智能科技时代来临后,我们将改变什么,保持什么,更好地应对智能科技教育时代的历史担当。

教育活动的本质,是教育所具有的功能与价值的永恒本色,这是不因任何时代变迁而保持不变的根本特质。对教育活动本质的揭示,有助于在人类历史发展的变迁中,对教育活动有更加清醒的认识,不致陷入对教育活动认知上的恐慌与虚无忧虑。教育是在人的认知发育过程、知识技能积累过程、情感价值观培育过程中,给予唤醒、帮助和引导。③ 不难发现,无论时代如何发展、变迁,教育始终是一项面向"人"进行的培养与塑造活动,教育是以人为本的,具有作用对象的不变性。教育活动的功能是培养符合时代发展要求的"现代人"与"未来人"的作用。教育就是一个实践"培养人、塑造人"的探索过程,就是在不断思考"培养什么样的人""塑造什么样的人"的不断的探索过程。教育承担着传承人类文明成果,弘扬人类文化的历史责任。教育是塑造与提升"人性",培养具有健全人格、创新思维、全球视野、社会担当的一代新人。④ 教育是对婴幼儿、青少年迅速成长为现代成年人,实现成年人不断完善提高的一项事业。这些是教育所应具有的本质特征,是永恒不变的教育功能所在。除非"人"的社会不复存在,人不再有意义,否则,只要是有人的社会,有人的生存、生活与交往的环境,则对人的培养与提高将是永恒的教育主题。培养符合当时和未来时代生活与工作要求的时代人,是教育不变的目的追求。传承与创新人类历史文明、文化成果则是教育天然的纽带功能。

具体到法学教育活动,其教育的本质是传承法治精神、法治文化,塑造各类法律职业

---

① 参见[以]尤瓦尔·赫拉利:《未来简史》,林俊宏译,中信出版社 2017 年版,第 295 页。

② 参见伏彩瑞等:《"人工智能与未来教育"笔谈(下)》,载《华东师范大学学报》(教育科学版)2017 年第 5 期。

③ 同上。

④ 参见朱永新等:《"人工智能与未来教育"笔谈(上)》,载《华东师范大学学报》(教育科学版)2017 年第 4 期。

人的一项活动。“教育是人的灵魂的教育，而非理智知识和认识的堆积。”①因此，法学教育更以塑造具有公正意识、正义追求的法律人为其根本宗旨。法学教育具有教育活动目标的特定性，教育成果的专门性的特点。以司法活动为例，司法是解决人类社会矛盾与冲突的制度，是实现社会文明、有序、和谐的重要规则、制度。其作用对象是“人的活动”，制度运行靠“人”的参与和决断。智能科技的司法引入，会实现司法活动的更加客观性、评价的统一协调性、诉讼效率性，但却不能替代司法活动所具有的“人”的活动性质。因此，法律职业人的培养仍然存在。而且，更为关键的是，法律的公正内涵、法律的制度规则体系构建，是一项不断发展与认识深化的过程，具有体现不同地域文化、地域思想、地域国家制度、社会传统、人性心理的活动，永远摆脱不了不同“类型”“个性”“时期”“地域”“传统”“心理”等内容的人的思想追求与创新性的活动。因此，法律思想文化的传承与发展研究需求，不同国家、地域、社会、时代、情感、心理的司法制度的法律职业人的培养要求，都需要法学教育来完成。教育，法学教育，不会因智能科技时代的到来而消亡，而只会因智能科技的发展，智能科技提升的法治文明而塑造更为先进、文明、优秀的法律人。

二、智能科技将如何引发法学教育的变革

认识到上述法学教育活动的本质内涵，也就明确了法学教育永恒不变的本质。那么，时代的变迁，技术的进步又将如何改变法学教育的面貌，会在哪些方面，多大程度上变革法学教育呢？对法学教育的可变方面的思考才是智能科技时代法学教育需要革新与发展的关键所在。

（一）智能科技会改变需要培养的“法律人”

教育人工智能的英文缩写是EAI，它是人工智能与学习科学相结合而形成的一个新领域。② 教育人工智能的目的是在人工智能技术的支持下，使教师和学生能够更清楚、更深入、更全面地理解学习是怎样发生的，并且在外界因素，如社会、经济和技术等因素的条件下，学习又是如何被影响的，如何通过灵活运用人工智能技术中的“智能”工具，为学习者地高效学习和真实体验提供支持。③ 大数据、云计算、物联网、人工智能的发展与应用，会产生智慧型、智能型的人类社会，甚至产生与人共存的有智能的智慧机器人，这样，人类生存与生活的社会将会呈现新的关系模式。以法律活动为例，智能科技的司法引入，会替代很多重复性的人力劳动，甚至一些人力脑力劳动的替代，④从而人在司法活动

---

① ［德］雅斯贝尔斯：《什么是教育》，邹进译，生活·读书·新知三联书店1991年版，第4页。

② Luckin R., Holmes W. Intelligence Unleashed: An argument for AI in Education [EB/OL]. https://www.pearson.com/news/blogs/CompanyBlog/2016/03/intelligence-unleashed-an-argument-for-ai-in-education.html, 2016-11-24.

③ 参见闫志明、唐夏夏、秦璇等：《教育人工智能（EAI）的内涵、关键技术与应用趋势——美国〈为人工智能的未来做好准备〉和〈国家人工智能研发战略规划〉报告解析》，载《远程教育杂志》2017年第1期。

④ 比如，模式化的裁判文书的生成、数据化的智能裁判机制的产生等。

中的职业功能定位会发生变化:人不再需要做重复性的脑体劳动,而需要对智能产生的司法结果进行人性的思考与评价,以智能结果为基础进行更高级层次的脑力、人性、情感、价值判断上的活动。这必然产生对法律职业人所应具有的职业技能的变更要求:法律知识的记忆可能不再是重要的,因为智能司法完全可以胜任与完成;相反,人性的培养、正义道德观的塑造、各种价值观评价与判断能力可能成了重点。智能科技时代的法律职业人将会站在法律职业的更高起点——智能司法文明的层次上开展更高级的司法文明的创造。因此,智能科技时代的法律人会有不同于现代法律职业人的培养目的要求,会呈现新的培养侧重点,新的法治文明的价值追求。法治文明的创新型人才。人与人工智能协调配合的职业能力培养将是智能法律人培养的重点。

(二)智能科技会变革传统的法学教育模式

智能科技在改变"法律人"培养内容的同时,也会因智能科技的法律教育引入,而产生法学教育模式的变革。

首先,基础性、常识性的法律知识能力的培养将会以标准化的智能教育模式来呈现。法律职业入门级的教育,是基础性的、常识性的教育,会以统一性的、标准性的课程体系呈现,并通过在线课程、智能教育的统一形式来实现。大数据、物联网的构建可以打破教室的空间限制,打破学校的围墙隔离,打破城乡的地域差异,从而实现法学教育资源的广泛性共享。通过法学基础教育的智能化塑造,可实现优质教育资源的集中整合,实现法律基础知识的共识性生成,法律规范的系统性梳理,典型案例的配套搭建,优质法律习题的智慧生成等。智能化的法律基础教育成果的形成,将是法律基础教育的最优化、受众最广化的实现。这样也让人类的法学教师从繁重的重复性的基础知识传授上解放出来,从事更有创造性的教育与科研活动。法学教师在基础法律教育上将充当智能教育的辅助者、学生学习的陪伴者、答疑者角色。当然,法学教师必将在智能型的基础教育模式生成上充当设计者、引领者角色。

其次,智能型教育将会实现个性化、精准化①法学教育目的实现。创新人才离不开个性化的教育培养,未来教育必将走向个性化。② 在人工智能时代,"教"与"学"也将会向"精准教育"的方向发展,就像现代医学正朝着"精准治疗"的方向发展一样。③ 智能科技时代,人工智能与人的智能将是共融关系、协同关系,并不是排斥关系。因为人的社会,必然体现的是人的活动。智能仅是服务于人,造福于人的活动,而不是消灭人的活动。即使是智能型的法律活动,仍是有关人的法律活动,解决涉及人的法律活动,需要有人来

① 参见伏彩瑞等:《"人工智能与未来教育"笔谈(下)》,载《华东师范大学学报》(教育科学版)2017 年第 5 期。

② 参见吴晓如、王政:《人工智能教育应用的发展趋势与实践案例》,载《现代教育技术》2018 年第 2 期。

③ 参见伏彩瑞等:《"人工智能与未来教育"笔谈(下)》,载《华东师范大学学报》(教育科学版)2017 年第 5 期。

参与的法律活动。因此,智能科技时代的法律职业人会因智能科技的辅助而产生职业功能内容上的差别,但在职业功能上并不会有太大差异。因此,不同的法律职业功能需要不同的法律职业人。这种不同的法律职业要求,在将来的智能型法律教育体系会得到个性化的、定制性的、精准性的教育实现。通过智能教学评估机制,会对不同的受教育者形成个性化的教学评价结果,并因而制定个性化的教育成长路径。针对不同的法律教育职业要求,定制不同的法律教育职业规划与教学体系内容,实现不同的职业培养需求。根据受教育者不同的秉性、兴趣爱好,甚至是通过智能科技评价的基因、智力检测分析,实现对不同受教育对象的精准的未来职业规划与塑造。

再次,智能型法学教育将会让教育活动更具新颖性、创新性、终身性。在智能型法学教育体系下,教学内容会实现智能性的及时更新,知识的发展将会呈现指数级的增长。大数据会让多方面、多层次的最新信息能够及时得到汇聚、分类与梳理、分析与总结。教学内容的知识更新性更快,同步性更强,教学内容新颖性极强,教育效果会非常贴近实践、跟随知识、思想前沿发展动态。智能型的法学教育也会让教学更加充满创造性。与机器相比,人的价值在于创造……人的价值折射出了教育的价值,教育所具有的发展人性、培养人格、改善人性的作用在人工智能时代将尤为凸显。① 教师和学生会在智能法学教育所呈现的智识成果基础上开展更深入的学术思考,因为人脑就是一个智慧的源泉,是会思考的载体,必然会产生更高深、更高层次的创新性法学思想,更快、更高地推进法学发展。在智能教育时代,“教”与“学”也将会向“终生学习”的方向发展,就像现代医学正朝着“终身防御”的方向发展一样。② 在智能时代,将永远不存在永恒的专家和学生,任何人如果懈怠,都不能跟进智能法学发展的步伐,会被智能法学的发展所淘汰。但任何一个人想跟进法学发展的步伐,也都有可能发挥后发优势,借助智能法学教育系统顺利搭上智能教育的快车实现弯道超车。所有的人,都是专家,也都是学生,都需要在智能的法学教育系统中不断的求知、交流、探索与发展。教育与学习将是终身性的。

最后,智能性法学教育也可以实现与其他教育的联通性。在智能型的教育体系中,人工智能将以人为本,构建多元融合的学校课程体系。法学智能教育将不再是以文凭来评价一个人的能力与资格,而将是以受教育者所参与学习的课程及课程考核结果作为评价依据。尤其会以其工作业绩和在智能型的法学系统中所做出的智慧性贡献来作为评价依据。智能型的教育体系形成,也会实现法学教育与其他学科教育的互联互通,学科界限将会模糊。围绕法律实践问题,社会生活问题会产生多学科知识的综合应用,智能型的教学体系会让这些社会问题、法律问题的思考与解决成为一门综合性学科应用的教学体系。不仅会让传统的部门法界限得到突破,更会让法学与其他部门学科之间的障碍

---

① 参见陈晓珊:《人工智能时代重新反思教育的本质》,载《现代教育技术》2018 年第 1 期。

② 参见伏彩瑞等:《“人工智能与未来教育”笔谈(下)》,载《华东师范大学学报》(教育科学版)2017 年第 5 期。

得以打通,突破人类教师知识传授上的学科狭隘的难题,可以实现多学科融合的教学人才培养目标的实现。

三、如何在法学教育中引入智能科技

未来的教育,是人类与智能机器共存的"教"与"学"。在人工智能的时代,我们的使命不光是要跟上这个时代,更重要的是引领与创新我们的教学。① 如果机器能够思维,那么我们则需要培养人的如下能力:自主学习的能力、提出问题的能力、人际交际的能力、创新思维的能力、谋划未来的能力。② 虽然,智能科技已经在无人驾驶、医疗诊断等领域开始了应用,甚至在智能检务、智慧法院等司法实践中也得到了体现,但在教育领域的开发与应用现在仍显步履蹒跚,更不用说在法学教育上的应用了。这反映出传统法学教育具有滞后性,教育属于经验传承有很大关系。因此,教育更多的是传授旧有的知识、成型的知识,而不能与法律职业发展现状直接相关,体现不出法学教育的时效性。也与法学教育多属于入门教育、职业门槛教育,属于基础性、共识性教育有关。也与教育对象多是青少年,仅需要掌握入门级知识,仅需要完成职业资格考试即可也有一定关系。还与法学教育主要是校园内教育形式有关,教育在封闭的各个大学校园内完成,是远离司法实践的私塾式传统教学模式,与教师的知识、经验传授、思想传授的模式有关。这些传统型的教育方式具有习惯性的固有惯性,很难在短期内让其改革适应未来智能教育模式的发展要求。而其中更为关键的是,智能科技的应用并不是法学专业人士所能驾驭的事情,需要跨学科的合作来完成教学改革。因此,智能型的法学教育发展,不仅需要智能型技术应用的更快、更高、更成熟的发展与应用实践推进,也需要法学教育理念、法学教育模式、法学教育人士的积极跟进与转变。

首先,无技不能,需要智能性教育科学技术的尽快成熟与成型。以数据驱动引领教育信息化发展方向,以深化应用推动教育教学模式变革,以融合创新优化教育服务供给方式,将是人工智能教育应用的未来发展趋势,也是人工智能时代教育发展的鲜明任务和重要机遇。③ 不仅国家政策上需要大力扶植教育智能科技的发展,更需要在教育智能科技上加大资金投入力度;引入市场、企业的积极因素,不断地开发智能科技教育教学产品。可喜的是,国家目前积极鼓励加快教改以适应未来的变化,并在《国家中长期教育改革和发展规划纲要(2010—2020年)》里明确了任务。实际上,我们已经进入了一个"反思教育、重塑教学和再定义大学"的时代。④ 智能型教育模式是历史发展的必然,是必然面临的发展趋势,与其等、靠,不如积极的参与其中。积极调动可用的社会力量,整合各

① 参见伏彩瑞等:《"人工智能与未来教育"笔谈(下)》,载《华东师范大学学报》(教育科学版)2017年第5期。

② 参见席酉民:《人工智能时代的高等教育》,载《世界教育信息》2018年第4期。

③ 参见梁迎丽、刘陈:《人工智能教育应用的现状分析、典型特征与发展趋势》,载《中国电化教育》2018年第3期。

④ 参见席酉民:《人工智能时代的高等教育》,载《世界教育信息》2018年第4期。

方面的资源积极投入到"百年大计"的教育事业上的智能化应用与开发上。合理的分配教育资金、资源用于智能型教育改革,不能再在传统教育模式上投入更多的精力、财力,因为智能型教育模式生成,会颠覆、推翻大多数的传统教育模式、管理模式等。在智能型教育科技的研发上,是纯粹技术上的工作,需要智能技术开发人员的智识努力。而在智能教育技术的开发必须让其降低使用门槛,提高适用的简单与便捷,能够倚重信息化教育网络系统,从云端获取最好的资源以提升教学效果。①

其次,法学教学人员、教育管理人员、教辅人员要深刻认识到智能型教育改革的现实,积极投身到智能型教育教学改革实验与革新中。并不断地转型自己的发展方向:对那种最早可能被智能型教育改革所淘汰的教学内容、教学形式,要尽快地华丽转身,投入更有创造性的教学活动中。当然,在智能型教学改革中,重复性的教学活动,仍需要法学教师运用自己的教学经验积极配合智能型教学技术人员开发教学课程体系,发挥课程设计者的功能。而这一功能仍将是智能型法学教学改革中法学教师所应具有的功能作用。对教学管理人员、行政服务人员来说,也要转变观念,不能因有智能科技取代你的大量重复性工作,抢饭碗的失业恐惧感。同时,"人只有通过人,通过同样是受过教育的人,才能被教育。"②即使在智能教育模式下,教育仍离不开人的教育。教育的目的是让人区别于动物、区别于机器、使人具有人性。人类所具有的直觉、同情心、好奇心、求知欲、想象力、洞察力、创造力、情感处理能力、社交能力等天赋本能和特质,这是人工智能时代人类存在的价值之所在。③ 所以应该认识到,智能科技时代的到来只会让我们人类生活的更幸福、更舒适,我们的教育更有效率,更有成效,培养的人才更有质量,社会的发展更快更好。我们将享受到的幸福会更多。而且,智能科技时代会有新的工作,新的岗位,社会财富的增长,是我们人类共享的盛宴,现代的穷人,也比过去的穷人,甚至富人生活质量更好,试想旧时皇帝能像现在普通人一样看电视、电影,乘高铁、坐飞机吗?

最后,发挥市场优势,校企联合具有关键性的作用。如果学校不能解放思想,仍以教育行业老大自居,不思进取,将会受到社会企业形式开发的智能型教学模式的冲击,从而失去在智能化教育时代的先机。目前,教育已经在发生快速的变化,而且变化得越来越快。全球目前有700所大学在互联网上提供上千个课程,每年有5000万人在网上学习这些课程。④ 因此,积极的校企联合,校内外教育资源的合作,产学研教学改革将是学校能否在智能型教学改革大潮中激流勇进的关键举措。

---

① 参见朱永新等:《"人工智能与未来教育"笔谈(上)》,载《华东师范大学学报》(教育科学版)2017年第4期。

② [德]伊曼努尔·康德:《论教育学》,赵鹏、何兆武译,上海人民出版社2005年版,第5页。

③ 参见陈晓珊:《人工智能时代重新反思教育的本质》,载《现代教育技术》2018年第1期。

④ 参见伏彩瑞等:《"人工智能与未来教育"笔谈(下)》,载《华东师范大学学报》(教育科学版)2017年第5期。

四、法学教育中的教育者如何来应对智能科技下的法学教育变革

教育是人类的交往活动,智能科技时代的教育也必然是有关人的教育活动。在教育活动中的人如何应对智能时代教育的变革,适用新的教育角色,是教育转型过程中需要解决的“人”的因素问题。这其中,最为重要的是教师的角色功能定位转型问题。教师会失业吗?教师该如何在智能教育转型中做好过渡转化?是该熟视无睹,继续做好传统型的教学与科研工作呢,还是要开始主动学习人工智能、大数据、云计算等专业知识呢?这也是当下很多人的思想状态。积极者,法学界人士和人工智能、大数据等科学界人士以及商企人士不断的组织会议,交流感触,甚至法学界人士开始不断的啃读、学习相关人工智能知识,不胜痛苦。而有些教师泰山崩于前而心不乱,自在悠哉的继续自己的传统型教学活动。孰是孰非不敢妄断,但面对即将到来的智能型法学教育活动,作为法学教育工作者确实应该有所思考,并有所行动。

首先,法学教育工作者应该了解与思索智能型法学教育活动的模式特点,及其职能定位转型。了解与认识人工智能、大数据、云计算、物联网等技术,但并不是要学习这些技术手段。技术的仍然归技术专业人士来处理。重要的是要认识这些智能科技应用于法学教育会产生什么样的影响,从中探索到即将到来的法学教育形势是什么。如此,才能为法学教师的自我定位与角色功能有新的认识,并做好充分的思想准备和学识储备。

其次,应积极投身到智能型法学教育的变革活动中,将法学教学的成熟经验和教学素材与智能科技有机融合,促进法学教育智能科技转型的顺利实现,推动智能型法学教育的尽快发展。这个过程,是必然面临的课题,是无法躲避的必然经历,也是广泛的法学教育资源的共享与互促的过程,更是实现自我法学教学能力提升及更好地适应智能型法学教育转型工作角色要求的必然调整过程。

最后,法学教育的本质不会改变,仍是传承人类法治文化、法治思想。因此,无论教育变革如何,对法的理念、理论的思考与探索,对法律职业道德的塑造,对各种价值的分析判断能力,对人性的深入挖掘与积极塑造,以及创新性的科研工作,仍将是法学教育工作者不变的使命。智能型的法学教育模式,会让更多的法学教育工作者从繁重与枯燥的重复性教学活动中解脱出来,从事更具有创新性的法律工作。而且,倚重智能科技的帮助,法学教育工作者会在大数据的实证主义模式下开展进一步的学术活动,并在智能分析的结果基础上从事更高层次的创造性科研工作。智能型教育改革,不是法学教育的消亡,而是法学教育工作者进一步的脑力与体力的极大解放,会极大地提升法学思考的层次与深度、广度,形成更具有科学价值的法学学术研究成果。

论新时代法学教育的公共精神向度

冯 果*

摘 要:“应该培养什么样的人”是中国特色社会主义新时代法学教育必须解决的核心问题。近年来,法学教育粗放式扩张带来了法学教育工具理性的抬头和商业主义的蔓延,尤其是在工具理性的助推之下,产生了法律职业主义等同于法律技能训练的简单化倾向,忽略公共精神培育,尤其是法律精神的锻造,已经成为法学教育的重大隐忧。法律共同体首先应该是一个精神共同体,而其内在的精神即为共同体的精神,无精神则无共同体可言。法律职业并非简单的法律人谋生职业,它肩负推动社会公平正义实现的重任,兼具技术性和公共性双重属性。为此,我们必须超越纯粹的法律职业主义,改变单纯技术主义的改革路线,以打造健全的法律人格为内核,将法律人公共精神的培育贯穿于法治人才培养的全过程。

关键词:新时代 人文精神 工具理性

2017 年 5 月 3 日习近平总书记在中国政法大学考察时的重要讲话,为中国法学教育和法治人才培养指明了方向,是新时代中国法学教育的行动纲领和思想指南。总书记“以人民为中心”的发展理念,要求我们法学教育必须面向中国社会主义现代化,必须坚持人民主体地位,坚持立德树人、德法兼修,培养德才兼备、全面发展的高素质法治人才,为中国特色社会主义事业培养合格的建设者和可靠的接班人。“应该培养什么样的人”是法学教育必须解决的核心问题。改革开放后,中国法学教育经历了恢复、快速发展和探索改革的不同发展阶段,为我国法治事业作出了积极贡献。然而,近年来法学教育粗放式扩张却带来了法学教育工具理性的抬头和商业主义的蔓延,这一倾向应予以正视和加以警惕。

一、工具理性的兴起与法学教育职业主义路线的盛行

(一)世俗社会与工具理性兴起的时代

随着科学技术的进步,人类社会开始摆脱宗教的束缚,快速步入世俗化社会。建立

* 武汉大学法学院院长、教授。

在工业化和物质化基础上的人类社会,不再有宗教意义上的终极的价值判断标准,人类"理性"越来越呈现物欲化的色彩,工具理性逐步取代价值理性。工具理性(Instrumental Reason),是法兰克福学派批判理论中的一个重要概念,其最直接、最重要的渊源是德国社会学家马克斯·韦伯(Max Weber)所提出的"合理性"(rationality)概念,其核心是对效率的追求。工具理性对于人类社会摆脱传统的宗教束缚起到了积极的推动作用,是启蒙精神、科技进步和人类理性自身演变和发展的结果,推动了现代工业社会的形成和发展,但工具理性的极度膨胀,追求有用性演变成了真理,导致了人的异化和物化。

中华人民共和国成立后中国进入了一段充满浪漫主义色彩的革命和建设时期。改革开放后,中国逐步告别了"革命年代",向着市场化方向快速迈进。在对"左"的极端思潮进行反思的过程中,工具理性开始逐步取代价值理性。尤其是进入20世纪90年代之后,中国完全进入了一个市场化和世俗化社会,革命化的理想主义色彩开始隐退,功利主义开始盛行:"成功"——已经成为今天中国社会的主流价值,而成功的标志却越来越简单化和物质化,某些稀缺财富和资源的拥有,往往成为人生成功与否的主要价值评判标准。这样的工具理性人生,同样从社会影响到大学。工具理性不仅在社会上,而且在校园里面,也逐渐成为一套主流价值观,一个没有价值的价值观提前进入了校园,学校过早地成为一个职场,高校的功利性和庸俗化倾向不断加强,并广为诟病。问题是,极端功利性的社会价值对高等教育的负面影响并没有引起法学教育界的足够重视,相反,这一主流价值在中国学术界对于传统教育模式弊端的不断反思过程中被不适当地加以强化,以培养技能为中心的法律职业主义路线开始在各高校盛行,而法学教育走向技术性过程中所应承载的公共性问题却被有意无意地忽视或掩盖,能否获取利润或回报成为评判法学教育成败的主要标尺。

(二)中国传统法学教育模式的反思及职业主义路线的逐步形成

自清末以来,法学教育在中国走过了100余年。这100余年来,随着国家和社会的变迁和动荡,我国法学教育也走过了一段极其曲折的发展历程,呈现间断性等鲜明特征。[①] 党的十一届三中全会后,我国法学教育进入恢复和重建时期,师资和教育经验的匮乏决定了恢复重建后的法学教育基本上是以法律知识体系的建构和传授为中心,确立了知识灌输式的法学人才培养模式。随着法学教育规模的快速膨胀和社会对法律专业人才需求的急剧增加,法学教育理论与实践脱节的问题逐步暴露并开始引起社会的普遍关注,一项旨在改变传统教育理念和教学模式的法学教育改革运动悄然兴起。这场法学教育改革运动将中国法学教育的航标明确指向职业教育。[②] 诊所教育等技能训练课程开始被各高校引入,尤其是,自2002年举行第一次全国统一司法考试以来,法学教育服务于

---

① 参见蒋梅:《中国法学教育演变的基本特征》,载《湖南师范大学教育科学学报》2012年第5期。

② 参见朱新力、胡铭:《职业主义法学教育与2+2+2卓越法律人才培养模式》,载《中国大学教育》2014年第5期。

司法考试的趋势越来越明显,司法考试指挥棒的功能不断加强,不少法科学生和高校不得不以司法考试为中心展开教与学。① 各高校大规模与实务机构签约,改革课程体系,法学的实践性品格不断得到强化,法律实践性和技术性课程受到了前所未有的重视,来自英美式的职业技术路线开始受到高校推崇并成为主导模式。

应当说,这些教育改革的探索,对于解决既有教育存在的问题,提升法律职业人的职业素养具有十分重要的意义,也是法学教育的发展方向,但也不能不承认,法律职业主义的这种技术性进路使本已浮躁的高校更加功利化,并加剧了法学教育的"去素质化"。

二、职业主义的误区与公共精神的缺失

当下中国的法律职业教育理论和实践呈现出的强烈的技术主义倾向,已经被越来越多的有识之士所认知。学者陈欣将这种技术性倾向概括为法律知识的法条主义,法律技能的程序正义原则与技术,以及对职业伦理等公共性的回避和漠视。② 周叶中教授认为,中国法学教育的主要问题在于"重工具性轻价值性""重职业性轻学理性""重技术性轻人文性"。③ 这种以技术性为进路的教育改革,在某种意义上是对法学教育,乃至法学职业教育的一种误读。

尽管中国法律文化在世界法制史上占据十分重要的地位,但在清末以前,中国并没有现代意义上的大学,也不存在现代意义上的法学教育。中国法学教育是随着西方列强入侵而不断借鉴西方法律教育经验的结果,具有很强的非自主性。在我国法学教育恢复和重建及反思改革的过程中,依然摆脱不了拿来主义的习惯做法。技术性导向就是境外的职业教育简单复制或移植的结果。遗憾的是,当我们在对西方的职业主义教育模式大唱赞歌和顶礼膜拜之际,欧美国家却开始对现代职业主义教育路线展开反思。

事实上,法律职业主义经历了一个复杂的过程,在其演进的过程中始终存在公共性和技术性两大进路的分歧和冲突,④围绕法律职业教育到底是只训练实用技术,抑或蕴含熏陶职业伦理、提高专业素质等内容,大家依然争论不休。如何实现技术性和公共性的统一,是西方在推进法学教育中始终面临的现代性难题。但毋庸置疑的是,秉持"法律职业教育不应以法律的通识性和理论性为轴线,而应守成于职业技术传授的路线"的经验主义技术性路线因其对公共性关注不足及由此而带来的法学教育的商业化、庸俗化问题而不断遭到质疑,以美国为代表的法律职业教育已经开始在技术性路线的基础上更多地融入公共性和伦理性的因素。当代的法律职业主义实际上在经历了批判主义思潮的不

---

① 参见杜莉:《法学本科教育以司考为指挥棒的弊端分析》,载《山西省政法管理干部学院学报》2012 年第 3 期。

② 参见陈颀:《超越法律职业主义——中国法学本科教育的反思和展望》,载《中山大学法律评论》2010 年第 1 期。

③ 周叶中:《论法学专业人才人文精神的培养》,载《中国法学教育研究》2015 年第 3 期。

④ 参见李学尧:《法律职业主义》,载《法学研究》2005 年第 6 期。

断洗礼后开始步入“后职业化时代”。

中国法律教育的技术主义倾向不仅是对国外职业主义的简单解读,也是对变革中的社会对法律职业人本土化和多元化需求现状的无视。姑且不论以培养律师为目标的美国模式的法律职业教育与“轻法嫌讼”的中国现实需求是否相符,单就中国的法治进程而言,单一的职业技能的训练就无法满足变革中的社会的客观需要。在全面推进依法治国已经成为新时代中国特色社会主义建设的基本方略的新时代,国家治理体系和治理能力现代化的提升、法治政府和法治社会的构建需要大量的多样化的法治人才,而不仅仅是以法官和律师为代表的司法或法律服务人才。

之所以要警惕单纯工具理性主义在法学教育领域的蔓延,是因为技术至上的技术主义路线极易导致法治伦理危机。伦理缺失的法学教育之下难以培养出有大情怀之人,在功利主义熏陶之下的法律人更多关注的是自己的得失,智商越高、能力越强,就越容易成为精致的利己主义者。不少司法精英将自己的人生套牢在“名缰利锁”之中走向庸俗乃至堕落。

之所以要警惕单纯工具理性主义,还因为技术化倾向将复杂而多变的现实生活简单化、教条化和肢解化。从“许霆案”、“彭宇案”到“于欢案”,当事法官对法条的机械式的教条主义所引发的民怨,反映出脱离中国国情、缺少法学理论和基本素养支撑的判决对中国法治实践和司法公信的影响和危害,也从另一个层面说明中国式的法条主义的“不管用”和纯粹技术主义路线的失败。

三、教育的真谛与超越法律职业主义

教育是“立人的事业”。教育是人的灵魂的教育而不是理智知识和认识的堆砌。①正如一句名言所指称的那样:真正的教育本身就应该是“一棵树摇动另一棵树,一朵云推动另一朵云,一个灵魂唤醒另一个灵魂”,如果一种教育未能触及人的灵魂,未能引起人的灵魂深处的变革,它就不能称为教育。牵引、塑造出高尚的灵魂才是教育的真谛,北大老校长蒋梦麟曾经告诫:“教育如果不能启发一个人的理想、信念和意志,单单强调学生的兴趣,那是舍本逐末的办法”。英国著名教育家纽曼也明确指出,大学教育的目的是培养社会的好公民,大学应该实施博雅教育,“博雅教育就是要造就一个绅士拥有受过教育的心智、精致的品质,正直、公平和冷静的头脑,以及生活行动中的高贵而有理性的姿态”“一所大学的心智训练真正的和恰当的目的不是学问或者知识,而是作用于知识的思想或者理性”。② 我国学者张国骥也秉持类似观点,他指出:“如果一定要赋予大学一个切实的目的,我的主张是培养社会的好公民。大学教育的艺术就是社会生活的艺术,其目的就是使人适应这个世界。大学教育一方面既不应把着眼点局限于某些特定的职业上,

① 参见[德]雅斯贝尔斯:《什么是教育》,邹进译,生活·读书·新知三联书店1991年版,第4页。

② [英]约翰·亨利·纽曼:《大学的理念》,高师宁、何克勇、何可人、何光沪译,北京大学出版社2016年版,第106、122页。

另一方面也不应是造就英雄,培养天才”。① 习近平总书记2016年在全国高校政治思想工作会议上也多次强调,高校立身之本在于立德树人。因此,如果教育萎缩为职业的附庸和工具,那将是教育自身的悲哀。

法治是现代社会治国理政的基本方式,法学是治国之学、强国之学、正义之学、权利之学,同时也是人性之学、自由之学。作为法治人才培养关键环节的法学教育,担负着法治中国建设的重任,中国治理体系和治理能力现代化的全面提升离不开法学教育的自我完善。法的精神,并不局限于具体的法律规范本身,而是法律要符合人类理性的必然性和规律性。因此,法学教育不能成为法条的简单传授和运用,它必须关注的是学生人格的塑造,必须尊重和维护人的利益、需求、价值、权利和尊严。法律职业作为国家司法权的载体,其职业权力使他们拥有并掌握了影响社会的强大力量,而公众对法律人的信赖,不仅取决于法律人的知识,同样取决于法律人的独立人格和法律人的职业伦理精神。因而,高素质法治人才培养必须把法科学生公平正义的道德品格作为第一培养目标。② 唯有如此,才能实现法学教育“德法兼修”的目标。可以说,超越以技术为导向的法律职业主义是新时代高素质法治人才培养的必然要求。

超越法律职业主义并非拒绝法律职业主义,而是要重视法律职业的社会公共属性。法律作为一种职业,自然有其自身的素质要求。法律职业主义对法学知识、思维及技能的强调,有助于增强法学学科自身的科学性和自主性,有助于满足社会对职业法律人的需求。相反,空泛的道德说教和公共性的过分强调,会对法律本身的形式性和法律职业的稳定性产生威胁甚或解构,从而削弱法学作为科学的根基。在学生实践能力普遍不强的当下,强化法学教育职业化导向尤其具有现实意义,但我们不能由一个极端走向另一个极端,将法律职业混同于一般的社会职业,将法学教育沦为纯粹化的简单的忽略伦理与人性的职业教育。因为,与一般社会职业不同,法律职业本身就兼具技术性和公共性双重属性。法律职业致力社会公共利益和公平正义的维护,法律职业群体往往在社会公共事务中扮演着重要角色,无论法官、检察官还是律师,都是法治社会的重要推动力量。一言以蔽之,法律职业的公共性要求法学教育必须注重法律人公共精神的培育和塑造。

四、公共精神培育:一项必须贯穿于法治人才培养全过程的育人任务

公共精神是随着公民社会研究的兴起而形成的一个热门学术话语,意指孕育于现代社会之中的,位于最深的基本道德和政治价值层面,以全体公民和社会整体为皈依的一种价值取向,包含对民主、平等、自由、秩序、公共利益和责任等一系列最基本的价值目标

① 张国骥:《论美国的教育理念》,载《求索》2005年第3期。

② 参见陈云良:《新时代高素质法治人才法律职业伦理培养方案研究》,载《法制与社会发展》2018年第4期。

的认肯和追求。① 公共精神以个体人格独立为前提,以公共理性为基础,以公共关怀为精髓,以秩序化的公共交往规则为条件。它不同于个体的理性主义,其强调个体站在公共立场,基于关爱社会共同体的初衷去思考与行动,并以民主、自由和秩序化的公共交往规则为行动指引。它要求法律人对公共生活和公共事务需要秉持一种积极善良的心理状态和保有积极参与的热忱,以推动善良社会的生成。公共精神的培育是法学教育的核心任务,这一任务的完成需要贯穿法学教育的始终。

首先,须强化法律职业伦理教育,打造法治人才之魂。"德法兼修,德为先"。作为牵引人灵魂的中国法学教育,其首要任务是补强法律人的精神之钙。因为作为社会公共事务主要参与力量的法律人必须具有高尚的道德情操,追求公平正义。法科学生的道德伦理可以通过专业课程设置、师德师风引导、公平公正的考核考评、职业伦理教育、社团活动来养成,而法律职业伦理教育是其中的核心环节。尽管波斯纳等学者基于"道德哲学的教授的行为并不比他们的受众更加道德"以及"怀有理想主义接受伦理教育的毕业生毕业后即成为商业主义的奴隶"等现象,对职业伦理的可教育性持怀疑态度,②但主流教育理论依然认为,一个人的道德素质与其成长的环境和所受的教育息息相关,是可以培养的。我国自古以来一直强调教育在道德感化中的作用,中国北宋学者、理学先驱、思想家、教育家胡瑗在《松滋县学记》中开宗明义指出:"致天下之治者在人才,成天下之才者在教化,教化之所本者在学校"③。世界上的其他国家也无不把德道教育贯穿于整个教育过程。当然,伦理比法律更具有鲜明的民族性和地域性,法律职业伦理教育必须尊重中国的伦理和道德实践,基于并服务于中国的社会主义法治事业,要将社会主义核心价值观和社会主义法治理念作为教学的核心内容。为此,新时代的中国法学教育必须服务于全面建设社会主义现代化强国这一宏伟目标,聚焦和服务于全面依法治国的基本方略。高等教育尤其是法学教育作为法治人才培养的关键环节,必须培养学生坚定的法治理想和信念,树立"以人民为中心"的社会主义法治观,始终坚守"法治为了人民、依靠人民、造福人民、保护人民"的基本宗旨,把维护人的尊严、保障人的合法权利、促进人的全面发展、实现人民当家作主作为未来法治实践的核心价值追求和衡量标准。

其次,摆脱机械式的法条主义,强化法律知识和学理教育,建立共同的法律理性。公共精神以公共理性为基础。法律人的公共精神同样是建立在法律理性的基础之上的,表现为对建立在良法善治基础之上的规则之治的认肯与遵守。法律的出现在根本上是依赖于人的理性的。如果没有理性就不会创立法律、制定法律,更不会完善法律、发展法

① 参见袁祖社:《"公共精神":培育当代民族精神的核心理论维度》,载《北京师范大学学报》(社会科学版)2006 年第 1 期。

② 参见[美]查理德·波斯纳:《道德和法律理论的疑问》,苏力译,中国政法大学出版社 2001 年版,第 80~87 页。

③ 《胡瑗》,载价值中国网:http://www.chinavalue.net/wiki/showcontent.aspx?titleid=16209,最后访问日期:2018 年 7 月 23 日。

律,由法律人所组成的法律共同体,更应该具有对于法律的理性认知。但是当下以法律条文为基础,概念化、抽象化的“法条主义”的法学教育,不仅导致学生知识支离破碎,而且因缺乏对中国社会发展及法治实践的关注和了解,而无法深刻地领会中国法治的需求,也难以确立真正的法治精神。我们必须明白,法律条文并非法律知识的全部,而法学院的目的也不在于组织大家学习僵死的条文,我们不仅要让学生知道“法律是什么”更应该让学生明白“法律应该是什么”;不仅要进行法律教育更要加强“法律应该是什么”的法治教育,更加注重理解法律的法理表达,加强法学理论课程,夯实法律学生的人文素养,树立民主意识、程序意识、规则意识和法治精神。法律理性的形成不可能一蹴而就,需要大量的理论阅读和学理训练。为此,需要改变教学方法,促进知识向能力、素质和品行的自觉转化。一方面,要鼓励学生内省性和研究性学习,引导学生精读传统文化元典和中西方法学经典名著,使学生充分领悟蕴含于经典中的人文关怀和思想精髓,唤醒学生主体的内省意识,激发他们对人类命运的关切和对社会公共事务的热爱,以及对公平正义等的追求和油然而生的使命感与责任感;另一方面,要在具体的理论课程中结合社会现实进行研讨式的学习,让学生形成不断追问和独立思考的习惯。比如在有关理论教学中,可以借助“聂树斌案”,通过学生角色的不同变化,使其更加切身地感受行刑逼供的危害和疑罪从无法律原则的价值,树立对人生命与尊严的尊重,进而思考冤假错案产生的根源及纠错防错机制何以建立。

再次,以法律解释学的严格训练为核心锻造学生的法律思维与技能,增强参与公共事务的能力。法学院的知识对象是一种专门知识,法学教育要提供一种专业性的高级社会化过程,因此,面对初踏入法律世界的一般人,转变思维和形成身份认同是法学院的首要任务。法律思维的形成需要进行严苛的训练,法律专业的学生不能停留在从理论上到理论,从抽象到抽象的价值判断或纯粹的道德说教,必须能够解决具体而又复杂的现实问题。具体而言,学生不仅要学会对法律文本的涵义、概念、术语、定义等进行正确分析和理解,还要能够熟练运用与具体个案相联系的法律适用过程中的法律解释和推理,在法律规定空白或者不一致情况下,还能够解决如何创造或者补缺的问题。我国当前法学院在很大程度上停留在第一个层面上进行教学,与能够训练法律解释技术的法学教育有很大距离。在缺乏严格法律解释训练的情况下,不少法学院开始了系列的有关法律文书写作、案例研讨、模拟法庭等实务课,但这些课程更多地成了一种华而不实的噱头,与学生实践能力的提升和长远素质的培育并无太大的助益。法律思维和技能的训练,应该在课程体系中呈现梯级状。法律解释正是法律知识和法律运用之间的桥梁。

最后,通过实践教学活动强化公共关怀,培育公共精神。众所周知,知识并不必然转化为美德,说教难以内化为信仰。离开了学生的自觉体悟、内心认同和主动遵循,公共精神是无法落地生根、开花结果的。为此,需要积极引导学生参加社会实践,开设必要的公益课,将参加法律援助等公益法律实践活动作为其毕业的必要条件,通过社会实践使其感受法律的尊严与价值,培养法的信仰和奉献精神,砥砺道德品行,增强公德意识,在实践中培育公共精神。

五、结语

中国法学教育在改革开放40年间经历了由单纯知识传授到注重技能培养的可喜变化。不过在改革的探索过程中,在纯粹工具理性驱使下,法律职业教育简单化为法律职业培训的倾向越来越明显,伦理教育与法学理论教育受到了比较严重的冲击。没有法学理论和伦理教育的职业教育,是灵魂缺失的职业教育,即便是法律职业教育也不是简单地开设基本实务课程那么简单和随意。我们不排斥法律职业教育,但需要超越法律职业教育,以打造健全的法律人格为内核,以法律思维的生成为手段,从而构建起伦理、知识、思维、技能于一体的法律教育体系,从而培养出适合新时代法治需求的有公共道德和公共精神的高素质的社会主义法治人才。

论党内法规学的学科建设

姬亚平*

摘　要：党内法规是我国社会主义法治体系的重要组成部分，党中央正在对党内法规的体系与内容进行紧锣密鼓的完善。同时，从严治党、依规治党的实践也提出诸多问题，亟待理论界作出回答。而且，法学专业的毕业生大量从事党务工作，但是，法学院系现有的培养方案和理论研究状况无法满足我国法治建设的现实需要。因此，有必要提升法学界对党内法规的关注程度，将党内法规学作为法学的二级学科，加强其教学、科研与人才培养工作，服务于依法执政与依法治国的伟大实践。

关键词：党内法规　依规治党　国家法律　学科建设

一、问题的提出

中国共产党历来重视制度建党。早在1938年就由毛泽东、刘少奇提出，毛泽东在党的六届六中全会所作的政治报告中指出“还须制定一种较详细的党内法规，以统一各级领导机关的行动”。在这次会议上，刘少奇作了《党规党法的报告》，这是党的领导人第一次使用“党规党法”的名称。党的历届领导人都很重视党内法规建设，1978年12月邓小平在中央工作会议闭幕会上强调，“国要有国法，党要有党规党法。党章是最根本的党规党法。没有党规党法，国法就很难保障。”①这段话深刻揭示了党内法规的地位作用及党规与国法的关系。

党的十八大以来，中央空前重视从严治党、依规治党工作。为落实中央关于加强党内法规制度建设的要求，全面提高党的建设科学化水平，2013年根据党的十八大关于党的建设总体部署，中央制定发布《中央党内法规制定工作五年规划纲要》。

2014年中国共产党第十八届四中全会通过的《关于全面推进依法治国若干重大问题的决定》提出了全面推进依法治国的总目标，即建设中国特色社会主义法治体系，建设社会主义法治国家。这一体系又包含五个子体系，即“形成完备的法律规范体系、高效的

---

* 西北政法大学行政法学院院长、教授。

① 邓小平：《邓小平文选》（第二卷），人民出版社1983年版，第147页。

法治实施体系、严密的法治监督体系、有力的法治保障体系,形成完善的党内法规体系”。从此,党内法规正式走入我国社会主义法治体系,成为我国国家治理体系的组成部分。

2016年12月24日至25日,党中央召开全国党内法规工作会议。习近平总书记作出重要指示强调:加强党内法规制度建设是全面从严治党的长远之策、根本之策。我们党要履行好执政兴国的重大历史使命、赢得具有许多新的历史特点的伟大斗争胜利、实现党和国家的长治久安,必须坚持依法治国与制度治党、依规治党统筹推进、一体建设。为提高党的执政能力和领导水平、推进国家治理体系和治理能力现代化、实现中华民族伟大复兴的中国梦提供有力的制度保障。

但是,在法学界,长期以来学者们对党内法规这一概念还是很陌生的,这是因为我国传统的法学理论没有将党内法规纳入法的范畴。党内法规还被一些人视为党的“内政”,没有引起法学界的足够重视,党内法规的地位,及其与国家的法律的关系等重大理论问题尚待厘清。在法学教育中,党内法规与国家法律长期割裂,无论是学科建设,还是专业建设、师资建设、课程建设中,党内法规一直被忽视。

二、党内法规的含义和特征

我们通常所说的法规,是指国家法规,具体来说,就是《立法法》中所规定行政法规和地方性法规。党内法规与国家法规的含义不一样,2013年党中央制定的《中国共产党党内法规制定条例》给党内法规的定义是党的中央组织以及中央纪律检查委员会、中央各部门和省、自治区、直辖市党委制定的规范党组织的工作、活动和党员行为的党内规章制度的总称。①

党内法规与国家法律不同,具有自身特殊的特征,主要体现为:

1.党内法规由具有党内法规制定权的党的组织制定。党内法规不是由国家机关制定的,而是由党的组织机构制定的。根据《中国共产党党内法规制定条例》的规定,具有党内法规制定权的主体有:党的中央组织以及中央纪律检查委员会、中央各部门和省、自治区、直辖市党委。②

2.党内法规反映党的意志和人民利益。《中国共产党章程》(以下简称《党章》)规定,“中国共产党是中国特色社会主义事业的领导核心,代表中国先进生产力的发展要求,代表中国先进文化的前进方向,代表中国最广大人民的根本利益”。中国共产党是我国的执政党,直接执掌国家事务的决策权力、行使对国家武装力量绝对领导权和管理国家干部等国家公权力,其党内规范不仅反映党的意志,还反映了全体人民的意志和利益,党的领导、人民当家作主和依法治国具有内在统一性。

---

① 参见《中国共产党党内法规制定条例》第2条第1款。

② 参见《中国共产党党内法规制定条例》第2条和第3条。

3. 党内法规直接适用于党组织和党员，但其效力及于国家和社会事务。与国家法律不同，党内法规对普通公民和社会组织不具有直接约束力，它仅适用于党内，适用于规范各级党组织的工作和党员的行为等，但是，其效力及于国家和社会事务，例如，各级国家机关的领导干部的选举和任命必须是经过党组织选拔和推荐的，法律草案必须经过党组织的批准，重大公共事项的决策由党委作出。

4.《党章》在党内法规中具有根本大法的地位，统领党内法规。《党章》是我们立党、管党、治党的总章程，是最根本的党内法规，在党内具有最高的权威性和最大的约束力。《中国共产党党内法规制定条例》第 2 条第 2 款规定，《党章》是最根本的党内法规，是制定其他党内法规的基础和依据。《党章》之于党内法规，就像《宪法》之于法律。《党章》在党内法规体系中具有最高法律地位，它是制定其他党内法规的基础。

5. 党内法规严于国家法律。党内法规严于国家法律，主要表现为党内法规对党员的要求比国法对公民的要求标准更高。党的十八届四中全会决定强调，“党规党纪严于国家法律”。习近平总书记指出，“法律是对全体公民的要求，党内法规制度是对全体党员的要求，而且很多地方比法律要求更严格。我们党是先锋队，对党员的要求应该更严。”①

6. 党内法规不靠国家强制力，而靠党员的理想信念和党的纪律保障实施。党内法规异于国家法律，不靠国家强制力作为最终保障实施的方式。保障党内法规实施有两种方式：一是党员自身的信念恪守和自律；二是党组织、特别是纪委监督实施。《党章》第 44 条规定，党的各级纪律检查委员会的主要任务是：维护党的章程和其他党内法规。

7. 党内法规是中国特色社会主义法律体系的组成部分。中国共产党的执政地位决定了党内法规的特殊性质。我国宪法确立了中国共产党的执政地位和国家领导权，中国共产党的组织可以根据宪法和法律直接行使国家公权力，如党对军队的绝对领导，党管干部，党对经济、社会重大事务的决策权等。当然，中国共产党对国家的领导和对公权力的行使必须依法进行。中国共产党依法执政所依之“法”不仅包括国家法律，而且包括党内法规。

三、党内法规的重要意义

（一）党内法规是改革党执政方式、提升执政能力的保障

在党的执政的三个基本要素中，依法执政是科学执政和民主执政的基本途径。党的十六大将坚持依法执政明确为党的领导的重要内容，党的十六届四中全会对“依法执政”作了深入阐述，并把它确定为新的历史条件下马克思主义政党执政的基本方式。这是在科学总结党从革命党到执政党，从完成革命任务的执政党到领导国家建设的执政党的长期实践成果，是党在正确判断 21 世纪面临的新变化、新挑战、新考验的基础上，对执政方式做出的必然选择，这表明党对共产党执政规律认识的进一步深化。党的十八届四中全

① 参见《关于〈中共中央关于全面推进依法治国若干重大问题的决定〉的说明》。

会公报指出:“依法执政,既要求党依据宪法法律治国理政,也要求党依据党内法规管党治党。”党内法规是理性考量的结果,是广大党员共同意志的体现。所以,党内法规具有合法性。① 随着党内法规的完善,随着“将权力关进笼子里”的进一步推进,我们党向着“依法执政”的目标将有长足的进步,党的执政地位将更加稳固。

(二)党内法规是从严治党的保障

从严治党首要的是严明党纪。新形势下党面临“四大考验”“四种危险”,面对着各种挑战和风险。党面临的形势复杂、肩负的任务艰巨,就要严字当头、从严治党。习近平总书记在第十八届中央纪律检查委员会第二次全体会议上发表重要讲话中强调:“把权力关进制度的笼子里,形成不敢腐的惩戒机制、不能腐的防范机制、不易腐的保障机制”。孟德斯鸠说“一切有权力的人都容易滥用权力,这是万古不易的一条经验。”②我们的党大权在握,也面临着同样的考验,务必将权力关进笼子里。习近平总书记十分重视党内法规制度体系的完善。关于制度的严密性和科学性,他指出:“最根本的是严格遵循执政党建设规律进行制度建设……既要有实体性制度,又要有程序性制度,既要明确规定应该怎么办,又要明确违反规定怎么处理,减少制度执行的自由裁量空间”。

(三)党内法规是促进领导干部运用法治思维和法治方式治国理政的原动力

党的十八大报告提出“提高领导干部运用法治思维和法治方式深化改革、推动发展、化解矛盾、维护稳定的能力”。党的十八大以来,党中央从高度的历史使命感和责任感出发,坚持从严治党,取得显著效果。现在,党中央提出推进依规治党,实际上是一场党的自我革命,是党的治理方式从“人治”到“法治”的根本转变,是我们党的战略决断,是巨大的进步;是改革开放40年来继“法治国家”之后,我们党在治国理政领域进行的又一次革命。③ 通过党内法规激励各级党的领导干部运用法治思维和法治方式治国理政,建立监督问责机制,制约个别或少数党的领导干部违法和滥用权力的行为,以保障建设法治中国目标的实现。④

(四)党内法规是促进依法治国、依法行政的原动力

党的十八届四中全会通过的《全面推进依法治国若干重大问题的决定》指出,“我们党高度重视法治建设。长期以来,特别是党的十一届三中全会以来,我们党深刻总结我国社会主义法治建设的成功经验和深刻教训,提出为了保障人民民主,必须加强法治,必须使民主制度化、法律化,把依法治国确定为党领导人民治理国家的基本方略,把依法执政确定为党治国理政的基本方式”。“依法执政是依法治国的关键”。中国共产党是我国社会主义事业的领导核心,依法治国首先就要做到党要管党、从严治党,依规治党。党

---

① 参见王立峰:《依法执政与党内法规建设》,载《中国党政干部论坛》2012年第1期。

② [法]孟德斯鸠:《论法的精神》,张雁深译,商务印书馆1961年版,第154页。

③ 参见鞠成伟:《论依规治党的观念前提与制度方法》,载《马克思主义与现实》2016年第4期。

④ 参见姜明安:《党员干部法治教程》,中国法制出版社2014年版,第239页。

要依法对政府工作进行领导，党内法规的制定与实施实现了法治化，那么，法律、行政法规、规章就能在这个基础上，更加完善、科学，更符合法治精神，行政决策和行政行为就能进入法治的轨道。

四、党内法规与国家法律的相融关系

理解和执行我国的法律，不能离开党的方针政策和党内法规。党内法规与国家法律相辅相成，融于一体，共同构成依法治国、依规治党的社会主义法律体系。学习和把握党内法规，对于法学专业的学生学好专业，对于执法和司法的干部准确地实施法律都具有重要意义。

中国共产党作为中国社会主义事业的领导核心享有宪法赋予的执政权。执政权是党的领导权法治化形式，也是合乎基本规范的权利概念。党的领导要获得在全国范围内一体遵循的实效，不仅应当满足党的领导法治化需要，也需要以权利方式保卫党的执政资格和地位。“在完善党的领导方式命题下，中国共产党选择依法执政和依宪治国作为治国方略，消解了革命的非规范思维，强化了以法治方式和权利概念保障党的执政地位和执政权的理念”。①

“如果说‘党大还是法大’是一个伪命题，那么对各级党政组织、各级领导干部来说，权大还是法大则是一个真命题。”②权大还是法大？《党章》和《宪法》中有明确的答案。《党章》规定，“党必须在宪法法律范围内活动。”《宪法》规定，“全国各族人民、一切国家机关和武装力量、各政党和各社会团体、各企业事业组织，都必须以宪法为根本的活动准则”。

就党内法规与国家法律的关系而言，中国共产党是中国的执政党，领导着国家的立法工作，《立法法》第3条规定：立法应当坚持党的领导。党内法规是中国共产党自己制定的，因此，国家法律与党内法规都是党的意志的体现，是内在统一的。《中国共产党党内法规制定条例》第7条规定，党内法规的制定应当“遵守党必须在宪法和法律的范围内活动的规定”。这就意味着二者统一的原则是党内法规服从国家法律，国家法律优位于党内法规。

为了防止在技术上党内法规与国家法律的脱节和冲突，党要及时地将大政方针转化为国家法律，领导立法机关及时地修改废止与党的政策不相适应的国家法律。过去很长时间内，我国通过党的政策推动改革，有些改革措施在内容上与法律存在冲突，削弱了法律的效力。党的十八届四中全会指出，重大改革要于法有据，就是要将改革与法治融于一体，相辅相成。改革本身也要改革，变“先改革后立法”为“先立法后改革”，把立法作为改革的推动力，党对改革与公共治理的领导必须在宪法和法律的范围内进行。

---

① 贺海仁：《论中国共产党领导的法治化》，载《河北法学》2016年第4期。

② 中共中央文献研究室：《习近平关于全面依法治国论述摘编》，中央文献出版社2015年版，第110页。

五、党内法规学的学科建设

法学界泰斗姜明安教授、马怀德、王振民等人凭着非常的学术敏感性和高度的政治责任心开展了党内法规的学术研究,发表了重量级的成果。但是,就整体而言,党内法规的研究尚未获得法学界的足够重视,诸多理论问题尚未厘清,与依法执政和依法治国的伟大实践还不适应。笔者认为,扭转这种现状的根本措施是要把党内法规作为一个学科来坚强建设。

学科是指一定科学研究的领域或分支,学科建设是指为了加强某一领域的科学研究而进行的研究队伍建设、教学科研活动和人才培养工作。针对党内法规的学科建设现状,笔者提出以下建议。

1. 充分认识党内法规学科建设的重大意义。首先,建设党内法规学科,能够为从严治党、依规治党的伟大事业提供理论支撑。其次,党内法规是我国社会主义法治体系的重要组成部分,与国家法律体系关系密切,学科建设有助于促进依法治国、科学立法、严格执法与公正司法。再次,为从严治党、依规治党事业培养急需的党务人才。最后,促进中国的法学研究走中国特色的社会主义道路,由单纯地移植西方法学理论转型为国际视野与中国问题相结合。

2. 党内法规具有独立的调整对象,应当建立党内法规学科。根据国务院学位委员会和国家教育委员会联合下发的《授予博士、硕士学位和培养研究生的学科、专业目录》(1997 年颁布,1998 年、2005 年修订),我国的学科分为"学科门类"、"学科大类"(一级学科)、"专业"(二级学科)三个层次。目前没有任何一个层次包含党内法规。笔者建议把党内法规作为法学的二级学科,从师资队伍、人才培养、科研平台和学术研究等方面着手建设。

3. 在法学院系本科教育中将《党内法规学》作为专业核心课程普遍开设。根据教育部高校法学学科教学指导委员会 2007 年通过的法学学科核心课程目录(16 门),党内法规也不是法学专业的核心课程。甚至,还没有一所高校的法学院系将党内法规开设为非核心课程,足见管理层还没有对党内法规的学科、专业和课程建设予以重视。笔者建议,法学院系应当根据循序渐进的原则,有条件的院校先开设为选修课,待条件成熟后,普遍地开设为核心课程。

4. 在研究生教育中设置党内法规学专业或方向。根据教育部《普通高等学校本科专业目录(2012 年)》,党内法规不是一个本科专业,笔者认为,这一目录暂可不动。在本科阶段,尚不具备开设党内法规专业的条件,这主要是受就业条件决定的,如果开设该专业,学生学习的主要内容就是党内法规,毕业生一旦不能进入党务部门工作,由于知识面的限制就很难找到合适的工作。但是,可以在研究生阶段设置党内法规专业或方向,一方面,以满足党和国家的人才需要;另一方面,由于本科阶段已近具备较为广泛的知识面,也不会影响毕业生的就业。

5. 汇聚全国党建专业、法学专业的精英学者和实务界骨干,编写高质量的统编教材。

目前，已经出版了3部有关党内法规的专著，其中中办法规局副局长宋功德博士的《党规之治》影响广泛。但是，还没有一部适合用作教材的著作。本人汇聚陕西各普通高校、党校、实务部门的业务骨干编写的《党内法规学教程》已经交付中国政法大学出版社，但是，由于笔者水平有限，建议汇聚全国范围内的研究力量，编写一部或数部权威性较高的教材。

6. 定期召开理论研讨会。西北政法大学于2015年成立了全国首个党内法规研究中心并召开了首次研讨会，之后，清华大学、武汉大学、新疆师范大学等先后成立了党内法规研究中心，吹响了党内法规理论研究的冲锋号。特别是西北政法大学党内法规研究中心2016年的中心年会邀请了全国范围的研究人员30余人济济一堂，就很多基础理论问题展开了认真的研讨，并决定今后由有关高校的研究中心每年轮流主办一次研讨会，打造一个全国性的研究平台。

7. 在中国法学会下成立一个党内法规研究会，有条件的省、直辖市、自治区法学会也可设立党内法规研究会，将本地的理论工作者和实务界骨干凝聚在一起，促进理论研究与实践相结合。

8. 哲学社会科学规划部门将党内法规的研究纳入选题范围，加大资助力度，鼓励理论界积极申报有关课题。从2017年度国家社科基金课题指南来看，与党内法规的选题分散在几个学科中，总共达到前所未有的44项之多，地方的社科基金项目情况不一。

六、党内法规的理论体系构建

如前所述，我国法治建设的实践提出了大量的理论问题亟待法学界作出回应。法学院系的毕业生大量从事党务工作，但是，法学院系现有的培养方案和理论研究状况无法满足我国现实的需要。“法学界对党内法制的研究十分薄弱，只关注国家法治建设问题，忽略了对党内法规建设的研究，没有意识到我国整个规范化建设有两大方面，除了国家法治，还有与之平行配套的党内法规。如此大规模的制度化、规范化建设在人类政党发展史上是前所未有的，对于这种政治现象我们不能熟视无睹”①。因此，笔者主张要加强这方面的教学与研究工作，建构起完整而有科学的理论体系则是有关教学与研究的前提，是首当其冲的问题。笔者认为，党内法规学和行政法学都是以规范公权力的法作为研究对象的学科，因而，其理论体系应当是异曲同工的，值得借鉴。根据业已定型的行政法学体系，笔者主张，党内法规的理论体系也应当由总论和分论两部分构成。总论是以党内法规的通用的、一般的原理为研究对象，分论是以党内法规的各个部门为研究对象，其具体内容应当如下。

（一）总论

1. 绪论。是研究党内法规引入性的理论，包括基本概念、宗旨、地位、基本原则、基本理论以及发展历史和研究方法等。

---

① 王振民：《党内法规制度体系建设的基本理论问题》，载《中国高校社会科学》2013年第2期。

2. 党内组织法。指规范党组织的设立与运行、权利与义务的原则和规则的总称,狭义的党组织是党的中央组织、地方组织和基层组织。广义上的党组织还包括党员、党的领导干部。

3. 党内行为法。指中国共产党的组织和党员行使公权力和履行职责的实体与程序规范和原则的总称。

4. 党内监督、问责与救济法。指对党员和党组织行使职权进行监督的制度,及其违反了国家法律及党内法规的规定而追究责任的制度,以及党员的正当权益等受到侵犯后获得救济的制度。

(二)分论

以党的权力内容和工作事项为标准,将党内法规划分为以下若干部门,分别作为研究对象,共同构成分论。

1. 党的立法制度。是指党内法规的制定、监督、审查备案制度。在这方面,党中央已经于 2013 年颁布了《中国共产党党内法规制定条例》和《中国共产党党内法规和规范性文件备案规定》,标志着党的立法制度已经形成。

2. 党的决策制度。党的执政在很大程度上表现为党对重大事项的决策权。党的十八大报告提出:"坚持科学决策、民主决策、依法决策,健全决策机制和程序,发挥思想库作用,建立健全决策问责和纠错制度。"党的十八届四中全会通过的《中共中央关于全面推进依法治国若干重大问题的决定》更进一步要求"健全依法决策机制。把公众参与、专家论证、风险评估、合法性审查、集体讨论决定确定为重大行政决策法定程序,确保决策制度科学、程序正当、过程公开、责任明确。建立行政机关内部重大决策合法性审查机制,未经合法性审查或经审查不合法的,不得提交讨论。"为了将上述两个党的重要报告转化为可操作的规程,笔者认为,有必要制定《中国共产党重大事项决策条例》。

3. 党的军事领导制度。《党章》和《宪法》确立了党对军队的绝对领导地位,党的十八届四中全会把依法治军、从严治军纳入依法治国总体布局,依法治军、从严治军要以国家法律、军队条令条例以及党内法规为依据。根据《立法法》第 103 条之规定,军事领导机关有权制定军事法规和军事规章,共同构成党对军队的领导法律体系。

4. 党的组织领导制度。是指党对党员、领导干部和党组织的管理制度。这方面的立法很多,有《地方党委会工作条例》、《基层组织工作条例》、《党组工作条例》和《领导干部选拔任用条例》等。

5. 党的政法领导制度。习近平总书记在 2014 年 1 月 7 日全国政法工作会议上指出"既要坚持党对政法工作的领导不动摇,又要加强和改善党对政法工作的领导,不断提高党领导政法工作能力和水平。"党的《政法工作条例》正在制定之中,党如何领导政法工作应当是当前理论界认真研究的一个课题。

6. 党的宣传领导制度。是指党对意识形态、新闻媒体、社会舆论的领导制度。这方面的政策性文件居多,但是,宣传工作领域的龙头法《宣传工作条例》已经开始起草。

7. 党的统一战线领导制度。是中国共产党为了凝聚人心、汇聚力量,促进政党关系、民族关系、宗教关系、阶层关系、海内外同胞关系和谐的制度,2015 年中央通过的《中国共产党统一战线工作条例(试行)》是这一工作领域的龙头性法规。

论习近平新时代中国特色社会主义法治思想与法学教学改革*

田宝会**

摘　要:党的十八大以来,以习近平同志为核心的党中央全面推进依法治国、加快建设法治中国,形成了依法治国、建设法治中国的新理念、新理论和新实践,开启了中国特色社会主义法治建设的新时代。习近平新时代中国特色社会主义法治思想形成于党的十八大以来全面建成小康社会、全面深化改革、全面依法治国、全面从严治党的伟大实践和斗争,指导和随着依法治国、加快建设法治中国的新阶段和新征程,因而具有鲜明的实践指向。

关键词:习近平新时代中国特色社会主义法治思想　社会实践指向　法学教学改革

一、习近平新时代中国特色社会主义法治思想的主要内容

(一)党的领导贯穿全面推进依法治国全过程

党的领导贯彻全面推进依法治国全过程,是习近平新时代中国特色社会主义法治思想的核心内容。

2014年6月30日习近平总书记在中共中央政治局第十六次集体学习时强调指出,中国特色社会主义最本质的特征就是坚持中国共产党的领导,中国的事情要办好首先中国共产党的事情要办好。

2014年10月23日党的十八届四中全会通过《中共中央关于全面推进依法治国若干重大问题的决定》强调,“党的领导是全面推进依法治国、加快建设社会主义法治国家最根本的保证。必须加强和改进党对法治工作的领导,把党的领导贯彻到全面推进依法治国全过程。”

* 本文系2018年度河北省社会科学发展研究课题“习近平新时代法治思想与法学教学改革研究”(课题编号:201803030125)和2018年河北经贸大学教学研究项目“习近平新时代中国特色社会主义法治思想与法学教学改革研究”(项目编号:2018JYY22)的阶段性研究成果。

** 河北经贸大学法学院教授。

2017 年 10 月 18 日习近平总书记在中国共产党第十九次全国代表大会上的报告明确指出,中国特色社会主义最本质的特征是中国共产党领导,中国特色社会主义制度的最大优势是中国共产党领导。

正确认识和处理党的领导与依法治国的关系,不断加强党的建设、改善党的领导,把党的领导贯彻到全面推进依法治国全过程,意义重大,任重而道远。

(二)依良法治国

党的十八大以后,习近平总书记多次提到立法质量、依良法治国问题。2013 年 2 月 23 日习近平总书记在十八届中央政治局第四次集体学习时发表讲话。明确指出:“人民群众对立法的期盼,已经不是有没有,而是好不好、管用不管用、能不能解决实际问题;不是什么法都能治国,不是什么法都能治好国;越是强调法治,越是要提高立法质量。这些话是有道理的。我们要完善立法规划,突出立法重点,坚持立改废并举,提高立法科学化、民主化水平,提高法律的针对性、及时性、系统性。要完善立法工作机制和程序,扩大公众有序参与,充分听取各方面意见,使法律准确反映经济社会发展要求,更好协调利益关系,发挥立法的引领和推动作用。”①

2014 年 9 月 5 日习近平总书记在庆祝全国人民代表大会成立 60 周年大会上的讲话,又再次强调指出:“要抓住提高立法质量这个关键,深入推进科学立法、民主立法,完善立法体制和程序,努力使每一项立法都符合宪法精神、反映人民意愿、得到人民拥护。”

习近平总书记不仅提出了依良法治国问题,而且准确、具体地揭示了良法的实体标准和良法的程序标准。良法的程序标准是,立法规划完善,立法科学化、民主化水平高,立法工作机制和程序完善,公众有序参与立法等。良法的实体标准是法律有针对性、及时性、系统性,准确反映经济社会发展要求,符合宪法精神、反映人民意愿。

2014 年 10 月 23 日习近平总书记关于依良法治国的论述完全被党的十八届四中全会所接受和认可,在党的十八届四中全会公报中得到了具体贯彻和体现。

(三)核心价值观引领法治建设

党的十八大以来,习近平总书记在不同场合多次强调社会主义核心价值观的重要性,并把培育和弘扬核心价值观作为国家治理体系和治理能力的重要方面。

2014 年 10 月 15 日习近平总书记在文艺工作座谈会上发表讲话指出,“核心价值观是一个民族赖以维系的精神纽带,是一个国家共同的思想道德基础。如果没有共同的核心价值观,一个民族、一个国家就会魂无定所、行无依归”。“我们要在全社会大力弘扬和践行社会主义核心价值观,使之像空气一样无处不在、无时不有,成为全体人民的共同价值追求,成为我们生而为中国人的独特精神支柱,成为百姓日用而不觉的行为准则。”

---

① 参见习近平同志在中央政治局第四次集体学习会上的讲话,转引自《习近平论立法质量:不是什么法都能治好国》,载人民网:http://news.cntv.cn/2015/05/12/ARTI1431418311263701.shtml,最后访问日期:2015 年 5 月 12 日。

2014年2月24日习近平总书记在主持中共中央政治局第十三次集体学习时发表讲话指出,“培育和弘扬核心价值观,有效整合社会意识,是社会系统得以正常运转、社会秩序得以有效维护的重要途径,也是国家治理体系和治理能力的重要方面。历史和现实都表明,构建具有强大感召力的核心价值观,关系社会和谐稳定,关系国家长治久安。”

2018年1月26日中国共产党中央委员会关于修改宪法部分内容的建议之一就是,《宪法》第24条第2款中“国家提倡爱祖国、爱人民、爱劳动、爱科学、爱社会主义的公德”修改为“国家倡导社会主义核心价值观,提倡爱祖国、爱人民、爱劳动、爱科学、爱社会主义的公德”。2018年3月11日第十三届全国人民代表大会第一次会议通过了包括这一建议在内的中华人民共和国宪法修正案。2018年4月27日十三届全国人大常委会第二次会议全票表决通过《中华人民共和国英雄烈士保护法》。2018年5月初,中共中央印发了《社会主义核心价值观融入法治建设立法修法规划》,要求各地区各部门结合实际认真贯彻落实。

在实现核心价值观入宪和大力推进价值观立法的同时,司法实践中也出现了一系列诸如“狼牙山五壮士名誉权系列案件”“医生电梯内劝阻吸烟案”“朱振彪追赶交通肇事逃逸者案”“夫妻强行将重病母亲抬进邻居家被砍伤案”“警察半夜拘传被打案”等弘扬社会主义核心价值观的案例。此外,一场扫黑除恶专项斗争也已经在全国展开。

从突出强调核心价值观重要性,到核心价值观入宪、入法,再到适用核心价值观判案和扫黑除恶专项斗争在全国开展,这些都无不体现和贯穿着核心价值观引领法治建设的思想,也正是核心价值观引领法治建设思想的实践成果。

(四)依宪治国

2012年12月4日习近平总书记在首都各界纪念现行宪法公布施行30周年大会上发表讲话,他不仅重申了党的十八大报告的提法:“依法治国是党领导人民治理国家的基本方略,法治是治国理政的基本方式”,而且强调了宪法至上,要依宪治国。

首先,习近平总书记强调了宪法高于一切的基本属性。他指出:“宪法是国家的根本法,是治国安邦的总章程,具有最高的法律地位、法律权威、法律效力,具有根本性、全局性、稳定性、长期性。全国各族人民、一切国家机关和武装力量、各政党和各社会团体、各企业事业组织,都必须以宪法为根本的活动准则,并且负有维护宪法尊严、保证宪法实施的职责。任何组织或者个人,都不得有超越宪法和法律的特权。一切违反宪法和法律的行为,都必须予以追究。”①

其次,习近平总书记强调了依宪治国。习近平总书记在强调要坚持党的领导,更加注重改进党的领导方式和执政方式问题时,明确指出:“依法治国,首先是依宪治国;依法执政,关键是依宪执政。”

---

① 参见习近平同志在首都各界纪念现行宪法公布施行30周年大会上的讲话。转引自习近平:《习近平谈治国理政》,外文出版社2014年版,第138页。

在实践层面,2013年年底全国人大常委会就通过决定,废止劳动教养制度。与此同时,信访制度也有较大改革,信访不再进行全国排名,涉诉涉法信访全面纳入法制轨道。

这是党和国家最高领导人第一次公开和正式提出、并坚定实行依宪治国和依宪执政。显而易见,依宪治国是习近平新时代中国特色社会主义法治思想的重要内容。

(五)全面依法治国

党的十八大以来,为了实现全面建成小康社会的战略目标,习近平总书记相继提出了全面深化改革、全面依法治国、全面从严治党三大战略举措,分别为全面建成小康社会提供动力源泉、法治保障和政治保证。其中全面依法治国是全面建成小康社会的法治保障。

首先,习近平总书记突出强调全面推进科学立法、严格执法、公正司法、全民守法。2012年12月4日习近平总书记在首都各界纪念现行宪法公布施行30周年大会上的讲话中明确提出,落实依法治国基本方略,加快建设社会主义法治国家,必须全面推进科学立法、严格执法、公正司法、全民守法进程。2013年2月23日习近平总书记在中共中央政治局第四次集体学习时指出,全面推进依法治国,必须坚持严格执法。法律的生命力在于实施。如果有了法律而不实施,或者实施不力,搞得有法不依、执法不严、违法不究,那制定再多法律也无济于事。2017年10月18日习近平总书记在中国共产党第十九次全国代表大会上的报告,明确指出全面依法治国是国家治理的一场深刻革命,必须坚持厉行法治,推进科学立法、严格执法、公正司法、全民守法。

其次,习近平总书记提出了依法治国、依法执政、依法行政共同推进和法治国家、法治政府、法治社会一体建设的法治建设新理念、新战略。2013年2月23日习近平总书记在中央政治局集体学习时指出:我们要全面贯彻落实党的十八大精神,全面推进科学立法、严格执法、公正司法、全民守法,坚持依法执政、依法行政共同推进,坚持法治国家、法治政府、法治社会一体建设,不断开创依法治国新局面。2014年10月23日党的十八届四中全会通过《中共中央关于全面推进依法治国若干重大问题的决定》,对全面推进依法治国作出全面战略部署。

最后,以习近平同志为核心的党中央还特别强调坚持依法治国和以德治国相结合,坚持依法治国和依规治党有机统一。

正是在全面依法治国思想指引下,以习近平同志为核心的党中央以前所未有的力度推进了法治中国建设的进程。

(六)中国特色社会主义法治体系五大要素论

党的十八大以来,以习近平同志为核心的党中央极为重视和快速推进党内法规的制定,并把"完善的党内法规体系"作为中国特色社会主义法治体系的要素之一。2014年10月20日党的十八届四中全会不仅提出要加强党内法规制度建设,完善党内法规制定体制机制,形成配套完备的党内法规制度体系;而且前所未有地把加强建设和完善党内法规制度提升到构建法治体系的高度,明确指出中国特色社会主义法治体系包含五大体系,即完备的法律规范体系、高效的法治实施体系、严密的法治监督体系、有力的法治保障体系、完善的党内法规体系。

党的十八届四中全会标志着以习近平同志为核心的党中央,在全党全国范围内明确提出和宣告了一个根本命题,即党内法治建设与法治中国建设并行不悖,完善的党内法规体系是中国特色社会主义法治体系的重要组成部分。这一命题构成了习近平新时代中国特色社会主义法治思想的一个重要内容。

(七)凡属重大改革都要于法有据

党的十八大以来,尤其是十八届三中全会以后,习近平总书记在多个场合反复强调,"凡属重大改革都要于法有据",要确保在法治轨道上推进改革。中国共产党人对法治思维和法治方式重视达到了前所未有的高度。

2014年2月28日习近平总书记主持召开中央全面深化改革领导小组第二次会议并发表重要讲话。他强调,凡属重大改革都要于法有据。在整个改革过程中,都要高度重视运用法治思维和法治方式,发挥法治的引领和推动作用,加强对相关立法工作的协调,确保在法治轨道上推进改革。

2014年9月5日中共中央、全国人大常委会在人民大会堂隆重举行庆祝全国人民代表大会成立60周年大会,习近平总书记再次强调指出:我们要加强重要领域立法,确保国家发展、重大改革于法有据,把发展改革决策同立法决策更好结合起来。

法治引领改革,法治推动改革,说易行难。改革意味着除旧布新;法治意味着秩序与稳定。正确处理改革与法治的关系,是一道国际性难题。在党的十八大以来波澜壮阔的全面深化改革和法治中国建设实践中,以习近平同志为核心的党中央对改革与法治的关系这道国际性难题给出了中国式解法,这就是以法治思维和法治方式推进改革。毫无疑问,重大改革于法有据,是习近平新时代中国特色社会主义法治思想的又一重要内容。

(八)将权力置于宪法和法律的制度笼子里

党的十八大以来,习近平总书记在一些重要会议上多次强调和阐释"要把权力关进制度的笼子里,任何人都没有法律之外的绝对权力"的法治理念。

2013年1月22日习近平总书记在中国共产党第十八届中央纪律检查委员会第二次全体会议上发表重要讲话。他强调,要加强对权力运行的制约和监督,把权力关进制度的笼子里,形成不敢腐的惩戒机制、不能腐的防范机制、不易腐的保障机制。各级领导干部都要牢记,任何人都没有法律之外的绝对权力,任何人行使权力都必须为人民服务、对人民负责并自觉接受人民监督。要加强对一把手的监督,认真执行民主集中制,健全施政行为公开制度,保证领导干部做到位高不擅权、权重不谋私。

2014年9月5日中共中央、全国人大常委会在人民大会堂隆重举行庆祝全国人民代表大会成立60周年大会,习近平总书记发表讲话。他明确指出:各级行政机关必须依法履行职责,坚持法定职责必须为、法无授权不可为,绝不允许任何组织或者个人有超越法律的特权。

2015年2月2日习近平总书记在省部级主要领导干部学习贯彻党的十八届四中全

会精神全面推进依法治国专题研讨班上讲话，明确指出，我们说要把权力关进制度的笼子里，就是要依法设定权力、规范权力、制约权力、监督权力。

由此可见，将权力置于宪法和法律的制度笼子里，也是习近平新时代中国特色社会主义法治思想的重要内容。

二、习近平新时代中国特色社会主义法治思想的社会实践指向

习近平新时代中国特色社会主义法治思想形成于党的十八大以来全面建成小康社会、全面深化改革、全面依法治国、全面从严治党的伟大实践和斗争，因而具有鲜明的实践指向和实践特色。

（一）生活指向：关注和解决人民群众的生活问题

党的十八大以来，以习近平新时代中国特色社会主义法治思想指导下的法治建设，呈现出了从生活细节入手，抓住生活中衣食住行方面的典型事件，使人民群众能切身感受到法治进步和文明的特点。习近平总书记关于法治建设的任何论述都是从生活实际出发、以发现和提出生活中的问题为出发点和立脚点的。

2013年2月23日习近平总书记在第十八届中央政治局第四次集体学习时的讲话，在论述公正司法、执法问题时就是从群众反映生活意见开始的，“群众反映，现在一个案件，无论是民事案件还是刑事案件，不托人情、找关系的是少数。尤其是到了法院审判环节，请客送礼、打招呼、批条子的情况很严重，现在常有一些所谓‘捞人’的事。声称可以摆平什么腐败案件、操作改变死刑判决，要价很高，有的高达几百万元。是不是有这样的事？这些钱花到哪里去了？得好处的有多少人、多少环节？这不就是说花钱可以免罪、花钱可以买命吗？有的司法人员吃了被告吃原告，两头拿好处。这样的案例影响很坏！”①

2015年2月2日习近平总书记在省部级主要领导干部学习贯彻党的十八届四中全会精神全面推进依法治国专题研讨班上发表讲话，他在论述法治与领导干部问题时，也是从现实生活状况切入的。他强调指出：“在现实生活中，不少领导干部法制意识比较淡薄，有法不依、违法不究、知法犯法等还比较普遍，特别是少数领导干部不尊崇宪法、不敬畏法律、不信仰法治，崇拜权力、崇拜金钱、崇拜关系，大搞权权勾结、权钱交易、权色交易，一些地方和单位被搞得乌烟瘴气，政治生态受到严重破坏。”习近平总书记还结合实际准确列举出了一些领导干部在权力观上错误观念的具体类型，“有的认为权力是靠个人奋斗得来的，是辛辛苦苦几十年熬出来的；有的认为权力是千方百计拉关系、找靠山弄来的；有的则更直白，认为权力是花钱买来的，过期作废，不用白不用”。② 具体论述和有力回答了为什么要把权力关进制度的笼子里。

---

① 参见习近平同志在第十八届中央政治局第四次集体学习时的讲话。

② 《【学习小组】首次披露习近平谈法治的内部讲话(3)》，载人民论坛网：http://politics.rmlt.com.cn/2015/0430/384725_3.shtml，最后访问日期：2015年4月30日。

法治首先是实践,主要是实践。法治来源于社会生活,服务于社会生活,成长于社会生活和社会实践。法治是实践的艺术,法治不在书本上,而是在社会生活和社会实践中。

深入生活实际上是法治建设的核心和关键,法治宣传和法治建设必须以社会生活为基础、为出发点和归宿点。离开社会生活需要的法治建设,注定是空中楼阁,离开社会生活需要的法治宣传,只能是空谈;离开社会生活需要的法治理论,一定是灰色的、无生命力的。

从生活实际出发、从生活细节入手、以关注和解决生活问题为出发点和归宿点推进全面依法治国,这是习近平新时代中国特色社会主义法治思想的一大特色。

(二)利益导向:勇于面对和触及利益问题

法治宣传和法治建设应避免空对空,必须使人们看到和享受到法治利益,通过法治保障的实际利益引导人们认同法治。

在2015年10月召开的党的十八届五中全会上,习近平总书记系统论述了创新、协调、绿色、开放、共享“五大发展理念”。全会指出:“必须坚持发展为了人民、发展依靠人民、发展成果由人民共享,作出更有效的制度安排,使全体人民在共建共享发展中有更多获得感。”此外,习近平总书记在多种重要场合多次强调,要坚持以人民为中心的发展思想,坚持人民主体地位、树立以人民为中心的工作导向;明确指出“让老百姓过上好日子是我们一切工作的出发点和落脚点”,检验一切工作的成效,“最终都要看人民是否真正得到了实惠,人民生活是否真正得到了改善”,“做好经济社会发展工作,民生是‘指南针’。”

总之,党的十八大以来,习近平新时代中国特色社会主义法治思想指导下的全面改革、从严治党、法治建设都是在适应生活需要,回应生活中的利益诉求。显而易见,注重利益导向,勇于面对和触及利益问题,是习近平新时代中国特色社会主义法治思想的又一特色。

(三)本土特色:重视本国的法治资源和优势

社会主义初级阶段,是我们党从社会性质和发展阶段上对中国国情所做的全局性、总体性判断。习近平法治思想从社会主义初级阶段这一最大国情出发,探索对中国社会主义法治建设实践问题,具有鲜明的本土特色。

1. 把握和立足社会主义初级阶段的最大国情

“社会主义初级阶段是当代中国的最大国情、最大实际。”这是习近平总书记在2012年11月的十八届中共中央政治局第一次集体学习时做出的判断。

2013年3月17日习近平总书记在第十二届全国人大一次会议上的讲话再次强调指出,我国仍处于并将长期处于社会主义初级阶段,实现中国梦,创造全体人民更加美好的生活,任重而道远,需要我们每一个人继续付出辛勤劳动和艰苦努力。

2017年7月26日习近平总书记又在省部级主要领导干部专题研讨班上讲话强调,“认识和把握我国社会发展的阶段性特征,要坚持辩证唯物主义和历史社会主义初级阶段唯物主义的方法论”。他指出，“全党要牢牢把握社会主义初级阶段这个最大国情，牢牢立足社会主义初级阶段这个最大实际，更准确地把握我国社会主义初级阶段不断变化的特点，坚持党的基本路线，在继续推动经济发展的同时，更好解决我国社会出现的各种问题，更好实现各项事业全面发展，更好发展中国特色社会主义事业，更好推动人的全面发展、社会全面进步”。

2. 明确提出和坚持四个自信

2016 年 7 月 1 日习近平总书记在庆祝中国共产党成立 95 周年大会上明确提出：“中国共产党人要坚持中国特色社会主义道路自信、理论自信、制度自信、文化自信，坚持党的基本路线不动摇，不断把中国特色社会主义伟大事业推向前进。”习近平总书记强调指出，“文化自信，是更基础、更广泛、更深厚的自信。”

习近平总书记精辟地论述道，“我们要坚信，中国特色社会主义道路是实现社会主义现代化的必由之路，是创造人民美好生活的必由之路。我们要坚信，中国特色社会主义理论体系是指导党和人民沿着中国特色社会主义道路实现中华民族伟大复兴的正确理论，是立于时代前沿、与时俱进的科学理论。我们要坚信，中国特色社会主义制度是当代中国发展进步的根本制度保障，是具有鲜明中国特色、明显制度优势、强大自我完善能力的先进制度。”

3. 把党的领导贯彻到全面推进依法治国全过程

习近平总书记准确雄辩地阐明了党与法、党的领导与依法治国的关系。正确认识和处理党的领导与依法治国的关系，不断加强党的建设、改善党的领导，把党的领导贯彻到全面推进依法治国全过程，不仅是习近平新时代中国特色社会主义法治思想的首要内容，也是习近平新时代中国特色社会主义法治思想的最大特色。

（1）党的领导和依法治国的一致性

党的领导和依法治国的关系问题，涉及走什么路的大问题，全面推进依法治国方向要正确，政治保证要坚强。

2014 年 1 月 7 日习近平总书记在中央政法工作会议上的讲话指出：“党的领导和社会主义法治是一致的……不能把坚持党的领导同人民当家作主、依法治国对立起来，更不能用人民当家作主、依法治国来动摇和否定党的领导。”“党和法的关系是政治和法治关系的集中反映。法治当中有政治，没有脱离政治的法治。”

2014 年 2 月 17 日习近平总书记在省部级主要领导干部学习贯彻十八届三中全会精神全面深化改革专题研讨班上讲话指出：“我们必须搞清楚，我国人民民主与西方所谓的‘宪政’本质上是不同的。中国共产党领导是中国特色社会主义最本质的特征。”

2015 年 2 月 2 日习近平总书记在省部级主要领导干部学习贯彻党的十八届四中全会精神全面推进依法治国专题研讨班上讲话，指出：“我们必须牢记党的领导是中国特色社会主义法治之魂，是我们的法治同西方资本主义国家的法治最大的区别。……全面推进依法治国绝不是要虚化、弱化甚至动摇否定党的领导，而是为了进一步巩固党的执政地位、改善党的执政方式、提高党的执政能力,保证党和国家长治久安。任何人以任何借口否定中国共产党领导和我国社会主义制度都是错误的、有害的,都是违反宪法的,都是绝对不能接受的。”

2018年3月中国共产党领导是中国特色社会主义最本质的特征写入我国《宪法》。

(2)党大法大与权大法大:伪命题和真命题

习近平总书记明确指出:“党大还是法大”是一个政治陷阱,是一个伪命题。我们说不存在“党大还是法大”的问题,是把党作为一个执政整体而言的,是指党的执政地位和领导地位而言的,具体到每个党政组织、每个领导干部就必须服从和遵守宪法法律,就不能以党自居,更不能把党的领导作为个人以言代法、以权压法、徇私枉法的“挡箭牌”。

习近平总书记辩证地指出,如果说“党大还是法大”是一个伪命题,那么对各级党政组织、各级领导干部来说,权大还是法大则是一个真命题。各级党组织必须坚持在宪法和法律范围内活动。各级领导干部要带头依法办事,带头遵守法律,对宪法和法律保持敬畏之心,牢固确立法律红线不能触碰、法律底线不能逾越的观念,不要去行使依法不该由自己行使的权力,也不要去干预依法自己不能干预的事情,更不能以言代法、以权压法、徇私枉法,做到法律面前不为私心所扰、不为人情所困、不为关系所累、不为利益所惑。这样,习近平总书记就辩证地阐明了党与法的关系问题。

三、习近平新时代中国特色社会主义法治思想指导下的法学教学改革

全面依法治国是坚持和发展中国特色社会主义的本质要求和重要保障,事关党和国家事业发展。高等院校的法学教学工作对于推进全面依法治国、推进新时代中国特色社会主义法治建设至关重要,必须以习近平新时代法治思想为指引。

(一)明确法学教学改革的指导思想和教学培养目标

法学院校的法学教学改革必须以习近平中国特色社会主义法治思想为指导,必须坚持用马克思主义法学思想和习近平新时代法治思想全方位占领法学教育和法学研究阵地,突出培养和提高学生的法治思维方式和能力。

高等院校的法学教学培养目标是,培养造就熟悉和坚持中国特色社会主义法治体系的法治人才及后备力量。建设通晓国际法律规则、善于处理涉外法律事务的涉外法治人才队伍。

(二)推进法学本科课程体系改革与习近平法治思想课程设置

习近平中国特色社会主义法治思想是习近平新时代中国特色社会主义思想的重要组成部分,是全面依法治国的指导思想和行动指南。习近平新时代中国特色社会主义法治思想涵盖了法治理论与实践的一系列新概念、新命题、新阐述、新理论,是新时代开展法学理论创新、法治实践创新、法律制度创新的行动指南。“习近平中国特色社会主义法治思想”课是法学本科课程体系的重要内容。

开设“习近平新时代中国特色社会主义法治思想”课,是完善法学本科课程体系的必然要求,是完善新时代中国特色社会主义法学教育体系和提高法学理论水平的需要,是培养法学理论研究和法治实践人才的需要。在法学本科教学中,开设习近平中国特色社会主义法治思想课,有利于促进法学教育和法学体系的完善,推动法治实践的发展。

因此,要积极探索和完善法学课程设置,增设“习近平新时代中国特色社会主义法治思想”全校选修课和法学专业选修课。

(三)推进新时代法学教学内容和教学方法改革

新时代法学教学内容改革,必须加强法学理论研究和教学工作,完善新时代法学教学体系,重视和加强法学实践教学,引导和支持学生积极参与新时代法治建设实践。高等法学院校应当及时完善新时代法学教学内容,研究和探索习近平新时代中国特色社会主义法治思想“进教材、进课堂、进头脑”的方式方法,使学生及时准确学习、理解习近平新时代中国特色社会主义法治思想的主要内容和深刻内涵。

新时代法学教学方法改革,必须贯彻习近平新时代法治思想,坚持理论教学与实践教学相结合。完善法学教学考核机制,鼓励学生参与新时代法治建设实践。创新法学教学方式方法和工作载体,引导和支持学生通过参与新时代法治建设实践,学习和理解习近平新时代中国特色社会主义法治思想的主要内容和重大意义。

(四)加强高等院校法学教材建设,改进高等院校法学课堂教学

高等院校法学教材建设必须解决好三个关键问题:第一,教材编写和采用。要组织编写和全面采用国家统一的法律类专业核心教材统编教材。第二,教材内容。高等院校法学教材内容要与国家统一法律职业资格考试相衔接,要纳入国家统一法律职业资格考试必考范围。第三,教材编写的指导思想。高等院校法学教材编写要以中国特色社会主义法治理论为中心。

高等院校的法学课堂教学,必须突出马克思主义法学思想和习近平新时代法治思想。要注意解决好三个重要问题:第一,立德树人、德育为先问题。必须坚持立德树人、德育为先导向,教育青年学生要坚定跟党走,要立志做大事,要树立符合时代主题的理想信念,勇于担责任。第二,高等院校的法学课堂教学内容要以阐释中国特色社会主义法治体系为重点,以解决法治中国建设问题为依归。第三,法学专业教师实践核心价值观、用正确的法治理论引领法学教学实践等问题。

(五)推进高等院校法学教师队伍建设

推进高等院校法学教师队伍建设,必须正确处理和解决好三大关系问题。包括正确处理知识教学和实践教学的关系问题,正确处理注重发挥法学专业教师的知识资源与大力引进实际工作部门的优质实践教学资源的关系问题,正确处理法学教育研究工作者和法治实际工作者之间交流互动关系的问题。

深化高校思想政治教育中的法治教育探析*

李栗燕** 鲁 婷***

摘 要:在新时代社会背景下,法治中国的建设要求法治教育要与思想政治教育和谐共进、相辅相成,在全面推进依法治国中发挥应有作用。随着依法治国的全面推进,法治教育在新的时代遇到的问题将会更加复杂,缺乏系统的课程设置和合理的内容安排,法治教育方式单一,理论和实践分离严重,法治教育队伍素质有待提升,这些使法治教育面临羁绊,陷入"瓶颈"。法治教育在中国特色社会主义新时代的革新,要求重视法律基础课程,增强其独立性,使之课程设置系统,内容合理安排;要求专业队伍专业培养,全面提升法治教育队伍的专业素质;要求构建隐性课程、开辟社会课堂以及利用新媒体扩宽法治教育方法。

关键词:新时代 法治教育 思政教育 依法治国

在中国共产党第十九次全国代表大会上,习近平总书记指出"全面依法治国是中国特色社会主义的本质要求和重要保障"①,同时亦强调"加大全面普法力度,建设社会主义法治文化,树立宪法法律至上、法律面前人人平等的法治理念"。法治国家的建设除了要求立法者、执法者和司法者做到"科学立法、严格执法、公正司法"之外,更是对作为守法者的普通公民提出了"全民守法"的要求。"全民守法"的前提是"全民知法","全民知法",其关键在于"法治教育",《中共中央关于全面推进依法治国若干重大问题的决定》中已经明确提出要"将法治教育纳入国民教育体系",在新时代的社会背景下,国家和人民必定会对"法治教育"报以更大的期待,提出更高的要求,"法治教育"的重要性必定会

* 本文为李栗燕主持的江苏省研究生教育教学改革课题(课题编号:JGLX18_083)的研究成果,并受江苏高校"青蓝工程"中青年学术带头人项目资助。

** 南京师范大学中国法治现代化研究院特邀研究员,南京航空航天大学教授。

*** 南京航空航天大学法学研究生。

① 习近平:《决胜全面建成小康社会夺取新时代中国特色社会主义伟大胜利——在中国共产党第十九次全国代表大会上的报告》,载中华人民共和国中央人民政府网:http://www.gov.cn/zhuanti/2017-10/27/content_5234876.htm,最后访问日期:2018年6月3日。

得以再度提升。全面法治教育不仅是全面依法治国、加快建设法治国家的基础工程,也是适应中共十九大报告关于“提高全民法治素养”战略要求,因此需确立法治教育的重要地位,探索法治教育革新就显得重要且紧迫。

一、期待与要求:新时代法治教育之目标

中国特色社会主义进入了新时代,这是对我国当前社会发展现实情况的精准定位。在新的历史条件下,“我国社会主要矛盾已经转化为人民日益增长的美好生活需要和不平衡不充分的发展之间的矛盾”。如今,人民美好生活需要日益广泛,不仅对物质文化提出了更高要求,而且在民主、法治等方面的要求日益增长。随着依法治国的深入推进,中国特色社会主义在新时代的社会背景下对法治教育的发展怀有更多的期待,提出了更高的要求。

(一)法治教育须与思想政治教育和谐共进,相辅相成

法治教育是指通过对公民进行有目的、有计划、有组织的“依法治国”方略的宣传和教育,培养和发展公民法治意识及用法治意识指导自己行为的一种活动。[①] 国务院在《关于进一步加强和改进大学生思想政治教育的意见》中指出,大学生思想政治教育是“以大学生全面发展为目标,解放思想、实事求是、与时俱进、坚持以人为本,贴近实际、贴近生活、贴近学生,努力提高思想政治教育的针对性、实效性和吸引力、感染力,培养德智体美全面发展的社会主义合格建设者和可靠接班人”。党的十九大报告强调全面依法治国是中国特色社会主义的本质要求和重要保障,将全面依法治国提到一个前所未有的高度。深化依法治国实践,提升全民族法治素养是基础,也是关键。加强法治教育是落实立德树人、德法兼修任务的重要手段。“建设教育强国是中华民族伟大复兴的基础工程,必须把教育事业放在优先位置,加快教育现代化,办好人民满意的教育。要全面贯彻党的教育方针,落实立德树人的根本任务,发展素质教育,推进教育公平,培养德智体美全面发展的社会主义建设者和接班人。”[②]法治教育不仅关系到法治人才的培养,还是我国法治建设中的一件大事。“深化依法治国实践。全面依法治国是国家治理的一场深刻革命,必须坚持厉行法治,推进科学立法、严格执法、公正司法、全民守法。”[③]新时代的国家治理需要全面厉行法治,厉行法治需要从立法、执法、司法、守法四个环节展开。而这四个方面无一不需要法治教育实践的落实与支撑。党的十九大报告将坚持依法治国和以德治国相结合作为实现全面依法治国深入推进必须坚持的重要原则,这是党中央对建设社会主义法治国家的经验总结和对治国理政规律的深刻把握。这一原则无疑成为深化

---

① 参见王双群、余仰涛:《法治教育与德治教育的内涵及意义》,载《理论月刊》2006年第7期。

② 习近平:《决胜全面建成小康社会 夺取新时代中国特色社会主义伟大胜利——在中国共产党第十九次全国代表大会上的报告》,载中华人民共和国中央人民政府网:http://www.gov.cn/zhuanti/2017-10/27/content_5234876.htm,最后访问日期:2018年6月3日。

③ 同上。

我国当前法治教育实践的重要指导之一。法治人才的培养是法治教育的职责和价值所在,强调修法与修德兼顾,可以使二者相互补充,在法治教育中既发挥法律技术层面的规制作用,又可以实现思想道德领域的引导与教化,更好的以道德滋养法治,为全面依法治国培养大量法治人才。

高校学生是我国社会中接受高等教育的群体,也是支撑未来社会发展的中流砥柱,他们是社会法治意识养成的主要力量,更是法治教育不可忽略的重点对象。"当代大学生法治观培养的内容很多,重点是要求大学生掌握社会主义法律知识、树立社会主义法治理念、养成社会主义法治思维,提高社会主义法治能力"。[①] 思想道德修养是大学生法治意识形成的基本支撑,而思想政治教育是养成大学生思想道德修养的关键一步,其与法治教育在人才培养的根本目标、基本方向上相互辅助,在教育内容、教育方法上相互关联,相互补充。[②] 所以二者之间的关系应当是相辅相成、和谐共进的。

然而在当前的思想政治教育中,法治教育往往被忽视,未能与思想政治教育形成合力,这与新时代社会背景下出现的更加复杂的国内外环境,更加难以解决的新问题、新情况不无关系。习近平总书记在全国高校思想政治工作会议上指出,做好高校思想政治教育工作,要"因事而化、因时而进、因势而新","用好课堂教学这个主要渠道,思想政治理论课要坚持在改进中加强,提升思想政治教育亲和力和针对性,满足学生成长发展需求和期待"。[③] "因事而化、因时而进、因事而新"是新时代社会背景下改进中加强思想政治教育建设的内在要求,它是指高校思政教育的目标是融入相应的事情、事务中,凭借具体的事情、事务而实施教学活动,使教育对象的思想和行为发生符合社会要求方向的改变。法治教育的前进方向亦应紧跟思想政治教育的脚步,深入贯彻落实习总书记"因事而化、因时而进、因事而新"的要求。

(二)法治教育须在推进全面依法治国中发挥应有作用

2012 年 11 月 8 日党的十八大报告提出"全面推进依法治国""加快建设社会主义法治国家",倡导运用"法治思维和法治方式"来"深化改革、推动发展、化解矛盾、维护稳定";2013 年 11 月党的十八届三中全会通过了《中共中央关于全面深化改革若干重大问题的决定》,提出把"推进法治中国建设"确立为我国新时期法治建设的新目标;2017 年 5 月习近平总书记在中国政法大学的讲话中谈到"全面依法治国是长期而重大的任务,要坚持中国特色社会主义法治道路,坚持以马克思主义法学思想和中国特色社会主义法治理论为指导,立德树人,德法兼修,培养大批高素质法治人才";2017 年 10 月习近平总书记在党的十九大报告中再次强调,要通过"深化依法治国实践",实现"建设社会主义法

---

① 马志霞、黄蓉生:《论当代大学生法治观的培育》,载《思想政治教育研究》2017 年第 2 期。

② 参见周佳磊:《法治教育融入大学生思政教育的思考》,载《北京教育(高教)》2015 年第 Z1 期。

③ 习近平:《习近平在全国高校思想政治工作会议上强调:把思想政治工作贯穿教育教学全过程 开创我国高等教育事业发展新局面》,载《人民日报》2016 年 12 月 9 日,第 1 版。

治体系、建设社会主义法治国家”的法治建设总目标的重大历史使命。新时代、新征程、新作为,法治与中国特色社会主义更深度地紧密相融,赋予了全面依法治国承载历史、贯穿当下、引领未来的新的深刻内涵和神圣使命。不可否认,法治已经渗透到我国社会的方方面面,是调整社会关系的基本方式。

习近平总书记多次强调:“人们没有法治精神、社会没有法治风尚,法治只能是无本之木、无根之花、无源之水”①,法治精神的培养,法治风尚的形成深深依赖着法治教育。就当前中国的现实状况而言,伴随依法治国的全面推进、法治思维的逐渐普及以及法治理念的深入人心,法治教育重要作用的有效发挥无疑是不可忽视且必须实现的重大课题。在中国特色社会主义进入新时代,在全面推进依法治国、建设法治中国的社会大背景下,法治教育的自身定位需要与时俱进,法治教育的历史使命需要清晰明确,法治教育的重要作用需要切实发挥。高校学生作为中国特色社会主义事业的建设者和接班人,其法治意识的层次和水平在某种程度上直接决定着未来国家和社会的法治建设水平。因此,加强和重视法治教育是全面依法治国的基础工作和重中之重。重视法治教育,将法治意识培养纳入高校思想政治教育的教学目标与任务,不仅能够促进法治教育与道德教育的深度融合,推动思想政治教育的改革和创新,更是为全面依法治国打下坚实的人才基础。

二、“瓶颈”与困难:新时代法治教育之羁绊

1978 年党的十一届三中全会以来,实行依法治国,建设社会主义法治国家,已经逐渐成为我们党和国家政治文明建设的基本目标;1997 年江泽民同志在党的十五大上庄严指出:“依法治国,是党领导人民治理国家的基本方略”;1999 年“依法治国,建设社会主义法治国家”写入了宪法,成为一项不可动摇的宪法原则;党的十九大上,习近平总书记再次强调,要“坚持推进全面依法治国”。随着时代的变化,“依法治国”的信念逐渐深入人心,这是法治教育优良成果的体现。但是,在法治教育的发展过程中,还有许多困难尚未解决,还有不少“瓶颈”尚未跨越。

(一)主干课程设置缺乏平衡性,内容安排不合理

作为高校思想道德教育与法治教育核心课程的《思想道德修养与法律基础》,未能实现思想道德修养与法律基础的真正融合,重前者轻后者的现象一直存在。“中国的公民教育主要体现为道德教育、思政教育、法制教育(普法教育)的‘德育—政育—法育’三元构架,其中德育具有基础地位,政育占据主导地位,法育则处于被吸纳的弱势地位,缺少足够的独立性”。② 这不仅会导致三大教育的结构失衡,而且无法回应当前新时代下“深化依法治国”“提高全民族法治素养”“建设社会主义法治文化”等战略要求。高校思想

---

① 习近平:《之江新语》,浙江人民出版社 2007 年版,第 205 页。

② 马长山、李金枝:《青少年法治教育中的公民性塑造》,载《上海师范大学学报》(哲学社会科学版)2018 年第 4 期。

政治课“05 方案”将思想道德修养与法律基础两门课程进行了整合,本希望借此体现道德教育与法治教育的紧密联系和融合①,但此方案执行以来,如何处理好“思想道德修养”与“法律基础”就成了该课程建设的难点。综观2006年以来至今的几版教材,不难发现“思想道德修养”部分都占据着绝对的比重,“法律基础”部分实则处于附属的地位。另外,《思想道德修养与法律基础》的课时有限,在实际教学中,完成“思想道德修养”部分后,课时所剩无几,法律部分的学习也就随之一笔带过了。

教材是教学内容的载体,当课程设置固定之后,教学效果的好与坏,很大程度上直接取决于教材内容的选择和编写。从2006年至今的几次教材修订情况来看,虽然比较好的吸收了最新的法治理论成果,也考虑到了高校素质教育的目标,但是基本上仅停留在宏观叙事的层面,甚少触及实质性的内容。均强调法律如何规定,强调守法而不是公民的权利义务,这在一定程度上还是停留在以往法制教育的阶段,是法律知识的普及而不是法治理念的培养。

法治教育要实现自身价值,首先必须要有系统性的课程设置,合理的内容安排,这既能体现教育之于现实的契合度,也是教育资源在人才培养上的有效分配。系统性的课程设置要求有多方面、立体化、全方位的能够提高受众法治素养的课程可供选择;合理的内容安排要求按照现实对人才需求和人才培养的需要进行课程内容的设计和编写,其原因在于“理论在一个国家的实现程度,总是决定于理论满足这个国家需要的程度。”②

(二)师资配备非专业化,法治素质有待提升

随着时代的发展,社会分工越来越细,专业的事情交给专业人士来做是公众的普遍认识。法治教育的开展,也必须要依托法学专业背景的专任教师。目前高校的法治教育工作队伍建设都较为滞后。现有的《思想道德修养与法律基础》这一门课程的授课,几乎全部是由马克思主义学院的教师负责,在充分考虑教师学科背景的基础上,他们肯定更倾向于更多地向学生传递自己所熟悉的内容。对于研究马克思主义的教师来说,自己本身对法治的了解十分有限,所以对法律基础部分的课时安排就会更加有限。授课内容也因此偏向于法律条文的简单介绍和普及,并不能很好地达到法治教育的目的。

当然造就当前高校法治教育任课教师的非法学专业出身的根源是非常复杂的,但是直观上和高校法治课程的课程归属直接相关。在实际的教学体系中,大部分的高校及教师在授课进度、授课内容的方面严重弱化了法律基础的内容。“思想道德修养与法律基础”该门课程,短短几十个课时,要完成思想道德部分和法律基础部分的充分讲授是难以完成的。《思想道德修养与法律基础》作为我国高校法治教育普遍依托课程,就其教学内容来说,“社会主义法治理念”和“法律基础”两部分应该属于法学课程的体系,但是在现

① 参见董翼:《大学生法治教育存在的主要问题及对策思考》,载《思想理论教育》2016年第3期。

② [德]马克思、恩格斯:《马克思恩格斯选集》(第1卷),中共中央马克思恩格斯列宁斯大林著作编译局编译,人民出版社1995年版,第11页。

实中却被划分到“思想道德”和“形势政策”的范畴中。实事求是的说,在特定历史时期,由这两门课的教师为高校法治教育作出了超越其能力范围的贡献。但是,随着依法治国的深入推进和展开,从事高校法治教育的教师必须具备较高的法治素养已经成了必然的要求。因此,我国高校法治教育,及其师资力量的配备方面,由非专业法学教师任课的现状急需改变,法治教育队伍的素质有待提升。

(三)法治教育方式缺乏多样性,理论与实践相分离

传统的法治教育在教育模式上采用课堂教学、知识传授、理论学习的常规套路,使法治教育的内容落实基本取决于法律知识体系的构建。如前所述,现有教材体系的法律知识教育尚未在内容上做好平衡,在以促进守法为目标的规则教育下,权利意识的欠缺就意味着对权利监督的认识的不完善,并由此损害了法治思维的系统性,难以建立完善的法律知识体系。与此同时,这一教育模式更突出的缺点在于具有明显的重理论轻实践色彩,教育手段的单一模式成为了法治教育效果难以有效实现的因素之一。法治教育仅通过一门显性化的课程来实现其弊端是显而易见的:其一,容易导致学科知识中心取向的产生,在整个法治生活过程中抽离出法治知识体系,它脱离于完整的、丰满的现实生活,使法治学习变得呆板和僵化。其二,容易导致法治知识和法律条文的灌输式教育模式。毋庸置疑,法治教育无法脱离对法治知识的传授,它需要学生对法律规范和法律条文的了解为基础才能进行。但是在显性课程的逻辑下,教师通常倾向于在学校课堂上直接讲授各种法律条文,并就法条进行考察学习效果。这种教学方式很容易导致法治教育的形式化和灌输化。学生只是习得了一些形式化、抽象化的法律知识和条文,但是由于未在社会课堂进行实践,根本无法发挥法治教育的实质作用。单纯法律知识的灌输无法给予学生情感、态度和价值观的深刻体验,导致法律理性和法律情感、法律知识与法律行动的分离。其三,易导致法治课程体系封闭于狭小的课堂空间,无法真正成为一种与社会生活接轨的法治教育,这种静态化、课堂化的法治教育难以避免地导致与社会生活的疏离与分裂。

种种因素的影响使当前法治教育不可避免地出现了一些怪相:一边是学生侃侃而论各种法律案例,另一边却是在生活中对自身权利与义务的漠视。法治教育不应该是“镶嵌于生活的,一个可以任意装卸的部件,它是融入、渗透于生活的,它存在于生活的整体联系之中”。① 仅有显性课程的法治教育就是在学校课堂上将法治知识“安装”进学生的头脑,以技术理性的方式告知学生什么是法治、如何去践行法治,但是却无法促使学生在社会课堂中去感受、体验法治进而导致法治生活破碎化和分裂化——分裂成一个个法治知识的零部件。

理论学习与法治实践的相分离,使学生很难从个人自身管理、社会治理、国家治理三位一体的角度去理解法治教育的目的和要求,可能简单的认为它只是对个人素养的要

---

① 鲁洁:《生活·道德·道德教育》,载《教育研究》2006年第10期。

求,从而在社会实践中遭遇问题和困难时单向地将法律看作对个体责任和义务的苛求,甚至会形成某些抵触情绪,在解决问题时难以做到“遇事找法”“解决问题靠法”,而是依照权力思维寻找“歪门邪道”的应对措施。学生只能在高校课堂学习粗浅的法律理论,而不能去社会课堂进行具体的法律实践,法治素养难以提高,法治精神难以养成,法治教育在建设社会主义法治国家中的效果难以体现。

三、方法与路径:新时代法治教育之革新

高校是普及法律知识、涵养法治文化的重要阵地,对全社会塑造法治意识和弘扬法治精神具有重要的示范作用①。只有基于对法治的价值认同所建立的自觉性遵从和自发性依赖,才是法治最深厚、最持久的依靠力量。因此,法治教育的本质在于以知识为媒介,通过对法治文化的建设和法治价值和精神的弘扬,塑造大学生的法治信仰。

(一)更新新时代法治教育的内容,以中国特色社会主义法治理念为核心

坚持以中国特色社会主义法学理论为核心来开展法治教育。中国法治建设进程不断深入,数十年的法治实践与法治创新为中国特色社会主义法治理论奠定了坚实的基础。中国特色社会主义法治理论是服务和支撑中国特色社会主义法治道路和社会主义法治体系的直接理论依据,是引导和推进全面依法治国、加快建设社会主义法治国家的科学理论依据,是构建国家法治实力的重要理论支撑。法治教育的成效关乎我们国家今后的法治建设成效。过去我们的法治思维或多或少的都受到西方国家价值观念的影响。如今,我们应更重视构建中国自己的法治理论体系,应将法治教育扎根在我们自己的土壤之上,将中国特色社会主义法治理论的核心思想、关键词贯穿法治教育,体现鲜明的民族性。在借鉴和吸收西方优秀法治文明成果时,要自觉坚持以马克思主义为指导,保持清醒的理论自觉、坚定的政治信念和科学的思维方法。

(二)将法律基础课单独列为必修课,承认其独立性

当前,高校思想政治教育理论课程内容主要包括《马克思主义基本原理概论》《毛泽东思想与中国特色社会主义理论体系概论》《中国近代史纲要》《思想道德修养与法律基础》以及形势与政策课。虽然道德与法律都属于社会上层建筑部分,共同构成了社会生活的规范体系,但是二者在涉及范围、构成方式、约束力度和方法手段都有所区别。新时代,法治与德治并重的治国方针也可以说明法治教育与道德教育位于同等地位,但是我国法治教育长期处于一种从属的地位,并没有上升到基础教育的地位。

首先,在现实中,针对“是否有必要将思想道德修养和法律基础分开,让法律基础成为一门独立课程”这一问题,在对大学生的访谈中,有半数以上的学生认为“比较有必要”,而马克思主义学院亦有教师发出声音,囿于学科背景所限,希望由专业法学出身的教师来讲授法律基础这部分的内容。这些充分显示出高校师生认为有必要全方位、系统性地学习法律基础,而不是糅合在思想道德修养课程之中。综合来看,为了更有效地开

① 韦洪发、张然:《论高校“思政课”法治教育功能的生成逻辑》,载《思想政治教育研究》2017 年第 4 期。

展新时代下的法治教育,我们有必要将法治教育的课程从思想道德修养课程中分离出来,使其自成体系,单独编写《法律基础》教程。

其次,开设法治类选修课,丰富课程内容和课程类型。仅靠法律基础课短短10多个课时进行法治教育显然是不足的,应当鼓励有条件的高校开设法治类选修课,丰富课程类型和课程内容,吸引更多学生选修。力求形成一种以法律基础课为主干课程,法治教育相关课程为延伸课程,有序衔接、相互补充的系统课程体系,辅之以适应新时代法治发展现状的教材,使法治思想自成一体成为贯穿整个课程讲授的中心线。系统的课程设置和合理的内容安排有助于法治教育作用的有效发挥。

最后,高校的法治教育水平和结果参差不齐,除少数政法院校外,大多数高校的法治教育水平总体偏低。尤其是在理工科院校,法治教育更是其大思政教育中最薄弱的环节。在全面依法治国的背景下,应该使基础法治教育普遍化,贯穿本科、硕士、博士等整个高等教育过程。而目前高校法治教育局限于本科教学阶段,且课时极其有限,这显然是无法承担高校法治教育的任务的。因此,应该增加法治教育的应用范围,将法治教育作为本科、硕士、博士各个阶段的基础教育,并且不分专业予以贯彻。

(三)全面提升法治教育队伍

全面提升法治教育职业队伍的专业素质,是有效发挥法治教育在建设法治中国的作用的重要保障。在完善高校法治教育的过程中,加强教师队伍建设势在必行。前文提到,现有的《思想道德修养与法律基础》这一门课程的授课几乎全部是由马克思主义学院的教师负责,授课教师在专业性方面比较欠缺,对学生提出的专业性较强的问题解答能力不足,容易造成学生对法治的信赖不足;另外,授课内容也偏向于普及法律常识,对本身具有一定知识储备和自学能力的高校学生提高帮助较少,难以结合社会热点问题进行专业分析和解说,与法治实践的距离较大。在改善对学生的法治教育的同时,高校也应该采取措施提高法治教育工作队伍的能力水平。法治教育的职业队伍应该是思想政治坚定,法律知识深厚的"德法兼修"人才①,在没有足够法学专业教师的情况下,定期对授课教师进行法治理论培训。同时高校也可以聘请社会上长期从事法治工作的人士作为兼职教师加入法治教育教师队伍,以补充优化师资力量,提高法治教育的教学质量。

(四)社会课堂的开辟和隐性课程的构建

"通过隐性课程,法治教育才能增进其生活性、行动性、引导性和持久性等特质,从而有效地培育年轻一代人的法治精神。"②隐性课程的合理构建和社会课堂的有效开辟是改善当前法治教育现状的可行之道。

首先,培养高校法治文化氛围、构建高校法治实践体系。高校法文化及其所蕴含的价值观念体系是法治教育隐性课程体系中至关重要的一环,法文化对人的价值观念的养

---

① 参见黄进:《坚持立德树人、德法兼修,培养高素质法治人才》,载《法学教育研究》2017年第4期。

② 叶飞:《论法治教育隐性课程的构建》,载《中国教育学刊》2018年第3期。

成影响重大,能够对人进行稳定而持久的精神培育。法治教育需要依托法治文化,为了实现学校文化与法治教育的有效连接,必须构建平等公正、权责明确的学校法治文化,从而通过文化氛围来培养学生的法治精神。学生是高校生活的主要参与群体,他们有能力以学到的法治理论在针对具体事务时加以实践。增进学校组织管理的民主共治,在管理决策上以"法治"取代"人治"。建立民主共治机制,引导学生以合法程序积极参与学校的公共事务管理。承认学生在学校组织管理中所拥有的参与权利,有关的重大决策、学生奖惩问题、规章制度上,学生有一定的参与权。这不仅可以使学校的管理更加民主化和多元化,也能使学校的管理更加法治化,符合法治社会建设的基本要求。当校方与学生形成一种共治的局面,学校的公共治理也凸显出法治的精神。

其次,积极引导学生参与社会生活中的法治行动。法治教育的课堂不能仅仅局限于学校内部,要充分利用更为广阔的社会生活领域,有效开辟社会课堂,在更广阔的社会实践中培养其法治素养和法治实践能力。高校应该积极创造条件与校外的各种法治相关的机构建立合作,使学生亲身到社会中去体验法治的运作,理解法治社会的根本内涵。法治教育的根本目的是为社会培养合格的法治公民,为了达到这一目标,非常有必要让学生积极参与社会生活领域中的法治活动,比如去法院旁听审理等,使其在生活中懂法、知法、守法、用法,吸收和内化法治的基本精神。通过一系列社会法治实践,高校学生的法治知识、观念和精神,能够得到持续而稳固的成长,这种成长是法治教育隐性课程下潜移默化的成长,虽然是内隐的、潜在的,但是影响却是持久而深远的。

(五)创新法治教育方式,充分利用自媒体等工具

随着网络时代的飞速发展,法治教育应当向虚拟空间扩展和延伸,网络教育方式应该被纳入高校法治教育方法体系之中。新时代,人们的交流方式发生着巨大变化,以微博、微信为代表的自媒体平台也成为对高校学生进行法治教育的新方法。在这些平台上引入法官、检察官、律师等法治工作者的交流机制,通过直接与法治一线工作人员的交流,既扩宽了法治思维培育的途径,又提高了学生法治思维培育的积极性和主动性。当前,自媒体推送已经成为信息传递的主要方式之一,高校也逐渐开始利用自媒体来辅助日常工作。充分利用自媒体的推送功能,可以实现面向全校师生的全方位的法治宣传教育。

四、结语

增强高校学生的社会主义法治意识,对我国实现"全面依法治国的深入推进""提高全民法治素养""人才强国战略"有着极其深远的影响和不可忽略的战略作用。高校学生作为社会发展的中坚力量,其接受的法治教育和法治观念的养成是至关重要的。思政教育与法治教育的互促共进,为践行新时代法治教育的创新,落实全民法律素养的提升,提供了一条可以进一步探索的支撑路径。

财经院校法学教育的挑战、机遇与改革路径*

张献勇** 刘亚丁***

摘 要:目前财经院校法学教育普遍面临外部支持不足、人才培养目标定位与培养实践矛盾突出及法学教育发展不平衡加剧的挑战,但依法治国战略的全面推进、国内外经济发展出现的新形势、财经院校法学专业之间交流的增多及师资力量的明显增强,都为财经院校法学专业的发展提供了机遇。为进一步提升人才培养的质量,财经院校法学专业应该精确定位并贯彻实施人才培养目标,进一步加强财经院校法学教育的交流与沟通并加强师资队伍建设。

关键词:财经院校 法学教育 挑战 机遇 改革

近年来,我国财经院校法学教育取得了令人瞩目的发展,办学层次和人才培养质量逐步提升,截至目前,在全部54所财经院校中,有44所院校设置了法学专业,占全部财经院校的81.5%,其中6所院校拥有法学一级学科博士授予权,另有22所院校拥有法学一级学科硕士授予权。① 但目前我国财经院校法学教育依然存在一些挑战,如何更好地把握财经院校法学教育发展的机遇,进一步提升人才培养的质量,是绝大多数财经院校法学专业所面临的共同课题。

---

* 本文为山东工商学院教学改革项目“本科生精细化培养模式研究”(项目编号:11688201705)的阶段性成果。

** 山东工商学院法学院院长。

*** 山东工商学院法学院副教授。

① 6所拥有法学一级学科博士授予权的学校分别是中南财经政法大学、对外经济贸易大学、西南财经大学、上海财经大学、浙江工商大学和江西财经大学;22所拥有法学一级学科硕士授予权的学校分别是北京工商大学、首都经济贸易大学、中央财经大学、天津商业大学、河北经贸大学、山西财经大学、东北财经大学、吉林财经大学、哈尔滨商业大学、上海对外经贸大学、南京财经大学、浙江财经大学、安徽财经大学、山东财经大学、河南财经政法大学、广东财经大学、云南财经大学、湖南商学院、贵州财经大学、南京审计大学、天津财经大学、西安财经学院。

一、财经院校法学教育的挑战

(一)外部支持相对不足

一个专业的发展,离不开政府、社会和学校等各方面的外部支持。在当前国内高校普遍开设法学专业的背景下,财经院校法学专业若能获得较多的外部支持,则将在激烈的竞争中占得优势。然而,无论从政府、社会还是学校层面来看,大多数财经院校的法学专业面临外部支持不足的困境。

在政府层面,随着依法治国战略的逐步推进,政府越来越重视法学教育并加大了教育投入。如2012年教育部启动"卓越法律人才培养计划",将"以提升法律人才的培养质量为核心,以提高法律人才的实践能力为重点,加大应用型、复合型法律人才的培养力度,培养、造就一批适应社会主义法治国家建设需要的卓越法律职业人才"作为目标定位,确立了58个"应用型、复合型法律职业人才教育培养基地",22个"涉外法律人才教育培养基地"和12个"西部基层法律人才教育培养基地"。但这些投入的主要受益者是那些传统综合性院校,广大财经院校尤其是地方财经院校难以获得直接的政策和资金扶持。以上述"卓越法律人才培养计划"为例,在58个"应用型、复合型法律职业人才教育培养基地"中,财经院校仅有9所,而综合性院校则多达40所;22个"涉外法律人才教育培养基地"中,财经院校仅有4所,综合性院校多达13所;12个"西部基层法律人才教育培养基地"中,财经院校只有1所。

在社会层面,对财经院校法学专业的认可度始终比较低。传统上,我国法学教育主要以综合性院校和专门政法院校为主体,无论是专业开设的年限还是人才培养的数量,都要明显早于和多于其他类型的院校。相比之下,在绝大多数财经院校中,经管类专业有着较长的办学历史和较大的人才培养规模,法学教育起步则相对较晚,人才培养的数量也较少,以至于在社会上形成一种偏见,认为法学教育的质量首推综合性院校和政法院校,这种偏见削弱了财经院校法学专业的社会支持,对其师资建设、招生与就业等诸多方面产生了明显的负面影响。即使近年来不少财经院校的法学专业建设取得了长足的进步,但社会对财经院校法学教育的这种偏见并未得到明显的改观,制约了财经院校法学专业的进一步发展。

在学校层面,虽然目前财经院校众多,但不同学校的学科发展定位大同小异,除中南财经政法大学、对外经贸大学、河南财经政法大学等少数财经院校外,大多都是以经济管理学科为主,法学学科属于支撑学科或者边缘学科。这种学科发展定位的偏向性,使法学专业获得的校内支持处于明显的劣势,不仅资金投入、人才引进、招生规模等方面受到明显的限制,而且在硕博士布点问题上有面临牺牲法学专业发展的机会来确保和扶持优势专业发展的可能。

(二)人才培养目标定位与培养实践的矛盾突出

法学是一门理论性与实践性并重的学科,因此法学教育人才培养的基本目标是,培养具有较为深厚的法学专业知识功底,具有创新精神与创新能力、实践能力,能胜任各种类型法律工作的应用型、复合型专门人才。但由于高校扩招所带来的专业竞争压力，迫使许多法学院系根据本校学科发展的布局来寻找特色的人才培养目标定位。由于大多数财经院校的优势学科为经管学科，因此这些学校的法学院系也围绕学校性质及学科布局特点，大多将法学本科人才培养的目标定位为“既精通法律又兼懂经济管理”的应用型专门人才。① 为实现上述目标，一些财经院校（如中央财经大学、对外经济贸易大学、南京财经大学等）的法学专业都开设了数量不等的经济管理类课程。② 尽管如此，目前不少财经院校法学本科人才培养目标定位与培养实践依然存在较为突出的矛盾。

首先，师资与招生规模制约了人才培养目标的贯彻。财经院校法学专业依托本校经管类专业的学科优势，将法学本科人才培养目标定位为“既精通法律又兼懂经济管理”，通常能争取到更多的校内支持。但部门法调整的对象不全是经济管理类社会关系，因此对于财经院校法学专业而言，上述本科人才培养目标只是一个结合学校性质而做出的可选项。正因如此，一些师资力量较强或招生规模较大的学校如江西财经大学、中央财经大学、对外经济贸易大学、南京审计大学等，在法学专业中进一步细分方向，设置专门的财经法学专业来实现这一目标。然而对于不少地方财经院校的法学专业来说，虽然确立了“既精通法律又兼懂经济管理”的人才培养目标，但受师资匹配、招生规模有限等因素的影响，难以在法学本科专业中再进一步细分方向，单独开设财经法务或管理法务方向并有针对性地将经管类课程融入教学计划之中。

其次，专业总学分控制与法学课程大而全的矛盾限制了经管类课程的安排。目前不少财经院校法学本科专业人才培养计划的总学分被控制在160学分左右，与此同时，学校在应用型人才培养的目标下，加大了法学本科专业实践课程的学分比重，由此导致的结果是，专业理论课程的课时数量被挤压。与上述现实相反的是，不少财经院校法学专业的课程编排却依然力求大而全，除了法学学科教学指导委员会明定的16门专业主干课程之外，还尽可能开设若干专业方向课程，形成了专业总学分的有限性和专业理论课程大而全的矛盾。为了解决上述矛盾，一些院系采取了少排甚至不排经管类课程的策略，使“既精通法律又兼懂经济管理”的本科人才培养目标徒留形式。另外，虽然有一些学校的法学专业将少量经济管理类课程纳入通识选修课的范围，但由于这类课程的学习难度要远远大于其他人文社科类选修课程，使这些不被强制选修的课程难以受到学生的青睐，同样限制了“既精通法律又兼懂经济管理”的本科人才培养目标的实现。

---

① 根据对全国44所设有法学专业的财经院校的不完全统计，在法学专业的人才培养目标中，强调既精通法律又兼懂经济管理的学校包括中央财经大学、对外经济贸易大学、山西财经大学、上海财经大学、上海商学院、南京财经大学、湖南商学院、铜陵学院、湖北经济学院、吉林财经大学、北京物资学院、天津商业大学、天津财经大学、河北金融学院、河北经贸大学、东北财经大学、哈尔滨商业大学、上海对外经贸大学、南京审计大学、浙江财经大学、安徽财经大学、江西财经大学、山东财经大学、河南财经政法大学、广东金融学院、广西财经学院、兰州财经大学27所。

② 参见各学校法学院或教务部门网站公布的人才培养方案。

最后,即使对于开设经济管理类课程的学校而言,目前人才培养实践中也存在脱节的问题。一个较为普遍的情况是,各门课程教师往往并不具备必要的跨学科知识储备,经济管理类课程的老师往往只负责教授经济管理类知识,法学课程老师只负责教授法学知识,难以使法学知识与经济管理类知识融会贯通,导致专业课授课和学习过程中容易出现"两张皮"现象。

(三)法学教育发展不平衡加剧

从我国财经院校法学专业的办学历史来看,有的学校如中南财经政法大学、对外经济贸易大学、上海财经大学等办学历史较为悠久,法学实力雄厚,也有不少学校如河北金融学院、广西财经学院、湖南商学院等,则是自1999年大学扩招后才新设的法学院系,办学历史较为短暂,这使我国财经院校的法学教育存在着先天的不平衡。再加上区域经济发展的差异及专业发展过程中的政策扶持力度不同,导致我国财经院校法学教育发展的不平衡有越来越加大的趋势。

第一,地域发展不平衡明显。在学校数量上,目前44所设有法学专业的财经院校中,东部10省市有24所,其中北京5所,上海4所,浙江3所,天津、河北、山东、江苏、广东各2所,辽宁和福建各1所,占全部院校的54.55%;中西部21省市总计才20所,其中河南、湖北、安徽各2所,陕西、江西、湖南、广西、重庆、四川、贵州、云南、山西、内蒙、甘肃、新疆、吉林、黑龙江各1所,西藏、青海、宁夏、海南0所,只占全部院校的45.44%。在办学层次上,东部省市财经院校法学专业的办学层次存在明显的优势,在全部28所具有法学一级学科硕士学位授予权的学校中,东部有16所,西中部只有12所,在各自区域财经院校中的占比分别为57.14%和42.86%。

第二,部属与省属发展不平衡。在目前44所设有法学专业的财经院校中,部属院校5所,全部为"211"院校,有4所院校拥有法学一级学科博士授予权;[①]地方院校39所,没有一所是"211"院校,拥有法学一级学科博士点的学校只有浙江工商大学和江西财经大学2所。

二、财经院校法学教育发展的机遇

(一)全面推进依法治国的治国方略为法学教育提供了更好的发展机遇

依法治国是国家治理现代化的重要体现,从党的十五大报告中的"建设社会主义法治国家",到党的十六大报告中的"全面落实依法治国基本方略",到党的十八大报告中的"全面推进依法治国",再到党的十九大报告中的"坚持全面依法治国、深化依法治国实践",表明党和国家越来越重视依法治国的治国方略。[②] 党的十九大报告不仅明确了全面推进依法治国的总目标是"建设中国特色社会主义法治体系、建设社会主义法治国家",而且将依法治国视为国家治理的一场深刻革命,在坚持"科学立法、严格执法、公正

① 这4所院校分别为对外经济贸易大学、上海财经大学、中南财经政法大学和西南财经大学。

② "依法治国"一词在党的十八大报告中出现了5次,在党的十九大报告中则出现了19次之多。

司法、全民守法”新十六字方针的基础上,指出了未来深化依法治国的若干重点方向,即①加强宪法实施和监督,推进合宪性审查工作,维护宪法权威;②推进科学立法、民主立法、依法立法,以良法促进发展、保障善治;③建设法治政府,推进依法行政,严格规范公正文明执法;④深化司法体制综合配套改革,全面落实司法责任制;⑤加大全民普法力度,建设社会主义法治文化。

党的十九大关于“坚持全面依法治国、深化依法治国实践”的上述报告表明,“依法治国”不是一句口号,而是要将其贯彻落实到包括立法、司法、执法、守法在内的法律运行的各个环节之中。这一治国方略的全面推行和深化实践,必将需要更多的复合型法律人才,从而为进一步繁荣我国的法学教育提供坚实的政策基础。

(二)国内外经济发展的新形势为财经院校法学专业的发展提供了动力

当前我国国内经济总体上依然处于工业化后期向后工业化转型的发展阶段,但经济发展出现了一些引人瞩目的新形势,尤其是新经济得到了快速的发展。一方面,随着新一代信息技术、生物技术、新材料技术、新能源技术等新技术的出现,以及一些新经济行业的快速增长产生的良好示范效应带来的社会资源重新聚集,再加上地方各级政府对新经济的高度重视,使我国未来将出现新经济发展的一波浪潮;另一方面,受国际需求下降、生产要素成本上升等诸多因素影响,东部地区产业出现持续向中西部转移趋势,这种趋势不仅带动中西部经济增长,促进了区域经济的协调发展,同时也为新经济发展带来了有利支撑。① 在国际上,虽然世界经济复苏缓慢、需求不振,尤其是贸易保护主义抬头,反全球化思潮泛滥,复杂性和不确定性日益增加,但美国复苏、欧洲经济回暖、全球需求增加等因素,使我国经济发展的外部环境机遇大于挑战。② 特别是秉承共商、共享、共建原则的“一带一路”建设的持续推进,将使我国的对外投资在促进国际产能合作,推动形成面向全球的贸易、投融资、生产、服务网络,更好地服务于开放创新、包容、互惠的共同发展前景方面提供更多的动力。③

与上述机遇相对应,党的十九大报告在“创新、协调、绿色、开放、共享”的新发展理念基础上,指出要坚持“推动新型工业化、信息化、城镇化、农业现代化同步发展,主动参与和推动经济全球化进程,发展更高层次的开放型经济,不断壮大我国经济实力和综合国力”,从而从中央政策层面对经济发展的未来新形势给予支持。

国内外经济发展的新形势及党的十九大报告的政策支持表明,除了传统的经济法律问题之外,未来我国将面临越来越多的新型经济法律问题亟待解决,这对财经院校法学

---

① 参见高辉清:《我国新经济发展形势分析》,载国家信息中心网:http://www.sic.gov.cn/Column/81/0.htm,最后访问日期:2018 年 3 月 30 日。

② 参见王成仁:《2016 国际国内经济形势分析与 2017 展望——第 91 期“经济每月谈”综述》,载《经济研究参考》2017 年第 8 期。

③ 参见国家发展与改革委员会:《中国对外投资报告》,人民出版社 2017 年版,第 2 页。

专业来说,如何利用好财经法学教育的平台培养出更多适应经济发展新形势的高素质人才,无疑是一个巨大的机遇。

(三)财经院校法学专业之间的沟通和交流日益加强

一个专业的发展,固然需要通过加强师资队伍和教学科研能力建设来苦练内功,但更要走出去,通过沟通和交流,只有这样才能更清醒地认识到自己的不足,才能博采众长更好地促进自身的发展。财经院校法学专业在人才培养的宏观环境和学校平台方面有着高度的相似性,为这些学校法学专业之间的交流奠定了良好的基础。

近年来,各财经院校法学专业之间的交流和沟通越来越频繁,特别是2008年开始举行的“全国财经高校法学教育论坛”,迄今为止已经举办了九届,历届论坛围绕“财经特色法学教育”“财经高校校内外卓越法律人才培养机制”“财经高校法学课程体系与专业建设”“财经高校研究生教育”“财经高校人才队伍建设”“复合型法律人才和涉外人才培养改革”等议题展开了广泛而深入的交流,取得了一系列丰硕的成果。正是在这一论坛交流的促推下,一些财经院校的法学专业不断调整和完善人才培养目标及课程设置体系,使财经法学教育的特色更为鲜明。此外,从第八届“全国财经高校法学教育论坛”开始举行的“法律职业技能大赛”,得到了各财经院校法学师生的热烈响应。通过大赛,不仅激发了财经院校法学专业学生的学习积极性,而且极大地锻炼了其思考和解决问题的能力,有利于促进财经法律人才培养质量的提升。

(四)财经类高校法学师资力量明显增强

由于过去我国法学教育整体发展缓慢,再加上大多数财经院校法学教育起步较晚,导致很长一段时间内,除中南财经政法大学、对外经贸大学、上海财经大学等极少数学校之外,我国财经院校法学专业的师资水平整体偏低。但随着近年来我国法学教育水平的飞速发展,财经院校法学师资力量得到了明显增强。根据我们对全国44所财经院校法学专业的师资统计,在职称比例上,有24所学校的高级职称比例超过了50%,占全部财经院校的54.55%,其中有9所学校的高级职称比例超过了70%,占全部财经院校的20.45%。在专任教师的博士和在读博士比例上,有19所学校超过了50%,占全部财经院校的43.18%,其中对外经济贸易大学、中央财经大学等学校甚至超过了90%。① 在师资国际化背景上,越来越多财经院校法学专业的教师具有海外留学或访学背景,甚至像上海财经大学、对外经济贸易大学等学校引进了国际师资。

以上统计表明,目前我国大多数财经院校法学专业有着一支经验丰富、教学科研能力较强的师资队伍,并且可以预见,随着我国法学教育的进一步发展和教育国际化程度的进一步提升,我国财经院校法学专业的师资队伍将会变得更加强大,这将为进一步提升财经院校法学专业人才培养的质量奠定坚实的基础。

---

① 资料来源:笔者根据各财经院校法学院官网数据统计而成。

三、财经院校法学教育的改革路径

虽然我国财经院校法学教育面临上述一系列发展机遇，但我们也需要且要善于把握机遇，进一步提升人才培养的质量，为我国的法治建设作出更多的贡献。

（一）进一步精确定位并贯彻实施人才培养目标

专业人才培养目标如同专业发展的一面旗帜，人才培养目标恰当与否，不仅直接影响课程体系设置的合理性，进而影响人才培养质量，也会影响专业的声誉及发展前景。鉴于目前不少财经院校人才培养目标与培养实践的矛盾，这些学校有必要在新的形势下重新审视自己在法律人才培养方面的优缺点，有针对性地调整人才培养目标与具体方案。

在人才培养目标定位问题上，虽然财经法学方向的目标定位容易得到学校层面的政策扶持，但人才培养目标定位除了需要考虑依托学校的性质外，还会受到依托学校的区位特征、法学学科内部的优势尤其是学科和学术带头人的学术优势等因素的影响。一方面，就学校的区位优势而言，若同一区位有两所甚至多所财经院校，且各院校之间的办学实力差距较大，如果两所学校都以单一的财经法学为培养目标，对于实力较弱的学校而言，可能会处于比较明显的劣势；另一方面，据调查，一些财经院校法学专业的师资团队中，部门法专业团队力量差距明显，且最强的并非财经法学团队，而是法理学、宪法学与行政法学等部门法学方向，这种情况下，如果采取单一的财经法学培养目标定位，无论是社会资源的争取还是教学特色的贯彻，都很难得到有效的保障。

因此笔者认为，即使从学校支持的角度来看，需要将“既懂法律又兼懂经济管理”的财经法人才作为培养目标，但也不一定是唯一的目标。对于办学层次不高、师资团队力量相对薄弱的财经院校来说，应该结合依托学校的区位优势及师资团队构成等因素，实现分方向招生，不同方向设置不同培养目标，除了财经法学方向之外，还可以设置一般法学，甚至可以结合法学二级学科的团队优势设置诸如地方政务、刑事侦查等方向。即使无法实现分方向招生，也应该尽可能在招生之后，在法学专业内部的不同高年级班级中进行不同的方向设置。只有这样，才能既做到争取更多的外部支持，又能最大限度地实现师资团队的资源优势。

与目标定位的调整相对应，在具体的人才培养方案中，也需要针对不同的方向设置不同的课程，除了一般法学方向设置传统的法学课程之外，复合型人才培养目标就应该设置复合型的课程，如财经法方向可以考虑设置经济学和企业管理学课程、地方政务方向可以考虑设置政治学和公共管理课程、刑事侦查方向可以考虑设置公安方向的课程，等等。此外，还应该针对新经济形势开发有针对性的法律课程，真正实现与时俱进的复合型法律人才的培养目标。

在实习环节，要注意拓展多元化的实习基地，既要有一定数量的公检法和律师事务所等传统法律实习基地，也要开辟一些政府部门和企业作为实习基地，确保不同专业的方向均能有足够的实习条件。

(二)进一步加强财经院校法学教育的交流与沟通

近年来财经院校法学教育交流的加强,尤其是"全国财经高校法学教育论坛"的连续举办,已经取得了初步的成效,未来在人才培养、师资培训和课程体系等方面应该进一步加强财经院校法学教育的交流和沟通。

在人才培养交流方面,首先,应该继续利用好财经院校大学生法律技能大赛这一学生交流和展示技能的平台,促进各校学生之间的交流与沟通;其次,在本硕博人才培养目标合理对接的基础上,积极鼓励财经院校的本科生报考财经院校的研究生,实现财经类院校高素质复合型法律人才培养的体系化;最后,建立财经院校的学分互认制度,允许学生之间跨校进行学期或年度交流学习,让学生感受不同学校教学理念与学习氛围。

在师资交流方面,首先,应该定期举行财经院校部门法课程的师资培训班,进一步提高教师的教学科研水平;其次,加强财经院校之间兼职教授的互聘,定期以讲座的形式为学生授课;最后,应该建立财经院校之间部门法任课教师的外聘制度,即由师资力量雄厚的财经院校向师资力量相对薄弱的财经院校派出部门法任课教师,全程给本科生进行课堂授课。

在课程体系建设方面,应该加强财经院校法学专业课程体系的标准化建设。首先,应该建立财经类院校复合型法律人才培养总学时的指导意见。复合型法律人才培养,意味着法学专业学生不仅要系统地学习各个部门法知识,还要兼习经济管理类或政务类课程,若一概依从各学校教务部门的总课时规划及实践课时安排,则难以实现上述目标。教育部于2018年1月发布了《普通高等学校本科专业类教学质量国家标准》,对法学本科专业的课程体系进行了改革并设置了最低标准要求,以此为基础,各财经院校可以考虑共同建立复合型法律人才培养总学时的指导意见,将总学分控制在不低于165学分为佳,并以此作为各校教务部门教学实施的指导意见。其次,应该建立法学专业不同类型培养方向课程实施方案的指导意见。2018年《普通高等学校本科专业类教学质量国家标准》,将法学专业的核心课程设置为"10+X"模式,以此为基础,各财经院校可以针对法学专业不同专业方向的X课程及相关选修和跨专业课程安排作出指导性意见,并建议各校法学专业在此基础上根据自己的特色再进行调整。最后,应该组织编写调整新经济关系的法律教材。财经院校的法学专业若要真正体现财经法的优势,应该与时俱进,针对经济发展所出现的新形势,集中师资力量编写适合新经济发展的新教材,从而进一步凸显财经法学的优势。

(三)进一步加强师资队伍建设

一个强大的师资团队是确保人才培养质量的基本保障。虽然目前国内财经院校的师资团队建设相比以往有了长足的进步,但依然还有不少亟待加强的空间。

首先,进一步提高专任教师的博士比例。根据统计,目前仍有超过半数的财经院校法学专任教师的博士比例在50%以下,个别学校的博士比例甚至不到10%,明显制约了这些学校法学专业的发展。未来应该通过积极鼓励既有专任教师中符合博士报考要求的青年教师攻读博士学位或引进青年博士乃至具有博士学位的高职称人才来优化师资结构。

其次,切实提高“双师型”教师队伍的比例。自国家“卓越法律人才培养计划”实施以来,不少财经院校的法学专业,无论其是否属于“卓越法律人才培养计划”的培养单位,均开始注重“双师型”教师的培养,官方给出的数据看上去也可观,但实际上各个学校的统计标准不一,有的将所有具有职业资格证书的老师均视为“双师型”教师,有的将具有短暂挂职经历的老师视为“双师型”教师,而根本不问这些教师是否真正具有实践经验,导致不少所谓的“双师型”教师根本无法胜任实践性教学,因此,未来应该积极鼓励教师到实务部门长期挂职锻炼再回到教学岗位,或者积极鼓励教师到律师事务所等实务部门兼职,从而切实提高“双师型”教师队伍的比例。

最后,围绕人才培养的特色方向打造优秀的教学科研团队。一个专业既然确定了人才培养的目标,就应该围绕这一目标打造一支优秀的团队。也就是说,如果以“既精通法律又兼懂经济管理”为人才培养目标,就应该打造一支既精通法律又兼懂经济管理的师资团队;如果以地方政务为培养目标,就应该打造一支既精通法律又兼懂行政管理和政治学基本理论的师资团队,等等。只有这样,才能更好地将跨学科知识融会贯通于课堂,消除目前跨学科教学实践中“两张皮”的现象。

四、结语

本文虽然总结了目前大多数财经院校法学教育发展所普遍存在的一些挑战和机遇并给出了一些建议,但这些总结并不全面。况且,每个学校的法学教育各有各的特色,各有各的困境,也各有各的机遇和发展选择。但无论如何,任何一个财经院校法学专业的教师都应该正视本专业所面临的困境和机遇,并通过不懈努力探寻合适的发展之道,只有这样,财经院校的法学教育才能有更好的发展,才能为社会主义法治建设奉献更多的力量。我们有理由相信,随着我国法治环境的不断改善,通过努力,我国财经院校法学教育的明天一定会更加美好。

法学文献检索教育探索与实践

——改革开放40年来的回顾与展望

佴　澎[*]　孙健飞[**]

摘　要:自1984年教育部就高等学校开设"文献检索与利用"课发布意见通知之后,法学文献检索教育也日益被关注,相关研究成果主要集中在法学资源以及检索方法的介绍与探讨、法学文献检索课建设的研究。教材也出版了不少,并且越来越重视实用性与针对性。通过对2018年教育部第四轮法学学科评估排名前七的院校法律文献检索教学实践的粗略了解,我们可以发现,目前我国法学文献检索教育并不理想,主要原因在于师资建设这个关键仍然是短板。高校图书馆今后应该在现有学科馆员的基础上加强文献检索课与专业的结合,法学院自身也要积极主动进行法学文献检索课的建设。

关键词:法学教育　法学文献检索　论文写作　师资建设

教育部2018年1月发布的《普通高等学校本科专业类教学质量国家标准》法学类"培养规格"中"能力要求"有四项,其中一项是"具备独立自主地获取和更新本专业相关知识的学习能力",还有一项是"具备将所学的专业理论与知识融会贯通,灵活地综合应用于专业实务之中的基本技能"。笔者认为,法学文献检索教育与前一项直接相关,与后一项也有着内在的联系。正如美国学者所言,"广义来说,其实每个人都在做研究,我们都在收集资料,回答问题以解决问题。"①不仅法学专业本科生,所有法学的研习者无论从事法学理论研究还是法律实务工作,基本上都离不开借助文献检索去收集资料。一方面是法律文献检索教育在法学教育中的重要性日益为人们所认识和重视;另一方面却是法律文献检索教育至今仍是"法学教育的鸡肋"。② 这样的现状不由得使我们感到困惑,

---

* 云南财经大学法学院院长、教授。

** 云南财经大学法学院副教授。

① [美]韦恩·C.布斯等:《研究是一门艺术》,陈美霞等译,新华出版社2009年版,第9页。

② 凌斌:《法科学生必修课:论文写作与资源检索》,北京大学出版社2013年版,第2页。

因此对于改革开放40年以来的法学文献检索教育做一个回顾与展望是很必要的。

一、相关研究成果

关于法学文献检索教育的研究并不多,主要集中在两个方面:一方面,是法学资源以及检索方法的介绍与探讨。杨守顺(1987年)就如何善于利用书目、索引、文摘、汇编、百科全书、类书、政书、年鉴、手册、字典、词典、表谱等工具书查找法律文献资料进行了介绍。[①] 黄如花、洪毅生(1994年)提出传统的手工检索方法已远远不能满足法学工作与研究的需要,并对国外与法学有关的数据库做了介绍。[②] 刘德祥(1996年)认为,英美两国法律制度的共性与差异也反映在法学文献及其检索上,并且以实例介绍了判例查找方法。[③] 乔占学、朱亚峰(1999年)通过具体实例,分为五个步骤,探讨了法学文献检索的全过程。[④] 乔占学(2000年)按照法学文献检索的一系列行之有效的方法探寻检索民商法文献的捷径,并分作民商法学的基础理论、词语性工具、线索性工具、资料性工具四个大部分介绍了民商法学的检索工具和方法以及检索举要。[⑤] 钱崇豪(2001年)介绍了搜索引擎的基本类型,并结合法规、案例、专题信息等几种重要法学信息资源的特点,讨论了如何利用各种搜索引擎检索网上法学信息资源。[⑥] 冷罗生(2008年)从检索、收集日本法律类文献的种类,所在场所,使用日、英、中文进行检索和收集的方法等方面进行了介绍。[⑦] 程雪艳(2008年)对北大法宝和北大法意两大专业数据库的法规库、案例库、法学文献库、合同范本库等主要数据库的内容与检索方式进行了比较和分析。[⑧] 王昶(2014年)介绍了美国的法律文献与信息检索情况,对信息检索的步骤、要求都有详细的说明,对美国法律文献的分类、层次、效力等也有详细介绍。[⑨]

另一方面,是关于法学文献检索课建设的研究。谭光中(1987年)认为高等政法院校应开设"法律文献检索与利用"课程,内容主要包括法学院图书馆在法制建设中的地位和作用、法律图书馆分类与查找。[⑩] 田建设(2006年)对高校法学专业的文献信息检索教材给予了全面的比较,进一步对它们所提出的一些基本理念与提法给以重新定位和认

---

① 参见杨守顺:《法律文献检索方法初探》,载《安徽大学学报》(哲学社会科学版)1987年第1期。

② 参见黄如花、洪毅生:《如何迅速获取国外法学资料》,载《法学评论》1994年第3期。

③ 参见刘德祥:《从英美法律说到英美法学文献检索》,载《法律文献信息与研究》1996年第2期。

④ 参见乔占学、朱亚峰:《法学文献检索步骤之探讨》,载《法律文献信息与研究》1999年第1期。

⑤ 参见乔占学:《开启民商法学的钥匙——民商法学文献检索举要》,载《法律文献信息与研究》2000年第4期。

⑥ 参见钱崇豪:《浅论搜索引擎与网上法学信息检索》,载《法律文献信息与研究》2001年第3期。

⑦ 参见冷罗生:《日本法律类文献的检索与收集方法》(上),载《中国索引》2008年第3期。

⑧ 参见程雪艳:《两大法律数据库专业文献内容与检索方式的比较》,载《情报探索》2008年第5期。

⑨ 参见王昶:《美国法律文献与信息检索导论》,载《法律文献信息与研究》2014年第1期。

⑩ 参见谭光中:《对司法部所属高等政法院校开设"法律文献检索与利用"课程的探讨》,载《法学》1987年第6期。

识。[1] 林燕平(2000 年)提出,在改革法学教学体制和内容上,应重视法律文献检索方法的教学与运用,并将此列入法学院的教学计划。“掌握检索方法,尤其是网上检索方法,是从事法律研究和司法实务的必要前提,是法律工作者必须具备的从业条件之一。”[2]张宏(2002 年)对法学文献检索课教学中存在的问题进行了分析,结合法学文献检索课教学实践,提出法学文献检索课教学改革应就教学内容、教学方法和教学实习几个方面全面展开。[3] 刘乃铭(2012 年)阐述了法律院校开设法学文献信息检索课程的意义,分析了其中存在的问题以及提高课程质量的途径。[4] 赵霞(2016 年)主要从国家相关教育主管部门的要求、法学专业的培养目标、提高学生的信息素质及有利于学生全面、可持续发展四个方面,探讨了《法律信息与文献检索》课程设置的必要性。[5] 刘伟(2017 年)通过对中南财经政法大学研究生公共课“法学研究与文献检索”课程设置背景、教学团队、教材编写与课程设计、教材与教学内容、教学效果与改进路径的介绍与分析,提出在信息和法律全球化时代,法学研究与文献检索课程是法学教育中实践能力与创新能力培养的一个重要途径。[6]

上述一些研究由于资源数字化和互联网的普及已经过时,但对于法律文献检索课开设的必要性以及课程设计等的探讨为我们的思考奠定了基础。我们特别赞成北京大学法学院凌斌教授的观点。他认为,《法律写作与检索》是国外法学院普遍开设的基本课程,但是在国内法学教育中长期缺席。法学教育在论文写作和资源检索方面的欠缺,已经严重影响法律实践。论文写作与资源检索,本该是法学训练旨在培养的基本能力。“不仅是法律学生的课程论文和毕业论文,就是律师职业的法律意见,法官判案的司法判决,乃至出国读书的申请材料,都离不开这一基本能力的运用。”“只是,这种最基本的法学技能,如今变成了法学教育的鸡肋。”[7]

二、已出版教材

学者田建设对 2005 年以前出版的法律文献检索教材进行了细致全面地检讨。根据他的总结,1989 年由武汉大学出版社出版,郑治发与王金祥主编的《法学文献检索与利用》是国内第一部法律文献检索教材。此后 16 年中,国内各专业院校与出版社陆续推出了大约 23 部涉及法律文献信息检索与实务方面的教材与论、译著。其中除个别著述为法律科学领域内的专家所编辑之外,大部分教材均系专业图书馆的资深馆员编辑而成。

① 参见田建设:《我国法律文献检索教材之检讨》,载《法律文献信息与研究》2006 年第 3 期。
② 参见林燕平:《论法律文献检索方法的教学与运用》,载《华东政法学院学报》2000 年第 3 期。
③ 参见张宏:《浅谈法学文献检索课的教学》,载《政法学刊》2002 年第 6 期。
④ 参见刘乃铭:《法律院校开设法学文献信息检索课之意义》,载《学园》(教育科研)2012 年第 4 期。
⑤ 参见赵霞:《论〈法律信息与文献检索〉课程设置的必要性》,载《亚太教育》2016 年第 31 期。
⑥ 参见刘伟:《法科研究生法学研究与文献检索课程探索与实践——以中南财经政法大学为例》,载《武汉冶金管理干部学院学报》2017 年第 3 期。
⑦ 参见凌斌:《法科学生必修课:论文写作与资源检索》,北京大学出版社 2013 年版,第 2 页。

他认为，大部分教材对主题的定位不科学或不规范，所确立的文献对象与特征也令人疑惑，内容的划分也存有缺陷，查询方式及途径被忽视，教授方式是以社会科学文献的划分理论为依据而不是从法的体系出发。①

2004 年之后法律文献检索教材继续不断出版，大致有如下数种：张太洪等著：《政治法律文献检索》，吉林大学出版社 2005 年版；[英]戴维·斯托特著，郭亮译：《法律检索之道》，法律出版社 2006 年版；刘莉、袁曦临主编：《法学信息检索》，东南大学出版社 2006 年版；王汉桥、宁浩主编：《经济法律信息检索》，高等教育出版社 2006 年版；渠涛主编：《中文法律文献资源及其利用》，法律出版社 2006 年版；黄秀子、房宪鹏主编：《经济法律文献信息检索与论文写作》，经济管理出版社 2011 年版；陈瑞华等著：《法学论文写作与资料检索》，北京大学出版社 2011 年版；凌斌著：《法科学生必修课：论文写作与资源检索》，北京大学出版社 2013 年版；国家知识产权局专利局专利文献部主编：《专利文献与信息检索》，知识产权出版社 2013 年版；林燕萍主编：《中外法律文献检索》，法律出版社 2013 年版；王昶编著：《美国法律文献与信息检索》，中国政法大学出版社 2014 年版；刘明著：《推开法律信息检索之门》，中国政法大学出版社 2015 年版；于丽英著：《法律文献检索》，北京大学出版社 2015 年第 3 版；高利红主编：《法学研究与文献检索》，北京大学出版社 2017 年版。有必要说明的是，以上 14 种只是一个不完全的统计，并且学者田建设已经统计过，但之后又有新版的我们没有再做统计。

对比之前出版的教材，2004 年之后出版的法律文献检索教材具有这样两个显而易见的特点：一是更加注意学科之间的联系以及与教学实际内容的结合。例如，《政治法律文献检索》编者将政治学和法学两大学科的文献检索内容归纳在一本教材之中，不仅因为两者在社会科学中有着密切的联系，还因为这本书作者多数是师范院校的图书情报工作人员，他们是根据师范院校所设的政治系教学内容的实际来编写的。②《经济法律信息检索》《经济法律文献信息检索与论文写作》两本也都是如此。二是文献检索与论文写作的结合。良好的写作能力是法学专业的同学应该具备的基本功，完成一篇合格的学位论文已经成为毕业的必要条件，而论文写作是离不开文献检索的。以往我们的法律文献检索教材只注意到法律文献资源及其检索技巧的介绍，论文写作另有专人介绍，上面所列房宪鹏、陈瑞华、凌斌等人的著作注意了写作与检索的结合，更加注重针对性与实用性。

三、国内法学院法律文献检索的教学实践

教育部早在 1984 年 2 月就曾发出《印发〈关于在高等学校开设“文献检索与利用”课的意见〉的通知》（以下简称《通知》），认为让学生具有掌握知识情报的意识，具有获取与利用文献的技能，是培养学生自学能力和独立研究能力的一个重要环节。全国高等学校

---

① 参见田建设：《我国法律文献检索教材之检讨》，载《法律文献信息与研究》2006 年第 3 期。

② 参见金恩晖：《新著〈政治法律文献检索〉一书序言》，载《晋图学刊》1991 年第 4 期。

图书馆工作委员会秘书处 1985 年 9 月发出《关于改进和发展文献课教学的几点意见》(以下简称《意见》),除了再次强调文献检索与利用课程开设的目的与意义,还对课程的教学方法、内容、负责部门、师资建设、检查评价都做了规定。1992 年 5 月,国家教委高等教育司又印发了《文献检索课教学基本要求》(以下简称《要求》),对于课程的性质与任务、教学内容与基本要求、总学时、开设对象等做了规定和说明。一直到现在,文献检索课的建设都以上述三个文件为基本依据。

通过对培养方案、课表、讲座通知等网络信息的检索,我们对 2017 年教育部第四轮法学学科评估排名前七的大学的法律文献检索教学实践可以有个粗略了解。① 中国人民大学法学院图书馆主页"图书馆信息服务"栏目,可以看到不少数据库的使用指南和培训通知。中国政法大学国际法学院 2016 ~ 2017 学年第一学期研究生课表和进度表中可以看到《国际法学方法论》课程中有 4 个课时的"资料搜集与整理"专题。北京大学法学院凌斌教授开设了《论文写作与检索》课程,面向有志于学术研究和具有论文写作需求的高年级本科生和研究生。清华大学法学院 2017 级法律硕士研究生培养方案中可以看到在"实践必修环节"中设有《法律文献检索与利用》课程。华东政法大学各法学专业硕士培养方案中都将《法学方法论与文献检索》作为 5 门必修课之一。而且该校在 2016 年 12 月成立中外法律文献中心,中心工作人员还在法律信息查询、判例检索等方面为自由贸易区议题提供法律文献服务。武汉大学法学院 2013 年版的人才培养方案中提出毕业生应掌握文献检索、资料查询、论文写作等科学研究的基本方法。西南政法大学 2015 年读书月系列活动中有"信息检索大赛"的内容,为帮助读者快速掌握数字资源的检索、分析、下载及分享的技巧的系列培训讲座近几年读书月活动中都有。

上述 7 所大学的情况足以让我们看到法学文献检索教育的现状并不理想。教育部早在 1984 年的《通知》中就提出:"从国外的经验和教育发展的趋势来看,这是一门很有意义的课,凡有条件的学校可作为必修课,不具备条件的学校可作为选修课或先开设专题讲座,然后逐步发展、完善。"以此要求为标准,只有华东政法大学基本符合,其他院校都还属于"不具备条件"之列。而且,7 所大学开设有法律文献检索课程的大多都是针对硕士研究生。根据 1985 年《意见》,这门课程要逐步实现分层次的连续教育。新生入学时进行图书馆利用方法的教育,大学本科三、四年级讲授文献检索与利用,对研究生要增加文献资料整理利用的知识。现在的情况是研究生法学文献检索教育尚达不到必修,更不要说本科生了。从《通知》印发至今已经 30 余年,互联网也持续快速发展,但包括法学在内的文献检索教育不仅未实现《通知》提出的要求,也远不能适应法学教育现实的需求,这不能不值得我们深思。

---

① 2017 年 12 月 28 日,教育部学位与研究生教育发展中心公布全国第四轮学科评估结果,法学学科前七名依次是:中国人民大学、中国政法大学、北京大学、清华大学、华东政法大学、武汉大学、西南政法大学。

四、反思与展望

法学文献检索课的重要性已经成为各方的共识,并且日益成为法学研究中不可或缺的重要工具和方法。各高校对信息素质教育的需求已经成为一个不争的事实,尤其是研究生的需求更加强烈。李金芳等学者对研究生群体、培养单位与主管单位的调研结果一致表明,从专业文献检索与论文写作方面开设专业信息素养课程已经得到了各培养单位的认可。① 但实际的情况是,不仅法学文献检索课很难开设,即便不分专业且不与论文写作相结合的通识类文献检索课也仍然停留在选修或讲座的阶段。与文献检索能力缺乏相联系的不仅是创新能力不足,还往往伴随着学术不端。2016 年 11 月西安交通大学学生李某涉嫌论文抄袭评奖作假被同学实名举报就是一个典型例子。② 近年来研究生论文抄袭更是愈演愈烈,以至于有人认为,硕士论文学术不端已经泛滥成灾,可以取消。究其原因当然是多方面的,但文献检索能力的缺乏不能不说也是一个重要原因。

回顾改革开放以来法学文献检索课的发展历程与建设现状,我们不难发现,师资队伍的组织和建设既是关键,也是短板。1984 年《通知》中早就指出:“为了开好这门新的课程,要注意组织和建设师资队伍。”并且说:“由于教学中必须使用各种文献检索工具,一般应当以图书馆作为教学基地和协调中心。”1985 年《意见》也明确指出:“师资是开好文献课的关键”,并要求“近三、五年内要作为重点来抓”。根据《通知》和《意见》的规定,师资队伍来源一是从中青年教师中调整一些热心这一工作,又有一定水平的人充当;二是从本科毕业生中选留一些有志于从事这一工作的人;三是从图书馆、情报室、资料室抽调一些适合于这一工作的人。以上三类人员中情报室、资料室人员和专业课教师是重要组成部分,所有人员经过适当的培训或进修,充实这门课的师资队伍。法律文献检索具有较强的专业性,但各法学院除了少数有自己的图书馆并配备法学专业人才,或者有热心于讲授这门课的专业教师,否则都只能依赖于传统图书馆文献检索课,而后者在授课内容上以文献检索工具运用、资源介绍为主,与专业文献检索和论文写作无法很好地结合。从未来发展来看,要解决法学文献检索课师资建设跟不上的难题,一种办法是各高校图书馆在已有学科馆员基础上组织和建设文献检索课的师资队伍。因为学科馆员一般要求具备较高的图书馆业务水平、学历及职称,了解相关学科的基础知识。这样就能在一定程度上克服泛泛而谈不能引起学生兴趣的问题。另一种办法就是法学院自己选择有志于从事这一工作的专业课教师,在培训进修、教材编写、课程评价、教学设施配备等方面给予优待和便利。

---

① 参见李金芳、钟宇、王莲:《研究生信息素养现状、需求与课程对策建议——以首都师范大学为例》,载《图书情报工作》2015 年第 5 期。

② 参见《大学生涉嫌论文抄袭评奖作假》,载《南国早报》2016 年 11 月 29 日,第 A115 版。

法律职业与法学教育

法律职业资格考试改革背景下法学教育的职业化改革

华小鹏[*] 刘用军[**]

摘 要:法学教育和司法考试是何关系,这种争论由来已久,在国家统一法律职业资格考试改革背景下,这一问题再次浮出水面,而这场争论的实质是法学教育的定位问题。法学教育作为职业教育,应当借鉴医学教育与医师资格考试衔接的经验,实现与法律职业资格准入考试制度的有机衔接,或者说,不讳言就是以法律职业资格考试为导向。这样并不会导致法律的唯技能主义倾向,因为法律职业伦理也将在法律职业资格考试中占据更大的比重。同时,为配合法律职业资格考试对案件处理能力的要求,应该改革现行的讲授学习制度和已有的各类实践学习制度,推行案例化教学。案例的性质和内容是多样的,借助案例可以实现对学生专业技能、人文素养和职业伦理的全方位教育,同时也要对师资进行调整或培训,使其胜任相应的教学能力。

关键词:法学教育 职业化 法律职业资格考试 衔接 案例化

2017 年 5 月习近平总书记在中国政法大学考察时指出,法律教育要坚持以马克思主义法学思想和中国特色社会主义法治理论为指导,立德树人,德法兼修,培养大批高素质法治人才。那么,何为高素质?高素质不外乎政治立场坚定、理想信念意识强、法律业务精湛、职业伦理水平高,但就法律教育日常最为繁重、社会需求最大的方面而言,无非是法律业务精湛。

为切实保障法律职业人员能够具有精湛的业务能力来推进和开拓社会主义法治新局面,2016 年中央又推出了《关于完善国家统一法律职业资格制度的意见》,将实施了十余年的司法考试制度改为国家统一法律职业资格考试,更主要的是强调了考试内容的改革。即要着重考查宪法法律知识、法治思维和法治能力,以案例分析、法律方法检验考生在法律适用和事实认定等方面的法治实践水平。要加强法律职业伦理的考察力度,使法

* 河南财经政法大学党委副书记、教授。
** 河南财经政法大学刑事司法学院副教授。

律职业道德成为法律职业人员入职的重要条件。考试要以案例为主,大幅度提高案例题的分值比重。在此精神指引下,司法部于2018年年初推出了《国家法律职业资格考试实施办法》,明确将非全日制取得一定学历的人员排除在考试资格之外,突出法律专业系统学习和报名资格的衔接,而且将过去法学专业在校生报考一律改为毕业之后报考,这就和注重系统性专业教育的德、日等西方法治国家司法考试资格制度衔接起来了。

上述对法学教育的人才要求和改革措施,无疑可以揭示出,法律人才的实践能力和专业水准将是未来社会需求的重心,会获得更多的重视,反过来,实际上这也意味着间接意义上对法学教育提出了新的使命与任务,法学教育如何满足法律职业化的要求?法学教育是坚持原状自由应对还是主动进行“供给侧改革”?这就成为摆在每个法学教育工作者面前的一个无可回避的问题,值得对此认真展开深入探讨。

一、关于法学教育与法律职业制度衔接的争论

(一)法律教育的目标应否是职业教育

法学教育的目标,是一个具有根本性的问题。只有解决了目标问题,才能以其作为一个标尺,来衡量现有的法学教育到底有哪些缺陷、应当如何改进。①

自2002年推出司法考试制度以来,而关于法学教育的定位问题就一直争讼不一,素质或通识教育论、专业教育论都各有支持者,专业教育论中又有大众教育和精英教育之争。应当说,2002年的司法考试制度出台,给我国的法学教育提出了新的时代命题,这些争论都是围绕着解决时代任务而起的。这些争论相当程度上使中国的法律教育看清了自己的使命和目标。譬如,法律实践教育获得了更多的重视,教学方式进行了各类改革,实践教育模式进行了有力探索,司法考试在部分院校已经成为法学教育质量好坏的考核指针。但是,总体而言,仍然没有使中国的法律教育找到共识性的清晰定位,法学教育的总体社会接受度表明,学生的实践能力和解决问题的能力还存在很大不足。2016年在中央《关于完善国家统一法律职业资格制度的意见》的推动下,法律职业资格考试再次成为法律教育的焦点,法律教育的目标何去何从问题再次被推向了前台,这给了我国法律教育被动改革和主动改革的双重机遇。在法律教育无可回避法律职业资格考试冲击的前提下,法律教育必须主动因应。

法律专业的教育目标既不是大众,也不是精英,更不是通识,必须尽早明确,就是一种职业教育。只有职业教育成功了,附具在其上的所谓政治、人文关怀、管理等功能才能大放异彩。很难想象,职业教育差强人意,社会很不满意,却指望之外的政治家、社会活动家、商业管理精英从中大量歧出,那简直是一种匪夷所思的逻辑。

有学者认为,法学教育“不仅在于传授法律知识和方法,而且更在于培育法律精神和

① 参见葛云松:《法学教育的理想》,载《中外法学》2014年第2期。

法治信仰,掌握法律思维方法和运用法律语言等。”①这似乎丝毫没有说错,但是恰恰是这种看似高大上的“正确思维”,且不止一所法学院,而是更多的法学院教师在传播这样的认识,才导致法学教育在课程、方式、目标上不敢于改革,不善于与社会融合,而是固步于自我逻辑的理想中陶醉,最终培养出了一拨又一拨无法满足社会需要的法科毕业生。问题在于不是不要法治信仰,而是是否已经把法律知识、法律技能、法律能力训练到位了,如果这一基础性尚在空中楼阁,或干脆就没有制度或机制认真去落实,去检验,只想着喊出那些本来靠法律技能巩固和落实的法治信仰、法治思维,就只能是此也失之,彼也未得的遗憾了。故当前首先还是应当重视法律专业学生的职业能力训练,不能再犯失皮求毛的错误了。有人还以法学教育和法律教育之区别来为之辩护,以突出法学教育似乎更应是理念、情怀教育,其实法学教育只是法律教育的延伸,没有法律教育也不存在法学教育,又岂能将法学教育与法律教育分离甚至抗衡而论?

正如学者所指出的,法学各学位的定位应当与法律职业制度衔接,法学教育的内容应当与法律职业素养的客观要求相一致,法学教育的师资与教学方式应当与法律职业制度衔接,并健全法律职业素养训练机制,以此来实现法学教育改革与法律职业制度的整体衔接。②

(二)法律职业资格考试应否与法律教育衔接

法律职业资格考试与法学教育内容相衔接的主张主要是实施司法考试制度以后出现的,但近年来不仅法学界有不少人从法学专业的科学设置角度为之呼吁,③即使在社会层面,也有越来越普遍的一种观念在增长,就是法学专业的学生应该不能只会说“不接地气的话”做“不接地气的事”,而应是具有法律事务的处理能力。无疑,这也是对法学教育应当职业化改革并和法律职业资格考试相衔接的促动。

但是也有学者指出,将法律职业资格考试当作法学教育的指挥棒将会导致的问题是:法学教育以题海战术、机械记忆来应对,丧失法学应有的思辨,沦为工匠式职业培训;还会导致法学人才供应单一,无法满足社会多元化需求,也使学生的就业选择变窄,最终将会把法律教育带入歧途。④

事实上,我们只需要辩证分析这些问题。首先掌握法律的实践运用能力是任何国家法律专业的基本目标,搞研究的理论性人才在任何国家都不是法律职业的主体,法律专

---

① 霍宪丹:《法律人才是建设法治国家的第一资源从法律职业到法学教育》,载《中国法学教育研究》2006年第4期。

② 参见孙笑侠:《法学教育的制度困境与突破——关于法学教育与司法考试等法律职业制度相衔接的研究报告》,载《法学》2012年第9期。

③ 参见周详、齐文远:《法学教育以司法考试为导向的合理性》,载《法学》2009年第4期;李建伟:《本科法学教育、司法考试与法律职业共同体:关系架构及其改革命题》,载《中国司法》2007年第9期。

④ 参见杨会、魏建新:《国家统一法律职业资格考试背景下法学本科教育改革研究》,载《社会科学家》2018年第2期。

业是为社会培养懂法律能够依法处理法律纠纷的人才而设立的,如果不是为了"用",那么研究法律不管多么深远,又有何价值?法律本身就是一种人为规则体系,离不开识记,即使其中不乏原理、理念、精神也是如此,识记、背诵是掌握法律技能的基础作业,这不能靠推理和想象,因而识记无可厚非。只有成为规则的精通者,成为"工匠",才能超越"工匠"成为"灵魂舞者"。至于法律专业的就业,如果尚不能通过具有极高权威性和社会认可性的法律职业资格考试,即使避开其他行业用人的接受度,那也说明,这样的学生尚不具备基本的法律运用能力,而如果缺乏这一能力和思维,那么又如何在法律之外的行业中体现自身被接纳为员工的专业价值?岂不是徒有虚名?故退一步讲,即使不以司法官、律师为业,任何行业需要接纳法律专业人才,也正是基于其懂法,能够指导帮助他们处理法律问题才会予以录用的。即使真的无关法学专业的就业,那么,任何一个专业都有跨专业就业的,那根本不应是法学专业教育应当考虑的目标。何况,根据中央《关于完善国家统一法律职业资格考试制度的意见》的规定,未来法律职业资格考试的适用范围几乎囊括了全部法律相关职业领域,①这实际意味着法科生不选择法律职业资格考试而就业的路径越来越窄,可谓必须"逼上梁山"。

有人提出法律职业资格考试和法律教育内容的互动关系,②事实上,只要法律职业资格考试作为一种职业资格准入制度存在,这种互动就实质上难以进行,或者说只是一种"只能说的逻辑"。因为,法律职业资格考试是一种不折不扣的结果导向,而法学教育课程只是一种缺乏社会认可度的"软性导向"。换句话说,社会并不会评价你学好了哪门课程或没有达到最高的境界,而是通过职业资格考试和具体的实践能力来倒推人才标准。因此,且不说学生会"用脚投票",单说让软性的法学教育去制约硬性的法律职业资格考试,其难度就可想而知。故所谓听起来非常有道理的互动实质上还是沦为一方主导。

另外,这一问题也是毋庸置疑的。即使不提倡法学教育课程、教育方式与法律职业资格考试对接,单就法律专业定位于培养社会需要的实务工作者而言,法学本科教育也过于脱离法律实践,"过于注重学科知识体系的建构和完善,过于强调对基本知识的传授以及对基本概念和基本原理的解释和分类,造成明显的学科化和学院化的发展倾向。"③

例如,精英教育论者是讲求理论和实践技能合并发展的,但囿于其对法学系统理论和法律规范知识的专业化理解,也仍然不外是陷入了一种只懂法律,只能在法律中看法

① 根据中央《关于完善国家统一法律职业资格考试制度的意见》规定,担任法官、检察官、律师、公证员、法律顾问、仲裁员(法律类)及政府部门中从事行政处罚决定审核、行政复议、行政裁决的人员,应当取得国家统一法律职业资格,且还鼓励从事法律法规起草的立法工作者、其他行政执法人员、法学教育研究工作者,参加国家统一法律职业资格考试,取得职业资格。

② 参见朱立恒:《法学教育与司法考试是互动还是冲突》,载《理论月刊》2007 年第 12 期。

③ 霍宪丹:《中国法治的造型基因——简论国家司法考试制度的建立与法律人才培养模式的重塑》,载《环球法律评论》2004 年第 4 期。

律的所谓看似专业、深刻,实则幼稚的思维模式。这些精通法律规范乃至法学理论的学生不晓得法律从何处来,向何处去,因而不能在历史、社会、政治等视域下审视法律问题,形成了一种与社会脱节的法律思维,即使这样的学生像应试教育那样死记硬背高分拿到了法律职业资格,也很难办出社会满意的案子。因此,当代中国法学教育不仅是法内教育如何定位改革的问题,也还存在"法外教育"、法外思维不能兼顾的问题。① 民国时期法学教育家燕树棠先生在《法律教育之目的》一文中指出,法学教育的目的在于培养法律头脑,然而其对法律头脑的要求却绝非只是僵化的法律思维,而是包含四个方面:剖辨的能力、社会的常识、远大的思想和历史的眼光。② 此可谓全面体现了法学专业学生应有的综合性、系统性思维。

其实,几乎所有的法学院校在自己的招生简章中都对法学专业列出了"复合型人才"的培养目标和培养理念,但真正的复合型人才也就是一个跨学科思维、跨学科运用的能力问题,就是既能跳入法律规则系统专业、细致地看待分析问题,又能跳至其他学科领域,以不同视角反观这一问题,得出新的认识和解决路径。我们也经常受社会批判,法学院培养不出社会需要的人才,专业学习和社会需求脱节。因何脱节,正是因为我们当前的法学教育没有注重职业化训练,而仍然是关在法律概念、原理、规则的自逻辑内进行理论式的学院制教育,导致学生既不能熟练运用法律规则处理问题,也不能在更大法律外视野中分析问题,而实践中需求的是将法律放在不同的社会关系领域中去解决问题,而不是仍然停留在死知识层面。这些年,法学院开始认识到实践教育的重要性,开展了"请进来""走出去"的实践教学。所谓"请进来",请实务部门专家来授课,庭审进校园。所谓"走出去",让学生毕业之际或假期到法律实务部门实习等都有开展,但是众所周知,这些学习都缺乏系统的指导,很难深入掌握办案经验,因此,虽年年在重复这些动作,学生的实践能力仍然不为社会所认可。

法律教育和医学教育具有极大地可比性,前者"医"社会秩序,借助事前的理念、人为和经验规则,后者"医"身心秩序,借助发现了的科技和经验规则,虽然总体而言,两者并非一个领域,但本质上都不外乎受系统论支配,社会作为自组织系统和人体作为自组织系统只在所属学科上有所不同,本质上却是相同的。所不同的是,人们总认为法律牵涉政治和人的基本权利,因而其重要性并非医学的技术性所能比拟,事实上,医学同样关涉生命存续和生命质量之对于人的基本"权利",虽无涉政治,但其在不同领域的重要性可谓是可相提并论的。但无论怎们说,两种专业之强调专业技能上并无二致,治世和治身都需要精通"规则"。因此,医学专业的培养目标和培养路径、方案足可供法律专业参考。

---

① 参见董静姝:《论当代中国法学教育中"法外教育"的重要性》,载《复旦教育论坛》2017 年第 4 期。

② 参见燕树棠:《法律教育之目的》,载《法学杂志》1934 年第 7 期。

二、法学教育与医学教育的比较与借鉴

(一)关于医学教育目标——培养具有医学技能和人文素养为核心的具有多元化使命的现代医师

我国医学教育是以培养职业医生为目标的。根据1995年教育部修订的高等医学教育的总体培养目标,医学教育要培养具有良好的思想品德和职业道德,具有较广泛的社会科学知识,较宽厚的自然科学基础,较深厚的医学基础理论,较熟练的专业实践能力和解决医学实际问题的医学专门人才。

但是,近年来传统上以"治病救人"为目标的医学模式之缺陷日益明显,如把病人看成疾病的载体分解为具体器官对待,而不是把病人视为系统整体,这种诊断——治疗模式把疾病和死亡看成医学的"敌人",①扭曲了医生和病人的关系,导致治疗失败时的医患关系冲突;在治疗方向上重治疗,轻预防,轻保健;在治疗目标上追求超越各生理阶段健康标准的维持人的生理、心理和社会性的完美状态。②

为改造传统医学教育目标的狭隘和缺陷,现代社会对医师的职业使命有了新的诠释,医师被赋予了更加多元化的职业角色。1992年世界卫生组织官员提出了"五星医生"的理念,在医学教育界引起了较大反响。即未来的医生须具备五方面的能力:卫生保健提供者;医疗决策者;健康教育者;社区领导者;服务管理者。③ 不仅如此,1993年美国Hasting中心牵头,包括中国在内的14个国家代表团联合进行了一项"医学目标"的研究项目,其最终提出的未来新医学目标是:预防疾病和损伤,促进和维持健康;缓解疾病疼痛,减轻疾病痛苦;对病患治疗和护理,对不能治愈病人的照料;防止过早死亡,遵循临终关怀。④

就发达国家而言,1996年美国医学院协会成立的医学院校医学生学习目标专题研究小组,提出了如下医学毕业生的21世纪目标:医生必须是利他主义者,医生必须具备渊博的知识,医生必须掌握必要的临床技能,医生必须尽职尽责。⑤ 1993年英国总医学委员会制定了《明日医生——关于本科生医学教育的建议》,在其提出的建议和培养目标中,涵盖了医生应具备的医学知识、临床技能,以及有关其他技术和伦理方面的能力。德国医学人才的培养,重点培养医师职业所需的专业知识和相关能力。日本大学医学部的人才培养目标体现在基础知识、临床技能、基本态度和习惯三方面。⑥ 总体而言,这些培

---

① 事实上,鉴于医学对机体认识的限制,并非所有的疾病都可以治疗恢复,国内外资料一致承认,目前医疗确诊率只有70%左右,各种急诊的治疗成功率也只有70%。参见张震巍、陈飞虎:《浅议增强传染病防治意识与知识的必要性》,载《中国卫生事业管理》2003年第9期。

② 参见孙宝志:《21世纪新的医学目标与高等医学教育改革》,载《医学与哲学》2005年第2期。

③ 参见宫福清、戴艳军:《我国医学生总体培养目标定位的思考》,载《医学与哲学》2012年第5A期。

④ 参见孙宝志:《21世纪新的医学目标与高等医学教育改革》,载《医学与哲学》2005年第2期。

⑤ 参见宫福清、戴艳军:《我国医学生总体培养目标定位的思考》,载《医学与哲学》2012年第5A期。

⑥ 参见张秀敏等:《高等医学教育培养目标的探讨》,载《中国高等医学教育》2003年第3期。

养目标涉及领域可以概括为医学科学和医学人文两方面,但无不突出了医学生成为未来医师的职业技能与能力。

2004年以来,我国卫生部也开始强调医疗要进一步强调“以人为本”“以病人为中心”的服务理念,这些和上述医学新目标的核心思想正是一致的。

综上所述,不难发现,伴随现代医学目标的革新,医学教育也不得不作以调整。正如科学人文主义的代表人物乔治·萨顿所言:“尽管科学有很多好处,可是只靠科学却不能使我们的生命变得有意义。”①但总体上现代医学和医学教育目标的变革是在医师职业基础上的理念调整和功能延伸,掌握基本的医疗技能仍然是实现现代医师角色的基础,否则一切就成了空中楼阁。现代医学目标所带给医学教育目标跟进的主要是人文关怀意识和能力的强化,而不是对医学知识和治疗技能学习的弱化,易言之,现代医学教育和医师突出的只是更加多元化的看待“治病救人”。

(二)关于医学教育内容和医师考试的衔接——以执业医师考试为导向

1998年我国通过了执业医师法,要求医学毕业生从事医疗职业必须通过医师资格考试,1999年开始第一次开始执业医师资格考试,医师资格考试分为实践技能和医学综合笔试两部分。实践技能考试主要是在模拟情景下对医学人文、临床思维及实际操作能力的考察。其中的医学人文主要是考察医生职业素质、人文关怀和沟通能力,分值约占6%。医学综合笔试主要是对理论知识及其运用能力的考察,包括医学人文、基础医学、预防医学和临床医学四大模块。医学人文考核包括医学伦理学、医学心理学和卫生法学等内容,考题占医学综合笔试的6%~8%。主要考察医疗实践活动中的临床诊疗伦理、医疗人际关系与沟通,以及医务人员医学伦理素质的养成与行为规范等伦理问题。此外,还考察与人体健康和疾病有关的心理健康的维护和治疗,以及在医疗活动过程中医生必须遵守的法律规范等。②

医师资格考试科目并非医学专业学生全部修习课程。以临床执业医师为例,考试主要涉及全部必修课程40门中的16门。但实践中,医学专业教育的内容、方式都已经与执业医师考试实现了有机衔接,可谓明确是以执业医师考试为导向开展医学教育的。毕业生的医师资格考试通过率也成为衡量一个医学院校教育质量水平高低的核心标志。近年来,随着医学院校教学方式与医师考试的不断衔接,医师资格考试通过率也从10年前的20%左右逐渐提升至60%左右。

通过以上分析,我们可以发现,现代医学对医学教育和医师提出的目标和现代法治社会对法律教育提出的目标存在诸多相似性,其面临的现实情境也是雷同的。譬如,医学教育要强调治病救人的实践技能水准,也需要关怀病人的职业伦理,而法学教育同样

① [美]乔治·萨顿:《科学史和新人文主义》,陈恒六等译,华夏出版社1989年版,第137~138页。

② 参见李樯、王县成等:《我国医师资格考试制度中的医学人文考核探索》,载《医学与哲学》2015年第6A期。

存在实践技能和职业伦理的要求。譬如,医学教育面临着医师资格的职业准入,存在医学教育课程与医师资格考试的对接问题,法学教育同样面临着越来越宽泛、严格的职业准入,以及教学课程、教学方式与法律职业资格考试衔接的问题。显然,医学教育的上述制度值得法学教育充分借鉴,或者说我们据此应该坚信"法学教育以司法考试为导向的合理性"。①

三、域外法学教育的定位与教育方式

在具有悠久历史的法治国家,虽然法学教育也存在自身的问题,也在持续的改革之中,但法学教育的职业性是它们所有改革的核心问题,概括而言,不管其采取了何种举措,在突出法学教育与法律职业的有机衔接上并没有丝毫减损。

德国明确强调法学教育的职业性。《德国高等学校框架法》第7条规定,"教育和学习应当为学生的职业能力做准备,传授对此必要的符合专业要求的专业的知识、能力和方法"。《柏林洪堡大学法学专业学习条例》第5条第1款规定,"教育的目标在于获取从事法律职业所需的基本能力和知识"。2003年德国明确提出法学教育目标是培养"具有全方位工作能力的法律人"概念,这是一种通才型法律教育目标的定位,兼顾了各个法律职业。② 德国的司法考试分为两次:第一次是在法学专业的第8个学期后进行,只有通过之后才能进入专门的实践学习阶段进行司法研修,这就无形中强化了学生的自觉学习能力。而第二次的专门实践学习,则强化了学生的实践技能。德国法学教育传统授课方式主要是讲授,当前也进行了改革,鉴于仅有少部分人成为法官,目前也加强了律师方法的教学,将律师思维和律师实务操作综合到普通的教学中去。③

近年来,日本认为其传统的法学教育体制与司法职业化是脱节的,难以培养出相应规模的高水平法曹队伍,开始对法律人才培养机构进行改革,借鉴美国法学院的教学管理和人才培养模式,建立了以本科后专业学习为模式的以培养实务型法科人才为目标的法科大学院,截至2004年,日本共有68所大学开设了法科大学院。为提升法科大学院毕业生的司法考试通过率,2002年日本国会还颁行了《法科大学院教育与司法考试关系法》,日本希望通过这样的改革使毕业生的司法考试通过率达到像医科大学医师那样的70%～80%通过率,使法科大学院毕业生原则上都能够被授予法曹资格。但这一改革成效没有达到预期,近年来,司法考试通过率从未超过50%,只在2008年达到了61.4%的司法考试通过率,最近还低至20%左右。④ 尽管如此,我们要看到日本为强化法科教育与司法考试的互动衔接关系,提升通过率,解决法科毕业生就业出路的努力方向是正

---

① 周详、齐文远:《法学教育以司法考试为导向的合理性》,载《法学》2009年第4期。

② 参见田士永:《法治人才法治化培养的德国经验》,载《中国政法大学学报》2017年第4期。

③ 参见秦天宝、扶怡:《德国法学教育的新发展及对我国的启示》,载《江苏大学学报》(社会科学版)2014年第5期。

④ 参见蒋遐雏、胡光辉:《日本司法考试与法学教育的耦合关系及启示》,载《湖南师范大学教育科学学报》2017年第2期。

确的。

英国的法学本科教育以学院制为基础构建,基本的法律技能和法律职业责任教育都在学院完成。现代英国的本科法学教育在培养目标上已经实现了多元化,不再认为法学毕业生一定要从事法律职业,也可以是相关领域的就业,因此非常注重学生综合能力的培养,学生在毕业后可以有不同的就业选择,但无论哪个层次的目标,都注重对学生的法律思维塑造,培养学生像律师一样思考。在教学方法上,英国主要是课堂讲授法、课堂辅导法和讨论法。而讲授法包括案例教学法和苏格拉底教学法,以突出法学教育的职业预备性。

美国法学教育有两个特点可谓久负盛名,一是哈佛大学法学院院长兰德尔 1870 年创立的案例教学法;二是 20 世纪初美国现实主义法学派开创的法律诊所教育。这两种教学方法已经传遍世界各国,被纷纷模仿,其目标都在于强化法学学生的职业能力,通过法律技能的训练使其将来能够成为一个具有实务能力的律师。由此可以看出,美国的法学教育是典型的职业教育,绝大部分学生在其他专业取得本科学历后,再经 3 年的法学学习而取得法律博士学位,然后参加某一州或州际律师资格考试。美国法学教育也存在自身的危机和弊端,如隐形的政治意识形态问题,教师之间的等级化问题,学费日益高昂的问题,①当然,这是美国法学教育自身的反思,尚不足以影响其普遍的优势。

综上所述,发达国家的法学教育目标定位在职业教育上,在教育方式和教育内容上将其与未来职业联系起来,甚至以司法考试为导向的做法是很值得我们参考借鉴的。

四、法学教育职业化目标下的案例化教学改革

如果将法律教育定位在职业教育,那么现有的授课方式、实践教育模式都需要系统改革。其一,当前的主流授课方式仍然是系统讲授一门课程,主要传授法律理论与知识,而很少把这门课程放在技能训练思维中来对待。其二,实践教学中,部分院校十余年前推行的诊所式教育并不符合国情、社情,实际上其运行量、参与度都极为有限,在大力推进依法治国的背景下,法学学生数量众多,不可能使学生有足够的案件来得到锻炼,不适合大范围内推广。其三,请进来走出去的实践实习仍然流于形式。实践中的指导带有诸多偶然性,学习的效果既靠师傅的责任心,也靠自律意识,无法统一把控实习质量,请来的专家传授经验也不够系统,学生只能获得一星半点感性认识。其四,有的高校进行了课程改革,借鉴了涉外课程,强化涉外人才的培养。譬如,强化了国际辩论赛,模拟国际商事仲裁、模拟国际法庭,模拟法庭竞赛等。但这些最终只能是小众化受益,不可能对中国绝大多数法学专业学生适用,也只能在某一方向具有改革的价值。

鉴于此,为实现法律教育课程和方式与法律职业资格考试的衔接,有学者提出建立专门的学校(或学院)来完成这一任务的思路,②显然,这样的想法非常不具有可行性。

---

① 参见孟涛:《美国法学教育模式的反思》,载《中国政法大学学报》2017 年第 4 期。

② 参见潘剑锋:《论司法考试与大学本科法学教育的关系》,载《法学评论》2003 年第 2 期。

在现行法律教育体系外很难再搞一套专门的法律职业资格考试训练,因为本质上法律的理解和运用及其背后的法理精神都是一套整体,既无法分开,也浪费资源,徒然增加学生的时间和精神成本。而如果法学院校不自己成立这样的专门机构,继续沿用老套路进行教育,无疑又为社会上的法律职业资格考试培训机构创造了机遇,大量的学生需要他们"二次回锅"才能通过考试,这更是继续体现了法学院校的失败。

在统一法律职业资格考试背景下,将法律教育与之衔接,以法律职业资格考试为导向,明确将法律专业的教育定位职业教育,就需要重新审视、改造上述教育模式,显然,就当下国内的法学院校师资及学生数量而言,最为可行的就是推行法律教育的案例化。

所谓案例化是指将法律专业知识、法律的理念与原理、法律的操作技能、法律思维等通过具体的案例分析、讨论及在此基础上的口头辩论、书面论述之形式进行学习,为此,需要对现行法学教材作新的修订。如此大规模推行案例化教材,并不是只适用于部门法课程,即使法理学等基础课程和交叉学科如法律社会学、法律伦理学等同样可以借助适当的案例再现其内涵。所谓的区别在于,这些抽象课程和边缘学科的论述适当增多,但强调的是借助案例而加深对其所揭示的原理、理念、精神的运用。如此编选案例,也并非简单的将案例汇编起来,而是要与课程讲授的逻辑顺序、结构安排有机融合,使之成为一种案例释法,法在案中的实践化思维。

案例法教学方法的优势是多元化的,其训练了学生的法律思维和分析技能毋庸讳言,就强化学生的系统化思维、法学外思维、对法律的历史和整体理解之辩证思维也是明显的。正如美国学者爱德华・帕特森所著的《美国法律教育中的案例分析法》中举出的案例分析法四大特色,即具有科学性、适于教学性、适用性和历史性。科学性体现在常将法学与自然科学相比较,以此教育学生认识法律是一门科学,是一门包括一系列通过已经判决的案例体现出来的法律原则整体的科学。案例分析法克服了以往法学教育中学生的懒堕性因而适用于教学。而且,其收集的案例不但包括判决正确的案例,还包含判决错误的案例,以培养学生独立的思考能力。实用性体现在通过案例分析学生们弄清了法律条文在运用到具体事实上时的真正意思。而且通过对许多早期案例的讨论,学生能更好地掌握法律的历史发展,使学生不至于把法律理解成仅仅是一系列有点逻辑联系的假设,而是一个活生生的东西,有不断发展的历史,它在不断地吐故纳新。① 这即其所蕴含的历史性特征。可见,案例分析法是完全可以涵盖专业技能学习和人文素养、通识教育乃至职业伦理类内容的。但是,我们在推行案例化教学中要注意防范两种错误认识:一是只训练诉讼办案能力;二是只摘取司法案例。

虽然从传统上讲,法律人的职业使命就是在诉讼中解决当事人的权利义务争议,维护受侵害人的合法权益,惩治侵害人,通过司法恢复公正或得到公正,但是,现代社会由于社会关系日益复杂,社会矛盾日益多样化,诉讼已经不再成为主要的解决矛盾的方式,

① 参见黄继香:《美国法学教育中的案例分析法简介》,载《法律学习与研究》1987 年第 6 期。

各种非诉讼的途径异军突起,这需要法学专业人员具备协调各方利益的能力,学会在社会中处理问题,因而对法律专业教育提出了更高的技能和素质要求。但是,所谓的办案能力的训练实际上不限于诉讼案件,案例教学的范畴应当注重多元化。

在案例教学中,还应该树立一种广义的案例概念,培养一种综合思维能力。就是所要讨论的案例不仅要在司法中能够认识,还需要在社会纠纷意义上进行研判,不仅学会从司法角度提出解决方案,还要学会从社会、政治、文化等层面找寻解决方案。也就是说,即如医学已经超越了“治病救人”的传统医学目标,现代法律教育目标也应当强调从“案件”的法律解决上升“案件”的社会解决层面,从而使法律人的思维具有扩散性、多维性,满足社会的多元需要。

当然,这一切还有一个前提,就是推行案例化教学,必须保障法学师资具备开展案例化教学的能力。其路径之一,是必须具备律师资格或法律职业资格,或者在实务部门具有丰富的从业经验,以保障有能力胜任教学需求。路径之二,就是让现有的没有实践经验的教师到实务部门挂职锻炼或者进行访问学习,使之具备实务经验。至于邀请实务部门人员来亲自授课,鉴于实务部门工作任务繁重,只能在研究生范围内进行。

进行案例化教学,培养训练学生的实际操作能力,有人会担心学生的信仰、情操、伦理水平如何保障的问题。首先,上述教育已经在案例分析和讨论中得到体现;其次,法律职业资格考试内容已经做出要求,这将倒逼学生对通识教育、人文精神、职业伦理的学习和理解。事实上,如上所述,这和医师资格考试面临的问题是一样的。医师之为人治病救人,也离不开强烈的人文关怀,因此,就在医师资格考试中加入了医学人文的考试内容,从而强化学生平时的学习。法学教育也可以采取类似途径。鉴于现实中的问题比较严峻,还可以考虑加大其在法律职业资格考试中的比重,而2016年中央的改革意见正是强调要强化职业伦理的考核。总之,在法学教育职业化定位下,日常的案例化教学是全方位的,既满足了法律职业资格考试的需要,也可提升学生的职业伦理水平,是一项具有多重价值的重要改革。

五、结语

应当非常肯定的说,法律教育的定位模糊,导致了今天的法律教育在诸多方面的被动局面:就业上一直处于红牌、黄牌位置;在社会各界评价上,眼高手低,不敷使用;在法律职业资格考试通过率上,通过率不高,导致无法将所学用于社会。从2002年的统一司法考试到2018年的统一法律职业资格考试,可谓法律职业准入的条件越加严格,法律相关行业对法律职业资格的需求也越来越高,作为向社会输送法律人才的造血机,我们能不能培养更多社会需要的人才,我们的毕业生能不能因学习了法律而取得更大的事业空间,法律实践技能和法律职业资格就是最大的检验。如果在这两个方面,我们仍迈不开步子,还在犹豫要培养何种人才,那么只能使高校法学专业处于越来越尴尬的地位。

为此,我们应该大胆借鉴医学教育处理医师资格考试的经验,实现法律职业资格考试与法律教育的有机对接,主动打开法律教育的被动局面。事实上,这也是2011年中央政法委、教育部联合推出的卓越法律人才计划的要求。其中就明确提出,要适应多样化法律职业要求,坚持厚基础、宽口径,强化学生法律职业伦理教育、强化学生法律实务技能培养,提高学生运用法学与其他学科知识方法解决实际法律问题的能力,促进法学教育与法律职业的深度衔接。同时,该计划还指出培养应用型、复合型法律职业人才,是实施卓越法律人才教育培养计划的重点。而且,放大来看,教育部推出的卓越计划涉及各个专业,法学教育只是其一,至此,我们就更应该清楚自身的使命与任务了,故法学教育职业化的春天应该借助统一法律职业资格考试的新契机在自己内部主动开启。

法律职业资格考试的职业共同体塑造功能探析

屈茂辉* 汪全军**

摘 要:法律职业共同体涵盖了法官、检察官、律师等众多法律职业。而法律职业资格考试则是从事法律职业、进入法律职业共同体的准入门槛。可以说,法律职业资格考试初步塑造了法律职业共同体。具体而言,法律职业资格考试制度通过设置和调整参考范围、报考条件、考试内容等因素,引导潜在的法律职业人员形成统一的法律知识体系、工作方法和职业伦理,最终催生了一个相对稳定的法律职业共同体。

关键词:法律职业共同体 知识体系 工作方法 职业伦理

一、问题的提出

一般而言,通过法律职业资格考试是从事法律职业的基本条件。在英美法系国家,通过律师资格考试并取得相应的许可之后方可从事律师职业,而从事律师职业的经历又往往成为担任法官、检察官的重要条件;在大陆法系国家,从事律师、法官和检察官等法律职业均需通过统一的司法考试。① 可以说,在西方国家,通过相关法律职业资格考试是进入法律职业共同体的必备条件。在我国,法律职业资格考试的发展经历了三个关键节点:一是 1986 年开始举行全国律师资格考试,并将考试合格者作为取得律师执业资格的前提条件;二是 2002 年开始组织实施国家司法考试,并将通过国家司法考试且取得法律职业资格作为初任法官、初任检察官、申请律师执业和担任公证员的必要条件;三是 2018 年建立国家统一法律职业资格考试制度,并规定初任法官、初任检察官,申请律师执业、公证员执业和初次担任法律类仲裁员,以及行政机关中初次从事行政处罚决定审核、行政复议、行政裁决、法律顾问的公务员,应当通过国家统一法律职业资格考试,取得法律职业资格。随着我国法律职业资格考试制度的不断发展,越来越多的法律职业被纳入其

* 法学博士、教授、博士生导师,湖南大学法学院院长。

** 法学博士,湖南大学法学院助理教授。

① 参见张海燕、赵贵龙:《论法律职业共同体的培育路径——以法官和律师关系为视角》,载《法律适用》2013 年第 11 期。

中。特别是,自2002年开始组织国家司法考试以来,全国已有96万余人通过考试并取得法律职业资格。在取得法律职业资格的人员中,有近50%从事律师、法官、检察官和公证员等法律职业,还有大量人员从事立法、行政执法、公司企业法务等法律工作。[①] 可以说,一个围绕法律职业资格考试而产生的法律职业群体正在逐步形成。不过,“法律职业群体并非等同于法律职业共同体”。[②] 法律职业共同体不仅仅是律师、法官、检察官等相似职业的合集,更是由具有相同的知识体系、工作方法和职业伦理的法律职业人员组成的有机体。全面推进依法治国离不开法律职业共同体。在法律职业群体的形成过程中,法律职业资格考试发挥着重要作用。新时期,在法律职业群体向法律职业共同体转变的过程中,法律职业资格考试又可以发挥什么样的作用则是一个值得关注的问题。

二、法律职业资格考试与法律职业知识体系

共同的法律知识体系是法律职业共同体得以形成的基本前提。然而,长期以来,我国对法律职业人员的专业知识要求并不高。1952~1953年,全国司法机关进行了“彻底的改造和整顿”。[③] 全国2063家法院共清理出“坏分子和不宜作人民司法工作者”共计5557人,占原有司法干部数的24.71%,其中50%以上是旧司法工作人员和其他旧人员。[④] 与此同时,大量的革命军人被纳入司法工作者队伍。这次运动的结果就是“把司法人员改造为依据政策和领导意图办案的政治工作者”。[⑤] 改革开放以后的一段时期内,法律专业知识依旧没有成为选拔法官、检察官的主要条件。1979年修订的《法院组织法》与《检察院组织法》均没有规定担任法官、检察官应当具备一定程度的法律专业知识。直到1995年通过的《法官法》和《检察官法》才对法官、检察官提出了专业知识方面的要求,即担任法官、检察官应当符合高等院校法律专业毕业或者高等院校非法律专业毕业具有法律专业知识,工作满2年的,或者获得法律专业学士学位,工作满1年的;获得法律专业硕士学位、法律专业博士学位的,可以不受上述工作年限的限制。但是,实践中依旧存在大量“复转军人进法院”的现象。[⑥]

国家司法考试促进了法律职业人员知识体系的统一。国家司法考试制度的建立使有意从事法官、检察官、律师、公证员等法律职业的人员都必须通过国家司法考试并取得法律职业资格。在国家司法考试的引导下,潜在的法律职业人员在备考过程中进行了相对系统和全面的法律知识学习。2002年实施的《国家司法考试实施办法(试行)》和2008

---

① 参见辛金霞:《司法部负责同志就〈国家统一法律职业资格考试实施办法〉答记者问》,载《中国司法》2018年第5期。

② 张文显、卢学英:《法律职业共同体引论》,载《法制与社会发展》2002年第6期。

③ 史良:《关于加强人民司法工作建设的报告》,载武延平、刘根菊等编:《刑事诉讼法学参考资料汇编》(中册),北京大学出版社2005年版,第755页。

④ 同上。

⑤ 葛洪义:《一步之遥:面朝共同体的我国法律职业》,载《法学》2016年第5期。

⑥ 贺卫方:《复转军人进法院》,载《南方周末》1998年1月2日。

年实施的《国家司法考试实施办法》均规定，国家司法考试的内容包括理论法学、应用法学、现行法律规定、法律实务和法律职业道德。同时，司法部每年都会制定并公布《国家司法考试大纲》，明确命题范围。以《2017 年国家司法考试大纲》为例，其不仅包括 2017 年国家司法考试考试说明，还按照法学学科知识体系分别列明了中国特色社会主义法治理论、法理学、法制史、宪法、经济法、国际法、国际私法、国际经济法、司法制度和法律职业道德、刑法、刑事诉讼法、行政法与行政诉讼法、民法、商法以及民事诉讼法与仲裁制度的基本要求、考试内容以及法律法规目录。[①] 从《国家司法考试大纲》来看，司法考试的内容几乎涵盖了法学学科知识体系的所有内容。此外，为了辅助考生顺利通过国家司法考试，许多法学专家参与到辅导用书的编写和辅导课程的制作之中，进一步提升了潜在法律职业人员的法律知识水平。可以说，司法考试制度在很大程度上确保了不同专业背景的考生在备考过程中都进行过系统的法律知识训练。这样就在一定程度上统一了法律职业共同体的知识体系。

国家统一法律职业资格考试进一步强化了法律职业人员知识体系的同一性。

一方面，国家统一法律职业资格考试制度进一步增加了需要取得法律职业资格的从业人员范围。除了国家司法考试时期所要求的法官、检察官、律师和公证员之外，国家统一法律职业资格考试制度还进一步增加了法律类仲裁员和行政机关中从事行政处罚决定审核、行政复议、行政裁决、法律顾问的公务员。实际上，法律职业共同体的范围是比较广泛的。除了律师、法官、检察官等传统的法律职业之外，法学专家、公证员、仲裁员、法律顾问以及行政执法人员等均可以被纳入法律职业共同体的范围之内。国家统一法律职业资格考试制度增加了需要取得法律职业资格的从业人员范围，实际上是在更大范围内统一了法律职业共同体的知识体系。

另一方面，国家统一法律职业资格考试制度还进一步限制了报名条件。2018 年实施的《国家统一法律职业资格考试实施办法》规定，报名参加国家统一法律职业资格考试的人员必须具备全日制普通高等学校法学类本科学历并获得学士及以上学位，或者具备全日制普通高等学校非法学类本科及以上学历并获得法律硕士、法学硕士及以上学位，或者具备全日制普通高等学校非法学类本科及以上学历并获得相应学位且从事法律工作满三年。这样，参加国家统一法律职业资格考试之前，考生要么必须接受过法学专业教育，要么具有相当长时间的法律工作经验。可以说，国家统一法律职业资格考试制度并不满足于国家司法考试制度所要求的备考期间的法律知识训练，而是进一步要求更长时间的法学专业教育或法律实践。这样，通过长时间的法学专业教育或法律实践，法律职业共同体的知识体系得到了进一步的强化和统一。

三、法律职业资格考试与法律职业工作方法

专门的工作方法是法律职业共同体内部得以有效沟通的重要前提。遗憾的是，长期

---

① 参见中华人民共和国司法部：《2017 年国家司法考试大纲》，法律出版社 2017 年版。

以来,在我国的法律职业资格准入中,并不看重对工作方法的考察。在国家统一法律职业资格考试制度实施以前,全国律师资格考试和国家司法考试均对报考人员的专业背景持开放态度,即只有学历要求却没有专业要求。就国家司法考试而言,只要具有大学本科或以上学历均可报名参加考试,不受专业限制。这种开放式的法律职业资格考试从某种意义上否定了法律职业训练的专业性。苏力教授和孙笑侠教授曾经就法律人是否有专门的法律思维展开过讨论。① 这一论题的存在反映出国内理论界和实务界对法律职业工作方法的专业性存在争议。从法律职业资格考试的模式来看,全国律师资格考试和国家司法考试实际上采取了以苏力教授为代表的部分学者的观点;而国家统一法律职业资格考试则认可了以孙笑侠教授为代表的部分学者的观点。这种转型意味着法律思维的独特性为国家和社会所认可。2018 年实施的国家统一法律职业资格考试在报名条件上作了专业限制,体现了对法律职业工作方法的专业性的尊重。《国家统一法律职业资格考试实施办法》规定,报名参加国家统一法律职业资格考试应当具备全日制普通高等学校法学类本科学历并获得学士及以上学位,全日制普通高等学校非法学类本科及以上学历并获得法律硕士、法学硕士及以上学位,全日制普通高等学校非法学类本科及以上学历并获得相应学位且从事法律工作满 3 年。无论是要求法学类本科以上的专业学位,或者没有法学学位但是从事法律工作 3 年以上,都意味进行了相对体系的法律职业工作方法训练。

在法律职业工作方法中,最重要的就是法律解释方法。在三段论推理模型中,由于作为大前提的法律规则的抽象性和作为小前提的案件事实的具体性之间的矛盾广泛存在,法律解释不可避免。18 世纪,萨维尼提出制定法的解释规则主要受文法要素、逻辑要素、历史要素和体系要素的影响。② 之后,法律解释方法虽然不断发展,但是作为法治核心的法律解释方法仍然是文义解释,或者说仍然主要围绕法律规则本身的内涵进行解释。③ 法律解释方法的稳定性意味着法律解释方法本质上对于法律职业共同体有着内在的隐形拘束力。"法律规则语言本身没有固定的意思是正确的,但这不意味着在解释者之间没有相对一致的解释结论,不意味着解释者可以在法律语言中读进任何意思。"④作为内部成员,法律职业共同体遵循着共同的解释规则,甚至受这些解释规则的约束。从这种意义上来说,周永坤教授提出的"法律方法也是法"这一命题具有相当重要的启发性。⑤

从法律解释规则的规范性来说,法律解释方法是法律职业共同体的存在基础。这意

---

① 参见苏力:《法律人思维?》,载《北大法律评论》2013 年第 2 期;参见孙笑侠:《法律人思维的二元论:兼与苏力商榷》,载《中外法学》2013 年第 6 期。

② 参见[德]萨维尼:《当代罗马法体系 I》,朱虎译,中国法制出版社 2010 年版,第 166 ~ 168 页。

③ 参见陈金钊:《文义解释:法律方法的优位选择》,载《文史哲》2005 年第 6 期。

④ 刘星:《法律是什么》,中国政法大学出版社 1998 年版,第 226 页。

⑤ 周永坤:《法律方法也是法》,载《法制资讯》2013 年第 1 期。

味着,尽管对法律规则的认知会存在个体差异。“每一个人都是阐释者”。[①] 但是作为解释方法的技术规则却能够通过自身的客观性使法律职业共同体达成技术上的一致性。通过法律解释方法,法律职业共同体能够实现彼此的内部交流和相互评价。从这种意义上,法律解释方法构成法律职业共同体内部自我监督的规则基础,也使其能够真正发挥自己的作用。而法律解释方法的共通性意味着法律职业共同体的一个重要面向就是法律解释共同体。“另一种限制法律解释中过度主观性的途径就是所谓‘法律解释共同体’的建构。”[②]反过来说,为了塑造真正意义上的法律解释共同体就需要以法律解释方法作为从事法律职业的基本条件。而法律职业资格考试模式的转变在一定程度上也迎合了这种法治的内在需求。

国家统一法律职业资格考试制度有利于法律职业共同体成为法律解释共同体。2018 年实施国家统一法律职业资格考试之后,只有接受过法学教育或者具有一定的法律实践经验的人员才能报名参加考试。在法学教育中,一方面,法律解释学或者说法律方法论一直是法学专业的重要学习科目;另一方面,无论是法学理论的教育还是部门法的教育都往往渗透着法律解释方法的学习和探讨。这有利于法律职业人员充分了解和认识法律解释方法,并形成共同的法律解释方法认知。此外,虽然有些人没有经过法学教育,但是通过长时间的实践,也能够对法律解释方法有充分的认知。法律解释方法的真正意义体现在实践中。通过实践对法律解释方法的认知也能够达到相当的高度,这对于塑造整个法律解释共同体的认同具有基础性。因此,可以很明显地看出,随着国家统一法律职业资格考试制度的实施,国家对法律职业的认同开始走向更加法治化的道路,而且对法律解释共同体或法律职业共同体的认同也达到较高的高度,这对我国新时期法治建设具有重要意义。

四、法律职业资格考试与法律职业伦理

共同的职业伦理是法律职业共同体的凝聚力所在。正如涂尔干所言,“作为一个群体,它依然处于模糊不清、粗陋不堪的伦理状态,这表明它仍然缺乏整合。”[③]从内部来说,共同的职业伦理是共同体成员之间相互认同的深层原因,也是维护职业共同体稳定统一的关键力量;从外部来说,共同的职业伦理是该职业共同体区别于其他职业群体的主要标志,也决定着该职业共同体的社会地位和社会声誉。在法律职业共同体内部,不仅有法官、检察官、行政执法人员等体制内的从业人员,还有律师、公证员、法律类仲裁员、企业法务人员等体制外的从业人员。正是由于成员属性复杂多样,法律职业共同体更需要借助共同的职业伦理来增强内部凝聚力。一般来说,法律职业共同体的基本伦理

① 邓巍:《德沃金法律阐释理论研究》,西南政法大学法学院 2008 年博士学位论文,第 53 页。
② 参见孙光宁:《法律解释共同体的解构与重构:从韦伯到鲍曼》,载《人大法律评论》2012 年第 1 期。
③ [法]涂尔干:《职业伦理与公民道德》,渠东、付德根译,上海人民出版社 2001 年版,第 15 页。

规范包括正义规范、独立规范、效率规范、平等规范、诚信规范、保密规范等内容。[①] 遗憾的是,我国法律职业共同体内部的职业伦理水平参差不齐,不同法律职业之间甚至出现相互否定的现象,这无疑不利于法律职业共同体的健康发展。不过,自从以国家司法考试为代表的法律职业资格考试制度实施以来,我国法律职业共同体的职业伦理水平有了很大的提高。

法律职业资格考试强化了法律职业伦理教育。法律职业伦理是国家司法考试的重要内容。根据《国家司法考试实施办法》第 8 条的规定,国家司法考试的内容包括理论法学、应用法学、现行法律规定、法律实务和法律职业道德。在《2017 年国家司法考试大纲》中,不仅列出了法律职业道德的基本原则,而且还详细指出了法官、检察官、律师和公证员的具体职业道德规范。[②] 改革后的国家统一法律职业资格考试也十分重视对法律职业伦理的考察。《国家统一法律职业资格考试实施办法》第 13 条规定,国家统一法律职业资格考试将综合考察应试人员从事法律职业应当具有的政治素养、业务能力和职业伦理。在《2018 年国家统一法律职业资格考试大纲》中,不仅延续了司法考试中有关职业伦理的知识考点,还进一步增加了其他法律职业人员的职业道德。[③] 通过将法律职业伦理列为法律职业资格考试的必考内容,促使广大潜在的法律职业人员主动学习相关内容,极大地提高了法律职业伦理在考生心目中的地位。可以说,法律职业资格考试是法律职业伦理教育最有效的推动力。

法律职业资格考试增强了不同法律职业之间的身份认同。法律职业伦理不仅体现在规范层面,更体现在实践层面。通过践行法律职业伦理,法律职业共同体将进一步提升内部的凝聚力和外部的社会声誉。但是,长期以来,由于不同法律职业之间的自我封闭,法律职业人员很难在不同法律职业之间流动。这样不仅导致不同法律职业之间互不了解,更造成不同法律职业从业人员之间的情绪对立。特别是体制内的法律职业与体制外的法律职业之间存在深深的隔阂。可以说,法律职业人员并不认同法律人这一共同的身份,所谓法律职业共同体仅仅是徒有其表。在这种背景下,法律职业伦理很难落实到实践之中,也很难发挥增强法律职业共同体内部凝聚力的功能。“法律职业者间越是相互理解、认同和肯定,其结合就越是牢固和紧密,则法律职业共同体就越是彰显和持久”[④]。在国家司法考试时期,通过将法官、检察官、律师以及公证员纳入需要通过国家司法考试并取得法律职业资格的人员范围之内,打破了法官、检察官、律师以及公证员的任职资格壁垒,初步实现了法官、检察官、律师以及公证员任职资格的统一化。在国家统

---

① 参见李本森主编:《法律职业伦理》,北京大学出版社 2016 年版,第 54 ~ 83 页。

② 参见中华人民共和国司法部:《2017 年国家司法考试大纲》,法律出版社 2017 年版,第 63 ~ 70 页。

③ 参见中华人民共和国司法部:《2018 年国家统一法律职业资格考试大纲》,法律出版社 2018 年版,第 635 ~ 641 页。

④ 张文显、卢学英:《法律职业共同体引论》,载《法制与社会发展》2002 年第 6 期。

一法律职业资格考试时期,进一步将法律类仲裁员以及行政机关中从事行政处罚决定审核、行政复议、行政裁决、法律顾问的公务员也纳入需要通过国家统一法律职业资格考试并取得法律职业资格的人员范围之内。这样就在更大范围内消除了不同法律职业之间的从业资格障碍,有利于不同法律职业之间的人员流动。实际上,实践中已经出现从符合条件的律师、法学专家中招录立法工作者、法官、检察官的情况。① 这无疑有利于在实践中落实法律职业伦理,并进一步增强法律职业共同体内的身份认同。

五、结语

法律职业共同体是现代法治国家不可或缺的中坚力量。在全面推进依法治国,建设中国特色社会主义法治国家的过程中,迫切需要建设一支正规化、专业化、职业化的法治专门队伍。法治队伍的建设离不开法律职业资格考试制度的引导。从最初的全国律师资格考试到国家司法考试,再到国家统一法律职业资格考试,我国的法律职业资格考试制度正在逐步走向完善。与此同时,围绕法律职业资格考试也逐步形成了一个数量可观、素质较高的法律职业共同体。新时期,通过建立国家统一法律职业资格考试制度,进一步实现法律职业共同体内部的知识体系、工作方法、职业伦理的统一化,将有助于我国法治专门队伍的健康成长。

① 2016 年 6 月 2 日,中共中央办公厅印发了《从律师和法学专家中公开选拔立法工作者、法官、检察官办法》,专门就此问题进行了规定。

法学教育的反思与案例教学模式的探索

——“案例教学与法治人才能力培养”主题报告

查云飞* 徐涤宇**

摘　要:改革开放40周年,法学教育在恢复中迅速发展。在取得瞩目成就的同时,教学与实务相脱节、法学教育专业性与通识性矛盾难以消解的问题日益凸显,对我国法律共同体产生较大的负面影响。而反观欧美各国,皆较好地融洽了法学学术教育与职业教育,尤以德国教学模式为代表,为优化我国法学教育提供了参考范本。近年来,中南财经政法大学法学院不断探索法学案例教学模式,在理论和实践两个方面开展教学改革。其中,“卓越法律人才实验班”作为突出成果,在教学过程中采用鉴定式案例分析模式,训练学生请求权基础分析方法,获得校内师生一致认可。而以法学实验教学系统为代表的实践教学创新项目,近年来亦不断向国内各大高校推广。

关键词:法学教育　案例教学　鉴定式案例分析　卓越法律人才培养　法学实验教学

一、法学教育的反思

改革开放40年来,中国特色社会主义法治建设取得了巨大成就,中国的法学教育亦在恢复中迅速发展。法学教育作为一项基础性工程,在法律人才培养、法学理论创新、法律文化传承及推动国家法制建设等诸多方面取得了令人瞩目的成就,对依法治国、社会主义市场经济体制建设及和谐社会构建起了至关重要的作用。① 然而,法学教育尚不足以培育出大量符合法治要求的法律人,仍存在许多层次、结构上的矛盾和迫切需要解决

* 中南财经政法大学法学院讲师。

** 中南财经政法大学法学院院长、教授。

① 参见贾宇:《改革开放三十年法学教育的发展及其当前改革》,载《法律科学》(西北政法大学学报)2008年第6期。

的实际问题。①

通过与众多法律从业者的接触便可以发现,朴素的公平正义感仍然是其评判案件的重要考量,辅之以基本原则,便是法律论证的全部内容。法院的判决往往欠缺严谨的法律推理,无法体现法官对于法律知识的透彻理解。律师专业水平总体上尚显不足,作为一个富有挑战性的职业,律师必须具备扎实的法律功底、敏锐的头脑以及善辩的口才。而现实中,部分律师调查取证工作不充分、发表的辩护词、代理词无实质内容,尚不具备将法条活学活用的能力。此外,大部分律师在一些特殊领域及新兴领域的业务水平较为欠缺。总体而言,法律从业者素质偏低,灵活适用法律法规的能力有待提高。

对此,法学教育应承担不可推卸的责任,法学教育的缺陷必定反映在法律实务的种种怪相中。拒不完全统计,我国大约有 600 所法学院,每年向社会输出 8 万名左右法律专业的本科毕业生。如此庞大的人才总量竟无法满足法律实务的需求,这与法学教育内含的矛盾有直接关联。②

其一,教学与法律实务脱节。

对于法学院大多数学生而言,通过期末考试以及法律职业资格考试是其本科学习的首要目标。然而,法考与平时的期末考试都倾向于考查对法条的记忆,并非理解与适用。因此,部分学生便会选择进行"突击式"的学习,在考试来临之际熬夜突击,背诵记忆,此种学习模式无法帮助其获得综合运用法律知识的能力,甚至在一段时间后,对最基础的法条记忆也变得模糊。此外,在教学中老师照本宣科式的传授方式相对枯燥,脱离实务。相比于法考培训,部分学生甚至认为大学课堂教学毫无用处。这样的教学方式既不利于学生掌握法律基础知识,亦无法使他们了解法律实务。

其二,法学教育专业性与通识性矛盾难以消解。

作为一个合格的法律从业者,不能死抠法律条文,而应当具有高度专业化的法律素养、实践能力与人文精神。③ 韩大元教授曾讲:"我心目中未来的法学院毕业生应该是新的思想的创造者,社会共识的维护者,社会正义的捍卫者,以及多元化创新的实践者。"④而达到这一目标,仅仅依靠法律专业教育是不能实现的,还需要涉猎人文社会科学甚至自然科学的各个领域。而仅通过 4 年的本科教育,无法做到职业教育与素质教育同时并举,即无法完成既培养法律职业人才又培养法律专业精英的任务。人文素养的培育是一个长期的过程,不能仅仅依靠本科阶段学习,而是长期的自我积累与环境熏陶的产物。

---

① 最新讨论,参见徐显明、黄进、潘剑锋、韩大元、申卫星:《改革开放四十年的中国法学教育》,载《中国法律评论》2018 年第 3 期。

② 对我国法学教育的解剖式评估,参见葛云松:《法学教育的理想》,载《中外法学》2014 年第 2 期。

③ 韩大元:《全球化背景下中国法学教育面临的挑战》,载《法学杂志》2011 年第 3 期。

④ 徐显明、黄进、潘剑锋、韩大元、申卫星:《改革开放四十年的中国法学教育》,载《中国法律评论》2018 年第 3 期。

现阶段,法学院无法完成这一目标,也不应该以完成这一目标为首要任务。长此以往,法学教育的目标会变得模糊,出现本末倒置现象,法学教育资源也会被极大浪费,更会出现学生专业功底不扎实,无法适应工作要求的情况。

二、欧美各国法律人教育比较

综观欧美各国,大多数国家都有效解决了大学教育和法律职业教育的衔接问题,第一阶段在大学进行学术培养,第二阶段对于不同的法律职业设有专门的培养机制。如在意大利,学生需要在大学毕业之后自己决定,应当选择哪种职业路径。若想做律师,需要进行18个月的实习。实习合格后,可以获得由律师公会颁发的证书。1997年开始,法律职业培训学校纷纷在大学创立,旨在为法科毕业生提供深造的机会,并可部分替代在律师处实习的时间。在每年12月,法学毕业生需参加法院组织的律师准入考试,通过笔试和口试才可入职。而如果想成为法官,则需要在法律职业培训学校参加为期2年的培训,随后需通过选拔成为法院实习生并进行18个月的培训。法院培训结束后,若得到法官的积极评价,便可顺利成为法官。① 法国亦如此,若想做律师、法官或检察官,需要在大学课程之外进行专门培训并参加资格考试。② 英国虽然没有国家考试,但仍根据不同职位设有长短不一的实践培训期,只有在培训中脱颖而出才能被选任,美国、荷兰、比利时、西班牙等国也有着类似的职业教育培养模式。这些国家的培训与考试都注重案例的考察,对实践经验要求也较高,不会只注重学生死记硬背的能力。上述各国的法学教育模式虽在具体安排上有所不同,但都有效解决了大学教育与职业培训教育之间的矛盾,即法学教育的二重困境。③

与此类培养机制相同的是,在德国要通过第一次国家司法考试、候补法官考试才能成为完全的法律人,第一阶段的教育是大学教育,第二阶段则是为期两年的见习期教育。④ 所以,德国教育模式同样注重第一阶段与第二阶段的衔接,而且第一阶段虽为大学教育,但仍以实践为主,十分注重案例分析课程的功效,案例分析亦在国家考试占有相当大的比重。在德国,案例分析课程保持与讲授课程相对一致的进度,以案例演练检查、巩固学习者对法律知识的理解,并通过持之以恒的训练,使学生掌握特定的思维方法与法

---

① Paolo Flavio Monini, Italien, in: Baldus-Fikenauer-Rüfner (Hrsg.), *Bologna und das Rechtsstudium*, 2011, SS. 102 – 104.

② 参见朱明哲:《全球化背景下的法国法学教育——体系性追求及其面临的挑战》,载《中国法学教育研究》2017年第2期;参见袁震:《对法国法学教育的观察与思考》,载《法学教育研究》2015年第2期。

③ 关于法学教育的二重性困境,参见王晨光:《法学教育的宗旨——兼论案例教学模式和实践性法律教学模式在法学教育中的地位、作用和关系》,载《法制与社会发展》2002年第6期。

④ 参见季红明、蒋毅、查云飞:《实践指向的法律人教育与案例分析——比较、反思、行动》,载《北航法律评论》2015年第1期;邵建东:《德国法学教育制度及其对我们的启示》,载《法学论坛》2002年第1期;韩赤风:《当代德国法学教育及其启示》,载《比较法研究》2004年第1期;郑永流:《知行合一经世致用——德国法学教育再述》,载《比较法研究》2007年第1期;吴香香:《德国法学教育借镜》,载《中国法学教育研究》2014年第2期。

律适用的方法。正是因为长期的案例教学,德国法律人养成了统一的思维模式,这也在实务中促进了法律共同体成员之间的相互理解。

近年来,随着留德法科学生越来越多,德国案例分析模式被中国法学界熟知,各个院校也有部分老师在做德国案例分析方法的推广。① 通过案例教学,学生可以充分掌握基础法律知识,并使教学与法律实务紧密结合。此外,相比于其他实践教学项目,案例教学能够以较小的师资投入获得最大的成果。在案例教学中,学生不仅能够熟悉法律实务,其综合能力也有所提升,如法律思维能力、法律适用能力、法律论证能力、利益衡量能力、对法律背后的社会问题和政策问题的认知与判断能力、独立思考能力、口头和书面表达能力、团队协作能力等。② 中国法学教育改革,应当找到适当的途径使法律学习者掌握法律适用的方法,只有这样才能从根本上改变我国法学教育的现状,提高法律从业者的素质,充分利用高校法学教育资源,借鉴国外法学教育最精髓的思维模式与中国法律与案例嫁接便能在教学中发挥事半功倍的效果。③

三、我校法学案例教学模式的探索

近年来顺应改革趋势,我校不断调整教育模式,尝试将案例教学融入法学培育的全过程。如今,我校已经围绕案例研习形成了鉴定式案例研习(偏理论)与实践类案例教学(偏实践)两种模式。

(一)鉴定式案例研习

鉴定式案例分析法是德国法学教育中普遍采用的一种方法,要求学生围绕案情对一个法律问题予以回答,并给出其理由,完成鉴定报告。以民法为例,鉴定式案例分析法回答的是一方对另一方的请求权是否成立及其理由。民法中的鉴定报告首先要确定相关请求权的请求权基础,按契约请求权、无权代理等类契约请求权、无因管理请求权、物上请求权、不当得利请求权、侵权关系损害赔偿请求权、其他请求权等依序检索,然后审查

---

① 参见田士永:《民法学案例研习的教学实践与思考》,载《中国法学教育研究》2011 年第 3 期;田士永:《"民法学案例研习"的教学目的》,载《中国法学教育研究》2014 年第 4 期;葛云松:《法学教育的理想》,载《中外法学》2014 年第 2 期。除北京大学与中国政法大学之外,中南财经政法大学、华东政法大学、上海财经政法大学以及西南政法大学都有相关课程设计。

② 德式案例教学法不仅仅面向高校学生,也面向以法院和律所为代表的司法实务界,国家法官学院与德国国际合作机构共同出版《法律适用方法》丛书并以此进行法官培训即为最佳例证;对此的介绍,参见吴光荣:《案例教学在法学教育和法官培训中的作用》,载《法律方法与法律思维》2011 年第 00 期;除此之外,备受法官群体关注的要件审判九步法与德式案例分析异曲同工,参见邹碧华:《要件审判九步法》,法律出版社 2010 年版,第 17 ~ 36 页。

③ 以司法案例为重点进行研究,参见张家勇:《探索司法案例的研究方法》,载《法律适用》(司法案例)2017 年第 24 期。

其各个要件是否成立,从而得出结论。① 从结构上看,该分析法始终保持前提句、定义、涵射、结论四步骤,在定义处又可能延展提出新的设问,其下亦重复涵射与结论之步骤,鉴定报告最终呈现逻辑递进、思维严谨并且体系串联的塔体式层次。刑法以三阶层为基本框架,行政法分为违法性审查和请求权基础两种范式,与民法一样采鉴定式案例分析法,因方法的共通性进而实现了部门法内部交叉融合的训练。②

自2016年9月我校"卓越法律人才实验班"开班,鉴定式案例分析法被多位老师采纳并运用到民法、刑法、行政法与行政诉讼法、民事诉讼法、刑事诉讼法、商法等法学核心科目的教学中,除"卓越法律人才实验班"的常规案例研习课程外,我校还开设"鉴定式案例分析"暑期班、校内"鉴定式案例分析"培训班及鉴定式案例分析兴趣小组。在教学过程中,老师不断汲取德国优秀教学经验,并结合我国法律及真实案例,积累了大量教学素材,取得了较为丰硕的成果。近年来,鉴定式案例教学的影响力在不断扩大,在校内与校外均获得一定关注。

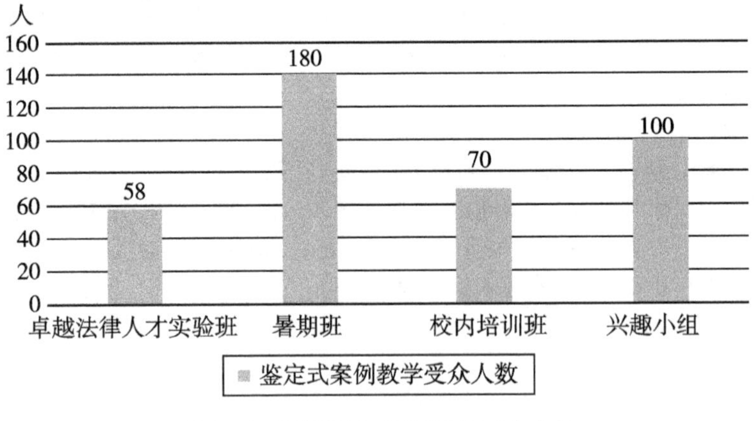

图1 目前鉴定式案例教学的受众人数

① 参见田士永:《民法学案例研习的教学实践与思考》,载《中国法学教育研究》2011年第3期;以请求权基础方法的案例练习展示,参见葛云松:《一份基于请求权基础方法的案例练习报告——对于一起交通事故纠纷的法律适用》,载《北大法律评论》2015年第2期;葛云松:《法学教育的理想》,载《中外法学》2014年第2期。

② 参见季红明、蒋毅、查云飞:《实践指向的法律人教育与案例分析——比较、反思、行动》,载《北航法律评论》2015年第1期。

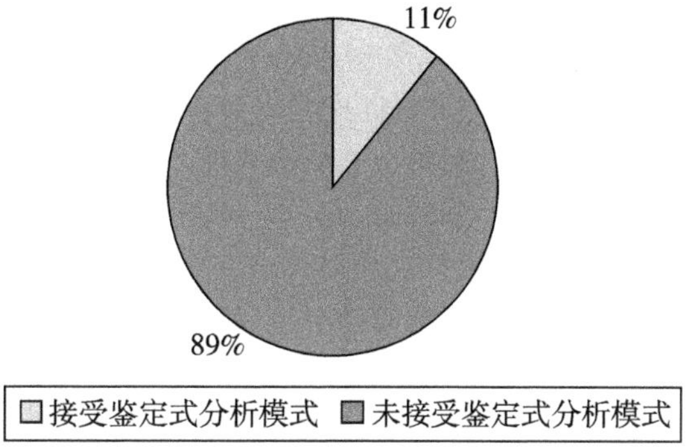

图 2 本校受"鉴定式分析模式"培训学生占比

1. 卓越法律人才实验班

2015 年年底,中共中央办公厅、国务院办公厅联合印发了《关于完善国家统一法律职业资格制度的意见》,强调以案例分析、法律方法检验考生在事实认定和法律适用等方面的法治实践水平,考试以案例题为主,大幅度提高案例题的分值;要建立法律职业人员统一职前培训制度,实行"先选后训"培训模式,培训合格者方可准予从事法律职业。① 这为我国未来法律人培育的两阶段化指明了方向。2018 年司法部公布的《国家统一法律职业资格考试实施办法》第 13 条亦规定,国家统一法律职业资格考试"分为客观题考试和主观题考试两部分"。司法部国家司法考试司(现法律职业资格管理局)司长贾丽群此前接受专访时指出,"通过案例分析等方式可检验考生在事实认定和法律适用方面的实践能力。主观题和客观题都大量采取案例题的方式,从而实现提高案例题分值比重的目标,不仅考查考生应知应会的宪法法律知识,更重要的是考察他的法治思维和法治能力"。②

为此,培养法科学生案例分析能力,不仅是当前法学教育有待探索的课题,而且也是提升法律职业资格考试应试能力的有益途径。案例练习课有助于检验学生听课效果、纠正误解、填补漏洞。它通过让学生展示其所学知识的方式,促使学生弄清自己所采立场,同时重温并概括不同的学说,弄清方向并获得体系概观。让初学者通过具体的案例更为容易地掌握理论,更牢固地记下抽象的法条。由此,案例练习课提升了学生的兴趣,帮助

① 中共中央办公厅、国务院办公厅印发《关于完善国家统一法律职业资格制度的意见》,载中华人民共和国中央人民政府网:http://www.gov.cn/xinwen/2015-12/20/content_5025966.htm,最后访问日期:2019 年 9 月 6 日。

② 专访国家司法考试司司长贾丽群,载中华人民共和国司法部中国政府法制信息网:http://www.moj.gov.cn/subject/content/2017-12/06/twzt_10430.html,最后访问日期:2019 年 9 月 6 日。

其理解理论,加深其记忆,并且磨砺其辨别事物的眼光。①

顺应其势,中南财经政法大学法学院从2016年开始开设卓越法律人才实验班,面向全校招生,为核心专业课配备相应的鉴定式案例分析课。秉持科学先进的法学教育理念,着力打造符合中国国情的法律精英人才培养体制,实现实体法与程序法的深度衔接、校内导师与实务导师双师同堂、理论传授与案例研习相结合的小班教学,培养具备扎实系统的法学理论知识和较强的法律实务技能,能适应经济社会发展和多样化法律职业要求的高端法律精英人才。其中,最大的创新点便是创建案例研习课程,训练学生的请求权思维。实验班设置鉴定式案例研习课程,与三大部门法的专业基础课程配套,全部采用请求权基础的分析方法进行案例研习,以培养学生的法律思维能力,提高学生的法律适用能力。

除国家规定的政治、外语、计算机等必修课程之外,"卓越法律人才实验班"的法学课程分为四大部分,即专业教育基础课、专业教育专业课、专业教育选修指导课以及实践与实验课程。②(见表1)其中,专业教育基础课设置了各为16学时的"法学入门导引"和"法学文献与检索"课,以便为大一新生迅速进入法学专业学习打下良好基础。专业教育专业课为课程改革的最大亮点,以传统的"三法三诉"为教学重点,在宪法与行政法、民商法、民事诉讼法、刑法、刑事诉讼法领域全面配套了10门案例研习实验课程,且以请求权基础案例分析法为主要训练方式。在专业教育选修指导课部分,根据学生自身兴趣和特点,满足其开放选修课程的需求,亦可在本科导师的建议下进行模块化选课,实现了因材施教、灵活培养、个性多元的培养目标。最后在实践与实验课程部分,另设置了"创新型法学实验"和"法律诊所"课,前者通过我校自主研发的上机操作系统模拟法律角色进行职业训练,后者直接接触当事人并代理案件,与司法实务无缝对接。

---

① 季红明、蒋毅、查云飞:《实践指向的法律人教育与案例分析——比较、反思、行动》,载《北航法律评论》2015年第1期;田士永:《民法学案例研习的教学实践与思考》,载《中国法学教育研究》2011年第3期;葛云松:《法学教育的理想》,载《中外法学》2014年第2期。

② 中南财经政法大学法学院的课程体系改革,参考了德国法学院的培养方案以及北大的课程设计,后者参见葛云松:《法学教育的理想》,载《中外法学》2014年第2期。

表 1 “卓越法律人才实验班”全程教学计划(部分)①

课程类别	课程性质	课程号	课程名称	开课学期	学分	学时：课内学时	学时：课外学时	学时：实验学时	先修条件	开课学院
专业教育·基础课	必修	B0401470	法学入门导引	一	1	16	—	—	—	206
	必修	B0401480	法理学基础	一	2	32	—	—	—	206
	必修	B0401490	专题：法学文献与检索	二	1	16	—	—	—	206
	必修	B0401500	法社会学	三	2	32	—	—	—	206
	必修	B0401510	法律哲学与法律方法	五	2	32	—	—	—	206
	必修	B0401520	中外法律史概论	四	3	48	—	—	—	206
	学科基础课合计			—	11	176	—	—	—	—
专业教育·专业课	必修	B0400783	宪法学	二	3	48	—	—	—	206
	必修	B04090110	案例研习实验：宪法学	二	2	—	—	32	—	206
	必修	B0401530	民法学总论	二	3	48	—	—	—	206
	必修	B0490120	案例研习实验：民法总论	二	2	—	—	32	—	206
	必修	B0401540	债法总论	三	3	48	—	—	—	206
	必修	B0490130	案例研习实验：债法总论	三	2	—	—	32	—	206
	必修	B0401550	刑法学Ⅰ	二	3	48	—	—	—	206
	必修	B0490140	案例研习实验：刑法学Ⅰ	二	2	—	—	32	—	206
	必修	B0401560	刑法学Ⅱ	三	3	48	—	—	—	206
	必修	B0490150	案例研习实验：刑法学Ⅱ	三	2	—	—	32	—	206
	必修	B0400813	刑事诉讼法学	四	3	48	—	—	—	206

① 该计划为 2016 级和 2017 级“卓越法律人才实验班”教学方案，2018 级已经适用调整后的新方案，新方案在原有版本基础上进行了优化，如从大一第一学期开始即开设民法和刑法课程。

续表

课程类别	课程性质	课程号	课程名称	开课学期	学分	学时			先修条件	开课学院
						课内学时	课外学时	实验学时		
专业教育·专业课	必修	B0490160	案例研习实验:刑事诉讼法学	四	2	—	—	32	—	206
	必修	B0400833	行政法与行政诉讼法学	三	3	48	—	—	—	206
	必修	B0490170	案例研习实验:行政法与行政诉讼法学	三	2	—	—	32	—	206
	必修	B0400623	商法学	五	3	48	—	—	—	206
	必修	B0490180	案例研习实验:商法学	五	2	—	—	32	—	206
	必修	B0400554	民事诉讼法学	四	3	48	—	—	—	206
	必修	B0490190	案例研习实验:民事诉讼法学	四	2	—	—	32	—	206
	必修	B0400750	物权法学	四	3	48	—	—	—	206
	必修	B0490200	案例研习实验:物权法学	四	2	—	—	32	—	206
	专业必修课程合计			—	50	480	—	320	—	—
专业教育·选修指导课	选修	B0200193	微观经济学	二	3	48	—	—	—	203
	选修	B0200222	新制度经济学	六	2	32	—	—	—	203
	选修	B0300320	国际结算	四	2	32	—	—	—	205
	选修	B0300350	国际金融(双语)	三/四	3	48	—	—	—	205
	选修	B0300403	货币金融学	三	3	48	—	—	—	205
	选修	B0300540	金融市场学	三	2	32	—	—	—	205
	选修	B0300633	商业银行经营管理	五	3	48	—	—	—	205
	选修	B0300840	信用管理	四	2	32	—	—	—	205
	选修	B0300883	证券投资学	四	3	48	—	—	—	205
	选修	B0400010	保险法学	六	2	32	—	—	—	206

续表

课程类别	课程性质	课程号	课程名称	开课学期	学分	学时			先修条件	开课学院
						课内学时	课外学时	实验学时		
专业教育·选修指导课	选修	B0400020	比较法总论	五	2	32	—	—	—	206
	选修	B0400030	比较宪法学	五	2	32	—	—	—	206
	选修	B0400040	比较行政法学	五	2	32	—	—	—	206
	选修	B0400070	财税法学	五	2	32	—	—	—	206
	选修	B0400133	法律文书	五	3	48	—	—	—	206
	选修	B0400160	房地产法学	五	2	32	—	—	—	206
	选修	B0400200	公务员法学	五	2	32	—	—	—	206
	选修	B0400220	国际法学(双语)	三	4	54	—	10	—	206
	选修	B0400283	国际经济法学(双语)	六	3	40	—	8	—	206
	选修	B0400300	国际民商事程序法	五	3	48	—	—	—	206
	选修	B0400310	国际人权法学	七	2	32	—	—	—	206
	选修	B0400353	国际私法学(双语)	六	3	40	—	8	—	206
	选修	B0400360	国家赔偿法学	四	2	32	—	—	—	206
	选修	B0400420	环境法学	五	3	40	—	8	—	206
	选修	B0400430	婚姻家庭与继承法学	五	3	48	—	—	—	206
	选修	B0400440	金融法学	五	2	32	—	—	—	206
	选修	B0400460	竞争法学	六	2	32	—	—	—	206
	选修	B0400480	劳动合同法学	六	2	32	—	—	—	206
	选修	B0400493	劳动与社会保障法学	五	3	40	—	8	—	206
	选修	B0400500	立法学	六	2	32	—	—	—	206
	选修	B0400510	律师法学	六	2	32	—	—	—	206
	选修	B0400570	票据法学	五	2	32	—	—	—	206

续表

课程类别	课程性质	课程号	课程名称	开课学期	学分	学时			先修条件	开课学院
						课内学时	课外学时	实验学时		
专业教育・选修指导课	选修	B0400580	破产法学	六	2	32	—	—	—	206
	选修	B0400590	侵权行为法学	四	2	32	—	—	—	206
	选修	B0400630	社会保险法学	六	2	32	—	—	—	206
	选修	B0400740	外国刑法学	六	2	32	—	—	—	206
	选修	B0400760	西方法律思想史	四	2	32	—	—	—	206
	选修	B0400770	现代西方法哲学	六	2	32	—	—	—	206
	选修	B0400790	消费者保护法学	五	2	32	—	—	—	206
	选修	B0400800	信托法学	五	2	32	—	—	—	206
	选修	B0400870	银行法学	六	2	32	—	—	—	206
	选修	B0400900	证据法学	六	2	32	—	—	—	206
	选修	B0400913	知识产权法学	四	3	40	—	8	—	206
	选修	B0400930	中国法律思想史	二	2	32	—	—	—	206
	选修	B0400950	中国区际冲突法理论与实务	六	2	32	—	—	—	206
	选修	B0400960	仲裁法学	六	2	32	—	—	—	206
	选修	B0400970	自然资源法学	六	2	32	—	—	—	206
	选修	B0400980	证券法学	六	2	32	—	—	—	206
	选修	B0490210	经济法学(研习实验)	四	3	—	—	48	—	206
	选修	B0490220	债法分论(研习实验)	四	3	—	—	48	—	206
	选修	B0490230	海商法学(研习实验)	五	3	—	—	48	—	206
	选修	B0500152	犯罪心理学	三	2	32	—	—	—	207
	选修	B0500162	犯罪学	二	2	32	—	—	—	207
	选修	B0500300	经济刑法	四	3	48	—	—	—	207

续表

课程类别	课程性质	课程号	课程名称	开课学期	学分	学时			先修条件	开课学院
						课内学时	课外学时	实验学时		
专业教育·选修指导课	选修	B0500580	侦查学(1)	六	2	32	—	—	—	207
	选修	B0500610	职务犯罪防范与控制	五	2	32	—	—	—	207
	选修	B0500780	侦查案例研习	五	2	32	—	—	—	207
	选修	B0700063	国家预算管理	五	3	48	—	—	—	204
	选修	B0700083	税法(税)	四	3	48	—	—	—	204
	选修	B0700132	税务会计	五	2	32	—	—	—	204
	选修	B1000200	当代中国政府与行政	四	3	48	—	—	—	212
	选修	B1000332	公共管理学	四	2	32	—	—	—	212
	选修	B1000420	集体合同与集体谈判	五	2	32	—	—	—	212
	选修	B1000470	劳动合同制度与管理	五	3	48	—	—	—	212
	选修	B1000692	行政管理学	五	2	32	—	—	—	212
	指导选修课程合计			—	20	320	—	—	—	—
实践与实验课程	必修	B0490240	创新型法学实验	六	2	—	—	32	—	206
	必修	B1890050	专业实习	六	4	—	—	—	—	206
	必修	B0490070	法律诊所	五	2	—	—	32	—	206
	必修	B1890030	毕业论文	八	4	—	—	—	—	206
	实践与实验课程合计			—	12	—	—	64	—	—
专业课程总计				—	93	—		—	—	—
总分					161					

截至目前,实验班已经招生两届,共58名学生(2016级与2017级各29名)。实验班坚持小班教学,原则上不超过30名学生,以保证案例研习课堂的充分讨论。不同于传统的案例教学课程,鉴定式案例研习相对独立于理论课程教学,与理论课进度基本持平。在学生具备相应理论知识的基础上,要求每位同学掌握请求权基础的分析方法,在熟悉

案情的基础上,独立完成鉴定报告。随后再由授课老师批改讲授,规范学生的分析思路、行文逻辑及论证表述等多个方面。若要达成预期的效果,老师与同学必须投入足够的精力,配合完成教学任务。

2016级实验班的同学经过两年的学习,已经完成宪法学、民法总论、债法总论、债法分论、刑法学1、刑法学2、刑事诉讼法学、民事诉讼法学、行政法与行政诉讼法学及经济法学这10门案例研习实验课程,已熟练掌握请求权基础的分析方法,并能够独立完成高质量的案例鉴定报告。为了完成一份案例鉴定报告,同学需要阅读大量文献,查找相关的法律法规及司法解释。通过案例研习实验,多数同学反映,其法律写作及文献检索均得到较大的提升。此外,用案例教学串联知识点的方式能够让学生最高效掌握基础知识,了解不同学说,能够彻底摒除传统授课的弊端。因此,"卓越法律人才实验班"受到学院上下一致好评,实验班学生亦具备较高的素质。

2."鉴定式案例分析"暑期班

此外,在近几年的案例教学实践中,我院还逐渐形成了以张家勇教授为总负责人的"鉴定式案例分析"教学团队。教学团队利用暑期,开设"案例分析暑期培训班",向来自全国各大高校的数百名学子授课,以此为契机提高其他高校法律学子运用法律理论解决实际问题的思维能力,在实验班之外延揽英才,引导来自全国不同高校的学子贴身体验案例分析的实际功效。暑期班与实验班同根同源,历经两届,影响力正不断扩大。例如,今年暑期班共收到国内外各高校722名优秀学生发来的申请,申请者来自科隆大学、澳门科技大学、北京大学、中国人民大学、武汉大学、吉林大学、浙江大学、四川大学、山东大学、中国政法大学、中南财经政法大学、西南政法大学、华东政法大学、西北政法大学等百余所高校。接受过暑期班系统培训的学员均认可请求权基础分析方法,且回校后自行开展此种方式的训练,在学生群体中引领并推广此种训练方式。

表2 2017年中南财经政法大学法学院"鉴定式案例分析"暑期班学员感想摘录

学员	感想
黄同学 北京大学法学院2016级法硕	特别幸运能够搭上这辆"思维风暴"的快车,在美丽的南湖边上与来自五湖四海优秀的"95后们"共享一段又虐又爽的求学时光,每一次案例分析的小组讨论都是对同一材料不同视角下的反复考量,每一次对案例分析的讲解都是对原本粗糙的思考过程的精加工,每一次对案例分析的拓展包括案情的重新演绎、案情背后不同学说的综述都散发着法学的魅力和知识的灵动

续表

学员	感想
刘同学 中国人民大学法学院2014级本科	法学教育,最基础且最直接的目的便是告诉学生,法条的内涵是什么,在实践中怎么应用。而案例教学一方面引导学生将规范应用到实际生活中;另一方面又借助实际生活中的真实场景让学生理解规范的真正意旨。在目光流转于规范和事实的过程中,规范解释的技巧、理论争点的展开、法学方法论的引入等,便是水到渠成之事了。在案例的引导下,学生带着现实问题打开教科书,带着特定目的去查阅法条,经过长期训练,对于理论和规范的认识,自然不会浮于表面。不得不说,我们的法学教育在这方面,仍有着较为明显的不足,此种案例教学法,理应成为法学教育的改革方向之一
荣同学 四川大学法学院2015级本科	在暑假的课程中"提高在法律适用和事实认定等方面的能力、进一步巩固已有的法学基础知识、学习并努力掌握德国法案例分析方法、在实践中运用请求权案例分析法,最重要的是能够和优秀的大家一起在中南财经政法大学体验不同的学习氛围和模式"这是我来之前的展望,然而结果超出我的想象。我认识了很多优秀的同学们,见识了老师们的风采,这是最宝贵的收获,我深感责任重大,对于鉴定式案例学习方法的传播义务,任重而道远
吴同学 华东政法大学法学院2015级本科	这次的暑期班告诉我们学习法学,有逻辑、重体系的思维方式必不可少,它并非和洞察力一样,累计的知识达到一定程度,就自然具备对法律的感知能力,这种思维模式是需要从接触法律开始就应当不断训练的,它会陪伴一个法律人、成就一个法律人。这是我在暑期班最大的收获
李同学 西北政法大学法学院2015级本科	大部分感悟我都在其他部分已经说了,但是还是想说,中南大给了我们这样一个平台,真的超级超级感激。在这里不仅仅是对德国案例分析方法的学习,还了解到了学习法律的多种方式,见识到了其他学校对于法学生的培养,他们又是如何学习的。同时,收获的友谊也让我很难忘,虽然只有短短两周,但能找到志同道合的朋友,能在相同领域进行势均力敌的交流,真的很满足,这友谊也值得我珍藏一辈子
沈同学 湖南大学法学院2015级本科	相比在自己学校的学习,虽然这里的强度有些大,但其效果十分明显,在自己看来,曾经的一整年的民法知识似乎不及此行之数日所学,真正领悟到"实践出真知"之真谛,很多东西只有在通过输入与输出的相结合才能达到"融会贯通"之程度,否则就只是过眼云烟,轻轻来去罢了。因此,十分感谢能够通过这种实践性的学习方式慢慢掌握案例分析的方法,也通过这种亲自"下笔"的方式,慢慢追回过去的知识点,重新建立起自己的知识大厦

此外,"鉴定式案例分析"教学团队还前往华东师范大学和广东财经大学等高校开设"鉴定式案例分析课程",向更多的同学传授鉴定式分析模式的精髓,改变学生以往跳跃性和断裂性的思维模式,受到了广大师生的青睐。教学团队致力于推广鉴定式分析法,培养学生通过逻辑严密的分析,完成对法规范的解释,实现法律规范在具体个案中的适

用,转变以往"填鸭式"的低效率教学现状。

3. 校内"鉴定式案例分析"培训班

虽然"卓越法律人才实验班"的教学取得了可观的成效,但实验班毕竟属小班教学,受众群体范围有限。为惠及本校更多法科学子,教学团队于2018年3月举办鉴定式案例分析培训班,共招收70名学生。校内案例培训班要求与实验班相同,均需要课前完成案例分析书面报告、参与小组讨论形成讨论记录,并交由授课教师批阅,上课时则由授课教师带领学员进行案例研习并答疑解惑。经过持之以恒的训练,培训班学员逐渐具备了从实证法出发解答案例的能力。校内培训班的开设,为接下来在全院开设民法、刑法和公法鉴定式案例分析选修课提供了有益经验,从而逐步从精英化走向大众化。

4. 鉴定式案例分析兴趣小组

"鉴定式案例分析"教学团队的诸位年轻老师,在正常的教学任务外,不断推广鉴定式分析方法,围绕案例开展各类案例研习活动,深入讨论国内外经典案例。特色小组报名通知发布后,教学团队的各位老师都收到众多简历,经过筛选后,法学院近100名学生通过面试,成为鉴定式案例分析小组的成员。各位指导老师耐心辅导,认真筛选案例,逐字逐句修改小组成员书写的鉴定报告。兴趣小组有所不同,仅针对一个部门法做深入探讨,分析疑难案件,对理论知识做更为深刻的理解。通过兴趣小组自主活动,小组成员对法律适用方法的理解亦大大提高。

(二)实践类案例教学

当然,仅靠理论方面的案例教学无法使学生了解法律实务最真实的状况。通过鉴定式案例研习,学生尚无法处理法律实务中的全部问题。只有让学生融入实际案例,了解问题处理的全过程,才能提升其综合能力,培养法律实务技能,真正处理实践中的棘手问题。基于上述考量,我校开展丰富多彩的实践类案例教学,创新实践类案例教学形式,最大限度还原实务现状。

1. 法学实验教学系统

法学实验教学中心是我校实验教学和人才培养的重要基地,承担着法学院、刑事司法学院、知识产权学院、法律硕士教育中心的两大学科、5个专业、6000余名法学专业学生的实验教学任务。在长期的探索创新中,法学实验中心独创的法学实验教学系统(Legal Experimental Teaching System,LETS)能够超越时间、空间和场地的限制,让全体法科学生开展法学虚拟仿真实验。通过法学实验系统,学生能够掌握立法流程、诉讼流程及非诉流程,配合各门理论课的学习,实现理论与实务的高校衔接。

法学实验教学系统内部分设公共管理、立法实验、执法实验、诉讼实验和非诉实验5个子系统,涵盖宪法、法律等的立法流程,民事诉讼、刑事诉讼和行政诉讼的诉讼流程以及公证模拟、订立合同、律师调节等非诉实务,具有极强的实务模拟性。实验流程可根据授课教师的需要新建,任意组合,灵活性大大提高,后台操作起来也更顺畅。只要有需要,随时可以设计出新的流程图,新的流程图在系统后台画出来后,再配置相应的功能,学生就可以按新建流程进行实验,大大满足法科学生对法学实践了解的需要。

在我校的大力支持下,在法学实验教学中心实验系统开发人员兢兢业业的努力下,LETS法学实验系统不断升级,日益信息化、便捷化、前沿化,得到了国内各高校的高度认可。至2016年年底,签约引进LETS的国内高校已有31家,如华南理工大学、大连大学、大连海洋大学等。

图3　法学实验教学系统(LETS)

2. 法律诊所

法律诊所即诊所式的法律教育,起源于20世纪70年代初期的美国,已通过实践被证明是一种法学院学生获得法律经验、培养实务能力的有效方法和途径,其突出的实践性特色具有单纯课堂教育无可比拟的优势,可用于培养大量的法律实务人才,并加强对理论性研究的理解和实践配套经验。我校"法律诊所教育"工作已经进行数十年,吸引众多教师开设课堂。

相对于传统的课堂教育模式,法律诊所课堂为学生创造了机会和平台,使其充分发挥主动性和自主性去学习知识;同时我校为学生提供真实的案件,激发学生的学习热情。在这种诊所式的教学模式中,具备丰富法律实务经验的教师启发学生了解案件,通过追问来引起学生的思考,引导学生逐步接近问题的答案,激发学生的创造性思维。在接到真实案例时,老师会让学生分组讨论,然后选出逻辑分析比较强和语言表达比较好的学生去代理案件,再将处理案件时的经验进行反思评估后在课堂上与同学分享,从而形成一种"学习—实际技能技巧—反思—再学习"的学习模式。通过法律诊所课堂的学习,学生能够克服理论的抽象去真实地取证、笔录、出庭,使学生在处理真实案件的感性体验中弥补法律实务技能方面的不足,切实提高同学们的法律职业技能。

在数十年的教学实践中,我校法学院已经形成类型丰富的法律诊所课堂,吸引众多同学参与,反响非常大。

表 3　2018 年诊所课堂安排

老师	课堂数	课堂	人数	时间
韩桂君	2	劳动法(1)	20	周二第三大节
		劳动法(2)	20	周二第四大节
郭倍倍	1	证据法	25	周四第四大节
李岩	3	纠纷裁决的基础技能(1)	20	周四第四大节
		纠纷裁决的基础技能(2)	20	周五第三大节
		纠纷裁决的基础技能(3)	20	周五第四大节
刘春梅	1	民事仲裁实案	20	周四第四大节
秦小建	1	立法与政策设计	20	周四第五大节

3. 法律援助中心

法律援助中心是我校公益事业的一张名片,以 2016～2017 年为例,该学年法律援助中心年度累计接待当事人共计 965 位,详细记录案件 272 件。其中,法援办公室接待案件 141 件,法院、司法局接待案件 131 件。为当事人出具不同类型的法律文书 83 份,代理案件 19 个,共获得当事人赠送的锦旗 7 面。中心与洪山区司法局携手,通过一系列法律咨询、社区普法活动,发放普法手册 400 余份,提供法律服务累计超过 200 小时,为社区居民解决日常生活中遇到的法律问题。在法律援助活动中,学生能够参与到真实案件的处理中,接触当事人并了解其诉求,提高学生的动手能力和思辨能力。

4. 主题式新型实习项目

相比于传统的实习项目,主题式新型实习项目分为远程实习和在所实习两个阶段,延长实习时间,使学生更加充分地参与到律所的业务处理中。我校法学院受到万商天勤(深圳)、北京大成(成都)以及湖北忠三律师事务所的律师团队的大力支持,确立了"资产证券化实习项目"、"股权法律服务实习项目"及"刑辩实务实习项目"3 个项目。通过主题式新型实习项目,学生们积累了丰富的实务经验,大大提高实习的针对性,真正利用律所资源,提升实习项目的价值。

四、结语

法学教育应当为法律实践奠基,塑造法科生的思维模式,为我国法律共同体建立交流平台,形成法学教育与法律实务的良性互动。案例教学正是改变法学教育现状,真正培养符合我国法治要求的法律从业者的不二法门。令人欣慰的是,随着留德学人日益增多,鉴定式案例分析被越来越多的教师熟知与认可,并在一定范围内推广。但若要实现案例教学的本土化,将德国鉴定式分析思维嵌入我国法学院课堂,教学团队仍任重而道远。

在改革开放40周年之际,法学教育面临重大改革,案例教学模式的探索也进入深化阶段。教学模式的创新与发展并非一蹴而就,需要各大高校法学同人的支持配合、齐心协力、精诚合作。40年风雨兼程,案例教学的创新已经开启,相信“星星之火,可以燎原”!

从"应用型"主导到"复合型"主导:法律硕士研究生培养模式的转型探索*

郑春燕** 王友健***

摘 要:经过近20年的发展和努力,浙江大学逐渐形成了具备自身特色的法律硕士培养模式,同时意识到"复合型法治人才"培养目标的实践短缺。这导致法律硕士的复合型人才特性在实践中被大大弱化,并使毕业生在本硕法科教育"四驾马车"并驾齐驱的现实环境下缺乏职业核心竞争力。面对诸多老问题和新挑战,学院提出以"复合型法治人才"培养目标为主导的"产教融合、本硕衔接、模块修读、夯实基础、强化实训"20字法律硕士培养方案改革思路,深入践行国家关于"推进专业学位研究生产学结合培养模式改革,增强复合型人才培养能力"的产教融合战略布局。

关键词:法律硕士 专业学位 教育改革 复合型人才

一、问题的提出:法律硕士的培养实效与社会预期的差距

我国法律硕士专业学位自1996年开始第一批试点招生,至今已开设23年之久。浙江大学于1999年获得本专业招生资格,在经过近20年的发展和努力后,逐渐形成了具备自身特色的法律硕士培养模式,法律硕士的教育教学工作也走在了全国高校的前列,招生生源质量、毕业生就业质量一直保持优良水平。但我们也意识到了法律硕士、尤其是法律硕士(非法学)的培养工作仍然还存在诸多不足和亟待改进的地方,这些不足带来的影响集中反映在了法律硕士的培养实效与社会对法律硕士人才预期、认可程度的差距上,尤其可以从以下两个事例上得到展现:

第一,学生与实务部门对法律硕士人才定位的认知悬殊。从近年来与法律硕士学生交流访谈的结果来看,目前我们的学生整体状态是:他们往往希望研究生一年级能把所有的课程修读完毕,二年级尽可能多地去各类用人单位获取实习经验,或者有充足时间

---

* 本文受浙江大学2018年研究生教育研究课题资助。

** 浙江大学光华法学院副院长、教授。

*** 浙江大学光华法学院2015级法律硕士。

考取各类职业资格证书,随后就是准备毕业就业。这一定程度上反映了大多数学生的认知——作为培养职业法律人才的法律硕士专业,就应当更多地接触法律实务、积累实务经验,以便毕业后能够具备职业竞争优势、更好胜任相关工作。但作为全国卓越法律人才培养基地的单位之一,我们在接受教育部2017年培养工作考核过程中收到的实务界专家反馈则截然相反,“我们并不要求你们的学生过早地接触实务,因为懂实务的人才在我们的部门有很多,我们需要的是你们的学生比我们的普通员工有更高更深厚的理论素养和专业知识储备,具有独立的人才价值,能够在工作中处理更精深复杂的法律专业问题,为工作单位提供决策咨询意见和重大问题处理方案。”

第二,由于法律硕士(非法学)[①]毕业生缺乏核心竞争力,导致社会认可度相较创设预期偏低。虽然经过了20多年的学科建设,我们的法律硕士培养质量有了显著的提升,也得到了大部分用人单位的认可,但由于法律硕士(非法学)处在下有本科法学教育、旁有法学硕士教育、法律硕士(法学)教育的本硕法科教育“四驾马车”并行的制度环境下,很难凸显自己的竞争优势。我们现在仍然会听到“非法本法硕学生法学功底不如本科学生扎实,研究能力赶不上法学硕士、专业素养又与法本法硕相去甚远。”“三年就能培养出一个合格的法律人才?”的质疑。例如,《上海市2018年度公务员招考简章》(招考职位表)中,上海市各级法院、检察院对于法官助理、检察官助理的招录,报考学历条件无论是硕士或硕士及以上的、还是本科及以上的,除崇明区人民法院外,均特别要求报考人员“本科及研究生阶段均为全日制法学类专业”。[②] 这就直接将法律硕士(非法学)排除在外,在某种意义上也是对法律硕士(非法学)教育的一种否定。

法律硕士[③]培养现实与社会预期和认可的差距,使我们看到过去片面追求应用型法治人才培养目标的教育教学方式已经很难适应社会日益提高的人才要求。因此,改革培养模式迫在眉睫。近年来,浙江大学光华法学院在不断的探索和实践中,已经初步形成了从“以应用型人才培养目标为主导到以复合型人才培养目标为主导”的法律硕士培养模式转型改革思路,目前正在着手推进培养方案改革的一系列措施。

二、培养模式转型的必要:“复合型法治人才”培养目标被长期轻视

回到法律硕士培养的核心指导性文件——全国法律硕士专业学位教育指导委员会

---

① 法律硕士专业学位内部还分为法律硕士(非法学)(本科毕业于非法学专业的学生可以报考)、法律硕士(法学)(本科毕业于法学专业的学生可以报考)两个专业方向。

② 这样的现象并不鲜见,但也并非全部如此,如北京市检察院、法院2018年公务员招录则无此要求。参见《上海市2018年度考试录用公务员公告》,载上海市公务员局官网:http://www.shacs.gov.cn/CivilServants/CivilServantsDetail/2037c1c0-a740-4285-ab23-5ec4ddf65011,最后访问日期:2018年7月27日;《北京市各级机关2018年度考试录用公务员招考简章》,载北京市人力资源和社会保障局官网:http://www.bjrbj.gov.cn/ztfw/2017gwy/,最后访问日期:2018年7月27日。

③ 虽然法律硕士(法学)、法律硕士(非法学)培养方案、培养目标均有所差异,但由于讨论法律硕士(非法学)的培养问题已经能够关照到法律硕士(法学)的培养问题,因此本文仅就法律硕士(非法学)专业方向的培养问题来讨论法律硕士的培养模式改革。同时,为文字表述简练,后文将统一使用“法律硕士”进行指代。

(以下简称教指委)出台的《法律硕士专业学位研究生指导性培养方案》(以下简称《指导性培养方案》)来看,"高层次的复合型、应用型法治人才"一直是法律硕士专业学位的培养目标,从未改变,社会对法律硕士的人才预期也完全符合国家设定的培养目标。但问题在于,这些年我们着力在解决法律硕士的实务型、应用型法治人才培养问题,却较为忽略、轻视了法律硕士的"高层次法治人才""复合型法治人才"培养要求,而其中核心,就是轻视了法律硕士的"复合型法治人才"培养目标(以下简称"复合型"培养目标)。"复合型"与"应用型"作为法律硕士培养目标的"一体两翼"①,缺少了对"复合型"培养目标的关照,犹如缺失一翼,必然使法律硕士毕业生在职业发展中失去核心竞争力,以至于出现法律硕士培养实践中的诸多问题。

(一)"应用型"培养目标的长足推进与"复合型"培养目标的停滞不前

1996 年第一个全国性的法律硕士指导性培养方案——《法律硕士专业学位参考性培养方案》(学位办〔1996〕41 号)②出台,提出了法律硕士应掌握"法律实务知识",具有"宽口径、复合型、外向型的知识与能力结构"的具体培养要求。1999 年教指委在 1996 年版"参考性培养方案"基础上修订出台了《法律硕士专业学位研究生指导性培养方案》③,第一次将"高层次的复合型、应用型法律人才"明确为了法律硕士的培养目标。除细微的文字表述差异外,2006 年版④、2017 年版《指导性培养方案》⑤均保持了"高层次的复合型、应用型法治人才"的培养目标设定,如王健教授所说,"这个定位是多年来一直主张和倡导的,是我们举办法律硕士教育的一个基本出发点……"也就是说,自始至终,"复合型"与"应用型"都是法律硕士培养目标的"一体两翼"。但无论是从几版《指导性培养方案》的调整内容来看,还是从我们的培养实践来看,"应用型"培养目标抓得比较紧、比较实,"复合型"培养目标则抓得有些松、有些虚。

例如,针对"应用型"培养目标,2006 年版《指导性培养方案》在学分构成上,除更新调整了 1999 年版《指导性培养方案》中的必修课、推荐选修课、自选课、学位论文设计以外,还单独增设了 12 学分的实践教学课程,内容包括"法律文书课""模拟法庭训练""法律谈判课""法律实践课";2017 年版《指导性培养方案》则进一步加强了实践教学环节,

---

① 丁国峰博士认为,"法学教育应当采取'以法律职业教育为导向,培养实践型与复合型人才为目标'的教育模式",他将这种模式称为"一体两翼"模式。具体参见丁国峰:《论我国法学教育"一体两翼"培养模式的构建与完善》,载《河北法学》2018 年第 8 期。

② 霍宪丹主编:《中国法律硕士专业学位教育的实践与探索》,法律出版社 2001 年版,第 69 页。

③ 同上书,第 218 页。

④ 参见关于转发《法律硕士专业学位研究生指导性培养方案》及其修订说明和《法律硕士专业学位论文规范》的通知(学位办〔2006〕39 号),载 http://www.china-jm.org/article/default.asp? id = 561,最后访问日期:2018 年 8 月 13 日。

⑤ 参见关于转发《法律硕士专业学位研究生指导性培养方案》的通知,载教育部官网:http://www.moe.gov.cn/s78/A22/A22_zcwj/201708/t20170821_311503.html,最后访问日期:2018 年 8 月 13 日。

要求“实践教学与训练”不低于15学分,内容包括“法律写作”“法律检索”“模拟法庭(及模拟仲裁、模拟调解等)”“法律谈判”“专业实习”。

而针对“复合型”培养目标,1999年版《指导性培养方案》仅在“培养目标”部分提出法律硕士要“能综合运用法律和政治、经济、管理、社会、外语、科技、计算机或其他相关专业知识……”的具体培养要求,没有设计或明示对应的目标实现路径;2006年版《指导性培养方案》同样如此,仅提及法律硕士要“能综合运用法律和其他专业知识……”2017年版《指导性培养方案》则更是只字未提法律硕士“复合型”培养目标的具体培养要求。从几版《指导性培养方案》来看,似乎对“复合型”培养目标的实现要求有逐渐淡化的意味。

又如,针对“应用型”培养目标,法律硕士各家培养单位基本上都积极地落实了教指委的《指导性培养方案》,也形成了有各自特色的“应用型法治人才”培养模式。比如,浙江大学光华法学院在课程设置上,除落实了教指委规定的实践教学课程以外,还增设有“法律诊所(法律援助)”“司法鉴定与犯罪侦查”“法学前沿”等特色课程;在教学方法上,大幅度增加案例研习环节,为提升案例教学授课质量,自建法律硕士教学案例库;在实践教学上,除了开设校内实践课程,还与校外实践教学基地建立学研联合体,以专家论证、立法咨询、判例研究、疑难案件讨论等多种形式,将学生“化整为零”吸收到相关合作项目当中,既为实务部门提供法律服务,又为学生提供丰富的法律实践平台;在专业实习上,作为全国首试,2014年起与滨江区法院合作建立法官助理培养机制,将在校研究生任命为法官助理,协助法官直接参与法院案件的处理……

而针对“复合型”培养目标,从全国范围来看,仅有少部分院校进行了有针对性地培养方案设计,大部分院校则保持着传统的方式,即法律硕士研究生入学后,毕业于不同本科专业的学生都可以根据自己的专长或兴趣来选择导师,研究方向从而也就落在导师所在的法学二级学科点下,跟随学科点开展相关学习研究活动。浙江大学过去虽然也尝试过进行特色方向课程体系建设,包括司法法务、市场法务、政府法务、国际法务等方向,但在实践中,一方面由于学生选课制度上的缺陷(除了必修课以外,学生都可以根据自己的兴趣爱好,在学院给定的课程范围内自由选择专业限选课、专业任选课的修读课程,不受研究方向的限制),导致特色方向的设置并未发挥有效引导作用;另一方面则因为论文导师都来自各个法学二级学科点,学生在校期间,除了统一要求的修读课程以外,其余学习活动基本是跟着论文导师来进行,论文导师又都是“学硕专硕一起带”,导致学生的研究方向实际上又被按照传统法学二级学科进行了划分。

(二)对“复合型”培养目标的认识偏误

之所以“复合型”培养目标在法律硕士培养实践中被长期轻视,笔者认为,主要是我们对“复合型”培养目标存在两个认识偏误:

第一,对“复合型法治人才”内涵的认识有所偏误。“复合型法治人才”,在人才属性上是“法治人才”,在人才类型上属于“复合型人才”,这区别于单一型人才,学界对于什么是“复合型人才”目前还没有一个比较统一、系统的认识,但基本上认同复合型人才需要具备两种或两种以上不同专业知识、教育背景。但是,正如姜朋教授所质疑的,“一个学习了两个专业的人是否就能算‘宽口径’‘复合型’人才?”①教指委在2006年版《〈法律硕士专业学位研究生指导性培养方案〉修订说明》中所说,“复合可分为两种,一是‘跨学科专业复合’,也就是知识的复合,即法律知识与其他领域或专业的知识的复合,它是简单形态的复合。JM教育在3年之中除了知识复合之外,还应当朝另一种复合努力,这就是能力的复合,它是一种复杂形态的复合。”也就是说,“复合”有初级、有高级,而我们目前仅仅还只停留在最初阶形式上的复合,由于我们的认识偏差,误以为这样的简单形式的本硕结合就是“复合”,使法律硕士“复合型法治人才”培养目标的推进尤为缓慢。

第二,对“复合型”在整个法律硕士培养目标中地位的认识有所偏误。以往大多认为,法律硕士培养质量的好坏,关键在其实务性、应用型的把握,但经过这些年的培养实践来看,把握好法律硕士的复合型特质才是其培养的关键。

我国法律硕士教育制度的建立主要是借鉴了美国“法律博士”(Juris Doctor, J. D.)的教育模式,但美国J. D.模式的成功有其对应的教育制度环境相支持,美国的法学教育作为精英式教育,只有通过本科的素质教育才能进入J. D.的学习,本科没有开设法学专业。② 但如前所述,我国的法学教育除了设置有研究生阶段的法律硕士专业以外,既有以素质教育为主、兼有职业教育功能的法学本科专业,又有虽以理论教育为主、又避免不了职业化倾向的法学硕士专业,内部还有以专门型法律职业教育为核心的法律硕士(法学)专业方向。这就难免会出现培养实践中社会对于法律硕士学生的“偏见”,出现前述上海市司法机关招录公务员时的不认可。

然而,在彼时,霍宪丹教授在回应法律硕士教育制度设立初衷的问题上还曾强调,“创立JM教育是政法队伍建设的必然要求”,“法律本科教育已经不能成为应用类法律人才的最高规格和层级边界,政法部门同样亟须通过研究生层次的教育培养大批高规格应用型法律人才。”③如此看来,出现这样的窘境并非完全是社会的偏见,而是我们没有充分认识到自身的实际情况,在借鉴他国先进的教育模式的同时,没有结合本国实际情况对这种教育模式加以优化和改造。法律硕士有其独立的人才价值,不应当成为其他类型法治人才的补充或替代,在中国本硕法科教育“四驾马车”并行的大背景下,“复合型”无疑应当成为法律硕士的核心特征、核心竞争力。

三、从“应用型”主导到“复合型”主导的法治人才培养模式转型探索

要提升法律硕士的核心竞争力,我们的培养模式自当应进行“复合型”转型。但是,

---

① 姜朋:《现实与理想:中国法律硕士专业学位教育》,载《中外法学》2005年第6期。

② 参见曾宪义:《中国法律硕士专业学位教育的创办与发展》,载《法学家》2007年第3期。

③ 霍宪丹:《中国法律硕士专业学位教育制度的实践与反思》,载《河南省政法管理干部学院学报》2008年第5期。

从以“应用型法治人才”培养目标为主导到以“复合型法治人才”培养目标为主导的培养模式转变并非不再重视“应用型”培养目标的进一步实现，恰恰相反，要以“复合型”培养目标的推进来带动应用型法治人才培养实践中诸多问题的解决。复合型人才终归还是应用型人才，推进“复合”是为了更好地实现“应用”，更好地满足社会对法治人才多元化的需求。因此，面对近20年的法律硕士人才培养过程中的老问题和新挑战，浙江大学光华法学院坚持综合改革、整体推进的观点，对标“高层次的复合型、应用型法治人才”的法律硕士培养目标，以推进“复合型法治人才”培养目标的落实为牵引，提出了“产教融合、本硕衔接、模块修读、夯实基础”的培养方案改革思路，进行了一系列的有益探索，着力补齐短板、精雕细琢，使法律硕士毕业生能够更加符合社会和市场的需求。

（一）产教融合：革新法律硕士研究生研究方向的设置

从几版《指导性培养方案》来看，教指委并未明确要求对法律硕士的培养需要划分研究方向，而在实践中，如前所述，大部分院校都简单套用法学二级学科的设置来划分法律硕士的研究方向，但这样的设置很难达到复合型法治人才培养的要求，“复合”的目的是要与产业、职业相对接，满足市场对不同类型法治人才的需要。例如，全国最大律师事务所之一的盈科律所将法律事务领域分为知识产权法律事务、公司法律事务、金融法律事务、资本市场法律事务、行政法律事务、民商事法律事务、国际与区际法律事务、刑事与刑民交叉法律事务等，但我们的法学二级学科点则分为“宪法学与行政法学”“刑法学”“民法学”“经济法学”……二者已经很难一一对应（见图1）。有的是融合了数个二级学科，有的则是将二级学科继续拆解出更为细致的事务领域。

2017年10月党的十九大报告中提出，要“完善职业教育和培训体系，深化产教融合、校企合作。”同年12月，国务院办公厅在下发的《关于深化产教融合的若干意见》（国办发〔2017〕95号）中又明确要求，要“推进专业学位研究生产学结合培养模式改革，增强复合型人才培养能力。”这也间接印证，复合型、应用型法治人才的培养，的确需要以产业为导向，否则很难说我们是在培养法律职业人才。因此，在浙江大学光华法学院培养方案改革中，拟结合法律产业类型来重新设置划分法律硕士的研究方向，目前初步设置了政府法务、民商法务、经济法务、环境资源法务、涉外（国际组织）法务、互联网法务等方向，未来根据实际情况和市场需要还会进行调整和修正（见图2）。[①] 并与计算机学院达成初步协议，以“4+3模式”共同培养互联网方向的法治人才。

（二）本硕衔接：将学生主修方向与其本科专业相衔接

法律硕士“复合型”培养目标实现的关键一环，就是要将学生本科专业与研究生研究方向进行有机结合，形成知识的衔接、能力的复合。浙江大学现行法律硕士培养方案并

① 由于浙江大学法律硕士培养方案的具体改革内容还在论证和确定中，图2中的研究方向类型与法律职业类型的对应关系仅为说明改革思路的假设性示例。

未约束学生的研究方向的选择权,学生可以根据自己的研究兴趣选择合适的研究方向和论文导师,不受其本科所学专业的限制(见图1)。但经过这些年的培养实践来看,研究方向的自由选择,一定程度上演变成了盲从和随意,造成部分学生研究生阶段的学习与本科所学专业知识完全相脱节,这样的培养方式实际上已经与"复合型法治人才"培养目标相偏离。如果不能将学生研究生期间的法学教育与其本科期间所学专业知识相衔接,也就谈不上实质意义的复合型人才培养,仅仅是另起炉灶再培养一个法科学生。

因此,在改革后的法律硕士培养方案中,我们拟将学生的研究方向确定方式由"自由选择"更改为"以本硕衔接为原则,本硕分离为例外"。也就是说,非特殊情况,学生研究生期间的研究方向原则上应当根据其本科所学专业来进行确定。例如,本科来自公共事业管理专业的学生,其在攻读法律硕士期间,研究方向鼓励为政府法务方向等;本科来自人力资源管理专业的学生,研究方向鼓励为民商法务方向等;本科来自工商管理专业的学生,研究方向鼓励为经济法务方向等……(见图2)这样一来,可以让学生在研究生学习期间,尽可能地运用到其本科专业知识,使其掌握的法学知识与本科知识不仅是在个体经历上进行机械性地复合,更是在能力上、思维上予以融会贯通。

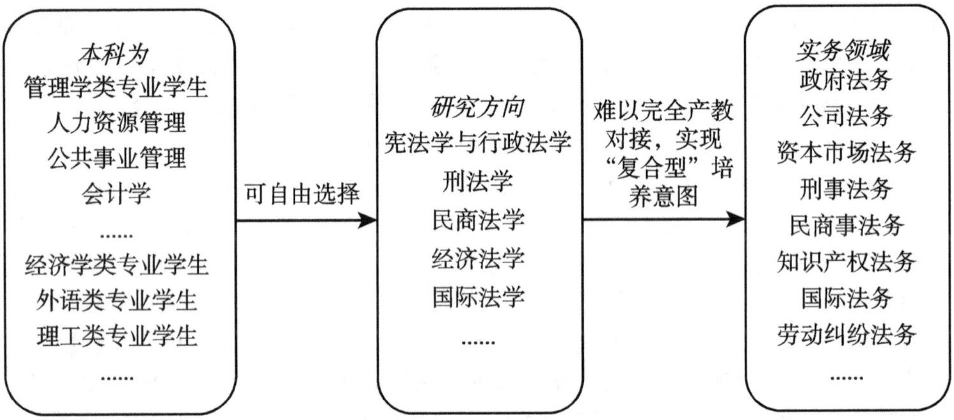

图1　法律硕士研修方向设置现状示例

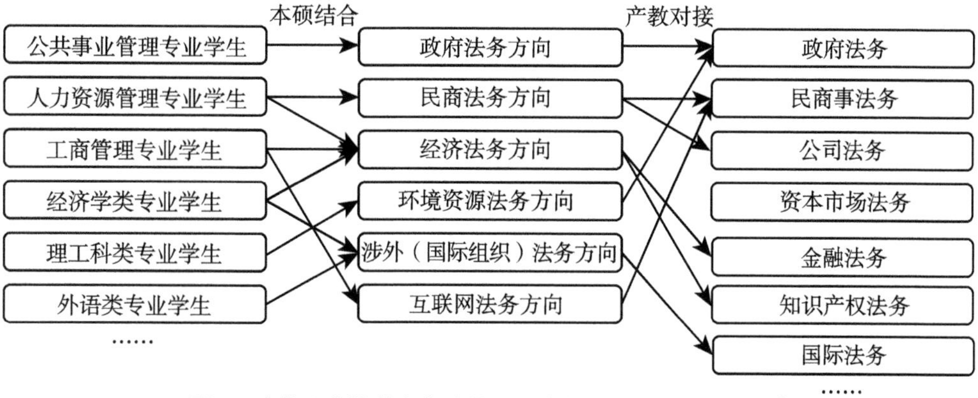

图2　法律硕士培养方案改革后研究方向设置假设性示例①

(三)模块修读:根据研究方向确定修读课程内容

虽然学院对学生有确定研究方向的要求,但在课程修读上,过去除了法律硕士统一的必修课、实践课以外,并未限制学生专业选修课自由选择权,各研究方向的学生都可以根据自己的修读兴趣从法科研究生所有选修课范围内来选择课程(法律硕士选修课、法学硕士选修课都可以选择),只要达到最低学分要求即可,并不要求所选课程须与研究方向相一致。这实际上造成了部分学生不能在特定研究方向上进行比较系统的学习,并不有利于学生的专业知识储备、专业能力培养,也不符合职业化教育的要求。

因此,在改革后的培养方案当中,我们拟将法律硕士的选修课程设计为模块化课程,学生根据自己的研究方向来选择对应课程模块内的课程进行修读。例如,政府法务方向的学生,鼓励从政府法务课程模块里选择合适的课程进行修读,有专业知识提升需求的学生,还可以选择宪法与行政法学专业的科学硕士的课程。我们希望通过这样的课程设计能够实现"术业有专攻",尽可能让学生对某一个法律实务领域的专业知识学精学深。

(四)夯实基础:打牢法学理论功底,提升规范分析方法

过去,不少同学误以为,法律硕士作为应用型法律人才,只要掌握个案的处理技艺即可,无须过多关注学术研究。殊不知,法学是"以处理规范性角度下的法规范为主要任务"的学科,"它关切的是实证法的规范效力、规范的意义内容,以及法律判决中包含的裁判准则"。② 法学学术研究的主流方法之一就是规范分析,重在训练学生解释法律的能力。学理的储备越深,对同一法律概念的理解就越多元,对同一法律条款的适用形态就越丰富。除此之外,学术论文写作所强调收集资料、围绕一个核心命题展开论述的要求,正是法律文书写作的重点所在。这些能力都将极大地掣肘一个法律人在具体个案中的

① 图2中的来自不同本科专业的法律硕士研究生可选择的研究方向仅为说明改革思路的假设性示例。

② [德]卡尔·拉伦茨:《法学方法论》,陈爱娥译,商务印书馆2005年版,第77页。

处理技艺。

由此可见,虽然法律硕士的主要就业渠道为法律实务部门,法学理论功底的夯实仍是法律实践能力的重要根基。为此,我们要求学生在入学之初,便选定导师,明晰方向,以便可以更早地融入导师所在的学术团队,参加导师或者学科点组织的读书会或者案例研讨沙龙等学术活动。在学术砥砺的过程中,深化法学基础知识的理解,精纯特定学术方向的规范分析能力,在将来的执业过程中,可以做到举一反三,触类旁通。

(五)强化实训:加强校内实训、优化双导师制

实训,是法律职业人才培养的重要途径和方法,实训质量的好坏也一定程度上影响了我们培养出的法律硕士毕业生质量的好坏。法律硕士的自始定位就是"高层次的法治人才","高层次"要体现的就是在职业水平、职业能力、专业素养上高于法学本科毕业生。这样的高层次,除了要从复合性的知识储备上来体现,还应当从实训的内容、方式上来体现。如前所述,实务部门对于法律硕士专业学生,其实并不看重其有多少实务经验,反而更重视其专业知识掌握程度、运用能力,这与高层次法治人才定位不谋而合。同时,从目前学生的实习情况来看,大多数学生参加实习,仅仅都只做些基础的、程序性的日常工作,例如,我们的学生进入到法院、检察院、律所实习,很多时候做的都是整理档案、扫描文件、送信跑腿这些枯燥无意义的日常行政事务,这些都无益于专业知识的运用和演练。而综观美国法官助理制度的演变,他们从 1919 年就逐渐开始对大法官助手(clerical assistant)进行了精细化的职能划分,起初分为法官助理(law clerk)和速记助理(stenographic clerk),后来则扩展到秘书(secretary)、信使(messenger),而法官助理的主要职责就是协助法官研究法律和事实问题、起草法律文书等,而不是琐碎的日常行政事务。① 同时,法官助理一般都源于刚毕业的法学院学生,这段经历为他们未来职业发展积累了很好的基础。②

因此,在学院培养方案改革中,一方面,我们将进一步加强校企合作,提升校外实训的质量,保证学生能够在校外实训中参与到实训单位的实质工作环节;另一方面,我们将借助校内的优质校地、校企合作研究平台,着力开拓校内实训资源,实现校内外实训的协同推进。例如,依托"立法研究院""跨行政区划审判研究中心""互联网法律研究中心"等合作研究平台,吸纳法律硕士研究生加入各个研究团队,使其协助参与各项科研活动,深入了解法律实务中急需攻关的各类法学前沿课题,能够站在实务部门的角度去思考法律问题、熟悉实务操作、训练法学思维、提升法学知识运用能力。

另外,早在 1999 年版指导性培养方案中,教指委就已经提出要"成立导师组","吸收法律实务部门中具有高级专业技术职务的人员参加"法律硕士的教学及培养工作。浙江

---

① J. Daniel Mahoney, Law Clerks: For Better or for Worse, 54 Brook. L. Rev. 321(1988).

② 详细介绍参见江振春:《美国联邦最高法院与法官助理制度》,载《南京大学学报》(哲学·人文科学·社会科学版)2010 年第 2 期。

大学也一直在努力建设实务导师队伍,探索实务导师介入课堂教学机制。到目前为止,已聘任115名在全国业界和浙江省具有较高声望与深厚法学基础的专家担任兼职导师、实务导师参与或指导课程教学;已派出7名教师到浙江省高级人民法院、浙江省人民检察院、浙江省政法委挂职,浙江省高级人民法院、浙江省人民检察院也派出2名副院长到学院担任兼职教师;"法律谈判"课程全程由多家律师事务所分模块组成授课团队对学生进行课程讲授和实务训练……但在工作开展过程中我们也注意到,由于实务导师兼职性和外聘性,很难做到经常性地介入到学生的教育教学活动当中,实务导师在学生培养过程中起到的作用还有待加强。

因此,在改革后的培养方案里,一方面,我们拟将法律硕士的模块选修课程交由各个研究方向的论文导师组和实务导师组来共同制定,让实务导师更多地参与到学生的课程设计当中;另一方面,通过升级校企合作,让学生能够有更多机会参与到实务导师的实际工作当中,增强与实务导师的沟通互动。

四、结语

法律硕士专业学位,作为我国探索法律职业教育的起点和重要平台,其对我国法科教育的影响和意义都将是深远而积极的。法律职业化教育是法科教育未来的大方向,"这既是国家经济社会发展的迫切需要,又是研究生教育改革的迫切需要,还是法治社会建设对法学教育的必然要求。"①但是,我们在开展职业化教育工作过程中,应当结合中国实际、结合培养目标来不断修正和调整我们的培养思路、培养方式,不可机械地对待职业化教育,盲目地追求"应用型人才"目标。如韩大元教授所担心,"如果我们过分强调职业教育,我担心不少法学院会把职业教育理解为非价值、非人文教育,强调法学教育技术能力的提高。"②在我国市场经济不断发展、不断完善的今天,要面对和处理的法律问题也会越来越精深和复杂,社会和市场对于法治人才的品质要求也越来越高,我们如果不能紧跟时代的步伐和社会的需求,及时转型升级我们的培养模式,我们培养出来的法律硕士人才就会在本硕法科教育"四驾马车"并行的大背景下进一步失去优势、失去竞争力。法律硕士教育前20年,我们靠推进"应用型"培养目标打开了法律职业教育的大好局面;法律硕士教育后20年,我们应当靠推进"高层次""复合型"培养目标来打造法律职业教育的精英品质,积极"创新法治人才培养机制"③,做好法治人才培养工作。

---

① 冀祥德:《论中国法科研究生培养模式转型之必要——从以培养法学硕士为主转向以法律硕士为主》,载《环球法律评论》2012年第5期。

② 徐显明、黄进、潘剑锋、韩大元、申卫星:《改革开放四十年的中国法学教育》,载《中国法律评论》2018年第3期。

③ 《中共中央关于全面推进依法治国若干重大问题的决定》(二〇一四年十月二十三日中国共产党第十八届中央委员会第四次全体会议通过),载人民网:http://cpc.people.com.cn/n/2014/1029/c64387-25927606-3.html,最后访问日期:2018年8月12日。

地方院校卓越法律人才实践应用能力的创新路径

仝其宪*

摘　要:提升实践应用能力是地方院校卓越法律人才培养的基本要求,当前尴尬的法学实践教学改革仍未达到预期目标,地方院校卓越法律人才实践应用能力的提升路径应着力于培养机制、课程设计和实践教学改革三个维度,而法学实践教学改革通过标准化专业实习的常态化、法学全真案例库的建设和法律援助工作站的开设等实现创新。

关键词:卓越法律人才　实践应用能力　标准化专业实习　法学全真案例库　法律援助工作站

引　言

自2011年教育部依据《国家中长期教育发展战略规划》开启"卓越法律人才"培养战略以来,全国高校紧锣密鼓地推出卓越法律人才培养方案,并着力推进实施。由于各高校因地制宜,卓越法律人才的具体定位和评价标准不尽相同,卓越法律人才培养方案也各有不同。地方院校不应与重点大学的法律院(系)雷同,应本着实事求是的态度,积极探索适合地方经济发展和服务社会的法律人才培养模式,精准定位,逐步形成"服务地方基层和突出实践应用"的鲜明特色,①培养"基层卓越法律人才"②。诚然,法学常常被认为是纷繁复杂而高深莫测的学问,实际上却是由一组复杂而变化着的环境、实践和习惯共同作用的产物,③实践应用是法律生成的天然品格,因为"法律的生命并非逻辑而在于经验",实践应用能力理应成为地方院校卓越法律人才培养的基本要求。无疑,对于地方院校如何培养法科学生的实践应用能力是一个需要研究的重大实践课题,为此,本文试图通过忻州师范学院法律系对法律人才培养创新实践的摸索,探讨地方院校卓越法律人才实践应用能力的提升路径。

---

* 忻州师范学院法律系副主任、副教授。

① 参见仝其宪:《地方师范院校法律人才培养模式的特色构建》,载《滁州学院学报》2014年第3期。

② 李训伟:《对普通高校基层法律人才培养的几点思考》,载《教育探索》2014年第11期。

③ 参见毛克盾、陶慧:《论卓越法律人才培养的人文素养——法学专业的历史教育探索》,载《湖北民族学院学报》(哲学社会科学版)2013年第5期。

一、实践应用能力是地方院校卓越法律人才培养的基本要求

自改革开放以来,我国高等法学教育获得了前所未有的飞速发展,为国家法治事业培养了不计其数的法学人才,为建设社会主义法治国家和法治社会做出了重大贡献。毋庸置疑,我国高等法学教育同样也面临着新的挑战,一直以来,存在一些亟待解决而无法回避的弊病,即不能完全适应社会主义法治国家建设的需要,社会主义法治理念教育还不够深入,培养模式相对单一,法学理论与实践之间断裂,法科学生实践应用能力弱化,应用型、复合型法律职业人才培养不足等痼疾。长期以来,我国法学教育的人才培养模式主要以课堂讲授为主,教学中侧重概念的释义、原理的阐释、法条的解析甚至抽象的议论,完全是在向学生灌输法学理论知识,法律实际操作技能和法律实务能力基本上处于空白,法科毕业生的实践应用能力普遍缺乏,一旦走向工作岗位,空有"满腹经纶"而倍感无从下手。这些问题不仅直接降低了社会对法学毕业生的质量评价,使广大民众产生对我国高等法学教育的质疑,而且直接影响到我国社会主义法治进程的有力推进。

鉴于此,2012 年教育部、中央政法委联合通过了《关于实施卓越法律人才教育培养计划的若干意见》,并指出提高法律人才培养质量,是我国高等法学教育改革发展最为核心也是最为紧迫的任务,其中培养应用型、复合型法律人才,是实施卓越法律人才教育培养计划的重心。与此同时,中国特色社会主义法律体系基本形成,这意味着今后我国法学发展的潮流逐步"从立法中心转向司法中心",法治中国的法律实践正在转向"司法中国","司法中国"的强音奏响的时代主旋律正促使法学院(系)转向注重培养学生的动手能力、法律职业能力。尤其是地方院校的法学院(系),法律人才培养方案定位于应用型法律人才。为此,坚持厚基础、宽口径,强化学生法律职业伦理教育、强化学生法律实务技能培养,提高学生运用法学及其相关学科知识方法解决实际法律问题的能力,以适应多样化法律职业要求,是地方法学院(系)必须予以明确的发展指向。重视与践行法科学生的实践应用能力正是架设一条促进法学教育与法律职业深度衔接的"黄金桥",是地方院校卓越人才培养的基本要求。

众所周知,大学教育的五大职能在于人才培养、科学研究、服务社会、文化传承创新和国际交流合作,而法学教育承载着法律人才培养的使命。① 然而,当前我国法学教育的最大短板就在于培养出来的本科毕业生无法胜任法律实务工作,需要法律实务部门继续培养,这就意味着法学教育只是造就出"半成品"人才,显然,大学教育中的人才培养与服务社会的两大职能被大打折扣而无法实现。那么,如何培养学生的法律动手能力与法律职业技能,是法学教育面临的一个既复杂而又无法回避的问题。对法科学生实践应用能力的培养,正是通向理论法学与应用法学、实体法与程序法、法律职业素养、法律方法、法律思维等融会贯通的坦途。

---

① 参见吴汉东:《法学教育发展的历史轨迹与中国道路》,载《中国大学教学》2016 年第 1 期。

二、当前尴尬的法学实践教学改革现状催生卓越法律人才实践应用能力培养的再度创新

针对我国高等法学教育存在的“短板”,各个高校的法学院(系)纷纷亮出“高招”,强力扭转法科学生所积存的“软肋”。从我国当前高校法学教育改革的现状来看,尽管在法学教育改革过程中,法学教育者们也提出了颇具创新性的“研究性教学法”“案例教学法”“情景教学法”“启发式教学法”“讨论式教学法”等诸多教学方法,但这些教学方法对学生的动手能力、法律职业技能培养可谓是杯水车薪,研究的重心仍然是停留在理论层面,其教学内容仍然过于重视法学知识的传授、理论的讲解和法律规范的静态解析,从实践层面引领法学教学改革的策略与方法鲜为少见。就连备受欢迎的“案例教学法”也只不过是间接经验的传输,我们知道,案例教学是以模拟的方式将间接性的法律经验作为教育材料的核心内容,只关心以往的判例和技能,只注重案例的结论以及得出结论的理由,但使法科学生欠缺代理真实当事人或亲自感知、接触案件的兴奋和动力。可以说,案例教学法有助于法科学生训练分析问题的能力,而解决问题的技能却得不到训练。至于“研究性教学法”“情景教学法”“启发式教学法”“讨论式教学法”等更是有些“哗众取宠”,并没有实质性的教学突破。总而言之,这些教学方法并没有从根本上改变法科学生动手能力与法律职业技能培养供给不足的局面,导致法科学生仍然是“纸上谈兵”,毕业后很长时间都无法胜任法律实务工作,这充分显示出法学教育与社会对法律人才的需求仍然处于严重脱节状态。

尽管大多数法学院(系)早已意识到这一点,并依赖于模拟法庭、观摩庭审、法律诊所或专业实习等予以“恶补”,但实际效果也是很有限。模拟法庭与其说是“模拟”,倒不如说是“表演”,存在教学组织单一、教学内容散碎和教学地位不明的弊端,①而且学生参与机会少,涉及面窄,训练不系统,程序质量差。观摩庭审,学生参与机会同样少,法院的庭审也并非宣传的那样“自由”旁听,往往会以各种理由将学生拒之门外,既使亲临观摩庭审现场,除了“秒杀”的短暂震撼,并无他获,因为学生无法从实体到程序参与其中,与模拟法庭相似,最致命的症结仍然在于法科学生只是“雾里看花”。借鉴医学院诊所教育的模式引入法学教育而兴起的法律诊所教学,虽然能够部分解决法律职业技能训练问题,但也存在很大的局限性:一是这种教学模式训练的只是律师职业的实务技能,而不能训练法官、检察官、书记员等的法律职业技能,但很多法科毕业生将来会从事这些工作岗位,如果缺少了这方面的技能训练,势必会拉大“从法学院到法院、检察院”的距离;二是受制于法律援助案件有限的资源、经费、诉讼案件较长的周期和指导教师的精力所限,法律诊所教学中学生的参与面仍然十分有限;三是法律诊所毕竟属于课外教学模式,难以贯彻稳定、系统的教学大纲,教学内容难以全面覆盖,其系统性、规范性、有效性难以保

① 参见陈兵、张光宇:《卓越法律人才教育培养计划与模拟法庭实践教学》,载《黑龙江高教研究》2014年第10期。

证,教学作用发挥有限。专业实习、假期见习等持续时间较短,在实践中存在分散管理难以到位、专业相关性差以及实际实习率较低等问题。可以说,这些实践性教学同样达不到培养法科学生的动手能力与法律职业技能的目的。

因此,积极探索地方院校卓越法律人才实践应用能力的提升路径,不但能够弥补其他实践教学手段存在的参与机会少、参与面窄、技能训练不系统、不全面、针对性和实战性差等问题,而且能够有助于法科学生参与实战训练,并且还起到沟通各实践教学方式的平台作用,进而形成有效的法科学生全程实践教育教学体系。

三、地方院校卓越法律人才实践应用能力的提升路径

地方院校卓越法律人才培养的最终落脚点就是如何提升法科学生的实践应用能力。而实践应用能力的内涵丰富多样,它囊括法律表达能力、法律书写能力、法律操作能力、沟通协调能力、运用证据能力、团队协作能力、制定规则能力、提出法律对策能力等。忻州师范学院作为地方院校,法律系在对学生实践应用能力培养上着力从三方面实现创新。

(一)培养机制的特色创新

为改变长期以来形成的传统的法律人才培养侧重灌输式讲授法学理论知识的模式,打破以高校为人才培养主体的相对封闭的"围城"。忻州师范学院法律系以2012年教育部、中央政法委联合通过了《关于实施卓越法律人才教育培养计划的若干意见》为指导,开启了高校与实务部门联合培养方案,逐步形成常态化、规范化的卓越法律人才培养机制①。其一,每年派一名以上教师到公检法司进行挂职锻炼,零距离接触法律实务,并实行无缝对接;其二,从公检法司或律师界聘请23位富有办案经验的实务专家为法科学生上"法律技能训练""法医学""法律职业伦理与道德修养""律师制度与公证仲裁"等课程,并每年给我系学生作不少于6次实务讲座;其三,适时邀请实务部门召开研讨会或座谈会,密切合作,共同谋划法律人才培养目标,共同修订法律人才培养方案,共同促进师资队伍建设,共同设计课程体系,共同建设法学专业实践平台,激活高校与实务部门联合培养机制,成就地方院校卓越法律人才的良性互动培养。

(二)课程设计的特色创新

基于突出实践应用能力的培养,提升法科学生与法律职业有机融合的实践教育,我们在课程设计上实施了一些改革与创新。

1. 法学基础课程的前移

为全面落实无缝对接式专业实习和学年论文的工作,我系将"中国法律思想史""外国法制史""西方法律思想史""法理学"等基础课程,从原来的大三开设,提升到大二阶段。这对于夯实法科学生的基础知识,适时增加法律实践应用课程以及为大三阶段撰写学年论文和大四阶段撰写法学案例分析预留足够的空间打下坚实的基础。

---

① 参见岳彩申、章晓明、邓斌:《在"协同创新"中培养卓越法律人才》,载《中国大学教学》2016年第3期。

2.“拼盘式”课程团队化

为法科学生开设“拼盘式”实践类课程6门,每门课程均有6位以上“双师型”教师和具有实战经验的实务专家担任授课教师,侧重于场景式上课模式。这6门课分别为:“法律职业技能训练”“法律职业伦理道德实务”“法律职业资格考试训练”“法学前沿”“创业基础”“中国优秀传统文化扎根教育”。这种做法整合了优势师资,以集体智慧、知识背景、知识结构的组合进行课程教学,不仅提高了教学效果,而且增强了对学生学习的吸引力。同时有利于法科学生法律职业伦理和职业道德的养成,将《中华传统文化扎根教育》作为必修课进行讲授,以优秀的传统文化滋养学生,以高尚的精神浸染学生,以文化人心,以书香养心,有利于提升法科学生的人文素养。

3.“法律技能训练”课程的开设

为有力解决法科学生动手能力和应用能力的短板问题,我们自编《法律技能训练》教材,主要涵盖法律思维能力训练、法律推理能力训练、法律语言能力训练、法律论证能力训练、法律解释能力训练、法律论辩能力训练、法律文书制作能力训练、法律事实探求能力训练、法律庭审组织能力训练、法律利益权衡能力训练和法律咨询能力训练等内容。大三阶段开设一学年,全部由“双师型”教师和具有实战经验的实务专家就自己最擅长的职业技能进行授课,采用“法律职业技能训练六步教学法”进行教学,场景式讲授,训练材料由负责相应教学内容的教师,从自己亲自审判、公诉、代理、辩护、咨询或援助过的真实案例中精心选取、改造,使用真实的案件和原始的案件材料进行教学。并且考试形式注重多样化与灵活化,根据需要设置场景式考试形式。该课程教师实践含量高,为理论与实践的结合和技能训练的实用性、有效性提供了有力保障,解决了我国法学教学中普遍存在的法学理论脱离法律实践、外行教外行的问题,以集体智慧形成合力,优势互补,保证了技能训练的全面性和质量,大大提升了学生的法律思维能力、法律表达能力、法律事实探求能力、沟通能力。

(三)实践教学的特色创新

法律从实践中生成,同时必然又回归实践。当然,法科学生必然从实践中才能真正感知到法律的真谛。忻州师范学院法律系在实践教学的创新上主要体现在以下几个方面:

1.标准化专业实习的常态化

为进一步提高学生的实践创新能力和岗位适应能力,我系按照学校的统一安排,从2012年起全面开展学生岗位实习工作,与当地市(区)法院、市(区)检察院、市(区)公安局、市(区)司法局以及当地知名律所等20多家单位签订了实习基地协议书,参加实习学生已达到500人次。通过不断的探索实践,逐步总结出一套行之有效的并能够具体量化的标准化专业实习指南,使之常态化。

其一,实习对接无缝化。每学期安排2个班学生到实习基地实习,学生在公检法司或律所实习一个学期,被分派到不同职能部门,直接参与各类案件的办理,实务部门人员

“手把手”地传授，实习指导教师负责协调工作。实习工作一结束，上岗培训工作已做好的下一批实习生马上顶替，真正实现实习无缝对接。

其二，专业实习标准化。忻州师范学院法律系通过五年来专业实习工作的积极探索，不断总结实习经验，虚心听取实习生及实习单位的意见，最终形成了《法学专业标准化实习指要》一书。本书囊括了实习规定、实习基地的基本情况、实习评价标准、实习需要达到的目标等内容，该书极具突出的优点就是将难以量化的专业实习工作具体化、标准化，有助于实习工作的操作运行，对实习学生具有十分重要的指导作用。

其三，实习指导程序化。忻州师范学院法律系多年来在专业实习指导工作中逐步形成了一套完整有效的指导程序：(1)实习前培训。学生实习前由实习负责人、实习指导教师、辅导员一起对实习目的、实习要求、实习程序、实习目标、实习评定、实习注意事项、实习礼仪等内容进行系统培训，使学生全面了解实习过程，确保其实习能够顺利上岗，尽快转变角色，投入实习工作；(2)实习中沟通。实习负责领导及指导老师在学生实习过程中每周一次到实习基地探访，了解学生实习情况，每月定期召开实习学生例会，及时解决学生实习过程中遇到的问题与困惑；(3)实习后总结。学生实习结束后，指导老师组织学生进行总结，帮助学生消化吸收实习经验，为学生实习画上圆满句号。

2. 法学全真案例库的建设

忻州师范学院法律系以法学全真案例研究为突破口，开展教学—实践—科研三位一体研究，为实践教学提供有力支撑。我系从 2010 年开始，与当地各级法院达成协议，隐去个人信息，从法院复印全真案例，我们保证每年有不少于 100 余个全真案例入库，目前已经达到 411 个，初具规模。到 2020 年全真案例争取达到 1000 个，但如何挖掘与研究这些沉睡的全真案例宝藏，是一个亟待解决的问题。首先，我系出台了《法学全真案例库的管理办法》，就法学全真案例库的入库、管理和利用等工作作了具有可操作性的规定；其次，我系多次召开法学全真案例研讨会，起草出台了《法学全真案例编写实施方案》，详细规定了实施目的、总体要求、工作思路以及案例编撰类型、选择标准、保障措施等内容；最后，我系从 2017 年上半学期启动了法学全真案例的编写工作。组织教师审阅全真案例库的案例，并深入研究该案例涉及的理论与实践问题，按照一定的标准，凝练成教学型案例、模拟法庭型案例和毕业论文型案例。教学型案例在课堂教学中运用，以鲜活的全真案例来深化学生对法学理论的理解，架设一条理论与实践融合贯通的桥梁，增强其学生学习的兴趣和感染力；模拟法庭型案例主要运用于学生模拟庭审和模拟辩论中，一定程度上弥补了学生在模拟场景苦于找不到恰当真实案例的烦恼，并且经过教师加工编写好的模拟法庭型案例，不仅在模拟场景中便于操作，而且给学生诸多思考与研究的余地。

为解决长期以来毕业论文普遍抄袭的顽疾，同时也为了弥补法科学生实践应用能力短板的难题。我系以毕业论文型案例为突破口，对传统的毕业论文进行了改革与创新。我系从 2015 年就开始探索毕业论文的创新，将毕业论文分解为学年论文与毕业论文两部分，学年论文是为法学专业学生在第 5 学期或第 6 学期开设的必修课，是为大四撰写毕业论文作专业规范训练的课程,课程的最终形式为学术论文。一方面,是为了解决大四学生撰写毕业论文的突兀和生疏问题,为学生增加一次学术训练的机会;另一方面,是有助于巩固学生已学的理论法、实体法和程序法等基本知识,使他们初步掌握法学专业写作的基本规范,系统训练学生的初步写作能力。到了大四所写的毕业论文全部为法学全真案例分析报告,以全真案例为参考素材,结合教师编写的毕业论文型案例,激发学生的发散性思维,同时还可以参考法学理论研究成果,深度挖掘全真案例所蕴含或涉及的法学理论与实践的问题,搭建一条法学理论与法律实践融合的路径。

3. 法律援助工作站的开设

法律援助工作站是在地方司法行政机关指导下,依托高校法学院(系),由师生组成的自主无偿提供法律服务的自治组织①。我系从2009年在市法律援助中心的支持下成立法律援助工作站以来,积极探索开展多层次、多渠道的法律援助活动,已成为当地司法救济的一种重要补充方式。首先,我们出台了《法律援助工作站实施方案》,详细规定了实施目的、实施要求、学生参与方式、案件分析讨论指要、旁听庭审指要、法律文书撰写指要、撰写总结报告指要等内容。法律援助工作站全部由法学理论功底深厚且实战能力强的"双师型"教师组成,案源主要是由市(区)法律援助中心指定的援助案件。法律援助工作站开展工作的目的,不是考察法学教师参与办理案件的数量和质量,而关键是看学生在教师的指导下参与案件的深度与广度。其次,我们鼓励和支持"双师型"教师积极办理法律援助案件,规定教师每学期至少办理一件法律援助案件,每学期指导学生参与案件办理的人次,并将其作为年终考核的一项重要指标。最后,为有力促进法科学生实践应用能力的提升,激发学生积极参与法律援助活动的热情,我们将学生参与法律援助的次数、形式以及法律援助的服务质量、满意程度等具体化,并转换成可以操作的分数,纳入学生的学业成绩的考评体系中。这样就能够保证学生四年在校学习期间都有参与法学真实案件的办理机会,使学生毕业之后尽快上手,迅速转换职业角色,娴熟地从事法律实务工作,均具有非常重要的意义。

结 语

地方院校卓越法律人才的培养核心就是历练法科学生的实践应用能力,在全面推进依法治国、决胜全面建成小康社会的今天,法科学生的实践应用能力是其服务地方经济发展的法宝。作为地方院校,应积极探索适合自己发展的路径,不断强化培养法科学生实践应用能力,努力为地方社会培育更多更务实的卓越法律人才,切实促进法学教育的可持续发展,这是地方院校生存之本、强校之基。

---

① 陆岸:《卓越法律人才培养机制再思考——以"第二课堂"学生工作手段创新为视角》,载《河北法学》2014年第9期。

“一带一路”倡议下的中国涉外法治人才培养

王祥修[*] 赵永鹏[**]

摘 要：涉外法治人才是中国“一带一路”建设中防范投资风险、解决贸易争端、维护国家利益的重要参与者和具体执行者。同时，法治信仰坚定、法学功底扎实、外语水平高超、学科知识全面的国际化法治人才的紧缺，成为中国“一带一路”倡议亟待解决的重要问题。针对中国当前培养涉外法治人才工作中存在的缺乏国际视野、单一英语教学、实践能力不强的问题，建议中国涉外法治人才教育培养应创立“五位一体”的培养模式，即坚定法治信仰促进文化交融，提升涉外法治人才的人文情怀；国际元素引入教学体系，拓展涉外法治人才的国际视野；注重法学专业与其他专业的融合，打造一专多能的涉外法治人才；建立外语专长培养制度，打造精通不同外语的涉外法治人才；加强实践能力培养，打造职业型涉外法治人才。

关键词：“一带一路” 法学教育 涉外法治人才培养

法治人才是法治国家建设中的核心力量，而精通国内外法律制度的涉外法治人才是“一带一路”倡议建设过程中的中流砥柱。自中国加入世界贸易组织（World Trade Organization，WTO）以来，涉外法治人才培养的探讨和实践从未间断，也取得了一定成就，但是与“一带一路”建设的需要仍不匹配。培养一批拥有法治信仰、精通国际法律规则、外语能力出众的涉外法治人才是各高校以及研究机构的重要任务。

研究现状

1. 明确了中国“一带一路”倡议建设过程中对涉外法治人才的现实需求。

2. 将法治信仰坚定、法学功底扎实、外语水平高超、学科知识全面作为中国涉外法治人才的必备素养。

3. 对“理念强化型、实验班型、专门培养型”的中国涉外法治人才培养模式的研究，形成了系统的学术观点。

---

* 上海政法学院国际法学院副院长、教授。

** 上海政法学院国际法学院法律硕士研究生。

本文对相关研究的贡献

1. 对中国涉外法治人才培养的发展历程、培养模式进行归纳和梳理。

2. 进一步指出中国涉外法治人才培养过程中存在缺乏国际视野、单一英语教学、实践能力不强的问题。

3. 提出"一带一路"倡议下中国涉外法治人才培养的五点建议,构建"五位一体"的涉外法治人才培养模式。

一、中国涉外法治人才培养的演进与典型培养模式

1. 涉外法治人才培养的政策支持

在全球化程度不断加深的大背景下,中国开放程度日益加深、经济规模不断扩大,法律在经济往来中的保障作用日益凸显。能够处理跨国法律事务、参与解决国际法律争端的人才成为国家经济建设的紧缺资源。2011 年《教育部 中央政法委员会关于实施卓越法律人才教育培养计划的若干意见》、2012 年《教育部办公厅 中央政法委员会办公室关于公布首批卓越法律人才教育培养基地名单的通知》对涉外法律人才培养的目标和培养方式进行了详细阐述。2014 年《中共中央关于全面推进依法治国若干重大问题的决定》将涉外法律人才的培养上升为涉外法治人才培养,赋予法治人才更加深厚宽广的内涵,对涉外法治人才提出更加全面的要求。

2. 涉外法治人才培养的常见模式

习近平总书记考察中国政法大学时指出:高校是法治人才培养的第一阵地。在"一带一路"倡议下,探索出科学合理、高效易行的培养模式是各高校教学科研的重点问题。当前有三种典型的涉外法治人才培养模式,即理念强化型、实验班型和专门培养型。① 三种培养模式在采用程度、培养重点以及教学特色方面各不相同。不同模式的对比分析如表 1 所示。

表 1 三种典型模式对比分析

类型	采用程度	培养重点	教学特色	缺陷与不足
理念强化型	普遍	师生国际化视野	1. 重视英语 2. 留学深造 3. 以教促学	1. 不利于个体发展 2. 过度重视英语 3. 缺乏实践训练
实验班型	较为普遍	精英路线	1. 人才选拔 2. 强大师资 3 小班教学 4. 国际化授课	1. 培养成本高 2. 人才产出少

---

① 参见龙长海:《论"一带一路"战略视域下的卓越涉外法律人才之培养》,载《知与行》2015 年第 2 期。

续表

类型	采用程度	培养重点	教学特色	缺陷与不足
专门培养型	仅部分专业院校	外语导向型人才	1. 依靠外语优势 2. 调动全部资源 3. 培养专门人才	1. 不具普遍性 2. 国际资源要求高 3. 难以推广适用

通过表格内的信息不难发现,三种模式在涉外法治人才培养方面都发挥了积极作用,但也都存在问题。中国涉外法治人才培养处于教学体制改革的攻坚期。一方面,传统培养模式经过实践检验,逐渐暴露问题;另一方面,科学合理的人才培养模式尚未确立。"一带一路"倡议下的中国涉外法治人才培养,应当立足人才需求、统筹现有资源、结合成熟理论,探索符合中国教育实际的培养模式。

二、"一带一路"对中国涉外法治人才提出的能力需要

运用背景分析法,探究法学教育与社会环境的关系,不难发现高校法学教育须以市场为导向,使法学人才满足经济社会发展的实际需要。中华人民共和国成立之初,法学理论以及法学教育经历了曲折的发展历程。计划经济时代的局限性导致涉外法治人才培养缺乏现实土壤;随着市场经济体制的建立和法制的不断健全,法治人才在经济生活中的重要作用逐步显现;特别是中国加入世界贸易组织后,不可避免地要面对大量国际条约、国际商事规则,涉外法治人才缺口扩大;"一带一路"倡议的深入展开使人们意识到,高校培养高质量的涉外法治人才应当服务于"一带一路"倡议下的国际化视野,依托分工合作的方式培养既有语言能力又有法律素养的涉外法治人才。① 在"一带一路"倡议下,中国与沿线各国经贸往来日益密切,各项规则有待进一步制定,对涉外法治人才提出如下需求:

第一,对涉外法治人才的数量与质量提出了更多的要求与更高的标准。随着行业结构的不断优化和海外投资进一步回归理性,大量中国企业走出国门在沿线国家建立各种机构。但是,中国企业"重物质投入,轻人力资源"的弊端,导致企业内部法律人才缺乏,使海外投资缺乏必要的风险防控,产生争端也无法妥善解决。有学者认为,由于对海外法律规范认识不足,对投资性法律规范重视不够,导致中国企业在海外投资和并购中屡屡遭受重创。② 因此,拥有坚定的法治信仰、扎实的法学功底、高超的外语水平以及全面的学科知识成为涉外法治人才的重要标准。

第二,涉外法治人才需兼具法治信仰和文化底蕴。涉外法治人才应当拥有坚定的法治信仰,从内心深处尊崇法律。法律外交是"一带一路"倡议下外交工作的重要组成部

① 参见王宏:《"一带一路"视域下高校涉外法律人才培养路径探究》,载《改革与开放》2017 年第 22 期。

② 参见刘晓红:《"一带一路"战略与法治人才培养机制改革——以上海政法学院深化人才培养模式改革创新为例》,载《法学教育研究》2017 年第 1 期。

分,涉外法治人才都是法律外交的重要参加者。只有在中国特色社会主义法治理念的指导下进行理论研究和法律实践,才能在复杂的国际环境中更好地维护国家利益,为“一带一路”建设提供法律保障。随着时代发展,国与国之间的交往不只是硬实力的较量,文化软实力的博弈在国际合作与交流中日益突出。文化是法律生存的土壤,是法律生命力的来源,灿烂的中华文化包含法治文化。法律要素成为“一带一路”倡议下中国文化海外输出的一部分,对“一带一路”建设起到规范、促进和保障的积极影响。涉外法治人才需要做到法律与文化相互融合,在明法的基础上具备人文内涵,在熟悉运用法律规则的前提下熟悉背后的法治精神,做法律服务的提供者和中华文化的传播者,为沿线各国交往贡献力量。

第三,涉外法治人才需是具有扎实的法学功底、通晓国际规则、外语水平突出、学科知识全面的应用型法治人才。首先,扎实的法学功底是涉外法治实务的基石。学好法学知识是涉外法治人才应有的“本色”。其次,熟练运用国际规则是进行涉外法治实务的必备技能。“一带一路”建设过程中存在大量的国际条约、外国法以及国际商事习惯和一般法律原则,对涉外法治人才提出更高的要求。再次,外语水平是从事涉外法治实务的工具。“一带一路”沿线涉及60余个国家,各国语言不尽相同,从事相关法律服务仅掌握英语已经不能满足全部工作需要,“英语+二外”是涉外法治人才应当努力的方向。最后,全面的学科知识是从事涉外法治服务工作的助推剂。“‘法学专业’+‘非法学专业’+‘法律外语’”的有机结合培养出来的人才,方可实现“一带一路”建设人才供给需求。①

三、当前中国涉外法治人才培养工作存在的具体问题

当前,各大高校和科研院所积极进行教学探索,推动学生参加国际法律赛事、进行留学深造,推荐教师海外访学提升国际化教学水平。但是,由于受到技能教育的缺乏和学位授权点建设的影响,中国法学教育制度与涉外法治人才培养工作脱节,人才供给与市场需求并不匹配。有学者通过与德国、日本人才培养模式进行比较,得出中国法学教育在司法伦理、法律职业能力的培养方面与德国、日本存在一定差距,法学教育中的缺陷亟待弥补②的结论。具体而言,当前培养涉外法治人才工作中主要存在以下问题:

1.缺乏国际视野,存在涉外法治人才的“同质化”过剩

众多高校对涉外法治人才教育培养工作给予高度重视,制订计划培养具有法学功底和语言专长的法治人才。由于办学层次、培养目标的不尽一致,导致法科学生质量差别较大。大部分法科学生接受传统的法学课程教育,只有在“三国法”的课堂上能够接触到有限的国际法律规则,对外国法律和投资政策一无所知,法科毕业生“同质化”过剩现象

---

① 参见马彦峰、张法连:《“一带一路”背景下涉外法律人才培养机制探究》,载《甘肃广播电视大学学报》2017年第27卷第6期。

② 参见陈咏梅:《论法学本科教育在涉外法治人才培养中的功能》,载《河北广播电视大学学报》2017年第22卷第5期。

突出。据统计,目前中国律师群体有能力将业务拓展至国外的仅有1%,剩余99%只能将国内法律业务作为其主要谋生手段。[①] 能够熟练运用国际规则,从事涉外法律服务的人才仍然凤毛麟角,人才缺口仍无法补足。然而,“一带一路”倡议沿线各国不仅涉及经济、教育、文化、基建方面的合作,还涉及能源、金融领域的合作。仅掌握国际法学相关知识,仅关注WTO项下的国际规则,不了解投资东道国法律文化和制度,不熟悉经贸领域的国际条约、协定,就无法满足“一带一路”建设的需要。缺乏国际视野的法学教育体制下培养出的法科学生,尚未达到合格涉外法治人才标准,不能胜任“一带一路”建设的法律服务工作。

2. 单一英语教学,导致涉外法治人才培养语言能力薄弱

“法学+英语”是涉外法治人才培养的基本模式,目的在于培养懂法律、擅长英语的法律工作者。培养创新涉外法治人才队伍,高等学校及科研机构的法学院系是关键。[②] 越来越多的高等院校意识到英语对于法科学子的重要意义,大部分学校纷纷加大英文授课比重、开设法律英语课程甚至直接聘请国外教师进行全英文授课。以英语语言为主,注重书面,忽视英语语言的跨文化交际能力导致两大弊端:第一,容易形成重英语语言学习,轻法学基础教育的弊端。英文课程占据大量课时,全英文授课使学生无法深入理解课程内容,导致学习效果不佳。第二,“一带一路”倡议沿线国家语系复杂,单纯掌握英语已经无法满足涉外法治工作需要。

3. 实践能力不强,应用型涉外法治人才培养遇“瓶颈”

中国法律人才实践能力不强的原因,根本在于中国法学在进行法律知识生成的过程中基本上无力提供对指导中国实践有直接意义的理论知识。[③] 移植西方法学教育制度,缺乏“本土化”过程的情况下,直接套用于中国社会实际,忽视了中国社会对应用型人才的培养要求。应当认识到,由于“一带一路”倡议涉及法律问题众多,受到各国法律规定和政治制度差异的影响,法律法规差异极大,法律问题层出不穷。法学教育应当在整合法律知识的过程中,加入“一带一路”倡议所必需的法律知识,打造实践能力过硬的涉外法治人才。[④]

四、中国涉外法治人才教育培养的具体建议

当前,中国涉外法治人才培养的整体效果与西方国家仍有较大差距。科研机构、高等院校作为法治人才培养的重要阵地,应当转变教育观念,借鉴国际思维。但是学习借鉴绝非照搬照抄、舍本逐末,应当以中国经济社会的现实需求为导向,树立正确的涉外法治人才培养理念,以培养高素质涉外法治人才为重点目标,制定科学合理的培养方案。

---

① 参见邹爱华、张燚:《开放理念与中级涉外法律人才培养研究》,载《大学教育》2017年第12期。

② 参见屈文生:《建设涉外法治工作队伍需要法律外语人才》,载《中国高等教育》2017年第7期。

③ 参见王祥修:《论涉外卓越法律人才的实践能力培养》,载《发展研究》2014年第4期。

④ 参见刘洋、姜义颖:《“一带一路”涉海高端法律人才培养研究》,载《合作经济与科技》2017年第24期。

结合“一带一路”建设对法治人才的需求以及培养过程中的具体问题，对完善涉外法治人才培养提出如下建议：

1.坚定法治信仰促进文化交融，提升涉外法治人才的人文情怀

涉外法治人才在法律服务、国际规则制定方面肩负着维护国家利益的重要使命，是否信仰社会主义法治，能否拥有家国情怀，关系“一带一路”倡议的持续推进。因此，对法律的信仰成为涉外法治人才应当具备的“第一品质”。高校作为涉外法治人才的前沿阵地，必须加强法科学子法治信仰教育，增强学生对依法治国理念的认同，树立良好的法治人格。建立多元化法治教育应当注重课堂教学与课外活动的有机结合：第一，增加思政课“思想道德修养与法律基础”课时数量，进行直接的信仰教育。第二，法学教师在授课过程中应当引导学生树立正确的法治理念，理解社会主义法治理念的深刻内涵。第三，发挥“第二课堂”的功能，举办法律知识竞赛、法律征文活动，辅助课堂教学深化法治信仰教育。

涉外法治人才应当具有“世界眼光、中国情怀”。① 涉外法治人才不能脱离中国文化根基，为增强法治人才的文化底蕴，更好地在法律服务过程中传递中国声音、传播中华文化，提升文化自信，应当注重文化融合。例如，上海政法学院通过举办“丝路文化节”活动展示中华优秀传统文化的同时也将沿线各国风俗习惯、风土人情引入校园，让法科学子受到潜移默化的人文熏陶。同时，建议高校面向法科学生开设“一带一路”倡议沿线国家文化概况课程，为学生日后从事相关法律工作奠定人文基础。

2.国际元素引入教学体系，拓展涉外法治人才的国际视野

面对涉外法治人才国际化视野欠缺的问题，应当在“教与学”上下功夫。第一，科学组建“国际化”教学团队。在选任授课教师过程中，提升对海外留学、进修履历以及外国语言熟练程度的要求。吸引“一带一路”沿线国家法律实务部门工作人员和专家学者，走进高校开设讲座，担任兼职教师。借助国际平台互联合作，培养涉外法治专业教师，提升高校国际化办学水平。第二，合理采用“国际化”教学方法。结合中国课堂实际和学生特点，创新西方案例教学、讨论式教学方法。运用国际视角审视国内法律问题，借助不同专业分析方式研究法律问题。第三，组织编写“国际化”教材。根据涉外法学理论、课程结构以及学科设置编写涉外法律核心教材，应包含国别法律制度、国际法律规则以及英美、中亚、东南亚、阿拉伯法律文化内容。第四，努力推动“国际化”课程建设。除开设英美法系课程以外，可以尝试开设小语种国家法律课程。课程初期应以概况介绍为主，由浅入深培养专门型涉外法治人才。此外，在传统国际法课堂教学中应将国际社会新条约、新协定引入课堂，注重对新理论、新案例的讲授，做到与时俱进。探索在涉外法治人才培养中，增设“一带一路”倡议沿线国家法律制度、国际关系、国际政治课程，提升分析和解决国际事务的思维能力。第五，积极开展丰富多彩的国际活动。鼓励学生积极参加辩论

---

① 王文华：《论涉外法治人才培养机制的创新》，载《中国大学教学》2015年第11期。

赛、模拟法庭、模拟仲裁庭等国际赛事。提供条件增进中国学生与外国留学生之间的互动交往,增加留学基金投入对品学兼优的学生进行留学资助。通过以上方式,从不同侧面加入国际元素,促进涉外法治人才全球视野的进一步开阔。

3. 注重法学专业与其他专业的融合,打造一专多能的涉外法治人才

现代学科划分细化,为学生充分掌握本学科知识提供了可能,但也增加了学生拓展未来职业发展必备的其他学科知识的难度,成为本学科与其他学科之间互通融合的壁垒。法学学科教育亦是如此。学生接受 4 年至 10 年不同阶段的法学专业教育,能够掌握绝大部分理论与实务技能,成为某一法律领域的专家。但是,真正的法律问题仅依靠单一的法学知识是不能妥善解决的,多学科知识综合运用是实现"法律人才"向"法治人才"转变的条件之一。"一带一路"倡议包含基建、投资、贸易、金融等多领域的合作,培养涉外法治人才满足建设需要应当加强法学与其他学科的有机融合。首先,各高校应当利用学科优势增设选修课程,不同专业、不同学科之间实现课程互选。同时,在控制课业压力的条件下,加强选修课考察力度。其次,改革"法学实验班"建设,可以根据不同领域的法律业务需要,开设以某一专业领域为重点的法学实验班。例如,根据"一带一路"倡议下投资贸易领域的法律需求,可与国际经济与贸易专业结合,专门建立"国贸法学实验班",培养专门人才。最后,拓展学生知识储备的同时,法学基础教育也不容忽视。如果将涉外法治人才比作成长中的小树,那么法学知识纵向延伸越深,法学根基越牢固,在此基础上其他横向学科知识的积累和结合使"树枝"越发茂密,从而将视野无限拓宽。也有学者将法学与其他学科的关系比作"T"字形结构,强调多学科融合的重要性。① 注重法学专业与其他知识的融合,使学生具备"一专多能"的综合实力,提升涉外法治人才在市场上的核心竞争力。

4. 建立外语专长培养制度,打造精通不同外语的涉外法治人才

英语在国际交往中的重要地位虽然没有改变,但是,仅掌握英语已经不能满足"一带一路"倡议下法律服务的需要。"一带一路"倡议涉及国家和国际组织众多,语言复杂程度加大,成为涉外法治人才的全新挑战。高校在践行"法律 + 英语"模式的同时,可以面向法科学生开设"第二外语"课程,建立"法律 + 小语种"模式。外国语言资源优势明显的院校也可以运用"专门培养型"的模式,面向各语种专业学生开设法学主干课程,培养复合型、国际型涉外法治人才。此外,还要注重不同语种法治人才培养的地域布局。将西北高校建设成中亚语种法治人才培养基地,东北高校致力于俄语、朝鲜语法治人才培养基地建设,西南高校可着眼于东南亚语法治人才培养基地建设。

5. 加强实践能力培养,打造职业型涉外法治人才

实践能力不强,无法满足法律实务的工作需要,是当前法学理论和实务界共同探讨的问题。涉外法治人才的培养,必须重视实践能力的培养,为法律风险防范、国际争端解

① 参见洪东冬:《论创新型法律人才的素质构成及培养路径》,载《教育现代化》2017 年第 44 期。

决提供人才储备。在创新实务课程过程中,法律文书写作、法律谈判、模拟法庭课程早已加入中国法学教学实践,但是效果不佳。究其原因:第一,授课教师没有实务工作经验或不了解国际法律业务。部分教师取得博士学位后,实现"校门到校门"的转换,没有经过法律实务的锻炼就讲授法律实务课程,存在"纸上谈兵"的弊端。第二,法学实训课在不同层次、不同阶段所处地位不同,常常受到教学时数和评价机制的限制。极易陷入院校不重视,教师不用心,学生不在乎的困境。对于这些问题,可从以下方面加以改进:第一,选拔具有法律实务工作经历的老师授课。建立"专业院校+实务部门"联合培养机制,吸引有授课能力和实务经验的法官、检察官和律师走进课堂,担任部分授课任务,同时进行外聘专家授课质量考核。第二,提升实务课地位与重视程度,部分高校将实务课安排在实习、就业、升学集中的大三下学期至大四学年,这种"滞后性"导致学生无法投入精力在实务课学习上。建议将文书写作、法律翻译以及其他实训课程提至大二学年,既能与所学课程相结合,也可以提升学习效果。第三,实践教学也应重视教学理论的形成,就是将实践经验总结为实用的教学理论。通过对国际模拟法庭竞赛以及其他实务课程的理论研究,为教学提供总体指导,实现理论与实践的有机统一。

通过以上五点具体建议结合教学实践,逐步建立起如表2所示的"'五位一体'涉外法律人才培养体系"。

表2 "五位一体"涉外法律人才培养体系

培养重点	地位	培养目标
法治信仰	基本要求	中国特色法律人才
国际视野	培养核心	国际型法律人才
一专多能	重要基础	复合型法律人才
外语特长	努力方向	外语导向型法律人才
实践能力	必备技能	应用型法律人才

综上所述,本文探讨了"一带一路"倡议对于涉外法治人才的现实需求,以及中国目前涉外法治人才培养中面临的困境。从法治信仰、国际视野、专业融合、外语专长以及实践教学方面提出了完善国际化法治人才教育培养机制的建议。同时,"一带一路"倡议下的涉外法治培养是一个系统化、渐进性的过程,对相关理论的研究不会终止。在"一带一路"倡议推进过程中,在法学教育方面还会有不同的问题等待解决,高校应当抓住机遇,提升涉外法治人才的知识水平和实践能力,确保"一带一路"倡议的稳步推进。

“一带一路”倡议下涉外海洋法治人才培养的机遇与挑战*

裴兆斌** 曲亚囡*** 杨斯婷**** 翟姝影*****

摘　要：涉外海洋法治人才培养是我国实施海洋强国战略的重要组成部分，是“一带一路”倡议实施的重要保障，对于拓展我国海洋发展空间、积极参与东海、南海以及远海地区的国际法律事务、构建世界海洋新秩序具有极其重要的意义。“丝绸之路经济带”和“21世纪海上丝绸之路”的倡议，为我国涉外海洋法治人才培养带来前所未有的机遇。但机遇与挑战并存，从我国目前涉外海洋法治人才培养现状来看远不能满足国际化需求。因此本文立足于实际情况，通过探讨与分析我国涉外海洋法治人才培养存在的问题，指出“一带一路”倡议背景下涉外海洋法治人才发展的机遇，提出相应的培养路径，试图进一步完善我国涉外海洋法治人才的培养机制以应对全球化发展趋势。

关键词：“一带一路”　海洋强国　涉外海洋法治人才　培养路径

引　言

“一带一路”倡议是中国在共商、共建和共享的原则下提出的惠及沿线60多个国家和地区的伟大倡议。我国作为一个海洋大国，建设“21世纪海上丝绸之路”的倡议与我国发展海洋强国具有深刻的关联性，涉外海洋法治人才的培养不仅是我国走向海洋强国的必经之路，而且对于助推“一带一路”建设具有重要的意义。在此背景下，我国涉外海洋法治人才培养正面临着全方位开放、地区合作以及全球发展的绝佳机遇，但机遇与挑战并存。当前最为重要的是抓住时代机遇，应对时代挑战，加大涉外海洋法治人才培养

---

* 本文为教育部备案2017年度国别与区域研究中心项目（GQ17091）及2017年度辽宁经济社会立项课题（2018lslktyb－015）的成果。

** 大连海洋大学法学院教授。

*** 大连海洋大学法学院讲师。

**** 大连海洋大学法学院教学秘书。

***** 大连海洋大学法律硕士研究生。

力度,建立“一带一路”倡议沿线国家的高素质海洋法治人才队伍,为“一带一路”倡议的深度实施打下扎实的基础。

一、我国涉外海洋法治人才培养的现状及发展趋势

(一)涉外海洋法治人才的概念界定

涉外海洋法治人才是一个跨专业背景、跨学科背景的综合概念,主要包括外语、海洋以及法律三个交叉领域中的高层次复合型人才。目前学术界对这一概念没有明确的界定,2011 年国家海洋局、教育部、科学技术部、农业部、中国科学院联合印发了《全国海洋人才发展中长期规划纲要(2010—2020 年)》,纲要提出海洋人才是在海洋经济、管理、科研和服务、教育等领域的海洋产业就业人员中,具备一定的专业知识或专门技能,进行创造性劳动并对海洋事业发展做出贡献的人。综合三学科特点,涉外海洋法治人才是在海洋经济、管理、科研和服务、教育等领域具备综合理论基础和良好的专业素养,同时精通外语和国际海洋法与国际惯例,能够直接参与协调和处理相关国际海洋法律事务的高层次应用型人才。

(二)我国涉外海洋法治人才培养的现状

面对海洋事业蓬勃发展的态势,各级各类海洋人才相对缺乏。[①] 目前,我国海洋人才遍及 20 多个涉海行业部门以及 260 多个科研院所和大专院校,海洋人才队伍规模不断壮大,但能够直接处理涉外海洋法律事务的国际化人才却极其匮乏。然而具有国际视野的国际化法律人才是国内法律人才走向世界舞台、参与国际竞争必不可少的条件。[②] 尤其随着“一带一路”倡议的实施,我国与沿线国家的经贸往来、产业合作不断增多,涉外海洋法治人才的培养显得尤为重要。目前我国涉外海洋法治人才培养的现状如下:

1. 高学历海洋法治人才匮乏

在学历层次上,目前我国高学历海洋法治人才极其匮乏,如图 1 所示,具有硕士研究生以上学历的人员严重不足,更有 26% 左右的高中及以下人员。同时,从我国的现状来看,尤其缺乏关键领域和前沿领域的高学历海洋法治人才。学历层次普遍偏低决定了我国在处理涉外海洋法律事务,维护国家海洋权益的天然不足,这是目前我国涉外海洋法治人才培养面临的首要问题。

---

① 参见钟凯凯、应业炬:《我国海洋高等教育现状分析与发展思考》,载《高等农业教育》2004 年第 11 期。

② 参见张晓君、吴曼嘉:《论国际型法律人才培养》,载《法学教育研究》2013 年第 1 期。

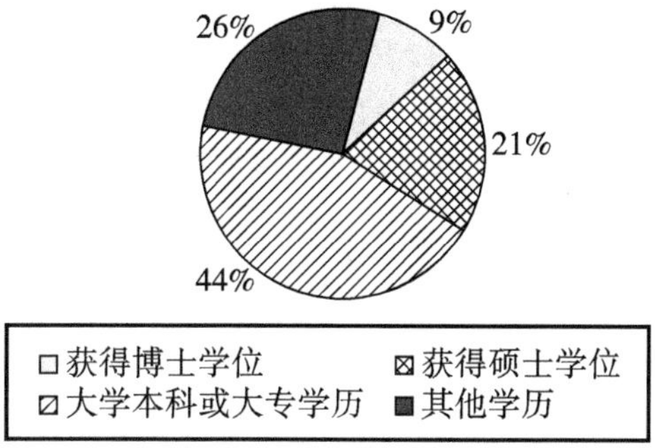

图1 海洋法治人才学历层次

2. 复合型海洋法治人才匮乏

在专业设置上，涉外海洋法治人才的培养具有多学科交叉渗透的特点，然而目前我国各涉海高校法学院的专业种类较为单一，法学与英语专业尚未形成有效的联合培养模式，复合型海洋法治人才匮乏。涉海高校法学院虽然设置了法律英语课程，但是与普通高校一样，学生对法律英语的了解极其浅薄。基于此，本文通过问卷调查以及深入高校走访的形式，对部分高校法学院学生英语水平等级进行了调查，结果如图2所示。绝大多数学生能够通过大学英语四级考试，通过大学英语六级、专业英语四级、专业英语八级以及托福、雅思考试者则呈现逐渐递减的趋势，学生群体中通过法律英语证书考试的寥寥无几。目前涉海高校的法学院在培养机制方面尚未形成跨学科高端人才培养体系，具备跨学科知识、多方面综合素质以及多种类海洋专业知识的海洋从业者更是少之又少。

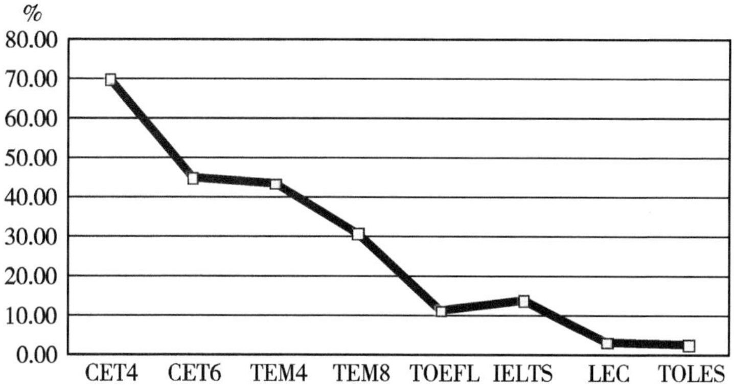

图2 涉海高校法学院学生英语等级水平

3. 海洋法治人才分布不均

从学科领域分布来看，法学和英语都是实践性很强的专业，在海洋经济、海洋管理等领域需要大量具有实践能力的高层次涉外海洋法治人才来处理相关国际法律事务,然而从我国目前的海洋法治人才领域分布情况来看,绝大多数具有高学历、高职称、精通外语和国际规则的高端海洋法治人才都集中在各大高校以及相关科研院所,虽然对于提升我国海洋科研创新能力有所帮助,但却造成实务领域高层次海洋法治人才流失的现象。从地域分布来看,高层次的涉外海洋法治人才大多分布在山东、上海、福建、广东等具有较强实力的沿海省份。与我国海洋工作的实际需要相比还远远不能满足海洋事业发展的需要。①

(三)我国涉外海洋法治人才培养的发展趋势

我国是海洋大国,海洋事关国家经济社会发展和民族的根本利益。② 近年来,国家和社会也逐渐意识到涉外海洋法治人才培养的重要性,高层次人才培养是海洋发展科学、健康、有序、有力的保证。③ 因此在未来发展中逐步建立一支能够及时有效处理涉外海洋法律事务,服务于"一带一路"建设的高水平涉外海洋法治人才队伍,不断提高对海洋经济、管理、科研和服务、教育等领域发展的贡献,既是涉外海洋法治人才队伍建设的重要内容,也是涉外海洋法治人才队伍建设的发展方向。

二、涉外海洋法治人才培养的必要性

目前,世界各国在锁定蓝国土方面相继展开了新一轮的竞逐,海洋软实力逐渐成为人们关注的焦点。④ 我国自改革开放以后经济水平得到大幅度提升,越发重视对海洋领域的保护与发展。一方面,海洋领域作为我国经济社会发展的前沿和重点,亟须高层次的涉外海洋法治人才作为智力支撑;另一方面,建设海洋强国是我国21世纪的伟大构想和长远目标,涉外海洋法治人才的培养是我国提升海洋软实力、从海洋大国走向海洋强国的一个必经之路。

(一)服务海洋经济发展,助推"一带一路"建设

培养具有国际视野、通晓国际规则,能够参与国际海洋法律事务和维护国际海洋权益的涉外法治人才不仅能够进一步提高我国复合型、应用型人才质量,而且是建设海洋强国的迫切需要。加大涉外海洋法治人才培养力度,建立一支高素质涉外海洋法律服务队伍,对于服务我国海洋经济发展、助推"一带一路"建设具有重要作用。

(二)为海洋经济发展提供专门化法律服务

大约300万 km^2 的海域面积使我国成为名副其实的海洋大国,随着资源需求和技术的提升,发展海洋经济已经成为我国走向海洋强国的必然选择。涉外海洋法治人才的培

① 参见王刚、王琪:《整合海洋教育资源加快海洋人才培养》,载《海洋开发与管理》2013年第11期。

② 参见魏婷、李双建、于保华:《我国海洋人才发展的对策研究》,载《海洋开发与管理》2012年第11期。

③ 参见孙敬文:《国内外海洋管理人才培养对比分析》,中国海洋大学海洋环境学院2013年硕士学位论文,第1~86页。

④ 参见曲丽敏:《蓝色经济区背景下青岛海洋软实力现状及提升对策研究》,中国海洋大学国际事务与公共管理学院2013年硕士学位论文,第1~50页。

养能够为海洋经济发展提供重要的法律服务和保障，换言之，海洋经济的发展也需要高层次的涉外海洋法治人才来推动。海洋经济发展过程中必然会涉及错综复杂的利益关系，各方不同的利益诉求、不同的权利义务关系，均需要高层次的海洋法治人才提供专门化的法律服务。

（三）进一步提高涉海纠纷处理能力

在“一带一路”倡议实施背景下，我国与沿线国家的海事海商纠纷、海洋主权争端等纠纷不断增多。同时精通外语和海洋法律的人才对于涉海纠纷的调解和处理、维护当事人乃至国家权益均起到举足轻重的作用。

三、“一带一路”倡议下涉外海洋法治人才培养的机遇

“明者因时而变，知者随事而制。”“一带一路”倡议赋予了涉外海洋法治人才培养极其辉煌的发展前景。当前，我国涉海高校的专业学科建设、法律英语学科建设以及应用型涉外法律人才培养正面临着绝佳的发展机遇。

（一）时代背景发生变化

在“一带一路”建设的新时代背景下，逐渐顺应世界多极化、经济全球化、文化多样化、社会信息化的潮流，进一步保障经济要素有序自由流动、资源高效配置和市场深度融合，推动沿线各国实现经济政策协调，为我国涉外海洋法治人才培养提供良好的发展机遇。此外，社会需求是推动人才发展的不竭动力，涉外海洋法治人才培养已成为高校顺应时代发展、抢占专业特色转型发展制高点的优先策略和现实选择。

（二）中国与世界关系发生变化

中国与世界的互动关系正在发生深刻变化，对国际格局的影响力和塑造力显著提升，涉外海洋法治人才队伍的构建为国家重大外交决策提供法律支撑。尤其是“一带一路”倡议的实施，生动地展现了我国的大国地位和影响力，标志着中国在国际舞台上已经迈向新阶段。就我国而言，海洋经济的转型升级、海洋强国建设的推进为涉外海洋法治人才的培养提供良好的发展机遇。

（三）海洋法治人才培养任务发生变化

随着我国综合国力和国际地位提升，中国越来越多地承担国际规则的引领者和塑造者的角色。当前海洋法治人才的培养任务绝不仅仅限于处理国内相关法律事务，而是要全方位参与全球治理规则的制定，在国际舞台上发出中国声音，提出中国方案。“一带一路”倡议提出后，一些双边条约内容是否适应“一带一路”倡议发展的新形势、如何用好多边条约资源服务“一带一路”建设、如何妥善处理“一带一路”建设中可能出现的各种争议等都是新形势下涉外海洋法治人才培养的任务。具体而言，我国当前涉外海洋法治人才培养的任务应当顺应时代变化，除完善涉海高校内部培养机制外，各省应抓住机遇，统筹规划涉海部门法治人才队伍建设，协调指导沿海地区法治人才队伍发展，进一步整合优化各学科海洋科技人才资源，最终建立一支跨地区、跨部门、跨行业的高层次涉外海洋法治人才队伍。

四、"一带一路"倡议下涉外海洋法治人才培养的挑战

21 世纪是一个复杂而不可预知的世纪,以前粗放式发展的海洋法治人才培养的思维习惯和培养方式正接受新的挑战。海洋法学教育与社会需求脱节,高端涉外海洋法治人才匮乏已经成为不争的事实。因此在"一带一路"倡议提供的发展机遇下,有必要重新审视涉外海洋法治人才培养的目标定位,抓住机遇积极应对挑战。

(一)专业融合面临挑战

法律英语作为新兴交叉学科,肩负涉外海洋法治人才培养的重任。然而,由于法学和英语专业各具自身特点,在专业融合方面面临极大的挑战。从法律英语的历史和现状来看,即使在英语国家,法律英语的历史也不是很长。直到 20 世纪 60 年代,律师及与法律专业相关人员才开始对日常生活中几乎每天都使用的法律语言有了一个新的认识。那么从中国实际情况来看,一方面,虽然部分高校设置了法律英语课程,但由于语言环境的限制,大多数中国学生也并不会经常使用法律专业英语;另一方面,随着中国与国际社会的相关法律事务逐年增多,对于涉外海洋法治人才的专业法律英语要求越来越高,特别是在沿海城市的法院、海关、高校以及海外律师群体中,对其质量和能力的要求也越来越严格。因此在涉外海洋法治人才培养的过程中,法学和外语专业的融合还面临诸多挑战。此外,师资力量也是专业融合的重点,涉外海洋法治人才的培养离不开一批既精通外语和国际法又同时具备实践经验的高素质教师团队,因此在有计划、有步骤地推进法律英语师资队伍建设中也会面临不同挑战。

(二)对沿线国家法律进行深入研究面临挑战

"一带一路"倡议涵盖了世界上 60 多个国家,这些沿线国家多法系并存,既有英美法系、大陆法系,还有伊斯兰法系、原社会主义法系,同时沿线国家和地区的政治、经济、文化、历史等因素各不相同。面对如此复杂的法系和构成因素,客观上不仅增加了"一带一路"建设的难度,同时也对涉外海洋法治人才培养提出更为苛刻的要求。在如此复杂的局面下,若想建立完善的涉外海洋法治人才培养机制来服务于"一带一路"建设,就需要对沿线国家既有法律制度进行深入研究,只有这样才能为促进我国海洋经济发展、维护国家海洋权益提供相应的法律保障。

(三)传统的海洋法治人才培养模式面临挑战

高校是涉外海洋法治人才培养的主要平台。由于法学和外语专业都属于实践性较强的学科,而长期以来我国涉海类高校的法学教育,无论针对本科生、硕士研究生抑或是博士研究生一直以课堂讲授模式为主,在新形势下,这种传统的培养模式正面临严峻的挑战。涉外海洋法治人才的培养要求造就一批实践能力较强的应用型法律人才,这也决定了新形势下的培养模式不是一个简单的单项培养,而应该是一个系统的培养模式。具体而言,将涉外海洋法治人才的培养视为一个开放的平台,联合"一带一路"沿线国家的研究力量,取人之长补己之短,最终建立一个完善的、适合我国实际的涉外海洋法治人才培养模式。

五、"一带一路"倡议下涉外海洋法治人才的培养路径

截至目前，中国的法律领域缺乏一支能够在国际舞台上迅速处理对外法律事务的队伍，海洋领域亦是如此。在"一带一路"和海洋强国目标的实施下，应当从改革涉海高校现有的法律英语教学体系、提高法律英语教师队伍的专业化教学技能两个方面入手，逐步建立起完善的涉外海洋法治人才培养机制，最终能够服务于"一带一路"建设和实现海洋强国目标。

（一）改革涉海高校现有的法律英语教学体系

1. 加强与海外高校合作，互派留学生交流实践

涉外海洋法治人才培养首先要解决的问题是提高语言、沟通和协调能力。无论对于哪一学历层次的人员来说，最稀缺的资源莫过于语言环境。中国高校与国外高校合作已经不是一个新的话题，我们最熟悉的形式例如联合培训计划、定期交流计划、访问学者计划等。这些项目对于有志于从事涉外海洋法律事务的学生而言无疑具有重要作用。加强与海外高校的合作，为学生提供机会去锻炼语言能力，尤其在学习法学专业，深入研究相关国际法、国际规则时避免受到语言方面的沟通障碍。此外，互派留学生交流实践，让他们能够学习"一带一路"倡议沿线国家法律，了解其政治制度和社会文化，从而使我们国内未来拥有一批熟悉"一带一路"倡议沿线国家政治和法律制度的人才，为"一带一路"倡议的实施打下扎实的人才基础。

2. 选派有一定语言基础的海洋人才到国际海洋法法庭学习

随着国际海洋法法庭的产生，积极选派具有一定语言基础、专业理论扎实的优秀海洋法治人才到国际海洋法法庭或其他组织学习和培训，鼓励优秀海洋法治人才在相关国际海洋组织和机构中担任职务。对于加强国际海洋规则和惯例等培训，切实提高海洋法治人才的法律诠释能力、推理论证能力，拓展国际化视野，提升涉外海洋法治人才参与处理和协调国际海洋事务的实践能力具有重要意义。

3. 鼓励学生参加国际性模拟法庭竞赛，提升专业知识能力

传统的授课型教学模式已经不能满足当前涉外海洋法治人才的培养需求，更多的应该鼓励学生参加国际性模拟法庭竞赛，例如，"威廉·维斯贸仲杯"国际商事模拟仲裁庭辩论赛、杰赛普国际模拟法庭大赛等。一方面，准备比赛过程中能够提升学生收集案例、整合材料、文书写作的能力，将专业知识运用到具体案例中，同时在模拟庭审中能够锻炼法庭庭辩能力；另一方面，多数参赛队员毕业后能够就职于相关国际组织、跨国律所或者出国继续深造。国际性模拟法庭竞赛不仅弥补了传统授课型教学模式的重理论轻实践的弱势，而且最大限度地发挥了学生的积极性和主动性。案例的国际化、竞赛语言的国际化、比赛队伍的国际化，从某种程度上讲，鼓励学生参加这些国际性模拟法庭竞赛已经成为涉外海洋法治人才培养的重要路径。

(二)提高法律英语教师队伍的专业化教学技能

1. 建立跨学科的复合型专业教师团队

实现涉外海洋法治人才培养的目标关键是形成复合型专业教师队伍。具有丰富实践经验的教师队伍是培养涉外法律人才实践能力的保障性条件。① 司法部门在20世纪80年代举办了几次法律英语教师培训,但效果不明显,也没有坚持。目前,涉海高校法律英语课程主要由具有法学学位的英语教师或法学专业可以讲授英语课程的教师教授。教师不仅应该在法律上具有专业性,而且可以流利地用英文表达,与学生沟通,激发学生的学习兴趣。如果要解决教师的不足,就要注意以下几点:一是要充分肯定法律英语课程状况,尊重法律英语教学的特殊性;二是鼓励英语专业教师学习第二专业,或倡导年轻的法学教师参加英语课程,这样的教师团队才可能是专业的;三是定期对高校法律英语教师进行培训,确保教师本身的能力和团队的整体稳定。

2. 注重多元化教学模式,培养学生的国际化法律思维方式

涉外海洋法治人才的培养目标不仅是具有娴熟的语言沟通能力和较高的专业理论素养,更为重要的是要注重培养学生的国际化法律思维方式,使他们掌握完善的法律知识体系和国际化的法律思维方式来处理各种纠纷。我国高校应转变"以教师为中心"的教育理念,一切从学生实际出发,尊重个体差异,发展个体潜力与优势。② 例如,通过案例教学的方法,引导学生分析具体案情、具体细节,激发学生兴趣,培养其处理涉外法律纠纷的思维能力。再如,通过分组教学、小组辩论等方式,增强学生与老师之间的良性互动,逐步改变传统的授课型培养模式。此外,学生自身也应该重视提高听、说、读、写技能,因为这是将语言能力和专业知识结合在一起的最为有效的途径。

3. 加大资金投入力度,聘请外籍专家进入高校交流访问

从长远来看,参与"一带一路"建设的涉外海洋法治人才,应该是能够直接参与国际治理、熟悉国际规范体系和国际秩序并具有较强开拓创新精神的新型法治人才。因此,加大教育资金投入力度,聘请国外既了解中国法律制度、熟悉中国法律实践,又具有深厚的涉外法律知识功底、出色的涉外法律实务能力和开阔的全球视野的外籍专家进入国内高校进行交流访问,充分运用国际舞台的师资力量,有效促进涉外海洋法治人才培养国际化、教学手段现代化以及教学方式信息化、知识结构国际化,这不仅对于培养学生进一步掌握跨国、跨学科知识,掌握实务沟通技能具有重要作用,而且也有利于国内高校教师了解和熟悉国外的教学理念和方法。最终能够培养"一带一路"沿线国家的涉外海洋法治人才,为"一带一路"倡议的深度实施打下扎实的人力基础。

---

① 参见王祥修:《论涉外卓越法律人才的实践能力培养》,载《现代企业教育》2014年第6期。

② 参见杨林、黄雪梅:《美国凯特林大学工程人才培养模式及启示》,载《重庆交通大学学报》(社会科学版)2011年第5期。

结　语

涉外海洋法治人才培养是一个复杂而全面的系统工程。无论何时,开放的平台始终是人才培养最重要的元素。“一带一路”建设的伟大实践为国际化、复合型的涉外海洋法治人才提供了舞台,同时也对我国法律英语教学和法学专业研究提出了新的要求和挑战。在“一带一路”建设和海洋强国目标的实施背景下,只有把握时代发展机遇,才能积极应对国际海洋法律事务的挑战,跟上时代的发展,满足海洋强国战略需求,为“一带一路”建设提供法律保障。

法学教育标准与质量保障

《普通高等学校法学类本科专业教学质量国家标准》基本精神解读

刘国强[*] 杨 旭[**]

摘 要:《普通高等学校法学类本科专业教学质量国家标准》对法学类专业的办学提出了“兜住底线、保障合格、追求卓越”的基本要求。作为我国法学教育主力军的地方普通本科院校应当以此为契机,认真领会,顺势而为,积极贯彻和落实这一标准,切实提高自身法治人才的培养质量,并全力做到:清晰认识自身在国家法治人才培养中所处的地位和作用;切实加强师资、实训基地等硬件建设;不断加强规章制度建设;进一步修订完善人才培养方案。

关键词:标准 法学 规章制度 人才培养方案

2018 年 1 月 30 日教育部发布了《普通高等学校本科专业类教学质量国家标准》(以下简称《标准》)。这是我国在高等教育领域发布的第一个教学质量国家标准。它以《普通高等学校本科专业目录(2012 年)》为依据,涵盖了目录中全部 92 个本科专业类、共计 587 个本科专业。其中,《标准》从适用专业范围、培养目标、培养规格、课程体系、教学规范、教师队伍、教学条件、教学效果、质量保障体系 9 个方面,对法学类本科专业建设提出了明确的要求,是规范我国今后一个历史时期法学类本科教育、确保教育质量不断提升的纲领性文件。

一、《标准》的主要内容

从整体上来看,《标准》既为法学(030101K)、知识产权(030102T)、监狱学(030103T)这 3 个专业的建设提出了基本的要求,要“兜底线、保合格”,但同时,又对人才培养质量的提升提出了“追求卓越”的前瞻性要求,并为各专业人才的特色化培养留有

* 南阳师范学院法学院副院长、教授。

** 南阳师范学院法学院教研室主任、副教授。

足够的拓展空间。[①] 其主要内容如下:

(一)《标准》要求高校必须完成的"规定动作"

《标准》在"概述"部分明确指出,"本标准是全国本科法学类专业教学质量的基本标准",并强调各校制定的相应标准,"不得低于本标准相关要求"。这意味着,全国普通高校所有法学类本科专业都必须在《标准》之上办学,以确保人才培养的质量和底线。具体而言,这个"规定动作"主要体现在以下几项要求:

1.关于专业核心课程的设置

《标准》对于法学类各专业核心课程的门数和课程名称都有专门的规定。比如,法学专业核心课程的设置采取"10+X"的模式。其中,"10"是指所有法学本科专业都必须开设的10门专业必修课程,具体包括法理学、宪法学、中国法律史、刑法、民法、刑事诉讼法、民事诉讼法、行政法与行政诉讼法、国际法和法律职业伦理。"X"是指允许高校根据各自办学特色的需要,从经济法、知识产权法、商法、国际私法、国际经济法、环境资源法、劳动与社会保障法、证据法和财税法,这9门专业课程中进行选择,但选择的门数,即"X"原则上不低于5门。也就是说,法学专业的核心课程(专业必修课)总数不少于15门。

2.关于实践教学的刚性规范

《标准》除了强调在专业理论课程的教学过程中应设置实践教学环节、强化案例教学外,还明确了实践教学课程体系包括实验和实训课、专业实习、社会实践和毕业论文,并分别提出了相应的定量指标。比如,法学类专业培养方案总学分应控制在160学分左右,其中实践教学累计学分不少于总学分的15%,也就是不少于24个学分左右。另外,《标准》要求实验、实训和专业实习课程应当制定教学大纲,专业实习时长不得低于10周,学生集体实习比例达到50%以上,社会实践时长不得低于4周。

3.对于教师规模、结构和师生比的要求

《标准》明确规定:"新设法学类专业专任教师人数应当达到本专业核心课程总数的1.5倍以上。"结合《标准》对于法学专业核心课程设置门数,即总数不少于15门的要求,新设法学专业时,专任教师规模应当达到23人以上。至于已经开设的法学专业,其专任教师规模当然更不能低于这个人数限制。同时,《标准》还对专任教师的学历结构、职称结构、年龄结构、专业背景等提出了要求。其中,对于学历结构的要求是"专任教师中具有硕士学位、博士学位的比例应当高于90%";对于职称结构的要求是"专任教师中具有高级职称的比例不低于1/3。"需要强调的是,《标准》要求"各专业师生比不得低于1:17。"

---

① 参见吴岩:《〈普通高等学校本科专业类教学质量国家标准〉有关情况介绍》,载教育部网:http://www.moe.gov.cn/jyb_xwfb/xw_fbh/moe_2069/xwfbh_2018n/xwfb_20180130/sfcl/201801/t20180130_325921.html,最后访问日期:2018年8月1日。

（二）《标准》赋予高校突破同质的“自选动作”

为了切实解决以往办学中出现的“千校一面”，即同质化现象严重的问题，《标准》在对法学类本科专业建设提出以上刚性要求的同时，也积极鼓励各高校根据办学定位，努力办出特色，并为此留下了充裕的“自选动作”空间：

1. 鼓励各高校积极探索弹性学制

《标准》明确“法学类专业基本学制为4年”，但鼓励各高校在4年制模式的基础上，实行弹性学制，只是强调修业年限不得低于3年。

2. 在专业核心课程的设置上赋予高校更多的自主权

第一，关于专业核心课程（必修课程）设置的规定更加优化。1998年教育部高等教育司“为进一步深化法学教育教学改革”，研究“确定了法学专业的14门核心课程及其教学基本要求”。[①] 2007年教育部高校法学学科教学指导委员会决定在原来14门核心课程的基础上，再新增2门（环境法与资源保护法、劳动法与社会保障法），从而使法学专业核心课程的数量达到了16门。此次《标准》规定了“10+X”的分类设置模式无疑极大地赋予了各高校法学专业在核心课程设置上更多的自主权。

第二，关于专业选修课程及其与必修课程衔接的规定富有弹性。《标准》规定“各专业可以自主设置专业选修课程体系。鼓励开发跨学科、跨专业的新兴交叉课程与创新创业类课程。”在专业选修课程与必修课程的关系和处理上，《标准》也只是给出了原则性的指引导向，即“专业选修课程应当与专业必修课程形成逻辑上的拓展与延续关系，并形成课程模块（课程组）供学生选择性修读。”

第三，所有专业课程的学分、学时及考核方式自主确定。在专业课程的学分、学时和考核方式方面，《标准》只是规定“各专业可根据自身培养目标与特色，设置专业必修课程学分。”这就意味着，各专业可以根据自身培养目标与特色，自主地设置所有专业课程的学分，规定相应的学时和考核方式。

（三）《标准》对于办学追求卓越的引领导向

1. 鼓励各高校高标准办学

《标准》在第1部分“概述”中即开宗明义地指出“为创新法治人才培养机制，深化法学专业类教学改革，提高法治人才培养质量……设置本标准”。同时，“概述”部分还明确规定“鼓励各高校高于本标准办学”。也就是说，《标准》对于法学类本科专业的前述刚性要求是底线，但同时又上不封顶。

2. 人才培养目标的不断优化精进

《标准》对于法学类本科专业人才培养的目标进行了明确，即“要坚持立德树人、德法兼修……培养德才兼备，具有扎实的专业理论基础和熟练的职业技能、合理的知识结

---

① 教育部高等教育司：《全国高等学校法学专业核心课程教学基本要求》，高等教育出版社1998年版，前言页。

构……的复合型、应用型、创新型法治人才及后备力量"。这个目标本身就蕴含着追求卓越的基本精神。同时,《标准》还明确法学类本科专业的人才培养目标"可以定期进行评估与修订",从而使其不断优化和精进。

二、《标准》对于地方普通本科院校法治人才培养的重大指导意义

(一)《标准》的性质和效力

《标准》虽然是由教育部高等学校法学类专业教学指导委员会研究制定,但是在教育部高等教育司的组织下进行的,并且由教育部部务会议通过、由教育部对外发布。因此,它不是一个简单的指导性标准,而是具有部门规章性质的法律文件,是必须予以认真遵守和严格落实的。对此,早在《标准》发布之前的 2017 年 12 月 20 日,教育部高等教育司就发出了《关于实施〈普通高等学校本科专业类教学质量国家标准〉的通知》,强调"各地各高校应加强专业建设,及时补足发展短板。"《通知》同时明确,高等教育司将依据这个国家标准"对各高校的专业办学条件进行核查,适时公布部分办学条件较差的专业名单"[①]。在《标准》公布当日(2018 年 1 月 30 日)的新闻发布会上,高等教育司司长吴岩在谈到下一步工作打算时,再次强调要"让教指委用起来""让高校动起来""把《国标》与'三个一流'建设紧密结合起来"。教育部"将根据《国标》,做好'兜住底线、保障合格、追求卓越'的三级专业认证工作。……对各高校的专业办学质量和水平进行监测认证,适时公布'成绩单'"。[②] 在这样的背景下,对于那些达不到《标准》的法学专业点,要么自己想办法达到《标准》,要么就面临着被所在学校在专业结构调整时被裁汰掉的危险。[③]

(二)《标准》着重规范的对象范围

毫无疑问,《标准》对于所有普通高等学校中设置的法学类本科专业都是适用的。但与此同时,它着重指向的对象范围又是非常明晰的,即主要用于规范 1998 年之后地方普通本科高校开设的法学本科专业,尤其是 2000 年前后以来新升本科高校设置的法学本科专业。要说清楚这个问题,就需要从改革开放 40 年来我国法学高等教育的发展历程说起。

1978 ~ 1983 年是我国法学高等教育的全面恢复阶段,到 1983 年全国有 90 多所院校开设有法学专业,由此奠定了新时期我国法学教育的基础。从目前来看,这些法学院校仍然是我国法学教育的核心和重镇。1983 ~ 1988 年是逐步发展阶段,开设法学专业的院校达到了 250 多所,其中综合性院校设立法学院的比较多。1988 ~ 1997 年是相对规范化

---

① 教育部高等教育司:《关于实施〈普通高等学校本科专业类教学质量国家标准〉的通知》(教高司〔2017〕62 号)。

② 教育部介绍《普通高等学校本科专业类教学质量国家标准》有关情况,载教育部网:http://www.gov.cn/xinwen/2018-01/30/content_5262462.htm#1,最后访问日期:2018 年 8 月 12 日。

③ 参见《"教学质量不合格的专业将被调整"——专访教育部高教司司长吴岩》,载中华人民共和国中央人民政府网:http://www.gov.cn/xinwen/2018-01/31/content_5262355.htm,最后访问日期:2018 年 8 月 12 日。

发展阶段,整体发展态势比较稳定。1998~2002年是规模化发展阶段,法学院校的数量和在校生人数都出现了大规模激增。在“依法治国、建设社会主义法治国家”这一新的治国方略的鼓舞下,加上高校扩招、专科升本以及法学专业本身设置成本低等优势,许多师范类、财经类、工业类、工程类、农林医类等院校纷纷开设法学专业。2003~2011年是规模化进一步发展阶段,但已不像激增时期。到2011年,全国法学院校达580多所,最高峰是639所。[①] 尽管随着《普通高等学校本科专业目录(2012年)》的实施,法学被纳入国家控制布点专业进行规模控制并进而转向注重内涵建设和质量提升,但由于本身专业点多,办学规模大,办学水平参差不齐,造成各高校人才培养质量差异很大,而质量的全面提升又远非一日之功。尤其是1998年以后许多地方普通本科高校新设的法学本科专业,由于学校本身大多层次较低,办学条件较差,使这些学校法学专业的人才培养质量普遍不高,甚至难以保障。在这种情况下,《标准》“兜底线、保合格”的具体精神指向就不言自明了。

三、地方普通本科院校法学专业在实施《标准》过程中应该着重把握的几个问题

(一)清晰认识自身在国家法治人才培养中所处的地位和作用

1998年之后开设法学本科专业的地方普通高校虽然在办学实力和人才培养质量方面无法和高水平大学相提并论,但这些省属或地市属的普通公办院校再加上民办性质的高校数量众多,占到了全国法学本科院校总量的至少半数以上,是我国法学本科教育的重要组成部分。这些院校承担着为全国基层法律实务部门输送法治人才的重要任务,也决定着全国法学本科教育整体水平的高下。可以说,如果没有这些院校人才培养质量的整体提高,就没有全国法学本科教育整体水平的提高。因此,这些院校在保证《标准》的有效贯彻落实方面,任务艰巨,使命光荣。

(二)切实加强师资、实训基地等硬件建设

硬件建设是法治人才培养的物质基础。地方普通本科院校要想提高人才培养水平,首先就要在硬件建设上下功夫。第一,要加强师资队伍建设。根据《标准》的要求,法学本科专业专任教师规模至少应该达到23人以上,具有硕士、博士学位的教师比例应当高于90%,高级职称的教师比例不低于1/3。并且,师生比不能低于1∶17。只有在先满足这些条件的情况下,才谈得上不断优化师资的问题。第二,要加强实训基地等平台建设。除了正常的教室、宿舍、体育场馆、图书资料等必备条件外,还要做好校内外实验实训基地的建设,力争做到与复合型、应用型、创新型法治人才的培养要求相适应。

(三)不断加强规章制度建设

和硬件相比,规章制度这些软件同等重要。科学合理的规章制度及其有效的贯彻落实不仅能够保障硬件条件在人才培养中充分发挥作用,更是人才培养的精神和灵魂。健

---

① 参见徐显明、黄进、潘剑锋、韩大元、申卫星:《改革开放四十年的中国法学教育》,载《中国法律评论》2018年第3期。

全的制度及其常态化运行在教风、学风、考风以及整个大学精神的培育等方面所产生的效应,远比临时布置、督促和安排要强的太多。具体而言,按照《标准》的要求,地方普通本科院校在法学专业建设中需要着重完善以下两大方面的规章制度,并保证其既“上墙”又“落地”:第一,教学规范,包括教学过程规范和教学行为规范。前者包括但不限于教学大纲与教案的编写、教学方法运用、教材选用、课程辅导、课程考核等内容;后者包括但不限于教师在教学过程中的教学纪律、教学态度、精神风貌等要求。第二,质量保障规范。建立涵盖培养目标、培养规格、课程体系、教学规范、专业教师队伍、教学条件、教学效果等方面的质量保障规范,建立信息反馈机制和调控改进机制,开展经常化和制度化的质量评估,确保对教学质量形成全过程实时有效监控。

(四)进一步修订完善人才培养方案

修订完善人才培养方案是贯彻落实《标准》的必然要求。地方普通本科院校对此应该注意这样几点:首先,要明确法学本科教育的性质。在过去一个相当长的时期内,学者们对于法学本科教育的性质一直有着诸多歧见,诸如素质教育、通识教育、专业教育、职业教育等不一而足。《标准》则明确:“法学类专业教育是素质教育和专业教育基础上的职业教育”。各高校应该把认识统一到《标准》的这一规定上来,并以此作为考量整个法学教育的基础和基本出发点。其次,对人才培养目标合理定位。《标准》以专门的段落对人才培养目标提出了原则要求。各高校应该结合自身实际,对该原则进行细化并凸显自身“复合型、应用型、创新型”人才的培养特色。最后,恰当处理理论教学与实践教学的关系。既不能走以往重理论、轻实践的老路,也不能一哄而上对实践教学提出不切实际的过高要求,结果使实践教学变成了空架子而又贻害了正常的理论课教学。

法学实践教育标准制度探究

黄锡生* 陈先根**

摘 要:法学实践教育是法学教育的重要组成部分,对提升法学学生综合素质,为学生将来从事法律实务工作做好充分准备具有重要意义。然而,统一的法学实践教育标准的缺乏,严重制约着法律人才素养的提高。因此,亟须在法律上确立法学实践教育的国家标准和行业标准。国家标准着重解决法学实践教育中的共性问题、宏观问题。要构建体系完备、内容科学、衔接顺畅的国家培养标准和国家考核标准。行业标准则侧重于各法律行业特殊性问题和中微观问题的解决。要明确行业标准的基本要求、制定主体、主要内容等,要构建种类齐全、内容明确、科学合理的行业标准体系。

关键词:法学教育 法学实践教育 标准 标准制度 法律人才

一、问题的提出

党的十九大报告指出,"人才是实现民族振兴、赢得国际竞争主动的战略资源。……努力形成人人渴望成才、人人努力成才、人人皆可成才、人人尽展其才的良好局面,让各类人才的创造活力竞相迸发、聪明才智充分涌流"。① 这体现了我们党和国家对人才培养的充分重视。人才是国家兴旺发达,社会发展进步的重要支撑力量,对于国家建设和社会发展具有重要意义。法律人才是社会科学领域中具有重要地位的专门人才,对于法治国家、法治政府、法治社会的建设具有重要的推动作用。党的十九大报告指出,"经过长期努力,中国特色社会主义进入了新时代,这是我国发展新的历史方位"。② 站在新的历史方位,我国继续深入推进全面依法治国,国家和社会对于法律人才的需求进一步增强,不仅是数量上的增大,更是质量上的提高。正如党的十九大报告中指出的:"人民美好生活需要日益广泛,不仅对物质文化生活提出了更高要求,而且在民主、法治、公平、正义、

---

* 重庆大学法学院院长、教授。

** 重庆大学法学院博士研究生。

① 习近平:《决胜全面建成小康社会 夺取新时代中国特色社会主义伟大胜利》,载《人民日报》2017年10月19日。

② 同上。

安全、环境等方面的要求日益增长。”①法治水平的不断提高日益成为人民群众的切身需要。法律人才培养的加强日益成为社会的普遍共识。法律人才的培养从大的方面可以分为法学理论教育和法学实践教育。我国的法学教育主要由高等院校、科研院所和法律实务部门承担;其中,法学理论教育主要由高等院校和科研院所承担,法学实践教育主要由法律实务部门承担。当前,由于高等院校和科研院所对于法律人才培养肩负主要的主体责任,而其又尤以理论教育见长,因而造成我国法学教育整体上呈现重理论轻实践的表征。因此,为了进一步提高法律人才培养的质量,使其更加适应新时代发展的需要,必须大力加强法学实践教育。

法学实践教育是法律人才培养中的重要环节,对于提升法律人才培养质量,满足新时代依法治国实践需要具有重要意义。一方面,法学实践教育具有以下基本功能:首先,法学实践教育是了解法律实务的基本途径;其次,法学实践教育是增强实务能力的主要方式;再次,法学实践教育是提升理论水平的重要环节;最后,法学实践教育是从事法律职业的关键演练。因此,法学实践教育在法律人才培养中具有举足轻重的地位。另一方面,法学是一门实践性极强的学科。实践性是法学教育最鲜明的特征之一。法学学生综合素质的提高离不开扎实严格的实践教育的打磨。然而令人遗憾的是,法学实践教育存在诸多乱象,严重削弱了法学实践教育的实效。概括来讲,法学实践教育的乱象主要有:(1)许多学生从未进入实务单位学习。虽然各个院校多有毕业实习的规定,但是一些学校由于不重视,管理不严格。许多人通过提交所谓的“实习证明”就可以轻松逃避实习。(2)虽参加实践学习,然而流于形式。即使有一些学生进入实务单位参加实践学习,然而多是从事一些诸如端茶送水、整理卷宗等细枝末节的工作,难以真正提升学生法学实践素质的工作,使实践学习成了一场流于形式的无聊戏剧。(3)实践学习的时间太短,达不到应有的效果。许多高校平常不开展实践学习,统一安排在毕业学年,规定的实践又非常短,常常是两三个月就草草了事。这样短的时间,加之毕业学年面临撰写毕业论文、升学、找工作等诸多事项,势必进一步压缩实践学习的有效实践,大大影响学习效果。(4)各地标准参差不齐。法学学生的实践教育属于高校自主办学的范畴,高校具有极大的自主性。因此,各个地方、各个学校对此的要求各不相同,使培养出来的学生在综合素质方面也存在较大的差异。正是由于缺乏统一、明确的法学实践教育标准,没有在法学实践教育的大纲、内容、方法、计划、考核等方面作出具体可操作性的规范化标准化规定,才使学生实践能力参差不齐,难以快速适应法律职业岗位的需要,难以全面胜任依法治国实践的需要。因此,为提升学生法治素养,提高学生法学实践能力,更好适应法律职业需要,进一步推进新时代全面依法治国伟大实践,必须加快建立法学实践教育标准制度,全面提高新时代法学实践教育标准化水平。

---

① 习近平:《决胜全面建成小康社会 夺取新时代中国特色社会主义伟大胜利》,载《人民日报》2017年10月19日。

二、法学实践教育标准制度存在的问题

为了培养高质量的法律人才，不仅在法学理论教育方面要严格贯彻人才培养和考核标准，在法学实践教育方面同样需要确立和执行严格的培养和考核标准。教育标准是指"为实施国家教育法律法规和有关教育方针政策，为在教育活动领域内获得最佳秩序，在教育教学实践与理论研究的基础上，对各级各类教育活动事项制定的各类教育规范与技术规定"。① 法学实践教育标准制度是指，围绕法学实践教育全过程，旨在提高学生法学实践综合能力，在人才培养、人才考核及相关配套措施等方面做出的一系列标准化规定的法律规范的总称。法学实践教育标准制度是法律人才实践能力培养的重要保障，对法学实践教育具有重要意义。然而，通过对我国现行的法学实践教育进行考察，我们发现我国法学实践教育标准制度仍然很不完善，主要存在以下不足。

（一）法学实践教育国家标准未确立

1. 培养标准不统一

法学实践教育是与法学理论教育相对应，侧重于学生实践能力培养和实践技能练习的一种法学教育活动。学生的法学理论教育主要由高等院校和科研院所承担，其通过标准化的教学大纲、教学计划和科学的教学方法、教学手段以完成特定的教学内容和实现预期的教学效果。法学理论教育依赖于上述标准化的培养流程，实现了较好的教育效果。但是，反观法学实践教育，却并没有一个统一的培养标准。一方面，校内实践教育各个学校各自为政，自主制订法学实践教育的教学计划和教学大纲；校外实践教育各个单位模式不一，根据自身情况开展相应的法学实践教育活动。根据我国《高等教育法》第 34 条的规定，"高等学校根据教学需要，自主制定教学计划、选编教材、组织实施教学活动"。② 一方面，这给了高等院校充分的自主办学条件，高等院校得以进行具有学校特色的教学活动，有利于促进人才的多元化发展。这其中就包括了各个学科的实践教育环节。另一方面，这也使各高等院校对于学生法学实践能力的培养缺乏一个统一的培养标准，容易造成各院校的学生的法学实践能力参差不齐的局面。与此同时，由实务部门承担的校外法学实践活动多是通过与院校签订合作协议的方式得以开展，相关的培养标准和培养流程多通过合作协议的条文予以明确。然而，毋庸讳言的是，高等院校与实务部门签订的合作协议并不具备强制力，难以有效保障人才培养的质量，更难以实现学生法学实践能力的标准化培养。总之，从我国现行的法律人才培养模式来看，在法学实践教育方面由于缺乏统一的教学大纲、规范的教学内容、教学方法以及统一的培养计划，学生的法学实践教育标准化培养还存在较大的困难。

2. 考核标准不规范

培养与考核是教育的两大环节。培养重在知识、能力的学习与掌握，考核重在培养

---

① 国家教育标准体系研究课题组、徐长发、孙霄兵、曾天山、黄兴胜：《国家教育标准体系的发展与完善》，载《教育研究》2015 年第 12 期。

② 参见《中华人民共和国高等教育法》第 34 条。

效果的检查与验证。培养主要通过教与学的互动来实现,考核主要通过考试和考察来进行。就法学理论教育而言,法学理论教育的效果通过学校对每门课程进行考试和考察的方式得以检验。但是,就法学实践教育而言,学校通过穿插在理论学习的过程中进行培养,通过考试的方式进行侧面检验;实务部门则多是通过相关单位和负责人的签字盖章予以认证。这充分反映了相较于法学理论教育,法学实践教育实际上是处于一种不太受重视的尴尬境地。校内法学实践教育的考核方式缺乏独立性,校外法学实践教育缺乏客观性,这二者都是法学实践教育考核标准缺乏规范性和独立性的重要体现。这种考核标准的失范不仅难以检验学生法学实践能力的真实水平,还对学生逃避、应付法学实践教育留下了严重的隐患,不利于实现法学实践教育的初衷。其原因在于:法学实践教育的考核的本质是法学实践教育合格标准的贯彻执行,其根本目的在于确保学生法学实践能力符合相应的合格标准,满足社会对法律人才的要求。考核是人才培养的"质检"环节,要想确保法学实践教育的效果,规范统一的法学实践教育考核标准必不可少。

3. 校内校外衔接不畅

高等院校主要负责大部分的法学理论教育工作和一部分的法学实践教育工作,以及高校法律人才的整体培养与管理。具体到法学实践教育方面,除了高等院校在相关课程中展开外,相当大的一部分依赖于校外培养。然而,由于法律职业与法学教育之间制度性联系的缺乏,导致了法学教育主要局限于高等院校内部法学学科体系的自我完善、自我发展。① 这必然造成高校与外部机构之间的对接存在一定的障碍。因此,这里面不可避免地涉及校内培养和校外培养的衔接机制问题。一方面,校内培养中的法学理论教育应当为法学实践教育打下牢固的理论基础;同时,校内法学实践培养应当为校外法学实践培养夯实共通性实践技能和实践能力。另一方面,校外法学实践培养应当面向实务的同时,紧扣理论,加强学生对法学理论知识的理解和应用;此外,校外法学实践教育还应当对校内法学实践教育的内容进行适当的扩展和提高。然而,我国法学实践教育的现实却是,无论是内容方面还是形式方面,法学实践教育的校内培养和校外培养存在较明显的脱节现象。主要表现为以下方面:一是时间安排上的冲突。高校学生的法学实践教育环节往往和毕业论文写作和找工作的时间相冲突,导致学生难以兼顾,降低法学实践教育的质量。二是学习内容的脱节。许多学生进入实践教育单位,相当大一部分人从事的实践活动并不是专业性的学习而是一些杂务性任务,导致学生缺乏学习兴趣,也难以实现应有的效果。三是考核环节的脱节。高等院校往往对本校学生的法学实践教育制定有一定的考核标准和相关的合格证明要求,但是同一家实务单位往往同时兼任多家高等院校法学实践教育基地,其内部本身可能也对参加法学实践教育的学生有相关的要求和规范,这二者不可避免地存在一些冲突,考核标准难以合理衔接,导致学生无所适从。

---

① 参见霍宪丹:《法律职业与法律人才培养》,载《法学研究》2003 年第 4 期。

（二）法学实践教育行业标准未确立

法律人才最终要流向各个法律行业，从事特定的法律职业。法学实践教育要面向职业，面向实践，面向应用，其中的关键就是要面向职业。基于行业标准的人才培养是实现产学深度融合的重要基础，对于提升办学水平具有重要意义。① 因此，法学实践教育的行业标准在培养学生的法学实践综合能力方面具有举足轻重的地位。科学完备的法学实践教育行业标准将有利于引导学生综合素养的提升和实践本领的掌握，对学生的成长和未来的就业具有重要意义。而令人遗憾的是我国目前尚无此类行业标准，究其原因，笔者认为存在以下三个障碍：一是行业重视不够，二是部门指导不力，三是实践操作无据。下面简要阐述：

1. 行业重视不够

改革开放40余年以来，我国法学教育事业一路高歌，为社会主义法治建设作出了不可磨灭的贡献。法律行业也得到极大的发展与壮大。与此同时，法学毕业生实践能力参差不齐的问题受到大家关注。但是如何提升法学毕业生的实践能力，行业内部的思考却并不多。特别是对于促进法学实践教育标准化水平，提升学生综合实践能力方面，法律行业内部鲜有作为。由此可见，整个法律行业内部对于法律人才的实践能力是担忧有余重视不足，主要是对标准化问题的认识明显不足。

2. 部门指导不力

无论是《国家中长期教育改革和发展规划纲要（2010～2020年）》《国家教育事业发展“十三五”规划》《国家教育事业发展第十二个五年规划》还是《关于实施卓越法律人才教育培养计划的若干意见》这些文件都提到了教育质量标准、教育标准体系、人才培养标准等字眼，对相关部门的工作提出了要求。但是时至今日，卓越法律人才培养的国家标准也未出台，行业标准就更是无所涉及。这反映出了教育主管部门在教育标准方面存在指导不力，面临较大现实困难的问题。

3. 实践操作无据

在实践操作层面，出台法学实践教育行业标准还面临着缺乏直接法律依据的困境。我国《标准化法》所称“标准”是指“农业、工业、服务业以及社会事业等领域需要统一的技术要求。”②尽管法学实践教育标准可归属于《标准化法》界定的“标准”，但是具体到《高等教育法》中赋予了高等院校较大的教学自主权③，并未对实践教育标准做出明确的规定。因此从规范层面来看，开展法学实践教育行业标准工作，面临于法无据的窘境。这将导致无论是教育主管部门还是行业主管机构或行业自治组织，在推进法学实践教育

① 参见吴万敏、姚琳莉：《论行业高职院校基于行业标准的高技能人才培养模式之必要性》，载《高教探索》2010年第6期。

② 参见《中华人民共和国标准化法》第2条。

③ 参见《中华人民共和国高等教育法》第34条。

标准化方面都存在瞻望不前的问题。

三、法学实践教育标准制度的完善路径

完善法学实践教育标准制度是提升法学实践教育标准化水平的重要保障,结合前文分析,我国法学实践教育标准制度还存在诸多问题。这些问题的存在不可避免地阻碍着我国法学实践教育标准化进程的推进,不可避免地阻碍着我国法律人才综合实践能力的提高,因此必须加快完善。综合前文分析,结合我国实际,面向新时代法律人才培养需要,笔者认为,应当着重从完善法学实践教育国家标准和制定法学实践教育行业标准两个层次进行完善。从国家标准层面看,要进一步解决法学实践教育中的共性问题,加强法学实践教育国家标准的涵盖面、科学性和可操作性。从行业标准层面看,法学实践教育重要功能之一就是为学生从事具体法律职业打下坚实的基础,因此还要进一步就各个法律职业的特殊性制定更具针对性和可操作性的行业标准。

(一)建立法学实践教育国家标准

《国家教育事业发展"十三五"规划》指出要加快推进教育治理现代化,加强教育标准工作,完善教育质量标准。而此前颁布的《国家中长期教育改革和发展规划纲要(2010~2020年)》亦明确提出要制定教育质量国家标准。由此可见国家对教育标准工作之重视。针对法学实践教育标准制度的完善,笔者认为首先要完善法学实践教育的国家标准。

1. 制定法学实践教育国家培养标准

2011年11月教育部、中央政法委员会出台《关于实施卓越法律人才教育培养计划的若干意见》决定联合实施卓越法律人才教育培养计划。其中要求相关参与高校根据人才培养类型和实务部门需求,研究制定本校的卓越法律人才培养标准。① 而教育部、中央政法委员会则在此基础上研究制定卓越法律人才培养的国家指导标准。然而令人遗憾的是,时至今日,卓越法律人才培养国家指导标准尚未出台。笔者认为,法学实践教育是卓越法律人才培养中的重要组成部分。国家应当借助于卓越法律人才培养国家指导标准的研究制定,出台法学实践教育国家培养标准,对法学实践教育的教学大纲、教学内容、教学方法、培养计划、考核标准等作出统一的指导性规定,指导全国法学实践教育的开展。法学实践教育国家培养标准制定的意义不仅在于对全国各高校的法学实践教育有一个指导作用,还在于对我国在新时代需要什么样的法律人才,如何培养新时代法律人才都具有重要的昭示意义,有利于号召社会其他主体积极参与进来,有利于提升全民法治素养,有利于推进法治国家、法治政府、法治社会一体建设,对新时代全面依法治国具有十分重要的意义。

---

① 《教育部 中央政法委员会关于实施卓越法律人才教育培养计划的若干意见》,载中华人民共和国教育部:http://old.moe.gov.cn/publicfiles/business/htmlfiles/moe/s3875/201204/134451.html,最后访问日期:2019年9月6日。

2. 规范法学实践教育国家考核标准

针对考核标准不明、考核标准不规范的问题,笔者认为应从以下两方面进行规范:一是加强高等院校对法学实践课程的设置和考核。高等院校应当一方面设置实践特色更加突出的课程,采用案例教学,实地考察等方式完成法学实践课程的教学,同时在考核方面,也应当突出实践,采用撰写调研报告,撰写案例分析评价,组织实践活动等方式对所学内容进行考核,促进学生实践能力培养的落地。二是规范实务部门考核流程。建议教育主管部门制定规范统一的实习报告手册,学生严格如实填写,实务部门严格审核评价,保证法学实践教育的真实性和严格性,确保学生培养质量。

3. 加强法学实践教育校内校外衔接

校内法学实践教育和校外法学实践教育相脱节的重要原因在于高等院校和实务部门之间的沟通不足,相关教学活动的衔接不充分,从而导致各自为政,难以最大限度形成合力,难以最大限度提升人才培养的效率与质量。笔者认为,强化法学实践教育的校内培养和校外培养的衔接主要应从以下两方面着手:一是形式方面。包括合理安排法学实践教育的时间,校外法学实践教育的时间应当尽量与高等院校的其他教学安排相错开,以及校内考核和校外考核的方式应当互相衔接互相补充。二是内容方面。包括培养内容和考核内容两方面。在培养内容方面,校内培养应当加大课程设置,突出体现法学实践教育的基础性,通用性知识和技能的教学以及各种法律职业的全覆盖,以便和校外分类培养相对接。而校外培养方面则应当更加侧重于所在职业类型的专业性特色性内容的教学与培养。在考核内容方面,校内法学实践教育的考核内容与校外法学实践教育的考核内容相衔接相补充,体现各自的侧重和同时兼顾整体考核的合理性与科学性。实务化教学体系是法律人才培养模式的重要路径,可以更好地适用社会发展需要。① 因此,高等院校要和校外实务机构顺畅衔接,共同打造实务化教学培养体系。

(二)制定法学实践教育行业标准

如前所述,法学实践教育是了解法律实务的基本途径,是从事法律职业的关键演练,对增强法律实务能力,提升对理论知识的理解与应用具有重要意义。经过系统的理论教育和扎实的实践教育,除了从事专门的教学科研活动之外,大量的法律人才终将走向法官、检察官、律师、公证员、公司法务、行政法务等工作岗位,从事法律实务工作。因此,法学实践教育必须要面向法律职业,面向实践,面向应用。因此,应当根据各个行业的自身特点和实践需要,分类制定法学实践教育行业标准,以保障法学实践教育的真正落地。

1. 明确制定法学实践教育行业标准的基本要求

法学实践教育行业标准的制定应当满足一些基本要求,从而保证行业标准的科学性和可操作性。择其要者而言有二:一是要分类制定。即根据法官、检察官、律师、公证员、公司法务、行政法务等职业的自身特点和职业需要,分门别类制定各个行业的法学实践

① 参见乔宝杰:《高校法律人才培养模式的改革与创新》,载《中国高等教育》2011 年第 Z3 期。

教育标准。分类制定的主要目的是加强法学实践教育标准的针对性,解决法学实践教育国家标准解决不了或不好解决的一些行业内的特殊问题,满足行业发展的独特需要。二是科学制定。所谓科学,就是合乎客观规律,符合客观实际,能够解决实际问题的一种解决方案所具有的基本品质。从实践层面看,要保障行业标准制定的科学性,必须经过较为广泛的调查研究,并在此基础上组织行业内的专家学者进行论证。因此,法学实践教育行业行业标准的制定首先要满足分类制定和科学制定两大基本要求。

2. 明确法学实践教育行业标准的制定主体

法学实践教育行业标准的制定离不开具体的制定主体的积极推进。制定主体的不同往往对于标准的科学性和可操作性具有较大的影响。因此,必须选择最为合适的主体,赋予其相应的制定职权。这样,才能较快地推动法学实践教育行业标准的出台和实施。从法学实践教育的实践性和教育的专业性以及行业标准的预期效果等方面综合来看。由教育主管部门会同各种法律职业的行业主管机构或行业自治组织共同制定应该是一种较好的方案。例如,法官行业的法学实践教育标准可由教育部高等学校教学指导委员会商最高人民法院制定,律师行业的法学实践教育标准可由教育部高等学校教学指导委员会商中华全国律师协会制定等。

3. 明确法学实践教育行业标准的主要内容

制定法学实践教育行业标准的关键是要明确哪些内容应该予以标准化规定,即法学实践教育行业标准的主要内容包括哪些。从大的方面看,包括法学实践教育的培养标准和考核标准两方面。具体应当包括教学大纲、教学计划、教学方法、考核方式、考核大纲等内容。此外,行业标准还应当细化法学实践教育的时间安排、培养方式、平时实践与毕业实践的衔接等问题,使行业标准更具可操作性。法学实践教育行业标准的制定就是将上述内容通过发布法学实践教育行业指导标准的方式进行明确并实施。高等院校、科研院所和实务部门则参照该标准组织开展法学实践教育工作。明确法学实践教育行业标准的内容就是法学实践教育标准的真正落地,要处理好两方面的关系:一是处理好法学实践教育行业标准与法学实践教育国家标准之间的特殊性与共性的关系,着重对特殊问题的关注;二是处理好法学实践教育行业标准的细致性与可操作性之间的关系,在保证标准的可操作性的同时兼顾内容的全面性。

四、结语

法学实践教育水平的提高关乎法律人才法治素养的提高,关乎法律工作者的精神风貌和实践本领,关乎新时代全面依法治国实践的深入推进,关乎新时代中国特色社会主义的新胜利。提高法学实践教育的标准化水平,完善法学实践教育标准化制度,不仅需要法学教育者的探索,更需要法律制度的保障和法律实务部门的支持与配合。法学实践教育标准制度的完善必将促进法律人才综合素质的全面提升,更加有利于建设社会主义法治国家,推动构建法律职业共同体,更好践行社会主义法治理论,更深厚植社会主义核心价值观。

新时代高素质法治人才法律职业伦理培养方案研究*

陈云良**

摘　要:新时代中国特色社会主义法治建设对法治人才培养提出了更高的德性要求。职业伦理教育是德法兼修高素质法治人才道德素质养成的主要方式。职业伦理教育应当成为新时代中国特色社会主义法治学科体系和教学体系建设的主要内容。法学院校应当根据新时代中国特色社会主义法治建设的要求,修订培养方案,增加职业伦理教育的内容。开设专门的法律职业伦理必修课程,将法律职业伦理的培养贯穿于法科生培养的整个过程中,实现法律职业伦理的培养与法学专业教育的协调发展。

关键词:新时代　德法兼修　法律职业伦理　贯穿式教育

2017 年习近平总书记在中国政法大学考察时强调:“要坚持中国特色社会主义法治道路,坚持以马克思主义法学思想和中国特色社会主义法治理论为指导,立德树人,德法兼修,培养大批高素质法治人才。”“法学教育要坚持立德树人,不仅要提高学生的法学知识水平,而且要培养学生的思想道德素养。”培养德法兼修的高素质法律人才应当成为新时代法学教育的培养目标,新时代中国特色社会主义法治建设对法治人才的道德素质提出了更高要求。而法律职业伦理教育是高素质法治人才道德素质培养的主要方式。2018 年 4 月教育部颁布的《普通高等学校法学类本科专业教学质量国家标准》明确将“法律职业伦理”列为法学专业学生必须完成的 10 门专业必修课之一。尽管过去我们也重视道德品格教育,但各大法学院校的培养方案中往往没有专门设置法律职业伦理教育课程,师德师风要求亦流于形式。根据新时代中国特色社会主义法治学科体系和教学体系对法治人才的德性要求,根据教育部最新法学教育国家质量标准,法学院校人才培养方案应当加大职业伦理教育比重,形成法治人才职业伦理培养系统方案,满足新时代中国特色社会主义法治建设对高素质法治人才的需要。

---

* 本文系湖南省教育科学规划课题“法学本科生实践应用能力培养机制研究”阶段性成果。

** 中南大学法学院院长、教授。

一、新时代对法学教育的德性要求

(一)立德树人是高等教育人才培养的基本要求

高等教育的目的是什么?不同的学者从不同的角度来看待这个问题,形成了不同的观点。有学者认为,“让学生形成道德自主意识,进而愿意过一种有德性的生活是大学教育的重要目标。”①有人认为大学的精神包括四个方面,批判反思的精神、追求真理的精神、学术共同体精神、社会正义的精神。② 也有学者把高等教育的目的概括为:“归根结底在于促进那些一个个鲜活的生命力的人的素质发展,实现每一个人公平发展、自由发展、生动活泼的多样化个性化发展。”③还有不少学者认为,高等教育的目的是培养一个合格的公民、培养一个自由而无用的灵魂。美国著名教育家纽曼明确主张,大学教育的目的是培养社会的好公民,主张大学应该实施博雅教育,“博雅教育就是要造就一个绅士,拥有受过教育的心智、精致的品味,正直、公平和冷静的头脑,以及生活行动中的高贵而有理性的姿态”,“一所大学的心智训练真正的和恰当的目的不是学问或者知识,而是作用于知识的思想或者理性”。④ “如果一定要赋予大学教育一个切实的目的,我的主张是培养社会的好公民。大学教育的艺术就是社会生活的艺术,其目的就是使人适应这个世界。大学教育一方面既不应把着眼点局限于某些特定的职业上,另一方面也不应是造就英雄,培养天才。”⑤这和我们通常认为大学是学习专业知识的地方的认识大相径庭。事实上,纽曼的这一主张成为后世美国大学教育的基本理念。

显然,关于高等教育的目的还有不少的争议,但是无论从哪个方面解读高等教育的目的,都是以人的培养为核心。首先是要培养一个对国家对社会有益的优秀公民,具有道德情怀,具有公益精神;其次才是知识的获取和能力的培养。我国的教育方针历来强调德智体全面发展。2016 年习近平总书记在全国高校思想政治工作会议上强调:“高校立身之本在于立德树人”。德总是摆在教育的第一位,其次才是知识的汲取和能力的养成。2018 年 5 月 2 日习近平总书记在北京大学师生座谈会上强调:“才者,德之资也;德者,才之帅也。人才培养一定是育人和育才相统一的过程,而育人是本,人无德不立,育人的根本在于立德,这是人才培养的辩证法。”2018 年 5 月美国芝加哥大学否决了部分教师提出的学校开设本科商科专业的提议,认为大学本科教育不是培养职业技能为目标,而是让学生养成良好的思辨能力,成为具有自由思想的社会公民。把人教育好了,再增加专业技能就很容易了。总而言之,我国大学教育的目的是立德树人,培养社会主义的合格接班人和建设者。

---

① [美]德雷克·博克:《回归大学之道》,侯定凯等译,华东师范大学出版社 2008 年版,第 42 页。

② 参见陈学飞、展立新:《我国高等教育观的反思》,载《高等教育研究》2009 年第 8 期。

③ 刘振天:《内涵式发展:高等教育本质论、价值论和方法论重建》,载《大学教育科学》2013 年第 6 期。

④ [英]约翰·亨利·纽曼:《大学的理念》,高师宁、何克勇、何可人、何光沪译,北京大学出版社出版 2016 年版,第 106、122 页。

⑤ 张国骥:《论美国的教育理念》,载《求索》2005 年第 3 期。

（二）法律职业对道德品格有更高要求

法律是关于公平和正义的艺术，但是徒法不足以自行，执行和实施法律的人必须具备公正的品格，以公平正义为追求。正如习近平总书记在中国政法大学考察时所强调："建设法治国家、法治政府、法治社会，实现科学立法、严格执法、公正司法、全民守法，都离不开一支高素质的法治工作队伍。法治人才培养上不去，法治领域不能人才辈出，全面依法治国就不可能做好。"公平正义不仅要成为法律人的人生追求，还应当是法律人的必备品格。如前所述大学教育的根本是立德树人，而法学教育对道德伦理的培养要求更高。因为法律职业，特别是其中的审判、检察、监察工作和从事执法的政府行政工作，以维护公平正义为天职，本身就是践行高尚的道德情操，要求法官、检察官、监察官成为几乎不食人间烟火的"神仙"。在一些法治国家，法官贪腐几乎是不可能的事情，是令人不敢相信的事情，他们对法官的道德品性要求近乎严苛。从这一意义上来看，依法治国到最后还是以德治国。法学教育的"德法兼修"中的"德"比普通高等教育的"德才兼备"中的"德"要求更高，要求法治人才必须具备高尚的道德情操，以公平正义为事业追求。高素质法治人才培养必须把法科学生公平正义道德品格作为第一培养目标。法科学生的道德伦理可以通过专业课程设置、师德师风引导、公平公正的考核考评、公益课程安排、职业伦理教育、社团活动来养成，而法律职业伦理教育是其核心环节。

"法律职业伦理是法律职业从事者在从事法律职业过程中为了维护相互之间正常的职业关系而应准从的行为准则。"①"法律职业伦理是一门关乎法律人职业的学问，关乎着法律职业的需求、权利、利益、尊严，体现着法律职业的价值"。② 公众对法律人的信赖，不仅取决于法律人的知识，同样也取决于法律人的独立人格、法律人的职业伦理精神。就法治社会而言，提高法律人的法律职业伦理素养，是科学立法、严格执法、公正司法的基本要求。正如孙晓楼教授所言，作为一个高素质的法律人才，"一定要有法律学问，才可以认识并且改善法律；一定要有社会的常识，才可以合于时宜地运用法律；一定要有法律的道德，才有资格来执行法律"。③

新时代中国特色社会主义法治体系建设对法治人才提出了更高的职业伦理要求。法律职业作为国家司法权的载体，其职业权力使他们掌握了影响社会的强大力量，只有将这种力量与为社会公平与正义奋斗的高尚职业精神相结合，才能做出公正的裁决。④美国的法官、检察官主要是从有经验的律师中间进行层层遴选而得来的，而在遴选的过程中，良好的法律职业伦理是就任法官、检察官的必要条件，这样的筛选过程能够淘汰一

① 刘晓兵：《法律职业伦理及其实现》，载刘晓兵、程滔编著：《法律人的职业伦理底线》，中国政法大学出版社2017年版，第1页。

② 张燕：《论法律职业伦理道德责任的价值基础》，载《法学》2018年第1期。

③ 孙晓楼：《法律教育》，中国政法大学出版社1997年版，第12～13页。

④ 张燕：《论法律职业伦理道德责任的价值基础》，载《法学》2018年第1期。

批职业伦理精神较差的法律职业从事者,从而保证法官、检察官等公职群体具有良好的法律职业伦理精神。而我们国家的法官、检察官主要是直接从法学院毕业生中选拔出来的。相较而言,中国法科生的职业伦理素质对司法的公信力具有更加直接的影响,法律职业伦理的养成必须在本科教育阶段完成。

加强法律职业伦理的教育也是法律职业公共属性的需要。法律职业兼具技术性和公共性的双重属性,法律职业致力社会公共利益,致力于公平正义的维护。法律职业群体往往在社会公共事件和公共进步中扮演着重要的角色,无论是法官、检察官还是律师,都是法治社会重要的促进力量。法律职业的公共性要求法律人具有公德。一个合格的法律人要有家国情怀,要有社会责任担当。法学教育必须注重法律职业伦理的培养,以满足法律职业公共属性的需要。

(三)法律职业伦理的可培养性

俗话说,江山易改,禀性难移。一个人的道德素质如何,与其成长和生活的环境息息相关,同时道德具有主观属性,难以通过教学活动得到大幅度的提升。有学者一针见血的指出:"被普遍化、客体化的道德知识既无助于现实生活中道德问题的解决,也难于促成人之德性的发展和生成,道德的知识找不到回归生活和实践之路。"①所以有很多学者也提出,法律职业伦理教育也是具有不可教育性的。例如,美国法经济学派的领军人物波斯纳法官就认为道德具有不可说教性。其主要理由是:道德哲学教授的行为并不比他们的受众更加道德;很多怀着理想主义接受伦理教育的毕业生毕业后立即成为商业主义的奴隶,伦理教育并不能保证培养出一个道德高尚的人。②

当然,教育理论主流观点认为道德是可以培养的,③世界各国也无不把道德教育贯穿于整个教育过程。而且,"法律职业道德教育的目标不在于直接造就职业上的道德人,而在于促进对法律职业道德的认识"。④ 同时,法律职业伦理与一般道德相比,更具可培养性。

法律职业伦理具有客观化、技术化、可操作化的特点。日常的道德是每一个社会成员应当遵守社会规范,是人们评判每一个人是否是好人的标准,是人们关于善与恶、美与丑、正义与非正义、光荣与耻辱、公正与偏私的感觉、观点、规范和原则的总和。⑤ 日常社会道德具有模糊性,正如谚语"一千个读者,就有一千个哈姆雷特",不同的人对同一事物美与丑、善与恶的答案可能五花八门,也令人无所适从。

---

① 鲁杰:《边缘化 外在化 知识化——道德教育现代综合症》,载《教育研究》2005 年第 12 期。

② 参见[美]理查德・A. 波斯纳:《道德和法律理论的疑问》,苏力译,中国政法大学出版社 2001 年版,第 80~87 页。

③ 国内外都在进行道德和伦理的教育,我们从小学开始开设的"思想品德"课程就是非常典型的道德教育形式。

④ 参见张志铭:《法律职业道德教育的基本认识》,载《国家检察官学报》2011 年第 3 期。

⑤ 张文显主编:《法理学》,高等教育出版社、北京大学出版社 2007 年版,第 281 页。

本来法律职业伦理同样具有模糊性、主观性,不便于操作,法律人稍有不慎就会陷入社会道德谴责的困境当中,削弱司法公信力。法律乃国家公器,世界各国无不重视法律人职业伦理的培养,法律职业经过千百年的发展,职业伦理呈现出客观性、技术化和操作性的趋势,减少其不确定性风险。美国律师协会在制定示范性文本时对道德困境的技术性规范进行规定,也加入一些管理规则,使职业伦理规范具备更强的客观性、技术性和可操作性。我们国家则制定了法官、检察官、律师等法律职业的行为标准,为法律职业伦理提供相对确定的准则。① 法律职业伦理的客观性、技术化和可操作性趋势使其成为一种行业的惩戒规范。

法律职业伦理的客观化、技术化和可操作化的特点,及其带有惩戒的属性使法律职业伦理具备更大的可培养性,使法律职业伦理以更加直观、具体的方式呈现出来,甚至以行业规范条文的方式得以体现,不再如一般道德那样虚无缥缈。这种客观化、技术化和可操作化的特点,使法律职业伦理的培养减少了授课教师个人情绪化观点的影响,同时也方便更加科学的授课模式的展开,极大地便利了法律职业伦理教育的普及与质量的提升。法律职业伦理具备行业惩戒的功能,也使法律职业伦理可以通过惩戒案例等客观形式表现出来,使法科生能够以更加直观、具体的方式接受法律职业伦理的培养。

总而言之,在德法兼修高素质法治人才培养目标的指引下,法学院校可以根据法律人职业道德品质的生长规律,运用综合手段,对法科学生职业伦理行为进行反复训练,使之形成稳定的行为习惯,从而将法律职业道德规范内化为个体道德,并最终形成稳定的道德品质。②

(四)法律职业伦理教育容易被忽视

缺乏良好法律职业伦理素养的法律人是不可能建成法治国家的。从上海法官嫖娼案到一桩桩法官贪赃枉法案件,再到一桩桩冤假错案的发生,都与法律人不能坚持法律原则,缺乏法律职业伦理守持有着直接的关系。法律职业伦理精神缺乏的直接原因就是法律职业伦理教育的缺失。法学教育过程中忽视法律职业伦理精神的熏陶,必然会导致法律人缺乏对法律职业伦理的重视,无法养成良好的法律职业伦理素养,一旦遇到法律职业伦理的困境,极容易越过底线,违法甚至犯罪。不幸的是,与专业知识的学习相比,职业伦理道德的培养并不能给学生带来最直接的职场效益。③ 法科生很容易忽视法律职业伦理的学习。一些法学院校也因为法律职业伦理教育不能直接或快速产生人才培养和学科建设效果,而对法科生职业伦理教育不够重视。所以法学院校如果不对法律职业

---

① 2010 年最高人民法院颁布了《中华人民共和国法官职业道德基本准则》;2016 年最高人民检察院颁布了《中华人民共和国检察官职业道德基本准则》;2014 年全国律协颁布《律师职业道德基本准则》,等等,此处不再一一列举。

② 参见刘继虎:《法律职业伦理养成教育的实践性特征与综合途径》,载《湖湘论坛》2007 年第 1 期。

③ See Bruce A. Green, "Teaching Lawyers Ethics", *The Saint Louis University Law Journal*, Vol. 51, (2006) pp. 1051 – 1052.

伦理的培养进行巧妙的设置,法律职业伦理很可能被法科生有意或者无意的忽视。在法学教育中,法律职业伦理教育如果成为一个可有可无的摆设和象征,那么从接受法律教育的那一刻起,"法律职业伦理不重要"的这种意识就有可能蔓延开来。这种对法律职业伦理教育的忽视可能为法科生今后的职业生涯埋下隐患。法科生在毕业后的工作中,无时无刻不在面对职业伦理困境,若没有良好的法律职业伦理素质,不仅会影响其专业能力的发挥,更为麻烦的是甚至可能会使其身陷囹圄。

二、法律职业伦理课程设置方案

习近平新时代中国特色社会主义思想为高等教育确立了立德树人的根本目标,对法学教育提出了德法兼修的培养要求,中国特色社会主义法治体系建设、法学学科体系建设和法学教学体系建设都要求法学教育比以前要更加重视法科学生的道德品格塑造和法律职业伦理培养。设置法律职业伦理专门课程是法学专业学生道德品格培养的基本方式。2018 年 4 月教育部根据新时代法治学科体系建设要求颁布《普通高等学校法学类本科专业教学质量国家标准》明确将"法律职业伦理"列为法学专业学生必须完成的 10 门专业必修课之一。法律职业伦理教育得到无以复加的重视。根据教育部这一法学教学国家质量标准,各大法学院校的培养方案必须修改,不仅必须设置法律职业伦理课程,而且还要将其设置为必修课。

(一)修改培养方案,法律职业伦理作为专业必修课

在此以前,法学院校对法律职业伦理教育重视不够。大部分法学院校现行培养方案中,没有开设法律职业伦理课程,并且,多数法学院校没有在培养目标中明确将法律职业伦理精神作为其培养目标之一。① 也有法学院校用"德智体美劳"全面发展等术语代替法律职业伦理,笔者认为,"德智体美劳"全面发展的培养目标难以反映法律职业伦理培养在新时代法学教育中的重要地位,其中的"德"仅指普通道德伦理,与法律职业伦理有较大差别。新时代高素质法治人才培养要求及 2018 年教育部法学教育国家质量标准迫切要求修改现行培养方案,明确把法律职业伦理教育作为法科生的培养内容,并作为主要专业必修课。

(二)法律职业伦理课程设计

2018 年 4 月教育部颁布《普通高等学校法学类本科专业教学质量国家标准》后,如何合理开设法律职业伦理课程成为各大法学院校共同面对的问题。就目前而言,法律职业伦理课程开设少,经验不足,同时存在专业教师不足,教学内容符号化,脱离司法实践

① 有学者以"卓越法律人才教育培养计划"的基地院校为样本,对 41 所法律院校开设法律职业伦理教育课程情况进行调研,结果显示开设职业伦理相关课程的院校只有 15 所,仅占统计样本的 36.59%,如果严格限定为开设"法律职业伦理"课程,则只剩下 9 所,仅占统计样本的 21.95%,再进一步,将法律职业伦理课程设为必修课的仅有 4 所院校,那么设置法律职业伦理必修课的比例就是 9.76%。41 所卓越法律人才培养基地院校培养方案中只有 16 所高校明确了法律职业伦理的培养目标。参见刘坤轮:《中国法律职业伦理教育考察》,中国政法大学出版社 2014 年版,第 109~124 页。

等诸多问题。笔者结合国内外教学经验,对法律职业伦理课程设计提出几点建议。

1. 开课时间和课时安排

课程开设时间安排在第一学期效果最好。首先,大学新生是一张“空白纸”,更容易接受新知,法律职业伦理精神可以深深嵌入法科生内心之中,树立坚定的法律信仰,成为其永久的人生信条和行为规范,为成为高素质的法治人才打下牢固的伦理基础。其次,能够与整体的课程设计相适应。法学院校一般在第一学期开设法理学课程,法律职业伦理与法理学课程可以相辅相成,法律职业伦理课程可以加深对法理学知识的理解,法理学课程可以帮助阐明法律职业伦理的法治意义。最后,在法科生进入法学院的第一学期播下法律职业伦理的种子,在以后部门法课程中,可以使其充分吸收营养,生根发芽,最终长成参天大树,成为德法兼修的高素质法治人才。

法律职业伦理课程课时以 32 个课时、2 个学分为宜。目前开设法律职业伦理课程的法学院校当中,大都以 32 个学时,2 个学分的模式进行安排,已经得到实践的检验,具有可操作性。笔者在本学院讨论法律职业伦理课程设置中,有教师提出按 1 个学分、16 课时的方案设置。这显然不符合 2018 年 4 月教育部颁布的《普通高等学校法学类本科专业教学质量国家标准》,按照该标准法学专业核心课程采取“10 + X”分类设置模式。“10”指法学专业学生必须完成的 10 门专业必修课,包括法理学、宪法学、中国法律史、刑法、民法、刑事诉讼法、民事诉讼法、行政法与行政诉讼法、国际法和法律职业伦理。“X”指各院校根据办学特色开设的其他专业必修课,包括经济法、知识产权法、商法、国际私法、国际经济法、环境资源法、劳动与社会保障法、证据法和财税法,“X”选择设置门数原则上不低于 5 门。法律职业伦理被放在 10 门主要专业必修课中,地位甚至高于一些传统的核心主干课。由于法律职业伦理课程内容较为丰富,需要在理论和实践两个层面教学,若按 1 个学分、16 个课时的模式设置,时间太短难以满足课程教学的需求。并且学分低于一般必修或者选修课的学分,①容易在法科生当中造成法律职业伦理不重要的误导,削减法律职业伦理教育效果。超过 32 课时,按 48 课时或 64 课时设计,也与 2018 年法学教学质量国家标准压缩学时的精神相违背,②造成其他专业课程学时不足。2 个学分、32 个课时的要求既保证了法律职业伦理课程的顺利展开,又给专业理论知识和实践课程留足了时间,实现法律职业伦理与专业课程的协调统一。

2. 法律职业伦理课程内容安排

法律职业伦理课程需要安排哪些教学内容?这需要经过不断总结和修正。但是,笔者认为,法律职业伦理课程内容安排必须考虑以下几个方面的因素:首先,必须强调法律职业伦理在法科生职业生涯和法治社会建设中的重要地位。针对目前法律职业伦理被

---

① 在现行培养方案中大部分课程的学分都在两个学分以上,仅有军事理论等特殊的课程为一个学分。

② 《普通高等学校法学类本科专业教学质量国家标准》要求法学类专业培养方案总学分应控制在 160 学分左右,其中实践教学累计学分不少于总学分的 15%。这就要求大部分的法学院校减少学分。

法科生忽视的现状,法律职业伦理的重要性和意义分析能够帮助唤起法科生对法律职业伦理教育的重视。其次,在内容编排方式上,既要有理论学习,又应该有案例分析。理论学习保证法科生职业伦理知识系统性,案例分析能够帮助法科生加强对法律职业伦理的理解。将理论学习与案例分析结合起来,也是整个法学教育的基本趋势。现有法律职业伦理主要教材也多采用理论教学与案例教学相结合的编排方式,对理论教学与案例分析相结合的教育方式有着极大的帮助作用。① 最后,法律职业伦理教学内容要重视多种法律职业伦理规范教学。美国的法学教育主要以培养律师为主,法律职业伦理课程最为重视律师职业伦理教育,很少涉及其他法律职业的伦理教育。中国法科学生就业面更加宽泛,主要有法官、检察官、监察官、公务员、律师、企业法务等去向,这些职业都面临着各自领域法律职业伦理困境。所以法律职业伦理课程至少应该包含法官、检察官、监察官、公务员、律师等五种主要法律职业伦理内容。除此之外其他法律相关职业的伦理问题,则可以视情况决定是否列入教学范围。法学教师是不是一种专门的法律职业,需不需要在教师伦理规范之外形成法学教师职业伦理,这是一个值得讨论的问题。笔者认为,由于法治建设对法治人才伦理道德的高要求,形成专门的法学教师职业伦理规范有助于法科学生职业伦理的养成。

当然,法律职业伦理课程教学内容设计有一定要求,但也并不意味着法律职业伦理教育内容必须千篇一律,任课老师可以结合实际情况展开多样化的法律职业伦理教学,提高法律职业伦理的教学质量。

3. 量化考核与操行评分相结合的考评方式

法科生法律职业伦理素养难以通过量化考核的方式来完成,分数高低与法律职业伦理精神无必然联系。但是,法律职业伦理课程的目的,并不只是要培养一个高尚的道德人,还有一个重要的目标就是要求学生了解法律伦理困境的处理规范和处理原则。法律职业伦理的客观化、可操作化、技术化的特点,意味着法律伦理问题有着基本的处置原则和基本方法,能够以考试、案例分析、论文等能够量化的指标去完成考核。例如,用实际的案例,要求分析律师的某个行为是否符合《律师法》规范,以让法科生知道该行为是合法还是非法。或者以开放式的论述,要求学生阐述对某一法律职业伦理困境的看法,使学生深入的探析法律职业伦理背后的困境,并让其尝试寻找合适的解决办法,也能够帮助学生增强对法律伦理精神内核的理解。这种量化考核能够帮助学生了解法律职业伦理规范,引导学生加强对法律职业伦理的理解。也可以潜移默化地影响学生的法律职业伦理的精神内核,所以量化考核是法律职业伦理课程考核必不可少的一个环节。

但是,量化考核容易导致法律职业伦理课程被其“牵着鼻子走”,导致学生的学习以应付考试为主,而忽视了法律职业伦理精神内核的培养。比如国家司法考试(国家统一

---

① 例如许身健主编,北京大学出版社出版的《法律职业伦理案例教程》采用理论教学与案例教学相结合的方式,每章首先设置一节法律职业伦理的理论内容,然后设置与理论内容相关的案例教学课程。

法律职业资格考试)中,对法律职业伦理规范的考核越来越多,[①]但是其对提升学生法律职业伦理素养未必有效,考生容易把通过法律职业伦理的考试作为唯一的目标。从1980年开始,美国律师协会为了加强对职业责任的指导,采取了多州联合职业伦理考试(Multistate Professional Responsibility Examination,MPRE),这个考试以选择题的形式进行两小时。[②] 出于这一考试的压力,法学院倾向于把教学重点放在对职业伦理教条的教学上,学生们倾向于把这些课程看作是备考课程,而忽视了职业伦理精神的培养。很多的参考者纷纷反对这种联合考试,很多美国律师也对这种考试模式对教学所起的错误导向进行了尖锐的批评。[③] 我们应该吸取经验和教训,法律职业伦理课程在坚持量化考核的同时,必须加强对学生的操行和行为规范评分。操行评分可以采取奖励和惩罚的方式进行,在设置一个基本分的基础上,对于公益和公德行为进行加分,对违反日常操守准则行为进行扣分。量化考核分和操行考评分的加权平均分就是法律职业伦理课程的考核结果。

(三)推广法律职业伦理在线精品课程建设

法律职业伦理教育和研究的缺失导致课程师资缺乏,多数任课老师可能并没有接受过系统的法律职业伦理训练,缺乏法律职业伦理教学经验,会严重影响法律职业伦理教学质量。推广一批法律职业伦理在线精品课程,由国内最优秀的课程教师主讲,推广网上选课,提高法律职业伦理课程教学质量,扩大受众面,能够有效解决师资不足的问题。

三、法律职业伦理教育应当贯穿整个培养过程

人的道德情操是在日常工作生活中逐步形成的。法律职业伦理培养要通过法学教育多个环节来达成,法律职业伦理课程设置只是其中一个培养环节。有学者把法律职业伦理教育定性为贯穿性教育。[④] 法律职业伦理贯穿性教育是指在整个法学教育的过程当中,都要对学生进行法律职业伦理的熏陶。既要有专门法律职业伦理课程,也要不断在专业知识教授、实践技能培养的过程中不断进行法律职业伦理的熏陶。

法律职业伦理与整个法律体系息息相关,其涉及每一个部门法,法学院在日常教学过程中可以将每一部门法的教学作为切入点,在整个教学过程中进行法律职业伦理的贯穿性教育。例如,在法理学中讨论法律与道德的关系,在刑事诉讼法课堂中讨论刑讯逼供的危害以及非法证据排除规则,在民法课堂上讨论委托人与律师之间的关系等。这些问题的讨论都自然而然地型塑了法律人的职业伦理信仰。在法律实务当中,法律职业伦

---

① 2015年,中共中央办公厅、国务院办公厅印发《关于完善国家统一法律职业资格制度的意见》就在司法考试的考试内容上提出“加大法律职业伦理的考察力度。”法律职业伦理的考察在司法考试中的比重加大。

② 参见全美律师考试组织(The National Conference of Bar Examiners)网站对多州联合职业伦理考试(MPRE)的介绍,详情参见 http://www.ncbex.org/,最后访问日期:2018年6月2日。

③ See Paul T Hayden, “Putting Ethics to the(national standardized)Test: Tracing the origins of the MPRE”, *Fordham Law Review*, Vol. 71, (March2003) pp. 1299 – 1300.

④ 参见刘坤轮:《中国法律职业伦理教育考察》,中国政法大学出版社2014年版,第109~124页。

理困境也是依附于各种法律专业问题而出现的,包括法律伦理问题在内的任何法律技能和素质,虽然通常被分成不同的课程,但是实际上,这些课程必须以一种相互关联的方式教授。正如罗素·皮尔斯(Russell Pearce)教授所指出的,“在法律学校里,每一个学生都要在实践中学习伦理问题,而不管他们的专业是什么。同样,伦理问题几乎触及了法学院和实践中发现的每一个教义领域。”①

法律职业伦理的贯穿性教育也能对法学的专业教育起着明显的促进作用。例如,对无罪推定、正当程序原则、公平正义原则、自由心证原则等问题的讨论就是职业伦理教育的一部分,也是专业理论学习的重要内容。因此,法律职业伦理贯穿性教育是实现职业伦理教育与专业知识教育的统一,我们可以在贯穿式职业伦理教育中实现法律职业伦理与法学专业知识的共同发展。法律职业伦理的贯穿性教育主要包括以下几个方面。

(一)在实践教学活动中贯穿职业伦理教育

伦理的特性决定实践教学在职业伦理的贯穿性教育中起着重要的作用。伦理是一种实践美德,更多靠内省和身体力行,而无法通过简单的说教来完成。② 良好的伦理认知最终要依靠不断的实践才能转化为稳定的行为习惯。加强实践性教学能够让学生提前感受司法氛围,认识实务中的司法规律,帮助学生形成正确的司法认知、直面司法实践中的伦理困境,并尝试去解决这种困境。司法实践对学生的法律职业伦理形成潜移默化的影响,帮助学生形成良好的职业伦理精神。

美国的法律职业伦理教育也会采用角色扮演、案例分析等多种方式进行法律职业伦理的培养。让学生直接面对实践中真实的伦理困境,是美国法学院培养法科生职业伦理道德的一个重要的方法。在美国法学院职业伦理的课堂上,教授会给学生一些由美国律师协会编写和注释的案例集,案例集包含了一些伦理观念、实际案例和一些补充性的阅读材料。而这些案例是根据从法学院毕业的律师的职业生涯开始所遇到的案例为线索进行编写的,每一个案例都集中在一个不确定和模糊的道德困境上。老师要求学生每一个星期完成一份案例分析报告,为了完成这个报告要求学生去识别潜在的道德问题、规则和伦理观念。不断地重复训练以及课后的作业,让学生在这些实际的案例当中加深对法律伦理观念的理解,正义的伦理观念贯穿于整个学习的过程当中。③ 在这种实践性课堂中,学生被要求像律师一样思考和处理问题,这是所谓的“接触和感受”规则。在这样安全的教室里,学生暂时不需要考虑这种困境所带来的后果,学生可以自由地讨论这些伦理困境,在老师的帮助下了解并处理这些实务中的道德困境,这样的情景教学让学生

① See Russell G. Pearce, “The Professionalism Paradigm Shift: Why Disregarding Professional Ideology will Improve theConduct and Reputation of the Bar”, *New York University Law Review*, Vol. 70, (1995) pp. 1229 - 1256.

② 参见危文高:《法律职业伦理教育的主要问题与反思》,载《法学教育研究》2015 年第 2 期。

③ See Jan L. Jacobowitz and Scott Rogers, “Mindful Ethics—A Pedagogical and Practical Approach toTeaching Legal Ethics, Developing Professional Identity, and Encouraging Civility”, *St. Mary's Journalon Legal Malpractice & Ethics*, Vol. 4, (2014) pp. 198 - 238.

对法律职业伦理的认知更加根深蒂固。

总而言之,在实践性教学中推动职业伦理教育是各个国家、各个层次的法学院培养法科生法律职业伦理必不可少的重要方式。值得指出的是,实践性教学的伦理熏陶通过实务老师的业务工作来实现,法学院校必须选择职业伦理素养高的实务专家为指导教师。

(二)在法学理论教学中贯穿职业伦理教育

理论知识在法律人职业生涯中起着基础性作用,法学院的教学活动应该以理论教学为主。将大量的时间花在实践或者单独的法律职业伦理教育中,显然是不符合实际的,这会造成对理论学习的压缩,导致专业理论学习不足,有本末倒置的嫌疑。同时,如果法律职业伦理培养仅仅只是通过一门或几门必修课或选修课来完成,那么道德价值和标准的关键意义将会被边缘化。① 法律职业伦理教育应当贯穿于法学理论教学整个过程。

贯穿式职业伦理培养方式本身并不会妨碍专业知识的学习,也不会对目前成熟的教学方法产生冲击,相反,能够促进专业知识的理解与获得。目前法学院经常采用的诊所式教学方法、问题中心主义教育方法、案例教学方法课程都是专业知识教育常见方法,也是贯穿式的职业伦理培养方式的重要阵地。这种与职业伦理培养相结合贯穿式培养方法,能够提升法学专业教育和课堂教学质量。比如,法律职业伦理贯穿式教育对于加强学生对无罪推定、疑罪从无、公平正义等基本原则的理解有很大的帮助作用。事实证明,我们可以更好地将法律职业伦理贯穿于法学教育整个过程,实现二者之间相互促进,共同发展的目的。

当然,在法学理论教学贯穿法律职业伦理教育,对法学院的教师和学生都带来了新的挑战。每一个部门法教师都必须熟悉法律职业伦理及课程内容,能够将职业伦理融会贯通于部门法知识中,对教师的教学质量提出了更高的要求。在对教师的考核中,应当考核教师是否在教学中贯穿了职业伦理教育,这样才能保障贯穿式教育不流于形式。

(三)在日常学习生活中形成职业伦理

法律职业伦理教育的培养不仅仅是由教学过程来完成,应该将职业伦理精神的培养贯穿到整个培养体系中。在评奖、评优等考评活动中,要把道德伦理考察落到实处;学生活动、主题班会,注重设置法律职业伦理主题;学生干部的选拔、考察,品德要求放在第一位,严格按照公开程序进行,充分体现民主精神。在日常学习、工作中不知不觉形成符合法律职业伦理的行为习惯,润物细无声,是为最有效的法律职业伦理培育方式。法律职业伦理精神的培育应该打破时间和空间的限制,充分利用现有资源,将法律职业伦理教育与整个培养体系结合起来,真正做到德法兼修。

---

① See Miriam R. Albert and Jennifer A. Gundlach, "Bridging the Gap: How Introducing Ethical Skills Exercises Will Enrich Learning in First-year Courses", *Drexel Law Review*, Vol. 2, (fall, 2012) pp. 165 - 205.

四、结语

新时代中国特色社会主义法治建设,需要法学院校培养大量德法兼修的高素质法治人才。高素质法治人才必须具备高尚的道德情操,需要对其进行有效的法律职业伦理教育和熏陶。法律职业伦理具有非常强的民族属性。法律伦理观念不可能超脱于中国的伦理和道德实践,不可能脱离中国特色社会主义基本制度。但是,中国现代法律制度大多移植于苏联和西方法学思想和法律制度,中国法学研究的方法论体系基本上也是在苏联和西方的法学方法论的基础上建立起来的。① 经过多年的发展与实践,我们认识到必须建设中国特色的社会主义法治体系、学科体系。伦理比法律更有鲜明的民族性和地域性,在法律职业伦理教育内容的提炼上必须基于中国现阶段的法治、伦理水平。脱离中国国情,照搬西方法律职业伦理规范容易与中国民众日常道德体系相悖。中国特色社会主义法治道路,要求法学教育加强社会主义法治理念培养,法律职业伦理教育要把党的领导、依法治国、执法为民、公平正义、服务大局、党的领导等社会主义基本法治理念作为教学的核心内容。同时,我国法律职业伦理教育也应保留中国传统伦理道德精华,将仁、义、礼、智、信等理念与法律职业伦理结合起来,更容易被接受。

① 参见何勤华:《新中国法学发展规律考》,载《中国法学》2013 年第 3 期。

法律硕士专项评估指标体系的效度研究*

袁 钢**

为加强我国学位与研究生教育质量保证和监督体系建设,2014 年国务院学位委员会、教育部发布《学位授权点合格评估办法》,确定新增学位授权点 3 年后专项评估、学位授权点 6 年一轮的合格评估制度。学位授权点合格评估制度与动态调整制度等一起,作为我国学位授权审核制度的一部分,从根本上打破我国学位授权审核制度中学位授权点"只增不减"现象。其中,专项评估制度旨在淘汰不合格新设学位授权点,以保证学位授权点培养质量,具体由国务院学位委员会学科评议组和全国专业学位研究生教育指导委员会组织实施。各评议组和教指委制定的专项评估指标体系的效度直接决定了能否实现专项评估制度设计目标。因此,笔者以法律硕士专项评估指标体系效度为研究对象,为科学性构建学位授权点专项评估指标体系提供参考。

一、专项评估的基本情况

(一)专项评估的开展情况

法律硕士专业学位(以下简称法硕)是继工商管理硕士、建筑专业硕士之后我国设立的第 3 个专业学位,是法学教育体系的重要组成部分,对我国法学教育和法律职业发展都具有深远的影响。① 在法学研究生教育层次,法学硕士主要是为法学教育和科研机构培养学术型人才,培养目标定位是学术型、研究型法治人才,侧重学术能力、科学研究能力的培养;法硕则是具有特定法律职业背景的专业学位,培养目标是高层次复合型、应用型法治人才,侧重法律职业能力和职业素质的培养,是加强法治专门队伍建设的需要,更是完善中国特色法学教育体系的需要。经过 20 多年的发展,截至 2017 年,法硕学位学位点从首批 8 个增加到 243 个,②累计授予法硕专业学位 15.9 万余人,服务于立法、司

* 本文系作者承担的国家社会科学基金项目"法律硕士教育评价指标体系研究"(项目编号:12BFX005)部分结项成果。

** 中国政法大学法学院副教授。

① 参见徐显明:《中国法学教育状况》,中国政法大学出版社 2006 年版,第 64 页。

② 全国法律硕士培养单位名单(2018.3),载全国法律专业学位研究生教育指导委员会网:http://jm.zuolang.com/yx/,最后访问日期:2018 年 5 月 15 日。

法、行政执法、法律服务与法律监督和社会管理部门,为推进全面依法治国做出了重要贡献。

全国法律专业研究生教育指导委员会(以下简称教指委)受托分别于2014年、2018年对于36个和67个[①]法硕学位点进行专项评估。2014年教指委根据《法律硕士专业学位研究生指导性培养方案》确定的培养标准,以及《第八批新增法律硕士专业学位研究生培养单位评审办法》确定的申报条件,针对性制定了专项评估工作方案和指标体系。[②]2018年教指委在专项评估工作方案中要求参评院校报送反映各院校法硕培养主要数据的15份表格。根据国务院学位委员会、教育部专项评估工作的通知,专项评估主要是检查学位授权点研究生培养体系的完备性,包括师资队伍、人才培养和质量保证等,因此法硕专项评估指标包括师资队伍、人才培养、质量保证3个一级指标,分别赋分40分、40分和20分。一级指标下共设12个二级指标,26个测评点,采取百分制,测评点分值分别为2分、3分、4分、5分;各测评点分值均按三个等级给分,分别权重为50%、75%、100%(如测评点为4分的,分别为2分、3分、4分);总分达到75分及以上,且8个重点指标(均为《第八批新增法律硕士专业学位研究生培养单位评审办法》要求的)必须达到二级分数以上,方为合格;总分小于75分,且任一重点指标未达到二级分数以上,即为不合格。2014年法硕专项评估工作按期完成,[③]2018年法硕专项评估工作已经形成初评意见上报国务院学位办。笔者从"全国学位与研究生教育质量信息平台"[④]获取法硕学位点的专项评估的自评报告,并用来检验法硕专项指标体系的效度(Validity)。效度即有效性,是指测量工具能够准确测出所需测量的事务的程度,通常包括内容效度、准则效度和结构效度。[⑤] 内容效度(Content Validity)是指测验题目的要求反映表现领域内容的程度,[⑥]因此指标体系内容效度是指指标体系设计能否代表反映专项评估对于学位点建设进行全面反映的目的和要求。受制于样本数量较少和评审分数保密的要求,笔者采用逻辑分析方法并辅之以数据分析方法来评价指标体系的内容效度。

---

① 国务院学位委员会2014年实际授权法律硕士专业学位授权点68个。2017年,东北大学学位授权点动态调整撤销法律硕士专业学位授权点1个,2014年专项评估并认定为"限期整改"的天津财经大学参加2018年专项评估,实际应参加2018年法律硕士专业学位授权点专项评估为68个。在2018年专项评估时候,中国农业大学主动提出放弃授权其法律硕士专业学位授权点,因此实际参加专项评估学位授权点为67个。

② 2014年法律硕士专业学位授权点专项评估工作方案(学位办〔2014〕42号)[EB/OL]。载http://www.china-jm.org/article/?id=506,最后访问日期:2018年5月15日。

③ 国务院学位委员会关于下达2014年学位授权点专项评估结果及处理意见的通知[EB/OL]。载http://www.moe.gov.cn/srcsite/A22/moe_818/moe_820/201603/t20160325_235327.html,最后访问日期:2018年5月15日。

④ 全国学位与研究生教育质量信息平台[EB/OL]。载http://zlxxpt.chinadegrees.cn/,最后访问日期:2017年2月15日。

⑤ 参见柯惠新、沈浩:《调查研究中的统计分析法》,北京广播学院出版社1996年版,第363页。

⑥ 参见王少非:《效度概念的演进与课堂评价的效度》,载《全球教育展望》2014年第6期。

（二）参评院校基本情况的变化

参加2014年专项评估的36所院校中分别在2009年（35所）和2010年（1所）获得授权。根据国务院学位委员会《关于开展增列硕士专业学位授权点审核工作的通知》（学位〔2013〕37号），该次授权审核实行限额审核、总量控制，委托省级学位委员会开展所属院校增列硕士专业学位授权点审核工作，委托部委属普通高等学校自行开展本单位增列硕士专业学位授权点审核工作。2014年各省级学位委员会和自主设置高校自行评审增列法律硕士专业学位授权点68个，其中66所院校（不含参加复评2009年获得授权的天津财经大学）参加2018年专项评估。

从参评院校地域分布上看，2014年参评院校分布于16个省市，其中北京、天津、上海、江苏和广东5个省市占到总体47%；2018年参评院校分布在26个省市，北京、天津、上海、江苏和广东5个省市院校仅占总数的30%，获得授权院校数量较多的省份有江苏省7所，河北省6所，黑龙江省和天津市各5所，四川省4所，北京市4所，上海市、湖南省、辽宁省、山东省各3所，首次有来自西藏的院校获得授权。法硕学位点的分布越来越向教育资源集中地区汇集，呈现不均衡现象的同时，也完成法硕学位点的省市全覆盖。

从参评院校类型上看，2014年参评院校理工类院校占比为36%，综合类院校占比为13%，语言类院校、党校和地方社科院数量最少。2018年参评院校，理工类院校占到总数的33%、师范类院校占比23%、综合类院校占比17%，农林类院校4所，首次出现医药类、艺术类院校，没有党校和地方社科院获得授权。本科以上培养层次政法类院校基本上都已经获得法硕学位点的授权，理工类院校、综合类院校、师范类院校则是法硕培养的主力军，特别是理工类院校在近年来的法硕授权审核中均能拔得头筹。法硕学位点学科分布越来越广泛，更符合强调复合性人才培养法硕培养要求。

从参评院校直属上看，2014年参评院校中部属院校、省部共建院校、省属院校占比分别为36%、22%、42%。2018年参评院校中以上三类院校占比分别为20%、45%、35%。从院校重点工程上看，2014年和2018年参评院校中“211”或“985”院校占比分别为38%和21%；从“双一流”院校来看，2014年和2018年参评院校“双一流”占比分别为38%和27%；从学术型授予权上看，2014年和2018年拥有法学学科硕士学位授予权（含一级和二级）院校占比分别72%和9%。从以上数据可以看出，法硕新增学位点越来越向非部属院校、非“211”或“985”院校、非“双一流”院校倾斜，并且越来越多的院校在没有任何学术型法学类研究生培养经验基础的情况下，直接进行专业型法律类研究生的培养。

二、师资队伍指标的效度分析

师资队伍作为指标体系的一级指标，下设专任教师数量变化及职称与学位结构优化、专任教师法律实践情况、专任教师上岗前培训情况和兼职教师作用发挥情况4个二级指标,每项赋分10分。①

(一)专任教师数量、职称与学位

1.授课专任教师总数变化

作为重点指标,该指标考察各参评院校"8门法科必修课"和"5门推荐选修课"授课专任教师总数变化,能体现各参评院校在新设点3年来在师资队伍建设的基本情况。2014年参评院校平均专任教师总数为34人,相比于申报时的平均人数25人平均增长了9人,平均增长率为37%。2018年专项评估中新增本学位授权点专任教师统计表、情况汇总表、代表性骨干教师情况表,各校在填报时几乎均能满足该指标要求,但是仔细研判情况汇总表中"最高学历和专业"和"最高学位与专业",可以发现部分院校具有法学教育背景师资不足,存在临时拼凑人数的痕迹。

2.授课专任教师职称变化

"法科8门必修课专任教授,或法科8门必修课与5门选修课专任副教授或拥有博士学位的教师"的二级指标,作为重点指标主要考察专任授课教授人数增加与结构优化问题。2014年参评院校法科8门必修课专任教授平均人数为9.5人,副教授或拥有博士学位教师平均人数为16.5人,反映出参评院校在师资队伍建设上,均在专任教师中教授与副教授的结构优化中作出了具有成效的努力。但是2018年专项评估中部分院校在该项指标中难以合格。2018年专项评估中要求参评院校提供科研项目、发表论文和获得教学、科研成果奖的情况,一定程度上反映出该学位点师资的学术能力。

(二)专任教师的法律实践情况

1.具有法律实践经验专任教师人数和占比变化

在对师资队伍的评估中,专任教师中具有法律实践经验人数占比是重要指标。2014年参评院校中,专任教师具有法律实践经验人数占专任教师总人数的92.75%,2018年专项评估该项指标有明显下降。

2.专任教师曾在司法等行业部门挂职情况

专任教师在司法等行业部门挂职情况是专任教师具有实践经验的具体体现之一,也是评价师资队伍的重要标准之一,2014年、2018年参评院校平均挂职人数都接近5人,但是2018年参评院校自评报告中,部分院校混淆挂职与具有兼职教师授课情况。

(三)专任教师上岗前培训情况

1.专任教师观摩和研讨情况

专任教师师资培训进修是评估法硕学位点师资队伍情况的重要指标之一,同时也是教学进程的重要一环。专任教师通过形式多样的法硕课堂教学、研讨会等形式,开展相应的培训活动,提高师资队伍的教学实力。参评院校以情况描述方式报告了本指标的落

---

① 由于本文定稿时,2018年法律硕士学位授权点专项评估尚未完成,本文中对于法律硕士专业学位授权点专项评估指标体系的效度验证均以2014年数据为基础。

实情况，但是缺乏科学的具体指标数据的支撑，评价标准仅为“成效一般”、“取得一定成效”和“取得较好成效”，导致评审时专家多以主观判断方式进行评判。

2. 专任教师从事法律诊所教育、案例编写及案例教学情况

法律诊所教育模式是法律教育借鉴医学院诊所教育的模式，由学生在教师的指导下接受当事人委托，为其提供法律咨询并亲自提供法律服务，从中学习法律执业技能的教育模式，也是法律硕士研究生在指导教师带领下通过各种研究形式尤其是学科实践研究或科研活动参与知识的生产过程以获取知识或技能的有效教育方式。2014 年和 2018 年参评院校中开设法律诊所课程比例不高，现有指标体系缺乏具体数据支撑，例如没有要求参评院校规范化描述法律诊所开设状况，并且评价标准只要求参与的大致比例，即“极少人”、“少数人”和“部分人”。

（四）兼职教师作用发挥情况

关于“司法等行业部门的兼职教师作讲座、报告、辅导及其他参与教学情况”的二级指标，参评院校多采用列表形式进行说明。关于“司法等行业部门的兼职教师参与指导学生日常学习、实习与论文写作、答辩情况”二级指标，部分参评院校采用列表方式进行说明。这两项指标均为重点指标，而评价标准仅为“极少”、“少数”和“多数”，一方面，参评院校难以提供充分可供评价的数据；另一方面，评估指标主观性过强，缺乏科学性。

三、人才培养指标的效度分析

人才培养是法律硕士评估过程中最关键的一环，人才培养的模式决定了设立法律硕士的目标是否能够实现。专项评估从招生选拔、培养方案、课程教学、实践教学和学位授予 5 个方面（分别赋分 7 分、7 分、10 分、10 分和 6 分）来考察参评院校人才培养是否合格。

（一）招生选拔

1. 招生计划的完成情况

2014 年参评院校中，81% 的院校都完成了招生计划，并且多数院校都超额完成了计划，招生情况总体较好，但部分院校招生计划主要依靠调剂完成。该项招生计划完成情况指标没有招生人数更能直观反映学位点的建设情况。并且，该项指标并未区分直接录取和调剂录取两种形式，特别是在 2018 年参评院校中，没有 1 所院校完全是以直接录取方式完成招生计划的。2018 年专项评估中新增近 3 年本学位授权点研究生招生和授予学位情况汇总表，要求参评院校提供具体报考、实际录取人数、授予学位人数等，数据更为规范化。除了招生计划完成情况差异较大之外，招生人数偏少几乎成了学位授权点建设的硬伤。综合来看地理位置等因素成为影响各院校招生的重要因素，而高校云集的北京、上海、江苏也有部分院校在吸引人才方面缺乏相对竞争优势。

2. 生源结构及质量

从生源结构及质量来看，2014 年、2018 年参评院校中属于地域性生源院校占比分别为 33%、76%，生源结构、生源质量和院校的综合实力成正相关关系，地域差异是影响生

源结构、生源质量的重要因素。多数参评院校仅采用描述方式来说明该项指标,缺乏具体数据支撑,2 次评估数据比较可以看出越来越多地方性院校参与到法硕培养之中。

(二)培养方案

培养方案包括培养目标的定位和特色与创新 2 个二级指标,专家主要根据自评报告附件中的培养方案来进行判断。参评院校均未列明其具体的考核标准和学生的完成情况,所以无法通过已知数据对参评院校人才培养是否达到了指导性培养方案的要求,是否较好贯彻落实了其培养目标进行精确的判断。参评院校的特色与创新呈现与自身优势相结合的特征,但是部分综合类院校特色和创新方面并无"特",更无"新"。该项指标评估标准较为主观,缺乏一定的科学性。

(三)课程教学

课程教学是法律硕士培养的主要手段,"课程设置"关乎教与学的目的的实现,关乎教师与学生的切身利益,是法律硕士培养方案的核心内容。①

1. 法科学生必修课、选修课体现高层次、实践性要求

参评院校课程教学基本都能按照指导性培养方案要求设置,但是在门类划分、授课方式等方面存在不同,而让专家仅根据参评院校培养方案就作出"有所体现和反映"、"体现和反映较充分"和"体现和反映很充分"的判断,普遍缺乏依据。因此,2018 年专项评估中要求参评院校提供各类法硕必修课、选修课教学情况表,帮助专家作出科学判断。

2. 法科必修课、选修课体现职业能力养成要求

如何判断参评院校中法科学生必修课、选修课是否体现高层次、实践性要求,完全依靠专家的主观判断,并形成"提示少、灌输少、体现少"、"较多提示、灌输、体现较多"和"提示多、灌输多、体现多"的意见。在对 2014 年专项评估数据进行分析时,笔者把选修课中能提供 4 门以上(包括 4 门)实务课程的院校划归一类,能提供 1 门到 4 门的院校划归一类,能提供 1 门以下(包括 1 门)的院校划归一类,再结合各院校必修课的设置情况,认为有 7 所院校对职业能力培养"提示少、灌输少、体现少",29 所院校"较多提示、灌输、体现较多",10 所院校"提示多、灌输多、体现多",分别占总数的 19%、53%、28%。参评院校选修课的设置差别较大,有的院校选修课实务性导向强,有的则理论偏向性强。但是即便是实务性的课程,大多数院校采用的也是传统式的理论传授的方式,职业能力培养的实效性较差。在法律硕士课堂教学过程中,应当有意识地逐步实现从传统法学教育遵循的"法条—法理—法哲学"的教学程序向"法条—法理—法实践"的程序转变,由过去以法理论教育为主转向法理论与法技术并重的综合型实务教育。②

① 参见谌瑜:《论全日制法律硕士(非法学)课程设置的科学与合规性——以 F 学院课程设置为研究对象》,载《湖北警官学院学报》2017 年第 3 期。

② 参见付子堂:《建立以能力培养为核心的法律实务教育体系》,载《光明日报》2007 年 12 月 25 日,第 11 版。

3. 采用多媒体课件辅助教学的法学必修课门数

运用多媒体课件辅助教学,几乎已经成为法硕教育的必选项,从 2014 年和 2018 年专项评估数据来看,绝大多数院校不仅是必修课运用多媒体课件辅助教学,还把多媒体课件辅助教学运用到选修课等可以运用多媒体课件的课程中,基本实现了现代化教学的全覆盖。

(四)实践教学

实践性教学是法律硕士培养中十分关键的一环,这也是其区别于学术型硕士最为重要的部分。指导性培养方案中明确要求各院校必须开设实践性课程,不得少于 15 个学分,具体包括:法律写作(2 学分)、模拟法庭训练(2 学分)、法律谈判(2 学分)、文献检索(2 学分)及专业实习(6 学分)。

1. 实务训练课门数与分类细化程度

实务训练课门数的多少以及分类细化程度是衡量参评院校实践教学的一项重要指标。因为法律实务训练内容比较复杂,如果门数较少、分类不细,将不利于培养学生的职业能力。该项指标体系采用了"门数不多,分类不细"、"有一定门数,分类较细"和"门数多,分类细"的评价标准,但是没有明确具体门数和分类要求,例如 2014 年专项评估中,44% 院校实务课程能达到 5 门(包括 5 门)以上,47% 院校开设 4 门实务课程。

2. 模拟法庭等训练

模拟法庭是法学实践教学的重要途径,该项指标属于指标体系的重点指标,评价指标为"活动不多,利用率不高"、"活动安排较多,利用率较高"和"活动安排多,利用率高"。指导性培养方案要求参评院校将模拟法庭按照课程方式来开设,但是部分院校仅是以学生社团组织活动方式来开展,或者是将模拟法庭、法律写作、法律谈判和文献检索课程合并成 1 ~2 门课程。现有评价指标只能反映参评院校是否有模拟法庭,但是无法反映出是否真正采用模拟教学的方式来开设课程,更是无法反映课程开设的效果。为了能更好了解参评院校模拟法庭训练等实践教学效果,2018 年专项评估新增研究生参加国际(国内)模拟法庭(仲裁)、法律写作、法律谈判等竞赛情况表,并且特别说明国际竞赛主要是指在境外举行的"Jessup"、"Vis Moot"、"ELSA-WTO"、"Price"和"ICC"、国际空间法模拟法庭、国际人道法模拟法庭等,国内竞赛的参赛单位不得少于 16 家,参赛高校至少来自 5 个省、自治区和直辖市并且竞赛主题仅限模拟法庭(仲裁)、法律写作、法律谈判。

3. 与区域部门合作建设实习基地

专业实习是法律硕士真正接触实务,培养职业能力的环节,合作建设实习基地也是指标体系的重点指标。虽然指导性培养方案中要求法律硕士的实习不得少于 6 个月,但在 2014 年专项评估中,28% 的院校对实习期的要求不能满足要求,甚至有的院校只要求 1 个月的实习。参评院校与实务部门的合作情况千差万别,但是仅从实习基地数量上,多数院校能基本满足要求,像北京、上海以及东部地区的院校,能给学生提供更多实习基地的选择;偏远地区院校实习基地数量就会相对较少。该项指标的评价标准为"实习时间不足、合作一般、效果一般"、"实习时间充足、合作密切、效果较好"和"实习时间充足、合作密切、效果好",实习时间是否充足,专家根据培养方案相对比较好作出判断,但是合作情况和实习效果难以作出判断。2018年专项评估中新增研究生参与实习实践情况表,要求参评院校提供实践基地单位名称、地点、联系电话、签约情况、教学活动类型和每学年实践基地活动次数、学生人数及时间长度等信息。

(五)学位授予分析

法律硕士作为以实务为导向的专业学位,其论文的撰写也应该偏向实务分析而不是理论性研究,要以法律实务研究为主要内容,提倡采用案例分析、研究报告、专项调查等形式。

1. 学位论文标准与质量

2014年专项评估中,14%的院校学位论文整体上实践性不突出、学术性论文多、实务写作训练少、论文质量一般;58%的院校学位论文实践性突出、论文形式较多、实务写作训练多、论文质量较高;28%的院校学位论文实践性突出、论文形式较多、实务写作训练多、论文质量高。实务课程教学理论化、论文撰写与就业选择间的冲突、指导教师难以承担实务分析类论文指导工作等是导致多数法硕论文仍为学术型论文的主要原因。2018年专项评估新增研究生学位论文信息统计表,要求参评院校提供毕业论文的具体信息,包括年级、学生和导师姓名、论文题目、论文类型(学术论文、案件分析、调研报告)和论文获奖情况,可以详细获知参评院校学位论文的类型。

2. 论文指导、评阅及答辩

论文指导、评阅、答辩是保证质量的关键。2014年专项评估中所有院校均能实行双导师制,但是19%的院校未能实现全面双盲评选,答辩程序以及评阅制度安排相对缺乏严谨性。针对该项指标的评价标准,专家对于是否实行双导师指导和双盲评阅可以直接根据自评报告作出判断,但是答辩是宽松、较严格还是严格,效果是一般、较好还是好,只能作出主观判断。

四、质量保证指标的效度分析

质量保证是评估学位点是否保证学位与研究生教育质量的重要指标,相较于师资队伍和人才培养两项指标来说,其更具宏观性、全局性、基础性。该指标下包含制度建设、过程管理、学风教育3个二级指标,分别赋分5分、9分、6分。

(一)制度建设

制度建设的测评点为教育教学管理规章制度及执行情况,指在学籍管理、教学管理、师资队伍、课程建设、教学组织、论文撰写和答辩安排等方面制度的制定及执行情况。参评院校普遍重视自身教育教学管理规章制度的建设,专家可以根据自评报告的支撑材料较好判断制度是否健全,但是实施效果是一般、较好还是好,较难判断。

（二）过程管理

过程管理指标共包含课程教学管理、学位论文质量管理、学位与成绩管理3个测评点。2014年专项评估中，只有3%的院校被认定为课堂教学管理不够规范、数字化程度低、对导师指导过程记录不全，有开题、评审、答辩规则，但是效果一般，学位获得者的学位课程试卷不太齐全。由于自评报告字数限制以及支撑材料组成具有较大随意性，因此专家在作出以上判断时很难获得充分数据。2018年专项评估中明确规定了参评院校应当提供的支撑材料以及备查材料，一定程度上能帮助专家作出专业判断。

（三）学风教育分析

在学风教育指标下包含科学道德与学术规范教育和对学术不端行为的处罚机制2个测评点，主要考察各法律硕士学位授予点的治学精神、治学态度和治学方法等。2014年专项评估中，81%的院校在科学道德与学术规范教育评测点上达到最高标准“教育得法，效果好”，91.6%的院校在对学术不端行为处罚机制评测点上达到最高标准“警示到位，处罚严厉，效果好”。由于专项评估是在审核授权3年后进行，一般参评院校仅有一届毕业生，该届毕业生论文尚未进入省级教育行政部门和参评院校对于硕士学位论文的抽检周期。因此，自评报告中没有报告任何学位论文抽检存在问题，或者出现学术不端行为的情况。

五、指标体系效度的初步分析

通过对师资队伍、人才培养和质量监督3个环节的综合考察，法律硕士专项评估指标体系能较为有效地全面反映各法硕学位点的建设状况，但仍然存在以下问题。

第一，从一级指标权重安排上来看，在目前较为普遍院校两级共同进行法律硕士专业学位授权点建设背景下，指标体系的师资队伍一级指标更多体现院校二级在专任教师的人才培养、人才引进、兼职教师队伍建设的共同努力或者协助的结果；人才培养一级指标主要反映学院一级在招生、培养两个环节、在课程教学与实践教学两个层面上有所作为的结果；质量保证一级指标主要是反映学校，特别是研究生管理部门研究生质量监督工作的结果。由于法硕人才培养的重任应当落在学院一级，并且师资队伍和人才培养均是学位授权点建设的关键环节，因此3个一级指标40%、40%和20%的权重安排较为合理。

第二，从二级重点指标设置上来看，根据新增学位授权点评审办法，8个重点二级指标均是参评院校法律硕士授权审核时就应该满足的标准，因此将其作为专项评估中参评院校必须达标的指标是有充足依据的；重点指标的分值在师资队伍一级指标中有25分，在人才培养一级指标中有11分，分别占到2项一级指标的62.5%和27.5%，并且全部分布在师资队伍和人才培养2个一级指标之中。因此，二级重点指标安排较为合理。

第三，从二级指标和测评点分布上来看，师资队伍、人才培养和质量保证3个一级指标分别含4个二级指标和8个评测点、5个二级指标和12个评测点、3个二级指标和6个评测点，分布与权重安排基本匹配，特别是人才培养指标设计更为细化，也与法硕培养过程相符合。

第四,从评测点得分标准上来看,26个评测点中只有6个采用具体界定标准数值的方式来确定得分标准,其余20个评测点均采用"一般、较好、好""少、较多、多""极少、少数、部分"程度界定方式来确定得分标准。结合法硕学位点建设情况:一方面,这些评测点的确难以采用界定数值方式进行区分,例如实务训练课程一定要按照某一模式来进行细化才能达到"分类细"的标准是不现实的;另一方面,各培养单位在人才培养环节需要结合该学位点优势来进行特色化师资队伍建设、人才培养和质量保证,客观上指标体系不能做"一刀切"的要求。因此,就必须由参评院校按照模式化、规范化方式来提供评估材料,再由专家认真研判自评报告来进行主观判断。

第五,从指标体系配套表格、材料上来看,参评院校需要提供自评报告和支撑自评报告的相关表格和材料。从2014年和2018年专项评估工作来看,绝大多数参评院校严格按照指标体系中具体评测点的要求,提供相关数据、事实,采用逐一对照、自我评价方式来撰写报告。指标体系、自评报告撰写说明、附表设计安排和支撑材料组成四者之间就应当形成科学化的协作和支持关系,以便专家能准确、迅速掌握评估的关键信息。2018年专项评估在此方面作了修订和提高,取得一定成效,但仍应结合自评结果和2018年6月13日国务院学位委员会办公室《关于学位授权点合格评估有关事项的通知》(学位办〔2018〕25号)的附表4《学位授权点基本状态信息表(专业学位)》来作调整。

综合而言,法律硕士专项评估指标体系经过2次专项评估工作的验证,基本上能较为全面地反映参评院校法硕学位点建设情况,基本上能反映出参评院校进行"合格"地法硕培养的"可能性"。教指委需要结合2017年修订的指导性培养方案进一步改进和完善指标体系,特别重视常态化、年度化采集法硕学位授权点的基本状态信息的工作,应当将专项评估工作逐步转变为学位点的日常工作,避免参评院校进行突击性、任务式的自我评估,以保证专项评估工作的准确性。

法科研究生培养质量保障体系建设研究

邹世允*

摘　要:在深化依法治国的实践中,法科研究生教育肩负着法治人才培养的重任。专业性、实践性与创新性作为法科研究生培养的要素,是高层次法学学科人才培养的核心所在。实际上,我国法科研究生培养在上述几个方面都面临着亟待解决的问题。所以,法科研究生培养质量保障体系的建设应当从提升专业性、实践性与创新性三个方面入手,在社会法治化、现代化进程中输送更多符合社会需要的一流法治人才。

关键词:法科研究生　培养质量　保障体系

党的十九大开启了全面依法治国的新征程,强调了全面依法治国是中国特色社会主义的本质要求和重要保障,法治成了我国新时代的主旋律。毋庸置疑,人才是深化依法治国实践过程中的重要战略资源,那么,法学领域的优秀人才则是全面推进依法治国的力量源泉。近年来,随着我国法科研究生的招生规模迅猛攀升,各个高校的法学院为机关、单位所输送法科研究生的综合素质正拷问着国内高校对法科研究生的培养质量。法科研究生的培养作为高等教育的重要组成部分,承载着法治中国建设的特殊使命。反观我国目前的法科研究生培养质量,显然难以对现今我国改革与法治建设过程中对人才的需求做出回应。所以,加快法科研究生培养质量保障体系的建设成了实现人才强国战略的重大课题。

一、法科研究生培养质量的要素

目前,我国的研究生学位(硕士研究生和博士研究生)包括学术型学位和专业型学位两大类,值得一提的是,法科研究生的专业型学位还将授予法律硕士(法学)和法律硕士(非法学)两类。本文主要立足于法科硕士研究生的培养质量展开研究。实际上,无论是学术型研究生还是专业型研究生,法科研究生实践性、专业性和创新性的强弱都是衡量研究生培养质量高低不可或缺的要素。

* 东北财经大学法学院副院长、教授。

(一)专业性

与法学本科生相比,法科研究生应当具备更高的理论素养,对基础知识的掌握应当更为扎实、牢固。法学基本理论知识是解决法律实务问题、展开学术研究的基石,可以说,专业素养为其日后的工作提供了重要的理论支撑,是指导法律实践的关键因素之一。我国高等教育制度中设立研究生教育的目的就是从整体上培养人才的理论水平和科学研究能力。[①] 我校硕士研究生培养方案中对于两类研究生的培养目标都包括应当具备本专业坚实的基础理论。进言之,法科研究生的专业素质主要包括具备基本的职业道德与法律信仰,具有扎实的理论基础和系统的法律专业知识,拥有逻辑思维并能够进行逻辑推理等。

诚然,将法学的理论研究成果与法律实务实现有机结合是学界与实务界的共识之一,但不可否认的是,法学理论研究不可能也没必要完全服务于法律实践。从这个层面上说,学术性或者理论性构成了法科研究生专业性的内核。尤其对于法学硕士来说,法学学科的品性要求意味着学术型研究生法学理论素养是开展科研工作的基本要件。这要求法学硕士对其攻读方向有较为全面与深刻的了解,熟悉该领域的研究成果与发展趋势,并且了解相关学科,具备较宽的知识面。

(二)实践性

“法律的生命不在于逻辑,而在于经验。”这是美国著名法学家霍姆斯大法官曾提出的著名论断。众所周知,法学作为一门具有鲜明实践性的社会科学,只有通过大量的实践才能赋予法学理论更强的生命力。换言之,运行在现实社会中的法学理论才经得起历史的考验,进而彰显理论的实用价值。实践在法学理论与法律实务之间架设了一座桥梁,是法治建设的主要方式,而将宏伟蓝图付诸实践的主体则是人,从这个意义上说,应用型、复合型法律人才就成为了法科研究生培养的出发点与落脚点。一方面,法律硕士的培养目标定位主要是专门型的法律实务人才,这亦是将法律硕士与法学硕士实施分类培养的初衷之一,这就决定了法律硕士的培养必须以实践性为导向;另一方面,法学硕士的培养虽然以学术研究为主要目标,但实际上,在学术型研究生毕业之时会进行一次分流,只有少数的法学硕士选择继续攻读博士学位,从事科学研究与法学教育工作,而相当一部分的应届毕业生仍然会选择就业,进而流入法律实务部门。在这样的背景下,法学硕士实践性的培养是必经环节,即使是对于选择继续深造的法学硕士来说,对法学理论的研究亦不能完全脱离于社会生活,所以,法科研究生的实践性成了影响培养质量的核心要素之一。

(三)创新性

研究生创新能力,是指研究生运用基础知识,通过自主思考、研究而获得新知识,进而产生某种新颖独特、有社会价值的思想、观点、方法等的一种综合能力,这种能力涵盖

① 参见魏胜强:《重新理解培养目标——培养法科研究生理论素养的认识前提》,载《华北水利水电学院学报》(社会科学版)2013年第1期。

了知识经验、创新思维、创新个性以及创新实践四个方面的内容。[①] 可以说,创新能力是研究生在进行逻辑思维与具体实践过程中对理论知识或实务经验积累的"再加工",通过发挥自身的主观能动性而获得新的观点、结论或是方法与技巧的总结。就法学领域而言,理论法学抑或应用法学的发展都需要在继承已有成果的基础上推陈出新,通过发挥法科研究生自身的创造力,推动理论与实践的发展。具体而言,在理论研究领域,法科研究生的创新性通过科研成果的创新能够较为直观的呈现,对于法律实践来说,衡量法科研究生创新性的标准则较为多元化,尤其是在法律体系尚未完善的背景下,社会生活可谓千变万化,在法律实施的过程中,法律的滞后性尤为凸显,此时,法律的运用与解释给执法与司法工作留下了一定的裁量空间,那么,只有法律工作者发挥创新精神,才能守护正义、自由、秩序与安全等法律价值。总之,法科研究生的创新能力是从事法律工作的基本素养之一,很难想象一个偏执、刻板、主观的人能在法律实践中脱颖而出。

二、法科研究生培养所面临的问题

(一)专业素养与培养目标偏离

1. 培养方式趋同性强

事实上,运行了十多年的法科研究生双轨制培养模式目前已经背离了初衷,偏离了方向,出现了混同趋势。[②] 一方面,部分培养单位由于授课教师数量少、研究生扩招或者出于降低成本等考虑,将法律硕士与法学硕士一同授课,在授课与考核方面几乎不存在显著差别。此外,相较于法学硕士,我国研究生专业学位发展历史比较短暂,于 1996 年通过借鉴美国法律博士(JD)的教育模式而创设了法律硕士(JM)。因此,有些高校法律硕士的课程体系参照法学硕士的培养方案进行设置,甚至采取理论知识讲授为主的模式培养法律硕士,实践教学与实践机会的匮乏将导致严重偏离"培养实践型与复合型的人才"这一培养目标。另一方面,法学硕士的科研水平亦得不到保障。对于法律硕士与法学硕士培养的区分往往体现在课堂教学、实践安排、毕业论文等方面,但是对于法学硕士的学术能力并未提出明确的要求,许多培养单位并未将论文发表情况、参与课题研究等内容列为法学硕士的硬性考核指标,加上导师往往忙于学校教学或实务工作,无暇精心指导论文写作。最终,法学硕士既无内在动力亦无外在压力,他们多半利用课余时间准备法律职业资格考试或者参与社会实践,不仅可能导致硕士学位论文水平整体大幅下滑,而且严重背离了将法律硕士与法学硕士分类培养的初衷,难以为理论研究储备学术型人才。其实,任何一种教育都必须根植于现实的土壤,以社会的需要为导向。法律硕士与法学硕士的分类培养与其定位为培养目标,不如将其视作不同的培养方式。归根结

① 参见李立清、龙唐斌:《我国研究生创新能力培养模式及其保障机制研究》,载《高等农业教育》2016 年第 2 期。

② 参见冀祥德:《论中国法科研究生培养模式转型之必要——从以培养法学硕士为主转向以法律硕士为主》,载《环球法律评论》2012 年第 5 期。

底,塑造既有一定科研能力又具备实践技能的法律人才,始终是高等法学教育的根本。

2. 课程内容不尽合理

其一,法律硕士培养泛而不精,知识深度的欠缺导致"术业无专攻"。总体上,法律硕士在招生时都会注明不区分研究方向,表明上看,法律硕士涉猎面广,能够获得更为广泛的知识讲授。然而,无论是学位论文写作抑或是未来的择业,都建立在对自己感兴趣的方向进行研究这一基础之上,否则,法科研究生不仅无法找到研究的热情,而且还可能出现对职业发展缺乏清晰规划的局面。课程安排的缺陷导致了法律硕士理论素养在深度上的欠缺成为了影响培养质量的根源之一。另外,尤其是法本法硕的课程安排与授课内容大多与法学本科课程存在雷同,甚至是将本科期间的14门核心课程再讲授一遍,教师并未更新教案,而是重复陈旧的案例和观点,对各个课程的授课停留于梳理基本法条,造成了极大的资源浪费。

其二,法学硕士知识面狭窄,并且缺乏专业特色。法学硕士往往经历过大学四年的法学专业学习,在理论素养上相对扎实。然而,任何一门学科都不是独立存在的,科班出身的法学硕士往往对于其他学科的基本理论缺乏了解,可以说,法学专业基础扎实既是法学硕士的优势亦是劣势。以经济法研究生为例,在课堂教学上,即便是讲授证券法、税法或公司法等课程,多是以讲解相关法学理论与法条为主,不会涉及证券投资、税收原理或公司治理等其他学科的基本理论,而且任课教师很可能本身就不具备法学以外的相关知识。但对于从事税收征管或公司法务等职业的法律工作者来说,只具备法学理论知识是远远不够的。法学硕士知识面过窄很大程度上归根于课程设置的不合理,成了法学硕士的"短板"之一。教师配置与授课体系均有待提升,否则,将出现专业基础扎实的法学硕士反倒失去竞争力的现象。

(二)实践能力与就业现实错配

1. 实践能力培养缺位

实际上,法科研究生毕业后,只有少数人攻读法学博士、从事理论研究,即便是法学硕士,大部分仍是进入社会,在法律实务部门从事法律工作,例如检察院、法院、律师事务所,还有机关、企事业单位等。从2005年开始,法学硕士研究生毕业后很难进入高等院校从事法学教育与科研工作。放眼全国高等院校,法学专业老师的招聘几乎都要求是取得博士学位的研究生,甚至一些高校还对教师的职称、是否有海外留学经历或者工作经历提出更高的要求,可以说,高校对于专业老师要求的提高意味着硕士研究生已经不具备从事法学教育与科研工作的条件,最多是担任辅导员或从事行政工作。在法学博士的供给日臻加大的现状下,法学硕士往往选择在法律实务部门工作。在这个意义上说,法学硕士与法律硕士的就业方向几乎不存在差别。然而,反观国内高校对法学硕士的培养方案,在分类培养的思路下,为了与法律硕士的培养目标做出区分,培养单位更为关注法学硕士的学术性而忽略了实践性的培养。在课程设置、评奖评优、教师配置等方面,法学硕士往往获得更多的学术性资源,能够接触到的实践资源相对匮乏。那么,在求职和就业环节,法学硕士则很可能逊色于法律硕士,甚至出现非法本法硕更具竞争力的情况。那么,对于大部分进入法律实务部门的法学硕士来说,他们便处于不利的境地。当然,从某种程度上说,法学硕士实践能力的欠缺不能完全归咎于培养单位,毕竟每个人的资质、所处的环境与后天的努力程度都存在较大的差异。但是,学校教育是提升学生综合能力的重要一环,培养单位必须反思法学硕士培养方案的欠妥之处,如此才能为社会输送更多能够回应市场需求的法律工作者。

2. 实践质量不尽如人意

目前,从整体上说,法科研究生的培养质量仍难以满足社会的需要,即便是注重实践能力培养的法律硕士,他们毕业以后仍旧无法在短时间内适应或者胜任社会实践工作,实现从学生到劳动者的转型。究其原因,主要是在校期间,法科研究生社会实践的质量较低,以致最终收获极为有限。一是实践内容较为简单,培养单位往往只考察学生是否参加社会实践,而忽视了对实践过程的关注。现实中,许多法科研究生在实习单位中从事的工作往往较为简单,很难接触到专业性强的工作内容,无从发挥其专业水平,提升社会实践的质量更无从谈起。同时,培养单位往往将社会实践环节交给导师或者学生自行安排,主要以实习报告的方式验收实践结果。一方面,由于实践基地的建设完善度较低,培养单位无从推荐法科研究生参与实践;另一方面,培养单位倾向于考查实习结果,而对于实习过程的各类问题、情况,培养单位大多疏于重视。二是由于社会实践周期一般较为短暂,与此同时,在社会实践过程中,法科研究生要兼顾课堂教学或论文写作,所以实践的质量很难得到保障。2009 年,教育部印发《关于做好全日制硕士专业学位研究生培养工作的若干意见》,指出"专业学位研究生在学期间,必须保证不少于半年的实践教学,可采用集中实践与分段实践相结合的方式。"然而,法律硕士的课业负担相对繁重,同时还要应付法律职业资格考试,最后一年安排社会实践与论文写作,实习时间易被压缩。所以,实习单位中的实习岗位替代性强,法科研究生对单位中的法律工作内容难以获得全面、客观与深入的了解,更遑论积累相关的经验与技能。

(三)创新精神与实际需求脱节

1. 评价标准颇为僵化

不可否认,法科研究生之众多培养环节的核心和内在本质是创新能力的培养,现实中部分培养单位本末倒置,外在评价标准的僵化将无法激发学生的创新动力。首先,培养单位过分追求法律职业资格考试的高通过率,忽视了学生的全面发展。2018 年 2 月,《国家统一法律职业资格考试实施办法(征求意见稿)》出台,运行了 15 年的国家司法考试制度调整为国家统一法律职业资格考试制度。法律职业资格证作为从事法律职业的"敲门砖",法律职业资格考试因通过率低而成为"天下第一考"。培养单位出于招收优质生源、提升院校知名度与影响力等考虑,往往过度强调本校法律职业资格考试的通过率。结果是法科研究生热衷于背法条、做试题,甚至机械地套用答案,试问,何以通过一场书面考试去考核学生的创造力?谈何提升学生的创新精神?其次,奖学金是鼓励优秀学子的重要方式,但目前奖学金评定标准趋于单一化。虽然不同培养单位在评定各类奖学金时的具体标准不尽相同,但大体包括学习成绩、科研成果与社会实践等方面,只不过赋予了不同的权重。当然,一个人的创新能力往往能够反映到学习成绩或学术成果中,但很大程度上往往无法在短时间内直观呈现并且被奖学金的评定指标所吸纳。其实,不存在一个唯一的标准去评判个人的创新能力,比如法科研究生能否在辩论中应对自如,是否积极参与讲座或论坛并提出自己的见解,能否在论文中提出创新点等,这些都是创新能力具备与否的明证。进一步说,法科研究生创新能力的培养除了依靠学生自身的努力,还需要培养单位改善教学环境,提供更优质的教学与实践资源。因此,优化评价标准并加快建立研究生创新能力培养的保障机制势在必行。

2. 自身观念尚未转变

其实,法科研究生的自主创新意识不强在很大程度上根源于自身的习惯与观念,这主要出于以下几个原因。第一,法科研究生尚未养成主动阅读与独立思考的习惯。主动阅读与终身学习一直是人类进步的阶梯,每一次阅读都是和伟人进行跨时空的对话,启发着读者思考法律与生活。然而,许多法科研究生在校期间尚未养成阅读与思考的习惯,甚至在应付学位论文写作的过程中才第一次走进学校的图书馆。第二,法科研究生不敢挑战权威,缺乏"质疑精神"。实际上,虽然诸如民法等部门法的发展史长达几百年,业已形成了诸多权威观点与体系化的知识结构,但是面对瞬息万变的社会生活与时间的推移,法学的滞后性意味着所谓的标准答案并不绝对存在。质疑精神无论在理论研究还是法律实践中都举足轻重。当然,这也挑战着高校教师对新观点的接受度,虽然新观点在客观上不一定正确,但法科研究生能够获得表达的机会或得到鼓励。第三,法科研究生对各类活动的参与度较低。在"填鸭式"教学模式下,课堂气氛沉闷,无法激发学生的深度思考并参与课堂讨论,结果学生因不敢表达或不善表达,无法锻炼逻辑推理能力或形成思辨思维。课堂之外,法科研究生对模拟法庭、学术讲座、学习小组等活动的参与度低,怠于关心时政热点、掌握前沿理论等,缺乏主动学习的意识或产生畏难情绪。

三、法科研究生培养质量保障体系建设的对策

总体上,提升法科研究生培养质量可以从专业素养、实践能力与创新精神这 3 个角度切入,进而构建法科研究生培养质量保障体系。

(一)提升专业水平

1. 探索分类培养的模式

事实上,学术法律人、实务法律人的教育目标的确定完全是人的主观愿望,而忽略了社会需要,社会需要的并非是学术和实务两者截然分开的法律人。① 各个学科对研究生

① 参见付翠英:《法科研究生"双轨制"教育模式的再认识》,载《山东科技大学学报》(社会科学版)2007年第4期。

的教育都应当是以培养理论功底深厚并具备实践能力的研究生为目标的,所以,法律硕士与法学硕士的分类培养思路不是“非此即彼”的划分,而应当实现从培养目标的区分向培养方式的区分转型,易言之,科研能力与实践能力的培养并不矛盾。在分类培养的方式下,培养单位应当以挖掘学生的兴趣点与各方面潜能为己任。法学硕士的培养侧重于理论研究,而扎实的理论功底是撰写一份精彩的判决书、答辩状或代理词的必要条件;法律硕士以参与法律实践为主的方式进行培养,法律实践的开展并不排斥基本理论的学习而且此时将更具针对性。所以,法律硕士与法学硕士的授课内容应当做出区分,安排不同的必修与选修课程以及设置相应的学分,以实践教学方式与理论教学方式区分两类法科研究生。在考核标准和教师配置等方面加以区分,如探索多元化的期末考试形式,增加试题的灵活性,减少甚至取消客观题的占比;聘请优秀的法官、律师或检察官为法律硕士讲授实务技能,同时,允许学生旁听或选修其感兴趣的课程。培养单位还应当鼓励法科研究生参与学术研究,激发学生的研究兴趣,进一步提升学位论文写作的质量。完善并提高优秀论文的认定标准,鼓励法学硕士发表高水平的学术论文,通过发表刊物的级别、论文字数与文章数量等方面考查论文的质量,并与各类评优标准相挂钩。

2. 完善教学课程的设置

就法律硕士而言,一方面,要鼓励学生“术业有专攻”。应当适当调整其课程安排,在必修课程的基础上,允许法律硕士结合自身的兴趣与导师的研究方向选修相应的课程,而且在满足一定条件的情况下,所选学分可以与必修课的学分相抵消,减轻法律硕士的课业负担。另一方面,在鼓励法律硕士确定主要的研究方向的基础上,理论上与实务上的培养就要有所侧重。要求任课教师必须定期更新教案,授课内容应作为教学评估的重要组成部分,由学院予以定期考核,确保教学内容具有理论深度并兼具一定的实务性,加大案例分析的比重,紧跟时事与法律的变化或修改等。此外,进一步落实双导师制,校外导师的指导不能仅局限于法律硕士的学位论文写作,应当增加师生之间的互动频率,包括理论学习、职业规划或实务技能培养等方面,要求对校外导师的指导结果进行考核。

法学硕士的培养应当进一步提升知识的广度,这将对提高科研水平与实务技能产生积极的促进作用。对与研究方向相关的学科,法学硕士应当了解基础理论。对必修课进行适当调整,根据不同的研究方向,适当开设相应的跨专业课程。选修课方面,应当允许法学硕士选修其他学院的相关课程,甚至开设跨校选修课或引入网络公开课,提供更为丰富的教学资源。同样地,通过抵消必修学分的方式对这类学生进行鼓励。培养单位应当引导法学硕士积极参与课题申报工作并撰写高质量的学术论文,符合一定条件的科研成果亦可冲抵学分。同时,保障导师对学生的指导时间,开展论文研讨、读书心得交流等小组活动,要求导师在与学生互动的过程中激发学生的研究兴趣并发掘科研潜能,或提供有针对性的实务技能指导。

(二)强化实践能力

1.重视实践能力的培养

强化法学硕士的实践能力培养是提升法科研究生培养质量的重要方式之一,任何脱离实践的理论研究都难以焕发强大的生命力。因此,注重法学硕士实践能力的培养尤为迫切,我们主要提出以下几个解决途径:其一,为法学硕士开设一定的法学实训课程。改变目前过分注重理论培养的倾向,在实践教学过程中,可以将法律硕士与法学硕士合并授课。将法律实践教学向研究生培养延伸,通过案例分析、在课堂上设置模拟法庭进行辩论等方式,学生可以自由加入原告组、被告组或合议庭组,在具体情境设定中,采用角色转换的方式让学生将所学的实体法与程序法及法学理论灵活运用到解决案例中,教师引导学生从不同的角度加以思考,让大家各抒己见并逐一点评,发掘学生的闪光点。同时,培养单位应当不断引进海内外的优秀人才,不断拓展师资力量,尤其是引进具备实务经验的法学教师,让师生间的互动能有效增进法学硕士对法律实践的了解。其二,培养单位应当开展丰富的课余活动,并引导学生广泛参与。校园内外诸如法律文书写作竞赛、演讲比赛、辩论赛等活动都是锻炼实践能力的优质平台,各个专业的学生都可参与其中。随着活动的推进,其他学校的学生还可能给予法科研究生新的启发,并且进一步锻炼自身的表达能力、应变能力与逻辑思维能力。其三,培养单位可以参照法律硕士培养方式,对法学硕士参与校外社会实践提出一定的要求。法学硕士根据自身的就业意向,有针对性的进入法院、检察院或律师事务所等单位进行实习,由实习单位对该学生的综合表现进行考核并最终向培养单位进行如实反馈,并以此作为考核的重要指标之一。

2.提高社会实践的质量

保障法科研究生社会实践的质量是从内容上提出的要求,确保法科研究生能从社会实践中了解基本的法律实务技能。第一,保证法科研究生的实习时间。培养单位应当适当延长寒暑假时间,鼓励学生利用假期参与社会实践,每次实践时间最好不低于两个月。在课程安排上,应当进一步作出调整,一些不必要开设的课程应当不再开设,让学生在校期间也可以参与社会实践。规定法律硕士必须参与为期至少六个月的社会实践,否则,将不能如期毕业。第二,将法科研究生的实习内容作为考察的标准之一。虽然法科研究生在实习中不一定有机会或条件接触到专业性较强的工作,但是必须在实践过程中通过与人交流、观察等方式了解实习单位核心的工作任务与具体内容,以及相应的技能要求,采用撰写实习报告的方式总结实习过程与经验。培养单位每学年做出评定,以颁发荣誉的方式奖励积极参与实践并认真反思与学习的学生。第三,设立法科研究生实训基地,与法律实务部门开展实务训练计划,并搭建双向实践交流机制。法科硕士研究生在校期间,有组织地参加一定期限的法律实务训练,并将此作为法科研究生毕业的前提条件,这是提升法科研究生培养质量的又一重要举措。法科研究生结合自身兴趣与就业意向,培养单位轮流推荐各年级学生到法院、检察院、律师事务所担任见习法官、检察官、律师助理等进行实践学习,在相关工作人员的指导下履行相应的职责。对于工作表现突出的法科研究生,实践单位可以考虑毕业留用。同时,组织优秀法官、检察官等法律工作者进入高校学习深造,加深法科研究生与法律工作者的交流,并完善相应的激励机制,切实地从人才基础培养层面实现共赢。

(三)培养创新精神

1. 实现评价标准的优化

无论是法律职业资格考试通过与否还是是否获得奖学金,都难以对一个法科研究生做出全面的评价。所以,在法科研究生评价标准上,应当实现多元化改革,为提升法科研究生的创新精神提供条件。虽然法律职业资格证在求职中具有很高的含金量,但是,培养单位不应过分强调法律职业资格考试的通过率,以免给学生造成较大的心理负担,或者挫伤学生从事学术研究的积极性。培养单位应当尊重学生的学习安排或深造意向,转变通过率至上的观念。调整奖学金评定的标准及各指标的权重,如在科研成果的认定方面注重学术论文的质量或学生在课题开展中的贡献,实践能力的评定上重视实践单位的反馈,并参考学生的工作成果,适当降低学习成绩这一标准的权重等。同时,还可以引入更多的奖学金评价指标,例如学生参加讲座或辩论赛等活动的次数与贡献、书籍借阅次数与书目等,量化具体的指标,以求尽可能全面、客观地评价学生,进一步激发学生的学习与实践热情。此外,培养单位软件硬件的配置上也要跟上学生追求知识的步伐,在承办学术会议或讲座、丰富电子文献检索资源、纸质图书等方面,为丰富学生的视野而充实各类资源,不断改善学习条件。总之,创新能力的培养途径与评价标准不具有唯一性,培养单位应当在改革中不懈探索,向创新型法科人才的培养转型。

2. 将创新意识融入学习

首先,养成主动阅读与独立思考的习惯是提升创新精神的前提与基础。教师应当定期为学生们推荐经典读物,而且不局限于法学的著作,可以是期刊论文、国外文献、典型案例,进一步扩大学生的知识面。通过组建学习小组等方式让学生表达自己阅读后的感想,交流观点或提出疑惑,以提交读书笔记的方式记录自己的思路与收获,确保阅读的质量。同时,学生应在阅读的过程中,一方面,学会整理与分析资料,并提出自己的见解;另一方面,寻找自己感兴趣的研究方向,可以尽早敲定学位论文选题,或为求职做好理论知识储备。其次,敢于提出自己的见解,不要拘泥于所谓的标准答案,而应当从不同的角度思考一个问题。无论是在课堂上还是期末考试中,教师要鼓励学生勇于提出观点,只有言之有理,能够自圆其说,就应当予以认可。教师不仅是要传授知识,课堂教学亦是引发学生探讨问题的平台,所以,必须改变“填鸭式”教学的模式,在教学中给予学生自由发言、辩论的机会,或许这会占用较多的教学时间,但只有这样才能更好地引导学生深入思考与创新。最后,培养单位应当为学生提供更多的实践资源,并对学生进行有针对性的指导与培训。在活动经费、场地安排等方面,应当建立相应的保障机制,而且为学生提供相应的指导是增加活动参与度的重要条件,利用课余时间组织各类参赛的学生进行重点培训与指导,如法律文书写作技巧讲座、辩论或演讲指导,指导学生如何高效检索文献以及学术论文如何选题与写作等,有助于提升学生的自信心,亦能为学校争取荣誉,并在这一过程中促使学生掌握更多的法律实践技能。

总之,法科研究生培养保障体系的建设事关法科研究生高质量培养的长远发展,必须立足于社会需要,探索出一条保障法科研究生专业性、实践性与创新性的培养路径,为研究生教育注入活力,为建设法治中国输送全面发展的法律人才。

法学教育的院校实践与探索

法治中国背景下法学教育的新发展

——以华东政法大学的探索为例

唐 波*

摘 要:我国法学教育经历了从引进到发展,从学习到建构的发展历程。党的十八大以来,党对全面推进依法治国,建设一支高素质的法治人才队伍高度重视,提出了一系列的理论论述和总结。在五四青年节来临之际,恰逢中国政法大学建校65周年,中共中央总书记、国家主席、中央军委主席习近平围绕建设好法学学科、举办好法学教育、培养好法治人才,落实好全面依法治国战略部署提出了高境界、新指向、深触及、全方位的重要要求,充分体现了党中央对落实全面依法治国战略的坚定决心。高校作为人才培养的第一机构,需要在优化中国特色法学学科体系、创新法学人才培养模式方面做出新的探索和尝试。

关键词:法治建设 法学学科体系 法学人才培养

一、法治中国背景下法学教育发展迎来深刻变革

改革开放40年,在依法治国方略的推动下,我国法学教育取得了长足的进步,大批法学院校相继成立,积极探索法学教育规律和人才培养经验,布局完整、结构清晰、层次分明的法学人才培养体系基本建立,形成了比较稳定的法学人才培养模式。与此同时,当代中国正经历着我国历史上最为宏大的依法治国实践和法治改革,在激荡、变革的发展形势中,我们看到我国法学发展还存在一些问题,主要表现在法学学科结构不合理、学科体系不完善、新兴学科开设不足、学科交叉融合不够、知识容量需要扩充、不能解决现实问题,有的教材对中国特色社会主义法治理论研究不够,存在重专业轻思想素质等问题。高校是科学研究和人才培养的重镇,理应在构建中国特色法学体系,尤其是学科体系、学术体系和人才体系作出积极探索和回应,助推我国向一流的法学学科建设和一流法学教育目标迈进。

---

* 华东政法大学党委副书记、教授。

(一)法治中国背景下法学学科体系发展方向的调整

毋庸讳言,我国法学学科体系的构建时间并不长,而且很大程度上是"西学东渐"的产物,带有西方法学思想和苏联法学学科建设的烙印。在学习和模仿西方现代学科范畴和学术体系的基础上建立起来的①法学学科体系,和深受苏联以宪法学、民法学、经济法、刑法学、诉讼法学等部门法为划分依据的法学体系结构,深刻得影响着当今中国的法学学科建设,使我国在较长一段时间内没有形成自己的法学学科话语体系。

改革开放40年来,面对我国经济发展进入新常态、国际发展环境的深刻变化,我们越发意识到很多发展中衍生出的新问题、新情况,需要我们扎根中国土壤,潜心研究中国情况,才能解决中国问题。同时,作为一个崛起中的发展中大国,由于没有掌握话语权,我们在一些国际规则制定、法律争端问题上还常常处于"有理说不出、说了传不开境地②"。习近平总书记指出:"哲学社会科学是人们认识世界、改造世界的重要工具,是推动历史发展和社会进步的重要力量,其发展水平反映了一个民族的思维能力、精神品格、文明素质,体现了一个国家的综合国力和国际竞争力。一个国家的发展水平,既取决于自然科学发展水平,也取决于哲学社会科学发展水平。一个没有发达的自然科学的国家不可能走在世界前列,一个没有繁荣的哲学社会科学的国家也不可能走在世界前列。"构建中国特色哲学社会科学体系中,尤其是加快构建中国特色法学体系迫在眉睫。

(二)法治中国背景下法学人才培养目标的调整

上层建筑都是依托于经济基础存在的,我国法学教育的发展也必须深刻融入国家的目标需求和社会政治背景当中。随着我国法治建设不断深入,"各种经济关系、政治关系和社会关系也将越来越多地表现为法律关系和归结为法律问题,社会的各种纠纷在经过协商、调解、公证、仲裁等争议解决机制过滤的基础上,最后也将通过法律手段来解决。③"法治精神及法律价值的体现、法律制度的制定和诠释、法律秩序的建立和维护、法律效力的实施与应用,不仅需要专业法学研究人员、法学教育人员、参与立法者,也需要一批包括法官、检察官、律师、公证员、仲裁员、法庭书记员、司法行政人员、立法和行政机关相关法律工作者等在内的专业法律职业者。

同时,社会矛盾的变化、科学技术迅猛发展、学科之间交叉融合,催生法律服务产品链的进一步拉升,衍生法律与其他领域的交叉增值服务。单凭高度专业化的法律知识显然已不能处理复杂的社会关系和现实矛盾,现代社会对法律职业人员的能力和素质要求日趋综合,这集中体现在社会迫切需求既精通法律又具备其他学科知识能力和素质的复合型法律人才。

---

① 参见方朝晖:《"中学"与"西学":重新解读现代中国学术史》,载《天津社会科学》2002年第3期。

② 摘自习近平总书记在2016年5月17日召开的全国哲学社会科学工作座谈会上的讲话,载新华网:http://news.xinhuanet.com/politics/2016-05/18/c_1118891128.htm,最后访问日期:2016年5月17日。

③ 霍宪丹:《法学教育的历史使命与重新定位》,载《政法论坛》2004年第4期。

我国区域发展不平衡促使法律需求及人才需求存在二元结构。在我国东部经济发达城市和区域,需要大量知识广博、综合素质强的复合型高层次法律人才,尤其是能够处理国际贸易争端和摩擦,维护中国国家利益的高端涉外法律人才;而在西部城市和一些基层地区,则需要更多掌握专业法律知识,熟悉当地情况的法律职业人才。法治实践对人才需求的多类别、多层次趋势,要求不同高校将培养目标多元化列入法学教育改革与发展的战略目标。

(三)法治中国背景下法学人才培养模式的调整

在人才培养模式上,我国法学教育缺乏直面国家和社会发展对法治发展需求的敏感度,对新兴领域、紧缺领域、交叉行业的法律人才的培养没有引起足够的重视,对于法学这门实践性较强的专业长期采取传统课堂教学为主的教学方式。同时对围绕核心课程体系开展的法学教育过于整齐划一,没有考虑到不同类型、不同地域法学院校特色发展、错位竞争的需求。

我国现行法学教育体系是源于严格的计划经济体制,培养的目标是培养专门领域里的专门人才。为了全面实施这种专业教育,按各计划经济部门的需要设置和管理高等学校,按行业甚至工作岗位需要设置专业,以专业知识为核心构建课程结构,几十年来,这种体制也的确培养出了大批适应计划经济发展需要的专门人才,对于促进我国社会主义建设事业的快速发展可谓居功至伟、功不可没。但随着经济体制的转轨和社会经济的发展,这个法学教育体系在市场经济体制的背景下显得越来越不适应,培养出来的人才也受到来自社会各方面的批评和指责。如基础理论知识不宽,文化修养不够,所培养的人才社会适应性很差;只强调教育的社会工具价值,忽视教育在培养个性、使个人的潜能得到尽可能发展方面的价值;培养出来的人才“有一技之长,但却难以触类旁通,举一反三”“很难适应社会对职业变更的需要”“过弱的文化陶冶,过窄的专业教育,过重的功利导向,过强的共性制约”,使法学人才的能力呈现片面化发展。

二、法治中国背景下高校新的历史站位和使命

2017 年 5 月 3 日习近平总书记在中国政法大学考察时指出:“我们有我们的历史文化,有我们的体制机制,有我们的国情,我们的国家治理有其他国家不可比拟的特殊性和复杂性,也有我们自己长期积累的经验和优势,在法学学科体系建设上要有底气、有自信。”从历史渊源和实践基础的角度阐明了我国的法学学科体系和法学教育体系的建设发展方向,具有很强的思想性和理论指导意义。

(一)加快建设中国特色法学学科体系

开展法学基础理论研究,加快建设中国特色社会主义法治话语体系,是社会主义法治文化建设的重大战略任务,也是全面建设社会主义法治国家的现实需求。高校是贯彻中国特色社会主义法治理论的重镇,也是创新的阵地。习近平总书记在考察中国政法大学时指出,针对“要整体谋划,该坚持的要坚持,该调整的要调整,该创新的要创新,要跟上时代发展,体现中国特色社会主义的客观要求,充分发挥法治理论的引领作用”。高校要坚持马克思主义指导思想,加强法治基础理论研究,充分发挥法学研究对推进法治建设的基础性作用,研究、总结、解释复杂的实践问题,构建中国特色社会主义法学体系、学术体系、教材体系和话语体系,就是推动中国特色法治理论的繁荣,也是从另一个方面助推法治人才的培养。

中国自古就有丰富的法学思想与法学实践,在长期发展的过程中,当代中国逐渐形成了自成特色的法治道路、法治理论、法律制度和法治文化。在法学学科长期发展的历史进程中,逐渐形成了稳定的研究对象、研究方法,并在基本内容方面达成了共识性认识。以部门法为基础的法学传统学科都经历了较长的发展历史,其结构与格局已经成形且比较稳定。这些传统学科凝聚了法学的基本智识资源,当下仍然是传承法律知识、法治观念乃至法治生活方式的基础载体,也是新兴学科和交叉学科得以兴起的前提和基础。现阶段,法学学科体系不能局限于已有课程体系,其发展和完善应当以法学学科发展的内在需求和飞速发展的社会实践为圭臬。

(二)充分发挥高校中国特色法学教育的主导作用

"法治人才培养上不去,法治领域不能人才辈出,全面依法治国就不可能搞好。①"全面推进依法治国建设,建设法治人才体系是关键,法治专门人才队伍建设的关键又在于创新法治人才培养机制。党的十八届四中全会提出要建设一支德才兼备的高素质法治工作队伍,建设通晓国际法律规则、善于处理涉外法律事务的涉外法治人才队伍,从五个方面提出须把握的方向:一要坚持立德树人、德育为先的导向,坚持用马克思主义法学思想和中国特色社会主义法治理论全方位占领高校、科研机构法学教育和法学研究阵地,加强社会主义核心价值体系教育,完善中华优秀传统文化教育,形成培养社会主义法治人才的良好制度环境、理论环境、人文环境和舆论氛围。二要加强法学基础理论研究,形成完善的中国特色法学理论体系、学科体系、课程体系,并从制度上保证中国特色社会主义法治理论进教材、进课堂、进考场、进头脑。三要深入实施卓越法治人才培养计划。四要推进法学教育的国际交流与合作。五要切实抓好法学教师队伍建设,重点打造一支高素质学术带头人、骨干教师、专兼职教师队伍②。从"法治国家"建设的高度来说,教育事业是国家的文化高地,理应在实施依法治国战略中起到引领和模范作用,"创新法治人才培养机制"的要求进一步明晰了高校在推进法治人才培养中的指导思想和具体做法。

三、华东政法大学法学教育的积极探索与创新发展

华东政法大学作为中华人民共和国创办的第一批高等政法院校,遵循法学教育和人才培养规律,在实践中逐渐探索出了一套"'三并重、四融合',依托国家战略培养中国特

① 摘自习近平2017年5月3日在中国政法大学考察时的讲话,载新华网:http://www.xinhuanet.com/politics/2017-05/03/c_1120913310.htm,最后访问日期:2017年5月3日。

② 摘自《中国共产党第十八届四中全会公报》,载中国共产党新闻网:http://cpc.people.com.cn/GB/67481/389745/,最后访问日期:2014年10月23日。

色社会主义卓越法治人才”模式。在法学教育中坚持以马克思主义法学思想和中国特色社会主义法治理论为指导，围绕“为谁教、教什么、教给谁、怎样教”的人才培养核心问题，开展理论创新和实践探索，构建法治人才培养“重德、重法、重底蕴”三维金字塔培养理念，以“标准化培养与个性化发展相融合”“夯实基础与高端定制相融合”“课堂教学与实践教学相融合”“立足本土与放眼世界相融合”四大融合为抓手，培养具有中国特色的社会主义高素质卓越法治人才。

“一重德”。秉持“明德崇法”校训培养法治人才，确立了以体现社会主义核心价值观之“法”、符合中国国情之“法”、解决中国现实问题之“法”培养卓越法治人才的总体思路。将思想道德教育放在与专业知识学习同等重要的位置，培养具备高尚品德、正确政治方向、齐备法律知识及理论的法律人才。“二重法”。秉持“笃行致知”教育理念，坚持法律教学理论和实务兼修，培养社会真正需要的法治人才。与审判机关、检察机关、公安机关、司法行政机关、律师事务所、企业等法治实践部门紧密配合，建立教学与实践紧密合作机制。倡导法治人才培养走出校门，深入社会，深切感受现实生活中存在的突出问题，学会运用法学原理和思维解决法治实践中的复杂问题。“三重底蕴”。作为国内政法院校中第一家开展书院制改革的高校，看重学生的专业培养的同时注重人文底蕴的塑造。通过富含华政自身特色的书院制教育改革，以通识教育为基础、以养成教育为手段，以知识、素质与能力培养为核心，以君子人格培育为目标，打造书院、社区和专业学院共同支撑的教育空间，形成全员育人合力。

（一）创新法治人才培养模式

1. 创新标准化培养与个性化发展相融合

（1）对标国际一流，制定专业培养标准。2012 年年底华东政法大学入选三大国家级“卓越法律人才教育培养基地”，即着手研究法律人才培养的标准问题，在对国外高等教育资质框架、学科基准、认证标准的现状和特点、英美等国法律行业标准和人才培养标准进行详细梳理和阐述，回顾我国目前法学专业标准研究领域的成果和实践进展的基础上，围绕“卓越法律人才教育培养”标准建设和培养模式的核心问题，根据我国法律专业教育的需要和人才培养目标与规格，率先制定了应用复合型法律人才、涉外法律人才和西部法律人才的三类标准。并结合上海及国家发展战略，通过大样本调查问卷，细分了法律人才培养的“卓越标准”和“一般标准”。从基础素养、专业素养、职业素养 3 大维度、13 项指标精准定义“卓越法律人才”。同时借鉴美国 ABA 对法学院的认证标准，从办学宗旨、培养方案、教学、学生、教师、教育资源、教育评价及信息公开等 8 大维度、37 项指标对卓越法学院校提出了参考性标准。与 2018 年出台《普通高校法学本科专业教学质量国家标准》相比，分类更加精细，突出了上海的区域定位发展特色，对上海卓越法律人才培养标准的出台起到了推动作用。

（2）分类培养模式支持学生多元化发展。根据教育部三大卓越法律人才培养基地的分类，制定了应用型复合型卓越法律人才、涉外高端卓越法律人才、中西部基层卓越人才的分类培养目标。设立了7个专门人才培养实验班,形成了“连读式”“联合式”“定制式”三类根据行业需求,精细化、类型化的卓越法治人才培养模式,对接各条法治战线人才需求。

“连读式”法律人才培养模式。设立“卓越法律人才培养实验班”,实行“4+2”一贯制人才培养模式,整合法学本科教育和硕士学位教育,实施六年制三段式培养,力图使学生掌握扎实的法律基础知识和高层次法律职业技能。解决高层次法律人才不足的问题。

“联合式”法律人才培养模式。开设涉外卓越法律人才实验班、国际金融法律实验班、涉外商法专业卓越班、律师人才培养实验班、知识产权卓越班,通过联合培养、行业深度参与教育、学分互认培养高端涉外法律人才和与行业紧密对接的复合型法律人才。

“定制式”法律人才培养模式。开设西部班,培养“下得去、用得上、留得住”扎根西部的基层法律人才,实现高校法学教育实务部门的无缝对接。

2.夯实人才培养基础与高端定制相融合

(1)立德树人,紧扣法治人才培养底色。坚持融“价值塑造、能力培养、知识传授”三位一体的创新人才培养体系。依托课程思政建设,推出首批27门以法学、政治学、新闻学等学科的主干课程为龙头的、兼具价值引领和知识传授的示范课程,挖掘专业课程中的思政元素,实现专业课程、通识课程和思政课程的同频共振。同时根植学校深厚法学底蕴,依托优秀的法学师资,开设“法治中国”品牌课程,汇聚了优秀的法学家、教育家、实务工作者,共同讲授法治中国建设过程中最前沿、最新的理论动态和改革实践,突出新一轮司法改革的重点和难点,明确法治中国未来发展的前景与方向,鼓舞学生为法治中国的建设添砖加瓦,贡献青春与智慧。

(2)拓宽基础,率先推进法学院书院制教育改革。通过“书院制+专业教育”的方式实施通识教育、养成教育、专业基础教育与专业提升教育的一体化培养模式,使通识教育与法学专业教育互为补充、形成合力,基于坚实专业知识培养基础致力于学生思想引领、行为养成、人格塑造和实践锻炼。构建“历史文化传承与人文素养”“法治精神和专业养成”“创新思维与创业能力培育”“新生研讨和跨学科前沿讲座”“当代中国与世界视野”“社会研究与公共管理”“科学思维与科技发展”“艺术修养与运动健康”八大通识课程模块,设置“社会调查与公益劳动”必修学分,搭建学生自治社区,为培养有认同感、有使命感、有责任感的卓越法律人才夯实基础。

(3)高端定制,拓宽学生成才路径。构建“通识教育—分类培养—多元选择”的一流法学本科人才成长路径,完善“书院通识教育+专业学院培养”分段衔接式人才培养机制改革。推动第二学位、辅修和交叉学科认证课程项目,支持学生根据自身特点和发展志趣自主选择学习内容和成长路径。以入学第一年的书院教育为前提,伴随学生自我认识的加深、对法学知识领域的了解、逐渐形成专业认同,学校着眼学生生涯发展,为专业分流后的学生定制成长性的培养轨道。律师学院以培养全面具备律师专业素养的学生为目标,引入“高校—律师事务所”共同培养的机制,开设了法律尽职调查、谈判和法庭辩论等20门律师实务课程，聘请国内外知名律师、实务界专家担任特聘教授共同设计实务课程，共同开发优质教材，共同组建教学团队，共同建设实践基地，开辟了美国、英国、澳大利亚、新西兰、爱尔兰等国的7家顶级律师事务所作为学院的境外实习基地；本硕贯通实验班以培养应用型法律职业人才、学术研究性法学学科人才为目标，为学生特设“4+2”“4+3”两类本硕贯通学制，整体优化本科与研究生培养方案；国际法学院、经济法学院以“3.5+0.5”的境内外联合培养模式，培养具有开阔的国际视野、流利掌握外语、通晓国际法律规则、能够进行跨文化交流和维护国家利益的高端涉外卓越法律人才。

3. 课堂教学与实践教学相融合

(1)能力培养导向，构建方向课程模块。立基于卓越法律人才培养标准，以人才能力培养为逻辑，全面重构分类对接法律职业发展需求的课程体系，建立了含法学主干、社会科学、法学拓展、语言沟通和实践实务等五大模块的“CSDLP”法学专业课程模块群，并在此总架构下辅以学生跨校、跨学科、跨专业学习支持机制，设计组织全面服务于专业人才培养的第二课堂活动，引入结合自贸区法治建设、科创中心法治建设等行业新热点的前沿课程，针对法学专业不同方向，构建了分别适应涉外卓越国际金融法律人才、卓越律师人才、涉外商法卓越法律人才、卓越知识产权法律人才等法律职业分类需求的课程地图。

(2)校内外专家“双加盟”，组建特色教学团队。一方面，通过与职称晋升相挂钩、改革评教体系等激励措施，鼓励教师走出去，并将实务案例、实战经验带回课堂教学，学校“双千计划”引入和送出的教师人数均位列上海第一。另一方面，积极建立起一支由国内外顶级律所合伙人、跨国公司高管、大型国企法务主管等近160名实务界专家组成的特聘教授师资库，将法律实务界师傅带徒弟的业务学习传统提前引入高校教学，有计划、有组织、成规模地服务学生成才需要。成立“青年导师团”，开展“最高人民法院第三巡回庭实习生”“法律助理”等项目，1∶1结对开展“名师高徒”活动，与校内教师共同为学生上大课、讲大势、传大道。

(3)理论实践“双突出”，打造立体化培养体系。在“纵向”的实践教学体系上，实现卓越法律人才个性化阶梯式培养，实现实践教学培养过程全覆盖。在“横向”的实践教学体系上，形成了融理论类课程、实验课程、专业模拟与仿真训练、专业职业实训“四位一体”的教学模式。

(4)课上课下“双结合”，深化课程授课成效。课上大力推行案例研讨式教学，设置案例研习课程和专题研讨课程作为深度研习课程，试点推行专业课与案例研讨课1∶1分配课时，激发激活学生思考，实现师生双主体互动。课下成立“枫华”和“政茂”两家模拟律师事务所，将模拟律所嵌入律师实务课堂的课堂教学，组织高仿真性的对抗或辩论，以模拟法庭、模拟仲裁、非诉项目的方式开展教学，教育过程融入律师代理案件的全流程操作，大大拓展了学生的事务能力。

4. 立足本土与放眼世界相融合

(1)兼收并蓄彰显中国特色。学校在“外国法制史”“国际公法”“国际私法”等一系列外国法和比较法相关课程的设计和讲授中，尤其注重运用国际比较进行价值引领，帮助学生把握世界与中国的发展脉络，清晰认识中国法治体系在当今全球治理体系中的地位和作用，更加全面客观读懂中国、了解世界、增强自信；鼓励学生在充分认识、理性思考的基础上，对我国“一带一路”倡议、国家安全战略、外交政策立场的法律基础产生深刻认同，激发学生以扎实的法律知识基础和实践能力捍卫国家权益的责任感和使命感。开设“法治中国”“中国治理”品牌课程，讲授法治中国建设过程中最前沿、最新的理论动态和改革实践，突出新一轮司法改革的重点和难点，探讨法治中国未来发展的前景与方向。

(2)登国际舞台展示中国风采。学校向内努力开设一系列特色鲜明、极具实务指向的全英文课程，如国际法学院卓越班全英文课程占专业课教学的70%；探索远程教学模式，成功实现了国内国外两个课堂远程同步授课；向外建立域内、域外法学教育联合培养机制，与捷克知识产权局、高等检察院、内资律所等海外实习基地建立暑期海外实训联合培养项目，为学生提供海外实习、海外游学等机会；与英国利兹大学等国外名校合作办学，互认学分、互授学位。在培养学生国际化背景和跨文化交际能力的基础上，通过选派学生参加国际顶尖模拟法庭比赛、国际模拟联合国大会，推荐学生前往联合国、国际法庭等国际组织实习，培养学生具备登上国际舞台进行对抗、捍卫国家权益的能力和实力。

(二)助推中国特色法治理论体系建设

华东政法大学鼓励教授学者面向国家和社会需求开展法学研究，发挥好专家学者在司法改革中智囊团的作用，深化与共同促进中国特色社会主义法学理论教学和研究的繁荣，促进科研反哺教学。华东政法大学近年来先后成立了法治国情研究院、数据法律研究中心的通知、“一带一路”倡议与法律外交研究院、中国自贸区法律研究院、上海哲学社会科学创新基地，上海市教育立法咨询与服务研究基地、法律文明史研究院、外国法与比较法研究院、政府体制改革与监管模式创新法治保障研究中心、经济法律战略研究院、社会治理研究院等高校知识服务平台，一大批法学专家、教学、研究人员从中国国情出发，立足上海实际，以法治中国建设和司法实践问题为导向，通过承担课题研究、撰写与发表论文，提供咨询建议、成果专报等方式建言献策，以实际行动做好智囊团，推动司法改革进程。

以全球视野助力中国法治。把人才培养与国家和区域的全球化战略紧密结合。主动对接国家战略需求，设置了国际金融法律、国际航运法律方向；成立开设自贸区律师实务专题培训班和西部政法班；与上海国际仲裁中心合作成立金砖国家争议解决上海中心，举办第二届金砖国家法律论坛、首届中印法律论坛；成立“一带一路”倡议与法律外交研究院等为卓越法治人才培养创造国际化的培养土壤。成立了自贸区法律研究院，加入自贸区协同创新中心，共建自贸区法律服务研究中心，发布了《自贸区法治蓝皮书》，把办学思路和人才培养与国家和区域的全球化战略相结合，倡导教师立足全球视野研究中国法治发展，在多元文化中为全球治理提供中国观点，为完善和建构中国特色社会主义理论贡献力量，同时，极大地丰富了课堂教学内容，提升了学生学术能力与实践能力。

应用型卓越法治人才培养的实践教学体系之探索*

——以福建师范大学法学院法学实践教学体系为例

杨垠红**

摘　要：构建应用型卓越法治人才培养的实践教学体系是对全面推进依法治国、建设中国特色社会主义法治体系时代之需的回应。传统实践教学体系存在对道德思政强调不足，虚拟、简单案例比重较大，实践平台有限，资源共享程度低，对科学证据评估能力的培训较少，重司法实践活动、轻立法技术学习等缺陷，难以应对现实需要，故有必要在现有基础上加以完善，即建立递进闭环的实践教学模式，构建"四类型、三模块"特色实践教学模式，搭建高阶平台，实现师资多元化与资源共享化，开拓实践应用新领域，回应依法治国、依规治党需要，以赛促学、促思、促用。

关键词：应用型　卓越法治人才　实践教学体系

一、构建应用型卓越法治人才培养的实践教学体系的时代之需

党的十八届四中全会就全面推进依法治国、加快社会主义法治国家建设进行了顶层设计和战略部署，明确提出了要加强法治工作队伍建设，创新法治人才培养机制。习近平总书记在党的十九大工作报告中，进一步明确全面推进依法治国的总目标是建设中国特色社会主义法治体系，并提出在2035年基本建成法治国家、法治政府、法治社会的美好愿景。美好愿景与目标的实现离不开卓越法治人才的培养。创新法治人才培养机制，培养造就一批熟悉和坚持中国特色社会主义法治体系的卓越法治人才，是全面推进依法

---

* 该成果是福建省本科高校教育教学改革研究项目《应用型卓越法律人才培养模式的研究与实践——以校内实践基地为抓手》（FBJG20170026）的阶段性成果。

** 福建师范大学法学院教授。

治国的重要保障。①

(一)建设社会主义法治国家需要应用型卓越法治人才的保障

当法治目标明确,法治人才培养便成为实现目标的保障,其中应用型卓越法治人才是核心之所在。构建法治国家、法治政府、法治社会三位一体的法治中国新格局,实现科学立法、严格执法、公正司法、全民守法,需要大量高素质的应用型法治人才。首先,科学立法、严格执法、公正司法需要大量的职业化的应用型法治人才,他们能够自如地运用法学知识,草拟法律、依法行政、公平判案,解决法律现实难题。其次,全民守法得以全面开展需要法治人才的引领与保障,通过大量应用型卓越法治人才的示范与宣传作用,让越来越多的人了解法律、信仰法律、敬畏法律,自觉地遵守法律。最后,中国法治的进步还需要一批彰显新时代中国特色、中国气度、中国知域的优秀法治人才。霍姆斯大法官曾说过:"法律的生命不在于逻辑,而在于经验。"经验产生于实践,法律离不开实践,离不开运用,法治的发展需要在实践应用中借助专业人才之力加以推动。

(二)应用型卓越法治人才需要通过完善的实践教学体系培养

法学教育历数十年发展,为社会输入了大批优秀法律人才,为社会主义民主与法治建设做出了突出的贡献。但随着法治建设的深入开展,法学教育存在的诸多问题也逐渐暴露,例如,法学教育与法律实践、社会需求存在一定程度的脱节。尤其是国家2.0版的卓越法治人才计划提出后,更是对法学教育提出了严峻的挑战。"从1.0版的卓越法律人才,到2.0版的卓越法治人才,一字之差,代表着人才培养理念的升级。"教育部高等教育司司长吴岩说,"卓越法治人才教育培养计划将着眼于服务法治中国建设,在人才培养模式上,将深入推进法学教育和司法实践紧密结合。"现实需求倒逼法学教育改革,要求法学教育应该更加"接地气",贴近法律实践;要完善实践教学体系,继续加强实践教学在法学教育中的比重,继续加强院校与法治实务部门的双向互动,切实增强学生法学素养,让学生更多地接触司法实践,提高实践操作技能、法学素养与法律思维能力,从而培养出过硬、过强的"应用型卓越法治人才"。

综上所述,法治的实现,法治人才的培养是前提、基础和决定性因素。法治人才培养是全面依法治国的基础性、先导性、战略性工作,高校对法治人才培养的责任既不可代替,又任重如山。② 其中应用型卓越法治人才培养模式尤其是实践体系的创新,是当前法学教育改革探讨的不二主题,是因应时代所需的探索,具有重要的理论价值与现实意义,对于依法治国的全面推进具有不可或缺的关键性作用。

二、应用型卓越法治人才培养实践体系的现存问题

"我国高等法学教育还不能完全适应社会主义法治国家建设的需要,社会主义法治

① 参见黄进:《志存高远培养卓越法治人才》,载人民网:http://theory.people.com.cn/n1/2017/0526/c40531-29301338.html,最后访问日期:2018年8月5日。

② 参见黄进:《培养德法兼修的高素质法治人才　引领中国法学教育进入新时代》,载《中国高等教育》2018年第9期。

理念教育还不够深入,培养模式相对单一,学生实践能力不强,应用型、复合型法律职业人才培养不足。"[①]当前我国应用型卓越法治人才培养实践体系呈现碎片化,存在下列一些问题。

(一)重视专业教学,对道德思政强调不足

当前法学教育较为重视专业知识的教学,开设了大量的专业课程,各式各类的专业必修与选修科目满足了学生对专业知识索取的要求。而对法律职业伦理、道德、操守的教育还不够,有的大学甚至开不出这方面的课程,有的大学开的也只是选修课。[②] 习近平总书记指出,没有正确的法治理论引领,就不可能有正确的法治实践。法律职业伦理、道德修养课程的阙如或不完备,法学教育与法律职业无法深度衔接,将严重影响法学教育的质量,影响法治人才培养的根本。

(二)虚拟的、简单的案例比重较大

传统课堂教学为了方便学生理解,更好地把握课堂节奏,常以虚拟的简单案件为例进行讲解,学生在课堂中接触到的案例较为理想与简单。虽然在见习或实习中,学生可接触到真实案件,一方面,人民法院、人民检察院等司法机关往往出于为案件保密的考虑,不太愿意临时去实习的学生全面、深入接触案件的处理,而往往让学生承担一些装订案卷、整理材料等程序性的事务工作,不少学生通过实习不能有效提升其法律运用能力;另一方面,学生的实习时间相对有限,常常会出现一位实习指导法官(检察官)的案件尚未承办完毕而实习期限即已经届满的现象,从而导致学生无法完整的跟踪、学习一个案件承办的全部过程。

(三)传统实践平台有限,资源共享程度低

传统实践平台、实践场所基本局限于司法部门、律所,实践活动多表现为学生集中时间到司法部门或律所去实习或见习,学校与司法部门、律所之间的合作机制较机械,学生参加实践活动的覆盖面较小、参与性不高、实效性不强,难以实现校际间、校内教学资源的有效共享和实践教学的常态化。

(四)对科学证据评估能力的培训较欠缺

传统法学教学重法律适用而轻事实认定,故多停留在对证据的抽象讲解,学生并没有动手观察、检测、分析等机会。然而随着物证技术在司法实践中作用越来越大,它要求法律职业者对科学证据的生成与应用有一定的了解。学生对证据的发现、显现、分析、提取、检验与鉴定的基本方法不甚了解,这必然会影响科学证据辨识,进而影响证据的使用与效力。

---

① 参见《教育部 中央政法委员会关于实施卓越法律人才培养计划的若干意见》(教高〔2011〕10 号)。

② 参见米莉:《德法兼修培养卓越法治人才——中国政法大学校长黄进访谈录》,载《北京教育(高教)》2017 年第 Z1 期。

(五)重司法实践活动、轻立法技术学习

立法学作为一门专业性很强的法学学科,在传统的法学教育中一直没有得到应有的重视,其基本原因在于相对于司法而言,从事立法实务的专业人员人数相对较少,与高校之间的交流互动较少,高校法学教师对立法知识与实践相对陌生,难以开展具有较强实践回应能力的立法学教学。

三、应用型卓越法治人才培养实践体系的探索

福建师范大学法学院从2007年"应用型法律人才培养模式创新实验区"教改项目开始探索应用型法律人才的创新实践教学体系。近些年针对法律人才实践教学的碎片化状态,依托学校百年文科底蕴,利用福建"七区"叠加优势,抓住全面推进依法治国、培养卓越法治人才的契机,对应用型卓越法治人才培养的实践体系进行系统的理论研究,科学设计人才培养方案,提出"强化应用、突出卓越、德法并重"的教学理念,重组法学院现有实践教学资源,构建"法治思想教育"+"实践课程、实践活动、实践平台"的"1+3"实践教学体系:遵循认知、模拟、实训、应用的法学实践教学规律,以案例分析课、法庭科学与物证技术实验课、模拟法庭课、法律诊所课等实践课程为基础,以法律援助、法律志愿者服务、模拟法庭辩论赛、见习实习等实践活动为应用,以法学综合实训平台、校内外法学教学实践基地、省地方立法评估与咨询服务基地、省地方立法与地方治理研究中心、省党内法规实施评估中心(全国首家党内法规制度实施评估专业机构)等平台为依托,实现知识教学和实践教学、对内学习与对外服务的有机衔接,形成法学实践教学"四年不断线"的全程育人体系,将中国特色社会主义法治思想教育融入实践课程与实践活动中,突出学生法律思维、实践技能、职业伦理的综合培养。

经过10余年实践检验,学生创新意识和实践能力显著提升,法学实践教学取得系列标志性成果和显著社会效益,得到同行和社会各界的认可,培养出一批实践能力强、德法兼修、知行合一的卓越法治人才。

(一)提出"强化应用、突出卓越、德法并重"的新理念

一是强化应用。除培养学生在行政机关、司法机关、律师事务所等执行法律、适用法律能力外,开拓实践应用新领域,引导学生了解法律、党内法规的评估与咨询活动,在教学中有意识地讲授立法技术、立法规范等立法学知识,开展党内法规研习,以回应十八届四中全会以来依法治国和依规治党的现实需求。

二是突出卓越。科学研究成就卓越,遴选机制激励卓越,优秀师资保障卓越,高阶平台推动卓越。以高端的理论成果作为支撑,以省级以上平台作为依托,通过严格遴选,以优秀导师进行法律诊所(高阶)教学、参与法律与党内法规咨询活动。

三是德法并重。"法安天下,德润人心",习近平总书记强调,法学教育不仅要提高学生的法学知识,而且要培养学生的思想道德素养。首先要把人做好,然后才可能成为合

格的法治人才。[①] 德法兼修是对法律人的时代要求。[②] 在实践教学中，加强学生思想道德、职业伦理、中国特色社会主义法治理念的教育，确保法治人才培养的政治方向，培养熟悉和坚持中国特色社会主义法治体系的法治人才。

（二）优化组合，建立递进闭环的实践教学模式

我院依托于丰富的实践平台，设计了“实践课程（案例分析课程、实验课程、实训课程）到实务应用（见习实习、法律援助、法律志愿者活动、模拟法庭辩论赛）”分层递进的一体化实践教学过程。菜单式可选课程的设计，全校范围、文理兼具的个性化培养周的开设，形式多样的实践活动，为学生提供了无缝对接、满足个性需求的实践能力培养体系（见图1）。在校学习的不同阶段，均有可供选择的实践教学课程或应用，实现了学生实践能力培养的“四年不断线”的全程覆盖。

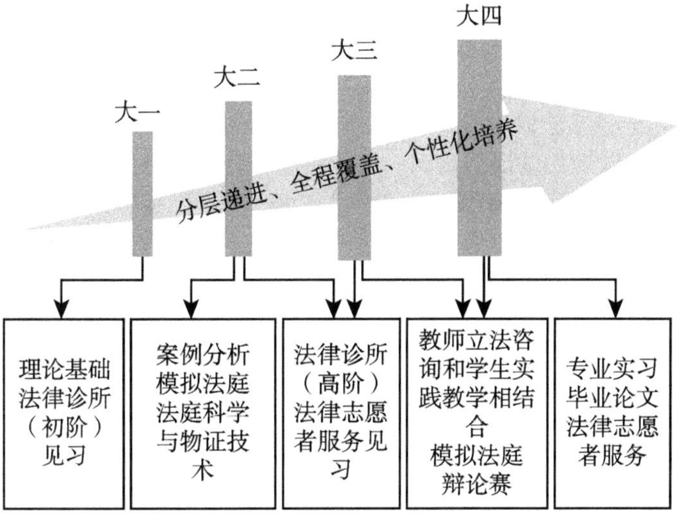

图1 “四年不断线”的实践教学过程

实验课程是一门科技性、实践可操作性很强的课程，可以帮助学生了解对各种证据的发现、显现、分析、提取、检验与鉴定的基本方法，掌握司法鉴定实践所必要的观察分析技术和技能，为实践办案中证据的辨识奠定基础。在此基础上，学生能更好地开展“模拟法庭、法律诊所”的实践课程。

模拟法庭课程旨在从诉讼的中心环节（庭审）上培养学生的实践技能；法律诊所课程不局限于法庭审理，而是以全案处理（从接案到结案）的综合能力为培养重点，以诉讼为

① 参见胡明：《创新法学教育模式 培养德法兼修的高素质法治人才》，载《中国高等教育》2018年第9期。

② 参见付子堂：《探索政法高校法治人才培养新机制》，载《中国高校社会科学》2017年第4期。

基础,兼顾法律顾问、法律谈判、法律见证等非诉讼业务。

“法律援助、法律志愿者活动、模拟法庭辩论赛”从不同角度锻炼学生的实践应用能力。法律援助与法律志愿者活动既注意锻炼学生的社会实践能力,更着力培养学生的社会责任担当。模拟法庭辩论赛强化了学生对抗、应变能力,是动手、动脑与动嘴的综合考察。此外,我校还创设了个性化培养周,每学期以全校的平台资源与师资力量开设文理兼具的创新创业实践课程,学生可以根据自己兴趣跨学院跨专业跨年级选课。

这样的法学实践教学体系在较大程度上实现了优化组合、功能互补和协调培养,发挥各实践教学模块的最大功能,从能力、技术、伦理、责任等层面,全面提升学生的法律职业素养。

(三)构建“四类型、三模块”特色实践教学模式

“四类型”实验实践教学。随着我国法治建设的不断加强与完善,物证技术在实践中发挥越来越重要的作用。法庭科学与物证技术实验课程迎合了这一趋势,具有司法鉴定人执业证的老师指导学生在该课程(主要包括基础理化、物证摄影、文书检验、痕迹检验等内容)中使用先进实验设备和仪器,收集、保全、分析和使用实验信息,培养并强化了学生对科学证据生成、应用的证据认识。与传统法学教学对证据的抽象讲解相较而言,实验课程以司法实践过程中的事实认定为教学对象,弥补了传统法学教学中的重法律适用而轻事实认定的缺憾,克服学生对科学证据评估基本能力的欠缺,增强学生的证据审查分析能力,为培养应用型卓越法治人才打下了扎实的科学证据辨识基础。

“三模块”法律诊所教学。法律诊所(初高阶)重点围绕“基本技能培训”“模拟案件处理”“法律实务实践”三个模块展开实践课程教授。学生根据自己的兴趣分成“民商事组”“刑事组”“行政法组”“非诉讼法务组”“国际法组”等专业小组,进入相应诊所(校内实践基地),基地教师根据自己的专业特长担任各专业小组的指导教师,进行差异化诊所教学:学生以指导教师助手的身份参与指导老师的办案工作甚至作为诉讼代理人参与庭审活动,学会运用法律语言、法律思维分析真实案件,掌握法庭辩论技巧,切身体会庭审过程。在法律诊所课程的教学中,全部选取现实案例为教学素材,解决了传统课堂讲授时引用的案例过于简单化、理想化的问题。而且实务指导老师、教学与实践场所就在学生身边,便于学生随时参与最真实的案件处理,参与案件的全流程,全方位提升学生的法学综合运用能力。在诊所教学中,要突出两个重要环节:一是增加事前要点提示,由指导教师提前备课详细列出将要进行的该实践教学方式有哪些关注点;二是增加事后效果点评,学生通过带着问题参加某种方式的实践教学,指导教师一方面要求学生围绕事前要点提示写出思考结果,另一方面要对各要点提示给出专业点评和详尽解答。①

法律诊所具体教学过程如图2所示:

① 参见黄春燕:《高校应用型法学教育的实践教学方法应当体现理性精神》,载《齐鲁师范学院学报》2018年第3期。

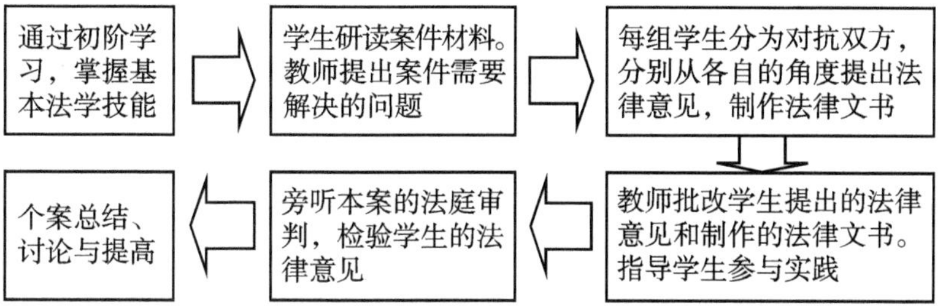

图2　法律诊所实践教学过程

(四)搭建高阶平台,实现师资多元化与资源共享化

习近平总书记指出:"要打破高校和社会之间的体制壁垒,将实际工作部门的优质实践教学资源引进高校,加强法学教育、法学研究工作者和法治实际工作者之间的交流。"传统的法庭进校园、法官进课题等实践教学方式,由于缺乏长效机制和制度保障,在培养学生的实践能力方面作用有限。我院在充分调研的基础上,通过与校外知名律所共建的方式,即校所(学校与律所)合作共建校内实践基地,尝试开放式教学。建立了专兼结合的导师制度,实行学术型与实务型导师团队合作对学生进行指导,实行高等院校与政法实务部门的联合培养机制。① 把律师、办公场所、案例引入校园,聘请律所知名律师作为我院的兼职(副)教授,我院双师资格的老师在该律师事务所作兼职律师,他们共同在法学院教学实践基地这一平台中承担模拟法庭、法律诊所、法律援助、法律志愿者服务等特色鲜明的法学实践教学课程与实践活动。校内实践基地利用律师事务所的真实案例和律师的资源,便利了师生的实践教学和活动,学生可以在律师指导下参与真实案例的学习和演练;同时,律师事务所也利用了学校的场所为社会提供服务,实现了高等学校教学与服务社会的统一。该基地借此被评为省教科文卫体系统五一先锋号。

借助校院合作,即学校与法院、检察院合作共建省级大学生校外教学实践基地(福州市中级人民法院)和其他数十个校外教学实践基地,并通过双千计划(高校与法律实务部门互聘),让法官、检察官、律师为学生见习与实习提供指导,让法官、检察官走进校园、走进课堂,实现了校内资源和优质司法资源的共享。校府(学校与政府、立法机关)、校地(学校与地方政府部门)合作共建的地方立法评估与咨询服务基地、地方治理与地方法治研究中心等,为高校与立法实践部门搭建了沟通交流的平台,为我院教师参与省市地方立法评估与咨询提供了常态化、可持续性的场域和机会,便于教师将立法咨询服务与指导学生实践活动有机结合。校企合作为学生提供多样的见习与实习的场所,为学生体验企业法务实践创造了有利条件。

---

① 参见贾宇:《坚持社会主义法治道路　创新卓越法律人才培养》,载《中国高等教育》2015年第6期。

同时凭借央地共建的法学综合实训平台(物证技术实验室、模拟法庭实验室、法律援助中心、案例诊断室、法学网络平台),学生不出校园就可接触到真实案件材料,进行物证实验、开展涉外涉台法学实践活动,通过远程庭审互动,在校内就能享受校外导师的现场指导。该平台为实践教学提供了常态化场所,为学生参加实践教学提供了极大的便利和保障。

福建师范大学法学院通过上述举措,打破高校与社会之间的制度壁垒,加强校府、校地、校院、校所、校企合作,进一步拓展高校与法治工作部门合作的新模式、新路径,引入立法者、执法者、法官、检察官、律师、企业人员等实务部门力量参与卓越法治人才培养。聘请业务熟练、技能突出的律师、法官、检察官等兼职或挂职实践教学。① 实现教师资源的多元化,实现培养目标共同制定、课程体系共同设计、优质教材共同开发、教学团队共同组织、毕业论文共同指导、实践基地共同建设,真正实现卓越法治人才培养中同步实践教学。

(五)开拓实践应用新领域,回应依法治国、依规治党需要

随着党的十八届四中全会对立法实践的重视和对立法民主性、科学性的强调,立法实践部门纷纷构建自己的立法智库。我院回应了现实需求,设立地方立法评估与咨询服务基地、地方治理与地方法治研究中心,实现了法学教育、法学研究与立法实践的无缝对接。我院教师在承担地方立法咨询与服务的常态化任务中,在教学中有意识地开展立法技术、立法规范等立法学知识的讲授,有效填补了传统法学教育中立法学知识讲授的不足,为学生将来服务于地方立法奠定基础。

法学实践教学的场所主要集中于行政机关、司法机关、律师事务所等执行法律、适用法律的部门和法律服务机构,关注法律的运用而不涉及法律规范实施效果与法律制定的过程。我院教师广泛参与各种形式的地方立法评估与咨询实践,为福建地方立法机关和部门,提供立法规划及年度立法计划的论证、法规规章和规范性文件的草案拟定与研讨论证、法规规章的立法前调研和修改调研论证、法规规章的立法后评估清理、调研地方性法规规章的实施效果、专项地方法治问题研究等服务。我院师生先后承担了数百项省级地方性法规规章的立法后评估清理,其评估清理报告提交省人大法工委、省政府法制办后,为省级地方性法规规章的废改立提供重要的决策依据和参考。在此过程中,教师引导学生感受立法咨询服务、初步了解法律的评估与清理工作,并将立法咨询服务项目转化为学生挑战杯课题或其他实践课题,让学生树立法律问题意识,为现实所需、为立法所想而调研探讨问题。这一做法拓展了我院师生服务社会的领域,丰富了法学实践教学的内容,实现了法学实践教学的延展。

(六)主办专业辩论赛,以赛促学、促思、促用,通过各种专业赛事提升学生实践应用能力

我院还举办福建省高校模拟法庭辩论赛。福建省高校模拟法庭辩论赛是自 2003 年

---

① 参见邓勇胜:《关于法学实践教学的思考》,载《厦门广播电视大学学报》2018 年第 2 期。

起由我院连续举办十届的"榕城高校模拟法庭辩论赛"发展而来的全省法学院校高水平专业性赛事,它是我省法学专业唯一的省级学科竞赛,全省设置了法学本科的院系全部参与了该赛事。该赛事在省内各高校享有很高的知名度、参与度和认可度,已成为全省法学专业的"挑战杯",正向全国性学科竞赛项目进军。该赛事邀请法官、检察官、律师担任评委,并担任争端解决小组成员,初赛每场由3名评委组成,复赛由5名评委组成。大赛组委会提前发送案情材料(主要是刑事案件与民事案件)给各支参赛队伍,控辩双方(或原被告诉讼代理人)在规定时间内提交公诉词、辩护词(或代理意见)。比赛之时,双方在辩题所确定的事实基础上进行法律辩论,模拟法庭审判程序中的法庭辩论环节。大赛将根据选手的文书写作水平、辩论技巧与辩论内容评选出团体奖、最佳法律文书奖、最佳公诉人奖和最佳辩护人奖。

举办该辩论赛为在学法学才俊提供了一个交流辩论、展示才思与风采的舞台,推动了国内高校法学专业教学实践交流,同时更好地加强了法学学子在法律应用实践上的能力,促进法学专业学生通过模拟法庭辩论的形式,熟练地运用所学的知识,在思想和言辞的交锋中磨砺未来法律人的才能,提升法学学生思考与应用专业知识的能力,让法学娇子在竞争中共同进步,从而为培养应用型卓越法治人才提供历练的战场与交流的平台。

此外,学院还积极组织学生参加各种专业比赛,如海峡大学生辩论赛、全国法律文书竞赛等。努力提高学生的法律诠释能力、法律推理能力、法律论证能力以及探知法律事实的能力,①提升学生临场应变能力,提高学生的法学竞技技能。

---

① 参见王利明:《培养明法厚德的卓越法治人才》,载《中国高校社会科学》2017年第4期。

地方应用型本科高校法学专业人才培养模式新探索

——以皖西学院“142”模式为例*

刘　鑫**

摘　要:随着社会的不断发展,法学专业人才培养也日益面临着一些新情况、新问题,各高校都对法学专业人才培养模式展开各种改革尝试。皖西学院作为一所地方应用型本科高校,近年来,围绕增进专业的复合型、应用型,以“专业人才培养特区”建设为契机,实施“142”模式,多措并举,不断探索新时代符合自身实际的法学专业人才培养模式。

关键词:地方本科高校　应用型本科院校　法学　人才培养模式　“142”模式

随着社会的进步、科技的发展、经济结构的转型升级,社会对人才的知识结构和素质提出了新的要求。相应地,高校的人才培养模式也受到了严峻的挑战,传统的法学专业本科人才培养模式也不例外。皖西学院在对人才市场需求调研的基础上,对法学专业本科人才培养模式的现状进行了反思,探索并建立法学专业本科复合型、应用型人才培养的“142”模式。

一、当前法学专业人才培养存在的突出问题

“据《中国法治发展报告 NO.7(2009)》所示:目前,全国共设立法学院系600余所,改革开放30年增长了100多倍;法学本科在校生30万左右,法律专科在校生达22万多人,30年增长了200多倍;在校法学硕士研究生达6万多人,30年增长了260多倍;法学博士在校生8000余人。在如此的背景下,高师院校为了拓宽生存和发展空间,也积极申办法学等非师范类专业①。”法学院系不断递增,规模不断扩大。截至2016年,全国开设

* 皖西学院本科专业人才培养特区建设项目(201772);卓越法律人才教育培养计划(wxxy2017113)。

** 皖西学院法学院院长、教授。

① 刘永红、秦正发:《高师院校法学专业人才培养模式创新研究》,载《西华师范大学学报》(哲学社会科学版)2012年第1期。

法学专业的高校已经达到620多所。在近年来的高校毕业生就业统计中,法学专业毕业生就业率已经连续垫底,其初次就业率在全国200多个专业中倒数。其实,法学专业毕业生就业难问题从21世纪初就已显现。如教育部直属高校和中央其他部门所属高校11个一级学科就业率调查报告显示,近10年法学专业的就业率连续多年倒数。① 根据麦可思研究院发布的2016年《中国大学生就业报告》,法学专业因为就业率低下,已连续6年被列为红牌专业;2017年《中国大学生就业报告》显示,法学专业虽然不在红牌专业之列,但2016届本科毕业生半年后的就业率仍然不高,仅有84.9%,②这已经成为法学专业发展必须解决的迫切问题。究其原因,除了法学专业本身就业面窄且因法律职业准入条件导致就业门槛高等原因外,其中最重要的原因与当前高校法学人才培养中存在的复合型不足、应用能力不强、特色化不明显等问题有着很大关系,从而造成法律人才结构不均衡。市场对法学专业人才的需求已经发生了新的变化,原有的单一人才培养目标所培养出的人才不能适应新的市场需要,而市场需要新的法学专业人才,于是出现了人才的供需矛盾,造成人才的结构性过剩或短缺。

(一)当前法学专业人才培养,存在着复合知识不足问题

当前,大多数地方普通高校的法学本科专业教育在知识体系上,都普遍存在过于强调"法律性"的情况。各种部门法不管有用没用、常用少用,擅长不擅长,与实际是否相符,一个不落,生吞活剥一大堆,但大量就在身边的、常态化的商事、财经、企业管理、新技术、新模式等领域方面的知识却又极为单薄,一遇到具体问题当即卡壳,只能在法学学科的小圈子里打转转。然而,在社会生活中,由于法学学科的价值又恰在于其应用性,在于解决现实社会经济生活中的具体问题。这种知识"复合度"的不足,让学生在未来的职业生涯中,不仅限制了法科人才知识视野的广度,更是限制了其解决具体问题时在服务效率上的速度、在工作质量上的深度。法科出马,不是一个顶俩,而是一个带俩,后面要跟上一堆财务、业务方面的人员。在快节奏、扁平化的当下,职业生涯中能给予人"二次学习"的机会只会越来越少,这种状况是不适应形势发展与社会要求的。

(二)当前法学专业人才培养,存在着应用能力不强问题

一是由于种种原因,法学专业在人才培养上仍普遍存在重理论、轻应用的问题。学生把书本、条文学完,原理懂了、规定明了,有了思维上的训练,真正操作上的训练则蜻蜓点水,严重不足。这才有了在校时觉得拥有了能包装任何苹果的袋子,但一入实践,就会发现天底下找不到一个长得中规中矩的苹果。理论在实务中、操作中、程序中的应用极度缺乏。二是随着我国经济社会的快速发展,法学专业人才培养也日益暴露出其与经济、商事等业务疏离的问题。当前,商事、财经、企管无论在理念、技术与模式上,都发生

① 刘丽英:《法学本科最难就业?》,载《厦门晚报》2008年12月19日,第22版。

② 麦可思研究:《2017年中国大学生就业报告(就业蓝皮书)》,载搜狐网:http://www.sohu.com/a/148922684_253609,最后访问日期:2017年6月14日。

了巨大的变化,各类新事物层出不穷并渐成主流。相比之下,当前的法学专业并未能显示出足够的与时俱进,不能与业务圈深度融合,使所培养的人才进入到这些领域之后,很难在较短的时间内适应职业岗位。讲起理论一大堆,涉及业务不沾边。这种情况在过去或许还可以通过内部去培养、去适应,但在快节奏、拿来就用的当下,则明显不合时宜。

(三)当前法学专业人才培养,存在培养特色化不明显问题

由于种种原因,当前高校法学专业,尤其是地方本科高校的法学专业,无论在结识结构体系、培养模式上都存在"千人一面"的状况,定位不清,特色不明。过度同质化的后果就是针对性不强,区分度不够。大量"同质化"的法律人走向市场,会出现"过剩"问题。而时代的发展对新型专业化、特色化的法律人才需求日渐增多。"用人单位希望招到能用的实用人才,社会希望高校能培养出基础知识过硬、解决实际问题能力强、素质全面的高技能型人才。""高校人才培养的供给和社会需求之间存在着结构性矛盾,需要高校的人才培养目标进行适时适势调整,高校要进行转型发展,培养适销对路的人才。"①

法学专业人才培养方面的上述问题,与当下法学专业人才培养目标的单一有着直接的关系,因此,需要对现有的单一的人才培养目标进行扩展,培养复合型、应用型人才,以满足人才市场的多元化需求。同时,所培养出的人才应该具有真才实学,即高质量,才能在众多的法学人才中脱颖而出,也才能深受用人单位的青睐。正如国际21世纪教育委员会主席雅克·德洛尔认为的那样:学校教育现有的主要功能是否能一直延续下去取决于"质量"和"针对性"②。即所培养出的人才质量如何;所培养的人才是否符合人才市场的需求。概言之,法学专业应该具有"多元、高质"的人才培养新理念,应该培养应用型、复合型法律职业人才。"适应多样化法律职业要求,坚持厚基础、宽口径,强化学生法律职业伦理教育、强化学生法律实务技能培养,提高学生运用法学与其他学科知识方法解决实际法律问题的能力,促进法学教育与法律职业的深度衔接。"③

基于以上认识,皖西学院提出了围绕"复合型、应用型"的法学人才培养目标,实施"142"工程,着眼于通过课程上改革,增进知识上的复合度;通过教法上的创新,增强应用能力;以此达到人才培养的特色化。

二、地方高校法学人才培养的"142"模式——皖西学院的实践

科学合理的人才培养方案是人才培养的指南,是"纲领";优质的课程是大学人才培养质量保障的中介要素;有效的教学模式和教学方法是人才培养质量保障的关键要素。高素质的教师是大学人才培养质量保障的主导要素。课程、教学模式、教学方法、教师,

---

① 石贵舟、余霞:《产学研协同创新视域下高校转型发展研究》,载《职业技术教育》2016年第22期。

② [法]雅克·德洛尔:《教育——财富蕴藏其中》,教育科学出版社1996年版,第196页。

③ 《教育部 中央政法委员会关于实施卓越法律人才教育培养计划的若干意见》,载中华人民共和国教育部网:http://old.moe.gov.cn/publicfiles/business/htmlfiles/moe/s3875/201204/134451.html,最后访问日期:2017年3月16日。

都是实现人才培养这个"纲领"的有力支柱。作为教学管理手段的考试,对于教学起着引导作用,而第二课堂丰富着主课堂,两者对实现人才培养这个"纲领"起着辅助作用。基于此,形成皖西学院法学人才培养的"142"模式,即"一纲二翼四支柱"模式(如图1所示)。

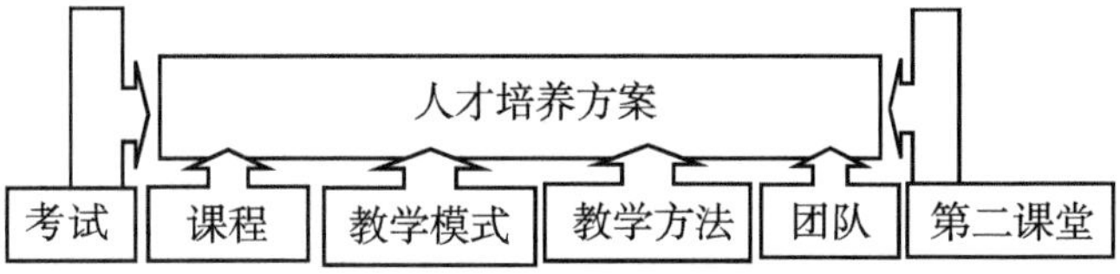

图1 "142"模式示意

(一)"1":一纲——人才培养方案

人才培养方案是人才培养的指导性文件和蓝图,是开展教学活动的依据。在进行人才培养模式改革、提高人才培养质量时,首先需要科学制定人才培养方案。

人才培养方案制定必须要依据社会对人才需求的变化。当前,社会对法治人才的需求已发生了重大变化。党的十九大报告指出:坚持全面依法治国,坚持依法治国、依法执政、依法行政共同推进,坚持法治中国、法治政府、法治社会一体建设。全面依法治国必须要有懂法治的人,这意味着,今后社会各行各业都需要法科毕业生去做与本部门、本行业相关的法治工作。由此,法学教育不能囿于原先的为社会培养法官、检察官和律师,而应满足于社会的多元需求,为社会培养大量的法治人才。

为了能够培养出新时代所需要的法治人才,首先要对传统的法学专业人才培养目标进行修订,培养具有社会责任感、创新精神和实践能力的"应用型、复合型、高素质"的法治人才。要实现这一目标,地方高校的法学教育要由封闭走向开放,由象牙塔走向现实,与现实紧密结合,深化校企合作,政产学研协同创新,多元主体共同育人。2017年"五四"青年节前夕,习近平总书记到中国政法大学考察发表重要讲话时强调,"要打破高校和社会之间的体制壁垒,将实际工作部门的优质实践教学资源引进高校,加强法学教育、法学研究工作者和法治实际工作者之间的交流。""加强校企、校府、校地、校所合作,引入政府部门、法院、检察院、律师事务所、企业等实务部门力量参与法治人才培养。"①

近年来,皖西学院切实加强与实务部门的有效合作,邀请实务部门人员参与人才培养方案制定和人才培养全过程,共同设计课程体系,共同开发应用型课程,共同组织教学团队,共同建设实践基地。

① 黄进:《学习习近平在政法大学讲话精神培养卓越法治人才》,载央视网:http://news.cctv.com/2017/05/26/ARTIY6LPprFid1cPHYOCzTOx170526.shtml,最后访问日期:2017年5月26日。

(二)"4":四支柱——课程改革、教学模式与方法创新、教学团队优化

为使应用型、复合型法学人才培养目标真正得到有效落实,皖西学院着力在课程设置改革、教学模式与方法创新、教师团队建设等方面进行新的探索。

1. 优化课程设置,构建模块化课程体系

众所周知,不同部门、行业对法科学生的知识结构和能力要求是不同的。然而,在人才培养方面,传统的法学院课程设计一般以单一的法学课程为主,这样的课程设置使大多数从法学院毕业的工作人员往往仅基于传统意义上的法学视角、法学理论来研究和解决法律问题,缺乏多样性。① 科学的课程体系与法学教育的培养目标密切相关,课程是实现人才培养目标的重要措施,课程体系的质量高低,将直接影响人才培养质量的好坏。目前法学专业课程设置与培养应用型、复合型人才还有很大差距,需要在保持相对稳定的前提下,进行相应的更新和改进。

(1)开设经管类通识课程

以复合型、应用型法律人才的知识、能力和素质结构要求为导向,皖西学院法学专业在人才培养上充分利用学校经管类优势专业的资源,拓宽法学专业学生的知识视野,开设经管类通识课程,以适应复合型法学人才培养的需要。如"经济学原理""企业管理学""会计学""财务管理""金融学""统计学"等基础课程。同时,针对企业法律风险防范而开设案例研讨课程,如"民法案例研讨""商法案例研讨""经济法案例研讨""劳动法案例研讨""知识产权法案例研讨"等与实践密切相关的课程,以适应应用型法学人才培养的需要。

(2)开发应用型课程

针对企业日常经营管理不同环节可能存在的法律风险、如何防范法律风险,皖西学院与实务部门共同开发应用型课程。如"乡村电商合同法律风险防范""几种常见融资方式中的财务法律风险防范""建筑维修类劳动关系法律风险防范"。

(3)整合相关课程内容

法学专业课程中有些内容与企业日常经营管理活动密切相关,如"公司法"与公司的治理制度;"合同法"与企业的合同起草、审查、签订和履行;"税法""票据法""金融法"与企业的财务管理;"知识产权法"与企业的商标和专利保护;"劳动与社会保障法"与企业的招录和辞退员工等,皖西学院对这些相关课程的内容进行整合,既可以避免课程内容的重复交叉,又可以打破课程之间的条块分割,实现课程内容的有机重组、简化与优化。

(4)开设法学与前沿科技交叉的课程

近年来,互联网、大数据、人工智能、区块链、物联网等科学技术飞速发展,并以人们未曾想见的速度、广度和深度得到日益广泛的应用。这已经并将继续给人类社会生活带

① 张吉豫:《大数据时代中国司法面临的主要挑战与机遇——兼论大数据时代司法对法学研究及人才培养的需求》,载《法制与社会发展》2016 年第 6 期。

来前所未有的重大变革,也给法学教育带来了巨大的挑战和机遇。为适应这一变化,皖西学院法学院专门组织开展研讨,启动了一系列课程改革,如开设“互联网法律金融”“人工智能与法律”“大数据分析导论”等课程。邀请专家讲授人工智能技术在大数据征信领域的运用、区块链基本原理及其在金融等领域的应用及法律如何应对等。

2. 创新教学模式

(1)实施“2+0.5+1+0.5”分段式教学模式

与传统法学专业教育目标定位相适应,法律人才的培养是一种“治疗式”教育,即注重培养学生解决现实法律纠纷的能力,因为法官、检察官和律师的职责主要是对已有的法律纠纷进行处理,是法律纠纷的事后解决。而企业和政府法务人员的职责虽也有对法律纠纷的事后解决,但更主要的是对企业经营管理过程中的法律风险进行防范和化解,是法律纠纷的事前防范。因此,法律人才的培养应引入“预防式”教育,增强对学生进行法律风险防范能力的培养①。基于此,皖西学院改革法学专业人才培养的传统模式,人才培养目标定位为:“预防式”教育与“治疗式”教育并重,法律与经济融合,法律与科技交叉、校企协作,培养既具有法律纠纷解决能力又具有法律风险防范能力的复合型、应用型法律人才。与新定位的人才培养模式相配套,皖西学院采用“2+0.5+1+0.5”分段式模式来替代传统的教学模式。其中的“2”,即在第一学期至第四学期完成法学专业基础课程和核心课程的教学;“0.5”即第五学期要求所有学生集中到两家性质不同的指定实习单位分别进行为期不少于2个月的专业实习;“1”是第六学期、第七学期学生再回校进行为期1年的针对性教学;后一个“0.5”即第八学期学生完成毕业论文或毕业设计。这种“理论、实习、再理论、再实习”的教学模式,就是要使学生把所学到的理论运用到实际中,能够做到学以致用,也能使学生“学然后知不足”,“知不足然后能自反”,从而能极大地提高学生的学习目的性和自觉性。

(2)实施小班化教学

2017年9月8日教育部党组书记、部长陈宝生在《人民日报》撰文指出,把质量作为教育的生命线,坚持回归常识、回归本分、回归初心、回归梦想。深化基础教育人才培养模式改革,掀起“课堂革命”,努力培养学生的创新精神和实践能力。课堂是人才培养的主渠道,在某种程度上说,课堂模式基本决定人才培养模式,我们现在的课堂,也就是现在的人才培养模式,还很难培养出学生能够适应终身发展和社会发展需要的必备品格和关键能力。② 小班教学能够使教学具有更强的针对性、有利于因材施教,更有利于师生的互动。法学专业有着众多现实生活中的实际案例,需要进行讨论。而大班化教学,无法

---

① 黄忠:《从治疗法学到预防法学:法律硕士教育改革的新思维》,载《学位与研究生教育》2016年第10期。

② 《教育部长陈宝生吹响“课堂革命”》,载搜狐网:http://www.sohu.com/a/194180087_721341,最后访问日期:2017年9月23日。

使讨论得到有效开展。因此,皖西学院法学专业按30名学生左右设置一个教学班,实行小班化教学,确保师生之间在教学过程中有更多的互动交流,增进教师对学生的了解,使教师能够给学生在学习上提供个性化的指导和帮助,做到因材施教,提高教学实效。

(3)完善实践教学体系,提高实践教学效果

实践能力的培养是法学专业必须面对和解决的问题。通过实践,学生可以知道自己知识的不足,从而能够激发其主动探究知识的激情。通过实践,学生可以将所学的法学理论与实际密切联系起来。更重要的是,通过实践,学生的发现问题和解决问题的能力才能得以提升。在原有的教学中,法学专业针对学生在不同学习阶段上对专业基本理论、基础知识以及实践能力的不同需求,构建了贯穿本科四年学习全过程,由感性到理性、由理论到实践的教学体系。该体系虽具有阶段性、层次性和渐进性等优点,但它侧重于对学生解决具体法律纠纷能力的训练,而企业所需的法律风险防范能力则在教学中很少或几乎没有涉及。

针对企业法务对学生不同能力需求的新特点,皖西学院在法学教学实践中,增加了训练学生法律风险防范能力的实践项目。具体言之:一是增建企业实践教学基地,尤其是与一线城市或省会城市业务量大且业务范围广的法务部门合作,建立实践教学基地。这样,一方面,可以保证法学专业的每位学生都能够在公司、企业有效进行集中实习实训;另一方面,为毕业生在两个以上的法务领域实习,尽可能地提高实习的覆盖面提供了便利和保障。二是设计新的实践课程,侧重于增强学生对企业日常经营管理活动的认知,增强对企业法律风险预测和分析的能力、提出化解对策的能力。三是改革毕业论文形式,选择企业法务方向的学生,第八学期在企业完成毕业论文,论文必须结合毕业实习,在实习企业进行调研,对企业日常经营管理中的法律风险进行排查梳理,分析法律风险产生的原因,提交一份实习企业法律风险防范的研究报告。通过以上举措,"积极开展覆盖面广、参与性高、实效性强的专业实习,切实提高学生的法律诠释能力、法律推理能力、法律论证能力以及探知法律事实的能力。"①

3. 改进教学方法

在教学中,比知识更重要的是方法,有方法才有成功的路径。科学合适的教学方法不仅能够激发学生学习的积极主动性和探究热情,还能促进学生的思维,提高思维能力。比如,皖西学院通过改建教室、会议室等场所,广泛采用启发式、探究式、案例式、项目式等新型教学方法。

(1)案例教学法

精选典型案例,邀请实务部门人员走进课堂,由学生分角色扮演案件当事人,参与案

① 《教育部 中央政法委员会关于实施卓越法律人才教育培养计划的若干意见》,载中华人民共和国教育部网:http://old.moe.gov.cn/publicfiles/business/htmlfiles/moe/s3875/201204/134451.html,最后访问日期:2017年3月16日。

件讨论，提出解决方案；不仅如此，学生还需要探寻案件产生的原因，找出其中的法律风险，并提出化解法律风险、避免产生法律纠纷的对策。如选择一个“合同纠纷案例”，学生扮演合同当事人、代理人、法官等角色，共同解决合同纠纷，更重要的是，学生要在案件解决过程中学会从合同签订和履行中发现法律风险，思考法律风险产生的原因以及如何防范法律风险等，避免合同纠纷的发生。

(2)企业现场教学法

针对部分与企业日常经营管理相关的课程，皖西学院法学专业尝试在企业实行现场教学。如《劳动关系法律风险防范》课程的教学，就是让法学专业的学生到企业现场，学习企业的用工管理制度，了解员工的实际管理状况、企业招聘和辞退员工的流程、工伤事故的处理、员工工资制度的执行等，以便使学生从中发现可能存在的法律风险，了解企业为防范法律风险所采取的措施，学习分析和防范法律风险、解决法律纠纷的技能。

4. 组建一支高素质的教学团队

作为地方本科院校，皖西学院法学专业教师的数量虽然能够满足日常教学的需要，但师资的整体质量还不强，尤其是实践知识存在一定的不足。因此，皖西学院力改原有的法学专业与法院、检察院、律师事务所合作的单一模式，充分挖掘和利用校外人力资源，深入开展校企合作、校校合作，分享优势资源，缩小发展“短板”，发挥多方协同育人作用。

一是充分挖掘学校现有的教学资源，实现互通共享，聘请相关专业人员承担企业日常经营管理方面课程的教学任务，弥补法学专业教师知识结构体系的局限。二是选派法学专业教师到企业学习挂职交流，了解企业具体经营管理活动，丰富和更新知识结构，提升教学能力。三是聘请一批来自法律实务部门和企业法务部门的人员担任兼职教师，弥补校内专任教师实践性不足的局限。四是面向省内外组建法学教学团队，采取灵活方式，聘请校外专家承担法学教学工作、指导专业建设。借此改变了教学团队仅由校内教师的单一组成，重建为由校内教师、省内外高校法学教学名师、政府和企业的相关专业人士共同组成的法学教学团队，使法学教学团队充满了生机与活力。

(三)“2”：两翼——改革考试模式、开设法科讲堂

1. 以考试方式改革配套课程、教学改革，调动学生积极性和促进能力提升

作为教学管理的考试，是引导教学的重要手段，也是实现人才培养目标的辅助手段之一。不可否认，法学专业的考试动机日趋功利化，学生为学分而学。“期末采用闭卷笔试仍是大部分法学专业核心课程考核所采用的主要方式。这种考核方式只注重于考查学生的法律理论知识，忽视学生法律实务能力、语言表达能力及创造性思维能力的考核。”这种考试不利于学生分析问题、解决问题能力以及学生综合能力的培养，更不利于应用型法律人才的培养。“法学专业作为一门实用性很强的专业，它不仅要求学生学习法律的基本理论和基础知识，还要求学生得到法律思维和法律实务的基本训练，更要求

学生能够运用法学理论、法律方法分析和解决问题。而这一切很难从一次闭卷笔试中得到真实和全面的体现。”①

皖西学院把改革考试形式作为人才培养模式改革的重要辅助手段,根据不同课程的性质和特点,灵活运用闭卷、开卷、口试、答辩、课程论文、方案设计等多种考试形式和方法,改变传统的课程成绩由期末考试决定的做法,一门课程的总成绩由多重考核方法构成。改革考试内容,力改死记硬背的弊端。如,对于法学专业实践课程,采用开卷、口试、研究报告、课程论文、模拟法庭等形式考核。

加大平时成绩在课程总成绩中的比重,改变原来的平时、期末的30:70的成绩比重,而变为60:40的成绩比重。使考试方式向多样化转变,考试内容向注重综合能力考核转变,成绩评定向综合性方向转变。以考促教、以考促学,可以有效激发学生平时自主学习的积极性,改变学生考前突击背诵的弊端。

2. 以“政法周末大讲堂”为平台,开拓视野,促进综合素质拓展与提升

“政法周末大讲堂”是法学专业推进教学改革、提高人才培养质量的重要举措之一。自2009年10月17日第一期开讲至2018年春学期,已成功举办了104期。“政法周末大讲堂”是利用“双休日”时间,邀请省内外专家、学者和社会知名人士,围绕经济社会发展的热点、难点问题以及学生密切关注的学习和生活等问题开展专题讲座或访谈。以“领域宽、品位高、密切联系学生实际”为原则,以促进学生全面发展为目标,通过对当代中国政治、法律、经济、文化等领域相关知识的讲解,拓宽学生视野,提高其综合素养,使学生成为适应新形势需要的优秀人才。“政法周末大讲堂”立足于拓展学生的知识视野、抓住法学研究的最新前沿、掌握法学知识的最新研究成果,以强化学生的综合素质、提高人才培养质量。从学生刚刚跨入大学校门开始大学的学习生活,到完成学业离开校园,“政法周末大讲堂”针对不同阶段学生的特点和需求,确立相应主题,开展形式多样的活动。主题涵盖入学教育、学术熏陶、职业能力养成教育、理想信念和励志教育、人文素养培育、就业教育与指导等方面。“政法周末大讲堂”旨在营造一种浓厚的学术文化氛围,一种自律自强、勤学奋进的良好风气。

2017年9月中共中央办公厅、国务院办公厅印发的《关于深化教育体制机制改革的意见》明确指出:“高等学校要把人才培养作为中心工作,全面提高人才培养能力。不同类型的高等学校要探索适应自身特点的培养模式,着重培养适应社会需要的创新型、复合型、应用型人才。把创新创业教育贯穿人才培养全过程,建立健全学科专业动态调整机制,完善课程体系,加强教材建设和实训基地建设,完善学分制,实施灵活的学习制度,鼓励教师创新教学方法。②”这对高等教育教学改革提出了明确要求。皖西学院作为地

① 罗艺、俞金香:《法学专业课程考试改革的思考》,载《长江工程职业技术学院学报》2013年第6期。

② 中共中央办公厅、国务院办公厅印发《关于深化教育体制机制改革的意见》,载中华人民共和国中央人民政府网:http://www.gov.cn/xinwen/2017-09/24/content_5227267.htm,最后访问日期:2017年9月24日。

方应用型本科高校,在法学人才培养方面进行了一些改革尝试,面对中国特色社会主义新时代的到来,如何培养适应新时代发展要求的卓越法治人才,始终是我们探索和实践的方向。

全英文法律教学的经验、困难与发展探索

——北京理工大学法学院实践的个案分析

彭海青*

摘　要:当代法律职业发展、法学院实践教学、国内学生深造以及招收国外留学生等的需要都使全英文法律教学具有必要性。当前法学院教师整体国际化素质的提升、国外教授来访问增多、学生的英语水平不断提高等都使全英文法律教学具有可行性。全国最年轻的法学院之一,北京理工大学法学院从 2014 年开展全英文教学,在师资配置、教学安排、听课对象组织等方面积累了一些经验,但同时也面临一些困难:就教师方面而言,包括某些教学资料准备难、授课经验不足、教学效果不够理想等。就学生方面而言,主要包括口语训练不足、本科阶段法律英语接触不多、国外法律制度了解少等。未来全英文法律教学的发展应探索建立“以本国教师为主,外聘教师为辅”的教学师资发展思路、扩大全英文教学的对象范围、增加全英文教学的课程与课时数量、完成对全英文法律教学资料的整理与汇编,以及对全英文法律教学进行模式创新与智能化开拓。

关键词:全英文教学　法律英语　法学教育

2010 年教育部《国家中长期教育改革和发展规划纲要(2010～2020 年)》、2011 年《中央政法委员会　教育部关于实施卓越法律人才教育培养计划的若干意见》、2014 年党的十八届四中全会通过的《中共中央关于全面推进依法治国若干重大问题的决定》、2015 年 8 月 18 日,中央全面深化改革领导小组会议审议通过的《统筹推进世界一流大学和一流学科建设总体方案》以及 2017 年 1 月,经国务院同意,教育部、财政部、国家发展和改革委员会印发的《统筹推进世界一流大学和一流学科建设实施办法(暂行)》等一系列相关文件都将人才培养的国际化作为重要的方略与目标之一。为此各高等法学院校纷纷积极行动,努力培养国际化法律人才,其中设置全英文法律课程即是其中一项重要措施。北京理工大学法学院自 2009 年成立,2019 年年底将迎来建院 10 年庆典活动。作

* 北京理工大学法学院诉讼法所所长、教授。

为全国最年轻的法学院之一，对教学改革适应性强，执行力强，本文以北京理工大学法学院的全英文教学为例，总结经验，分析困难，探索未来的发展之路。

一、全英文法律教学的必要性与可行性

（一）必要性

英语是国际指定的官方语言，也是世界上使用最广泛的语言，是联合国的工作语言之一，在许多国际组织或者会议上都是交流语言。而且英语也是当今信息化时代与计算机技术联系最密切的语言，随着互联网的使用，英语的使用更加普及。因此，在国际化法律人才培养过程中，全英文法律教学俨然成为必要，无论从法律职业发展、法学院实践教学，还是从国内学生深造以及国际招生角度，这种必要性都是显明的。

1. 当代法律职业发展的需要。“全球治理理论进一步催生了法律人才国际化的需求。经济全球化席卷世界各国，已经和正在渗透到国际社会的每一个角落，不仅给各国的法律、经济、政治、文化等带来了深刻的影响，而且由于经济全球化是以本国法律与国际社会通行规则的对接为媒介的，这对法律人才培养的目标模式产生广泛的影响，提出新的更高的要求。”[①]这使我国法律职业的国际化成为必然趋势。首先，是企业法律顾问的国际化。随着21世纪世界经济一体化的发展和中国加入有“经济联合国”之称的世界贸易组织（WTO），对外经济交往日益紧密，法律服务市场对国际化人才的需求也空前加大。“尤其是企业‘走出去’战略的推行，骤然增加了防范海外法律风险、应对国际诉讼业务的必要性，使法学教育的水准、涉外型和综合应用型人才培养的质量成为政府主管部门以及各类厂商都关注的一个焦点问题。”[②]其次，是律师事务所的国际化。并且律师事务所自身也在顺应着“走出去”的时代浪潮，目前君合、大成、盈科、泰和泰等中国律师事务所均已顺利完成了国际化进程。君合律师事务所被认为是第一家“走出去”的中国律师事务所。它于1993年成立了纽约分公司，发展至今，君合已在海内外拥有12个办公室和一支逾730人的专业团队。经过多年的国际实践，资源整合，以及精心策划的长期增长战略和创建机制，君合建立了自己的国际化方法。[③] 此外，根据司法部公布的数据显示，截至2016年4月，已有232家外国律师事务所设立驻华代表机构。[④] 最后，是司法机关的国际化。司法制度是一国政治制度的组成部分，属于国家主权范畴，但这不影响司法机关的国际化发展。比如，上海海事法院作为涉外性和专业性强的专门法院，对国际海事司法前沿经验的引入和向国际社会传递中国海事司法理念及成果这两方面都非常重视。从2014年开始，组织青年干警翻译在海商法领域具有权威性的专业文献《劳氏

---

① 《中央政法委员会教育部关于实施卓越法律人才教育培养计划的若干意见》（教高〔2011〕10号）。

② 季卫东：《中国法学教育改革与行业需求》，载《学习与探索》2014年第9期。

③ 《看中国四大律所如何走向国际》，载搜狐网：http://www.sohu.com/a/234636553_399252，最后访问日期：2018年7月11日。

④ 《司法部公布外资律所驻华机构最新名单》，载360个人图书馆网：http://www.360doc.com/content/16/0414/19/30138949_550636903.shtml，最后访问日期：2016年4月14日。

法律报告》中的经典案例。2015 年开始,上海海事法院每年发布中英文双语版海事审判白皮书,向国际社会通报海事司法典型案例。还出版了《上海海事法院海事案例精选》,将经典案例进行汇编翻译后对外发行。①

2. 法学院实践教学的需要。法学是一门实践科学,必然要回应实践的要求。法学教育如何满足知识经济社会的客观需求,已经成为法学教育必须面对的严峻课题。② 实践性成为中国法学教育改革的重要维度。各高等法学院校纷纷将实践教学作为本科生和研究生培养方案中的必修环节,在诸多实践教学的项目中国际模拟法庭比赛由于兼顾法律知识与英语能力为多数高校所青睐。目前法律类国际性的模拟法庭包括国际刑事法院审判竞赛、国际环境法模拟法庭竞赛、国际空间法模拟法庭比赛、国际人权法模拟法庭比赛、"北外—万慧达杯"国际知识产权模拟法庭比赛、杰赛普国际法模拟法庭大赛、"贸仲杯"国际商事仲裁庭模拟辩论赛、普莱斯杯模拟法庭比赛、中国 WTO 模拟法庭竞赛等,这些模拟法庭比赛的语言全部是英语,并且多数比赛的选手来自多个国家。而要参加上述比赛并取得优异成绩,仅靠赛前的短暂培训当然不够,而是需要平时全英文课的知识积累与英语训练,这使全英文课程的开展非常必要。目前北京理工大学法学院已连续多年参加了上述模拟法庭比赛中的国际刑事法院审判竞赛、国际环境法模拟法庭竞赛、国际空间法模拟法庭比赛、"北外—万慧达杯"国际知识产权模拟法庭比赛等多项比赛,并取得了优异成绩。

3. 国内学生赴外深造的需要。互联网上的慕课平台世界著名大学的中国校园以及来自境外的招生广告也在警示我们:高等教育已经进入全球竞争时代。③ 当前国内学生赴外深造的也越来越多。赴英美国家法学院留学的学生对法律英语的需求自不待言,近些年来,德国、法国、日本等非英语母语国家大学的法学院也纷纷开始了针对外国留学的英语授课项目。④ 因此,全英文教学对于这些留学生而言也是必要的。北京理工大学法学院学生依托与国家留学基金委的合作项目,从 2015 年起至今,13 名硕士研究生赴国外著名高校就读 LLM 项目的硕士研究生,并顺利获得学位。⑤

4. 国际招生的需要。随着中国经济的发展与世界影响力的增强,越来越多的外国学

① 参见黄丹:《在法院做"翻译官"是一种怎样的体验》,载《人民法院报》2018 年 5 月 21 日,第 5 版。

② Thomas Lundmark, Recent reforms to German Legal Education, 42 Law Tchr. 213 2008.

③ 季卫东:《中国法学教育改革与行业需求》,载《学习与探索》2014 年第 9 期。

④ 本人 2015 年 11 月至 2016 年 5 月应邀在德国法兰克福大学访问,期间了解到这种专门针对外国留学的 LLM 项目。

⑤ 2015 年有 1 名研究生赴美国乔治华盛顿大学法学院、2 名研究生赴美国伊利诺伊理工大学肯特法学院、1 名研究生赴荷兰蒂尔堡大学法学院攻读联合培养硕士;2016 年有 1 名研究生赴荷兰蒂尔堡大学法学院攻读法学博士、2 名研究生赴荷兰蒂尔堡大学法学院攻读联合培养硕士、2 名学生赴美国伊利诺伊理工大学肯特法学院攻读联合培养硕士;2017 年有 3 名研究生赴美国伊利诺伊理工大学肯特法学院攻读联合培养硕士、1 名学生赴华盛顿大学攻读博士。

生来华留学,目前我国设有中国政府奖学金、地方政府奖学金、孔子学院奖学金、企业奖学金、学校奖学金等多种奖学金资助外国学生来华留学。① 响应国家"一带一路"倡议,北京理工大学法学院于2015年开始招收外国留学生,生源目前主要来自"一带一路"沿线的东欧、亚洲、非洲的国家。来自这些国家的留学生难以参与中文法律课程,只能参加全英文法律课程项目。因此,全英文教学对当前国际招生而言是不可或缺的。

(二)可行性

1. 教师整体国际化素质提升。当前高校法学院校教师的国际化素质整体不错,原因有以下几点:一是由青年教师招聘条件决定的。高等法学院校在招聘青年教师时均要求其曾有一年以上海外留学经历,尤其是近年来在京高校中不少要求应聘者有国外法学博士学位。北京理工大学法学院目前有40多位在职教师,其中有国外法学博士学位的青年教师(40岁以下)占半数以上。二是教师公派访学机会增多。教师可获得的国家、地方、学校等多层面的出国资金资助增多,而且逐渐往青年教师倾斜,赴外访学有助于教师国际化素质的提升。比如,北京理工大学法学院近年来每年都有1~2名中青年教师受国家留学基金委青年项目资助以及学校研究生院、教务处等单位资助赴英国牛津大学、美国哥伦比亚大学等著名高校的法学院做访问学者。三是职称评审压力。不少高校尤其是在京高校为鼓励青年教师出国学习还将半年或者一年的国外留学经历作为晋升副教授或教授职称的必备条件。这也迫使教师们不得不走出国门,提升自身的国际化素质。北京理工大学从2013年起即要求申报副高级职称人员有连续半年以上海外访学经历,要求申报正高级职称人员有连续一年以上海外访学经历。

2. 国外学者来访增多。随着中国法治化进程的推进,以及法治中国模式的顺利推进,国外法学院教授对中国法律体系与内容的兴趣越发浓厚起来。依托各种国家间、政府间、学校间的国际合作机制,英国、美国、澳大利亚、德国、法国等国家著名高等法学院校的教授们频繁来华交流。比如,北京理工大学法学院2018年就有来自美国圣约翰大学、德国法兰克福大学、俄罗斯圣彼得堡大学、韩国首尔大学、延世大学的多位专家学者来院访问,并用英语与法学院师生举行了多场讲座与座谈,开拓了师生们的国际化视野。

3. 学生的英语水平不断提升。当前法学院的学生在学习法律专业课,包括法律职业资格考试的同时,普遍将雅思、托福考试作为本科或研究生阶段的必报考试科目,他们利用业余时间参加各种考试培训班,使英语口语、听力、阅读等水平等得到了较大提高。而且目前学校也设有多种暑假、寒假等的短期交流班,安排学生到英国、美国、法国、德国等法治发达国家用英语参与专业课学习,并且获得学分的,在以后留学中可以保留使用。这种实地学习机制有助于学生们适应全英文法律教学。

4. 互联网的发展为全英文教学提供了便捷的技术保障。在当今信息化时代,互联网

---

① 留学中国,国家留学基金网:http://www.campuschina.org/zh/scholarships/index.html,最后访问日期:2018年7月31日。

的发展使全英文的教与学都能够及时、便捷地获得国外有关资料,从而更新学习内容。师生们可以利用 Westlaw、LexisNexis、Herionline 等英文数据库,还可以进入国外大学的图书馆以及司法机关网站查找资料。近年来,哈佛大学、耶鲁大学等世界著名高校还推出了免费公开课,这无疑为全英文法律教学提供了便利。

二、全英文法律教学的现状与基本经验

北京理工大学法学院自 2014 年开设全英文法律课程,5 年来,经历了从选修到部分必修(2018 年开始规定法学硕士研究生必须选择至少一门本专业的全英文法律课程),从教师畏难不愿意接课到竞争上岗(从 2018 年新的培养方案要求承担全英文课程的教师必须具备一年以上英语国家的留学经历),从学生抵制(作为选修课期间曾一度出现某些课程无人选现象)到学生兴趣浓厚的发展过程,逐步走向成熟。以下首先以 2018 年新修订的《北京理工大学研究生培养方案》中的全英文教学为例进行现状描述,然后就 5 年来全英文法律教学形成的基本经验进行总结。

(一)现状

根据2018 年新修订的《北京理工大学研究生培养方案》,目前法学院开设的全英文法律课程共有 10 门,即"国际法原理"(Principles of Public International Law)、"法律研究与写作"(Legal Research and Writing)、"国际空间法"(International Space Law)、"国际经济法"(International Economic Law)、"工业产权前沿"(Industrial Property Rights Frontier Issues)、"国际移民法"(International Migration Law)、"比较合同法"(Comparative contract law)、"比较诉讼法"(Comparative Procedure Law)、"国际人权法"(International Human Rights Law)、"国际组织法"(Law of International Organizations)。授课对象是外国留学生和本校法学硕士研究生。授课教师分为三种情形:一是全部由本院教师承担。如"国际法原理""国际空间法""国际经济法"等,多数课程属于这种情形;二是全部由外籍教师承担,如"法律英语写作";三是由本院和外籍教师共同承担,如"比较诉讼制度"课程。这些课程的课时除"法律研究与写作"为 16 课时,"国际法原理"和"国际经济法"为 48 课时外,其他课程均为 32 课时。

(二)基本经验

1. 师资配置经验。目前北京理工大学法学院全英文主讲教师包括本院教师和聘任的外国教授。其中 9 位本院教师全部为获得过国外法学博士学位或者有一年以上国外长期留学经验的中青年教师,另一位外国教授系国际法领域的英国学者 John Anthony Carty。事实上,9 位本院教授授课过程中多数都会邀请国外专家学者参与进来,进行某个或某几个专题的讲授。比如,杨成铭教授主讲的国际人权法课程曾邀请韩国首尔大学法学院前院长安京焕(Kyong Whan Ahn)教授来到我校法学院开始为期 3 周的国际人权法授课。再如,本人主讲的"比较诉讼法"课程就曾邀请德国著名比较法专家法兰克福大学的彼得·吉尔斯(Peter Gilles)教授就比较诉讼法的基本理论与发展做专题讲座、还曾邀请美国科罗拉多州最高法院法官斯科特·梅克林(Scott Meiklejonh)就美国刑事诉讼法的最新发展做专题讲座。经验表明,在国外得过国外法学博士学位或者有一年以上国外长期留学经验的中青年教师英语综合运用水平高,法律知识丰富,眼界开阔,是全英文法律教学的合适人选。约翰·安东尼·卡蒂(John Anthony Carty)教授在我院的聘期为2年,其讲授的“法律研究与写作”课程颇受学生们欢迎。

2. 授课方式。由于全英文授课教师或者有长期海外留学经历,或者系外籍教师,因此将国外多样化的授课方式带入全英文授课中,比中文授课方式略显灵活。授课过程中采用以下方式:一是讲座,对需要系统性讲授的知识、前沿性的新知识等采用教师讲座的方式,以教师讲授为主,学生提问与交流为辅。这类讲座除了由本院任课教师讲授外,还包括国外著名高校提供的公开课视频,还包括组织学生到中国政法大学、中国人民大学、北京外国语大学等学校听相关讲座。二是工作组,即事先确定一个主题,经过课前分组准备,课堂上讨论并交流。三是课后个别指导,即根据学生的兴趣课后有针对地进行单独交流与辅导。

3. 听课对象组织经验。目前北京理工大学法学院的全英文的授课对象是法学硕士研究生和外国留学生,而且是对这两类研究生合班授课。这种授课对象组织形式具有以下优势:一是由于母语不同,英语均为第二外语,因此他们只能用英语交流,有助于提升英语水平;二是来自不同国家的法律背景,有助于他们相互交流不同背景下的法律知识与司法实践,提升专业水平;三是留学生中来自东欧的学生普遍在课堂上发言比较主动,有助于带动其他国家的学生积极参与讨论。

三、全英文法律教学的困难分析

(一)任课教师的困难分析

对目前承担全英文教学的10位教师进行访谈,反映比较一致的困难主要包括以下几个方面:

1. 某些资料准备困难。全英文教学资料准备中,由于英美法系国家的法律与研究资源丰富,因而教学资料准备比较方便。但对于法国、德国、意大利、日本、俄罗斯等传统大陆法系国家,英文法律资料不多,而且比较陈旧,难以反映前沿性的立法、实践与研究动态。一方面,我国近代以来的大陆法系的渊源主要来自德国、日本,讲授与研究中国法律时,大陆法系的法律是不可绕过的方面;另一方面,留学生中多是“一带一路”沿线国家,这些国家的母语均非英语,而多是法语、俄语等,其前沿性英文法律资料往往也难以得到,留学生们多希望借鉴中国的法律完善本国法律,因此这也使在比较法教学中,关注这些国家的法律非常必要。

2. 授课经验不足。全英文法律教学的授课教师基本为中青年教师,这些教师虽然有着优秀的学历与海外教育背景,但却共同面临教学经验积累不足的缺憾,尤其是对全英文法律教学的规律总结不够,课堂把控能力与学生驾驭能力欠缺。

3. 教学效果不甚理想。全英文法律教学的授课教师们还普遍反映全英文法律教学比中文法律教学的效果要差,明明课堂上讲过的内容,而讨论与考试的情况反映出学生们的掌握的情况却不理想。

任课教师所遭遇的上述困难主要是由以下原因导致的:

一是可供参考的体系化的教学资料不足。全英文教学总体而言在我国兴起时间不长,有关教材、教案等教学资料的规范性与指引性不足,有关教学资料通常是各任课教师根据自己所掌握的资料临时汇集而成,资料不充足、适时性不强、前沿问题捕捉不全面等缺憾在所难免。

二是有关培训没有到位。为保证教学质量,各法律院校都对青年教师设有岗前培训,由资深教师对青年教师进行相关的教学指导,但由于全英文法律课程属于新兴课程,资深教师也往往未曾亲历,因而就未对这种课程设立岗前培训环节。

三是课时有限,法律与英语难以同时兼顾。目前北京理工大学法学院对研究生课程的课时量安排分别为64课、48课、32课、16课时,而全英文课程中只有2门安排为48课时,1门安排了16课时,其余大多数课程仅安排了32课时,这对于全英文课而言,课时显然是不足的。就本人主讲的比较诉讼法课程而言,课程中至少要涉及中国、英国、美国、德国、法国、意大利、日本、俄罗斯、南非9个国家的刑事、民事诉讼法,按照32个课时平均下来,每个国家连4个课时都不到,而且还要涉及9个国家的诉讼法比较分析,实在难以安排。

(二)学生的困难分析

2018年7月笔者对2015~2017年三个年级选修全英文课程的法学硕士研究生运用问卷星平台进行问卷调查并分析,这些学生中84.2%已经通过国家大学英语六级考试,结果显示,学生们在全英文课上的困难主要包括:

1.法律英语水平受限。被调查的学生中,绝大多数认为全英文法律学习的最大困难是法律英语水平不高,限制了法律英文资料的学习,这个比例达92.11%。

2.英语口语交流不畅。被调查的学生中,78.9%的学生认为全英文法律学习的困难是英语口语交流方面的困难。

3.法律知识受限。被调查的学生中57.8%认为全英文法律学习的困难是法律知识受限,主要是课堂上涉及的内容中文内容本身就不熟悉。

调查问卷显示,学生们在全英文法律学习方面遭遇的上述困难的主要原因包括:

一是口语训练不足。由于参与调查的研究生们绝大多数通过了国家大学英语六级考试,但由于该英语考试不涉及口语考试,因而学生们的口语能力普遍不高,78.9%的学生认为口语训练不足是全英文法律学习中的最大困难。

二是本科阶段法律英语接触不多。北京理工大学法学院在本科教学培养方案中设置了法律英语课程作为选修课,但多数高等法律院校在本科阶段并未开设法律英语课程,因而76.3%的学生认为本科阶段法律英语接触不多也导致了全英文法律学习的困难。

三是国外法律制度了解少。囿于本科阶段的培训任务,我国高等法学院校的本科课程体系中主要是基本法理与中国的法律课程，所以本科阶段基本未开设外国法律课程，因而65.7%的学生提出对国外法律制度了解少也是导致其研究生阶段直接以全英文的方式学习国外法律制度存在困难的原因。

四、全英文法律教学的发展探索

全英文法律教学已经起步，有所收效，也面临困难。在探讨全英文法律教学过程中，有的老师坚持讲中国法用汉语，讲外国法用英语的思路，采用双语教学，笔者认为，双语教学是向全英文教学的过度阶段，最终还要过度到全英文教学，全英文教学的最终目标是实现教与学的国际化发展与交流，不能因暂时的困难而退缩，因此坚定的主张在现有基础上，继续探索并发展全英文教学。主要设想如下：

（一）确立“以本国教师为主，外聘教师为辅”的教学师资培养思路

国务院在2015年11月发布了《统筹推进世界一流大学和一流学科建设总体方案》（以下简称《方案》），《方案》明确指出要通过加快培养和引进一批活跃在国际学术前沿、满足国家重大战略需求的一流科学家、学科领军人物和创新团队来建设一流的师资队伍。可见“培养”和“引进”是两条并行的师资队伍培养思路。引进国外教授教学固然有很多优势，但受学校外引政策、个人因素等影响较大，难以保障可持续性发展，因此还是主张着力培养本学院的全英文教学队伍，确立一种“以本国教师为主，外聘教师为辅”的教学师资培养思路。在培养本法学院教学队伍时，首先应当建立岗前培训机制。对全英文的授课教师，应当由外语学院和法学院的资深教师组成专家组共同对其进行语言与法律专业方面的培训。其次，在授课教师的培养方面，可借鉴英国牛津大学中文授课教师的培养经验。在牛津大学任教的中文教师，要求每5年回国参加一次中文语言培训，①以持续了解与适应本国语言与文化发展。因此，建议对于本学院全英文法律授课的教师每5年到英美国家访学半年以上，以了解英美国家的语言、文化及法律发展状况。此外，应鼓励全英文法律教学的教师学习德语、法语、日语、俄语等语言，以开阔视野，辅助全英文教学。

（二）扩大全英文教学的对象范围

目前北京理工大学法学院全英文法律教学的对象是法学硕士研究生和外国留学生，而不包括本科生、法律硕士研究生和博士研究生。在笔者看来，应当将全英文法律教学的对象扩大至本科生、法学硕士研究生、法律硕士研究生以及博士研究生。这是因为：其一，《卓越法律人才教育培养计划》中要求“把培养涉外法律人才作为培养应用型、复合型法律职业人才的突破口。适应世界多极化、经济全球化深入发展和国家对外开放的需要，培养一批具有国际视野、通晓国际规则，能够参与国际法律事务和维护国家利益的涉外法律人才。”因而，对于本科生进行全英文教学也是必要的，当然课程设置可考虑放在

---

① 2013年3月至2014年3月，本人受国家留学基金委资助在英国牛津大学法学院访问一年，期间在牛津大学的最古老的学院——大学学院（University College）任教的中文教师方晶教授交流时得知这种制度。

大四,学生们掌握了基本的法律基础知识之后。其二,虽然法学硕士研究生和法律硕士研究生的培养目标存在差别,但就目前学生们的就业去向而言,差别极小,硕士研究生毕业后从事学术者寥寥,大多数都进入公检法机关或者律师事务所从事法律实务工作了,而在国际化背景下,法律实务工作对法律英语能力的要求越来越高。其三,为提升博士研究生的科研水平,对博士研究生进行全英文教学的必然性是不证自明的。

(三)增加全英文教学的课程与课时数量

由于北京理工大学法学院全英文法律教学的课程设置主要考虑外国留学生的培养,因而在课程设置上主要考虑国际法方向学生的学习需要,设置的课程不多,涵盖力不强,而且全课时相较于中文课课程也偏少,不利于全英文法律教学内容的充分展开。因此,建议适当扩大全英文法律课程的数量,将法理学、民法、刑法等基础学科以及与智能科技相关的法律课程也增加进来,使全英文法律课程体系更加完善,并且体现时代性。同时根据课程内容,将有些课程的课时适当增多,如增加到48课时。

(四)教学资料的整理与汇编

教学资料是教师授课的基本依据,也是教学检查的基本考察指标,目前中文法律教学的课程基本都有相应的教材和参考资料,因此,为提升全英文法律教学的规范化水平教学质量,应当适时组织有关教师编写比较系统的教学参考资料。

(五)教学模式的创新与智能化开拓

全英文法律教学对于中国教师与学生而言都非易事,因此进行教学模式的创新很有必要,在笔者看来,可以建立课前阅读与分组准备——课堂上讲授与分组讨论——课后个别辅导与分组总结的全覆盖的教学模式。这可以使学生们在课前用母语了解相关法律知识,通过分组准备资料并进行交流,在课堂上吸收来自教师的知识和同学们充分交流,课后根据个人兴趣与疑难与教师个别探讨,并分组总结,以弥补课堂上的疑问,从而全面提升全英文法律教学的质量。

此外,随着人工智能的发展,2010年中共中央、国务院《国家中长期教育改革和发展规划纲要(2010~2020年)》、2015年国务院《统筹推进世界一流大学和一流学科建设总体方案》、2016年教育部《教育信息化"十三五"规划》、2017年国务院学位委员会《法律硕士专业学位研究生指导性培养方案》、2017年国务院《新一代人工智能发展规划》等文件中都提出有关"综合利用互联网、大数据、人工智能和虚拟现实技术,重视人工智能与法学学科专业教育的交叉融合""拓展教育新形态,以教育信息化推动教育现代化,积极促进信息技术与教育的融合创新发展,努力构建网络化、数字化、个性化的教育体系"等要求,为此,北京理工大学研究生院已于2018年建成10多个智慧教室,在智慧教室中采用智能化的授课、交流与评价平台,但这些教室优先给予中文研究型课程或者明星课程使用,目前全英文教学课程尚未有安排在智慧教室的,为促进全英文法律教学的发展,建议也能够将部分比较成熟的全英文法律课程安排在智慧教室授课,促进全英文法律教学的智能化发展。

"外语＋"法学复合人才培养模式研究

——以北京第二外国语学院国际法学院为例

孟凡哲*

摘　要:法学教育多元化的新时代要求全国各高校法学院系的特色化发展。随着国家"一带一路"战略的实施,"外语＋"法学复合人才培养是外语院校法学专业的重要使命。"外语＋"法学复合人才存在英语＋法律、小语种＋法律两种培养模式。在具体路径上,存在宽宽路径、宽窄路径和窄窄路径。为了实现人才培养目标,需要我们做好方法保证、师资保证和时间保证。

关键词:外语　法律　人才　复合　模式

党的十八届四中全会通过的《中共中央关于全面推进依法治国若干重大问题的决定》提出要:"创新法治人才培养机制。坚持用马克思主义法学思想和中国特色社会主义法治理论全方位占领高校、科研机构法学教育和法学研究阵地,加强法学基础理论研究,形成完善的中国特色社会主义法学理论体系、学科体系、课程体系。"目前全国大约有六七百所高等院校设有法学院系,法学教育呈现多元化趋势。徐显明教授指出:"多元化趋势恰恰要求法学教育要办出特色。法学教育越是普及,规模越是扩张,特色办学的价值就越是凸显出来,这不仅仅是法学教育自身发展的要求,也是各法学教育单位适应市场竞争所面临的挑战。"①在法学教育的新时代,谋划发展定位,培养符合时代要求的特定领域法学专才,是各法学院系承担的神圣历史使命。

一、当下中国法学院系的类型

进入21世纪,随着中国高等教育规模的不断扩张,建设综合性大学成为一种趋势,以至于某些传统的专科性院校在学科和专业体系上也越来越综合化,开办法学专业的高校也越来越多。随着法学专业的大发展,"文化大革命"后形成的"五院四系"为主导的

---

* 北京第二外语学院国际法学院副院长、教授。

① 徐显明:《中国法学教育的五大发展趋势》,载《法制资讯》2013年第Z1期。

格局已经不复存在,各法学院系依托所在高校的优势资源,在发展目标和办学模式上也各具特色,目前法学院系的类型主要包括以下几种情况。

(一)综合型大学法学院

总体来说,某些知名综合性大学的法学院整体实力较强,根据《武书连2016中国大学法学100强》的排名,①中国排名前20的法学院有一多半即11所是综合性大学法学院(括号内数字为排名次序),即中国人民大学(1)、北京大学(2)、清华大学(3)、武汉大学(4)、复旦大学(6)、吉林大学(7)、南京大学(8)、中山大学(12)、厦门大学(14)、四川大学(15)、山东大学(16)、浙江大学(18)。在2017年9月教育部公布的"双一流"建设学科名单中,法学学科6所院校中的4所院校,即北京大学、中国人民大学、清华大学、武汉大学为综合性大学。上述大学的法学院基本上在本校亦属于优势专业,虽然在二级专业方向上有所侧重,但总体来说各专业方向发展比较均衡。

(二)政法类专业院校

在20世纪90年代中期以前,政法专业院校主要包括原司法部主管的5所政法专业院校以及各地方的政法管理干部学院。近年来,各地又新成立或改制设立了一些政法职业学院。

1. 普通政法类高校

总体来说,各主要政法大学整体实力较强,根据《武书连2016中国大学法学100强》的排名,排名前20的法学院有3所政法大学,即中国政法大学(5)、西南政法大学(9)和华东政法大学(10)。教育部公布的"双一流"建设学科名单中,中国政法大学、中南财经政法大学两校作为专业院校入选。其他若干专门政法院校,如甘肃政法学院、上海政法学院、山东政法学院等,主要培养本科以上法学专业人才。

2. 高职院校

除了普通高校,我国很多省市区还成立了某些高职法学院校,如北京政法职业学院、河北政法职业学院、海南政法职业学院、广西政法管理干部学院等。这类院校主要培养专科层次以司法辅助人员为主的法律实务人员。

3. 专业类院校法学院

由于我国高等教育格局的历史沿革,我国的高校还存在以文科为主的院校和以理工科为主的院校之分,这样其内设的法学院系类型也各不相同。

(1)根据规模分为法学院和人文学院、文法学院或政法学院下设的法律系。一般来讲,各专业院校的法学院整体规模较大,人文学院、文法学院或政法学院下设的法律系一般和本校的其他人文社会科学专业混在一起,其发展空间有限。

(2)根据院校类型分为:①理工院校。如上海交通大学法学院、北京航空航天大学法

---

① 《武书连2016中国大学法学排名人大第一》,载新浪网:http://edu.sina.com.cn/gaokao/2016-06-21/doc-ifxtfrrf0756104.shtml,最后访问日期:2018年6月1日。

学院、北京理工大学法学院。这些院校很多为原985/211院校,现在又基本上都是“双一流”院校,学校整体较高的办学层次也为本校法学专业的发展提供了一个较好的平台。②农林院校。如中国农业大学人文与发展学院法律系、北京林业大学人文社会科学学院法律系等。③医学院校。如北京中医药大学人文学院法律系等。④师范院校。如北京师范大学法学院、华中师范大学法学院、南京师范大学法学院等。某些师范大学的法学院整体实力较强,具有法学一级学科博士点。⑤经贸院校。如对外经济贸易大学法学院、上海对外经贸大学法学院等。⑥外语院校。如北京外国语大学法学院、广东外语外贸大学法学院、上海外国语大学法学院、北京第二外国语学院国际法学院等。

总体来说,上述各院校一般都有自己的重点专业,有的院校的法学专业已经成为本校的重点专业,有的则依托于重点专业并发挥其支撑作用。在人才培养方向上,很多法学院系开始倾向于本校的重点专业和法学专业的复合。对此,有学者认为,“从知识的逻辑层面上讲能与法学复合的学科是十分广泛的,甚至是一切学科,如法律与医学、新闻、外语、农业、体育等的复合就可以培养出新型的医事法学、法律新闻、法律外语等知识结构更加细化的专业人才。”①笔者认为,在法学专业遍地开花和整个社会的治理越来越精细化的背景下,法学专业不能一味地为强调特色而复合,而是应该有效利用本校优势学科的近水楼台,在夯实法学的基础理论和培养学生基本的法律思维的前提下,将其他专业的优势资源楔入法学教育中,从而培养博而专的法学人才。随着中国改革开放的逐步深入,国家“一带一路”倡议的全面实施,对于通晓国际规则、掌握外语技能的法学专业人才会有广泛的社会需求。党的十八届四中全会《关于全面推进依法治国若干重大问题的决定》也提出要“建设通晓国际法律规则、善于处理涉外法律事务的涉外法治人才队伍。”这为外语院校法学专业人才培养提供了历史机遇。在此,笔者以北京第二外国语学院国际法学院为例,就外语院校法学专业复合人才培养问题进行进一步的论述。

二、外语院校的法律人才培养功能

在我国,外语院校的最大优势是多语种教学的开展和涉外专业人才的培养。各语言专业的有力支撑为其他专业的拓展性发展提供了很好的平台。从法学专业来讲,语言优势为外国法教学和研究打开了更为广阔的通道,而这正是以往的法学教学和研究较为薄弱,而一些综合实力较强的法学院系也难以完全承担的工作。基于这样的认识,在人才培养理念上,笔者认为法学复合人才的培养不是牵强附会的捏合,而是要将法律和语言的优势齐头并进地充分发挥。正如有学者指出:“外语院校的法律院系应当将法律与外语紧密结合,培养出通晓国际规则、熟悉中国法律、能够熟练运用外语教学国际法律、外交事务的国际化、涉外‘复合型’高端法律人才。”②在中国在更广泛地程度上参与全球治

① 侯欣一:《复合型法律人才应该如何培养——以南开大学法学院的实践为中心的考察》,载《中国法学教育研究》2006年第3期。

② 王文华:《论涉外法治人才培养机制创新》,载《中国大学教学》2015年第11期。

理和依法治国战略全面实施的背景下,外语院校法律专业人才的培养具有如下功能。

(一)"一带一路"国家战略实施的需要

"一带一路"沿线共涉及世界60多个国家。这些国家在历史上或当下都与中国存在广泛的政治、经济和文化交往关系。虽然"一带一路"倡议具有一定的以经济交往为主线的色彩,但是任何经贸关系的顺利开展都离不开良好的法治环境,"一带一路"倡议的研究离不开对对象国法律问题的研究。近年来,中国的对外投资取得了卓越的成绩,但是由于不了解投资国的法治状况,没有有效评估投资的法律风险,造成投资失败的情况也屡有发生。因此,培养能够掌握"一带一路"沿线国家的语言,并能够熟悉该国法律的专业人才已经成为一种紧迫需要。当下,我国法学界开始重视对"一带一路"沿线国家法律制度的研究,但是由于法学学者小语种运用能力的普遍欠缺和熟悉小语种人员对对象国法律制度的普遍不关注,决定了对"一带一路"沿线国家法律制度的基础性研究乏善可陈,难以满足经贸往来和外事交往的正常需求。

(二)国家民族文化交流需要

中国要实现中华民族的伟大复兴,成为在国际交往中负责任的、参与国际规则制定的大国,其基本的前提就是对各国的文化传统普遍而深入的了解,因为任何制度的基础都是文化,没有文化的支撑,任何制度都不能得到很好地运行,不了解对方的文化国家之间就无法顺利地进行交往。法律既是制度规范体系,也是一套文化系统。通过对各国法律制度的研究,也能够进一步加深对其文化传统的理解,从而使国家之间的全方位多角度的交流更为顺畅。

(三)法学学术提升需要

中华法系是人类法制文明的重要组成部分,但是近现代以来,随着外族入侵和中国社会的转型,中国的传统法制遭到破坏,中国的现代法制建设也几经周折,直到现今完整意义的法治社会尚未形成。法治建设的一个重要的基础是法学研究的发达,法学研究的全面深入的发展需要借鉴各国的经验。在当下的法学学术领域,英美和欧陆的发达国家具有主导性的话语权,中国法学研究和教育的水平亟待提升。一方面,各国的文化传统的不同也决定了其法律制度的民族性,很多民族的法律传统中都存在具有合理性的独到成分,它成为我们建设法治国家的外来资源。另一方面,由于以往的沟通的问题,很多国家对中国的文化传统和当下的具体制度也存在某些方面的误解,需要我们以积极客观的姿态传播中华文化,以消除误解,加深理解和沟通。

(四)处理高端涉外法律事务需要

自加入WTO以来,中国能够履行入世承诺,在WTO框架下寻求贸易争端的解决。随着国际交往范围的扩大,中国与各国的贸易争端也越来越多,对于处理高端涉外法律事务人才的需求也越来越大。很多涉外法律事务的解决虽然在工作语言上都是英文,但是对语言的运用能力要求极高,同时很多纠纷的解决需要对对方国家的贸易传统和法律制度的深层次理解,否则就难以提出有针对性的有效解决方案。在反垄断、反倾销,国际贸易和跨国知识产权纠纷等领域,我们更是亟须通晓法律规则并具有熟练的语言运用能力的高端人才。

三、“外语+”法学复合人才培养模式和路径

基于对上述功能的分析,我们会发现外语院校的法学专业无论对法治国家的建设、法律事务的处理还是法律文化的交流都具有先天的优势和不可替代的作用。同时,在外语院校如何以外语为基础进行“外语+”法学复合人才的培养,需要我们进一步探索具体的模式和路径。

(一)培养模式

1.英语+法律

即学生的主修专业为英语,兼修法律。英语是国际社会交往中最重要的沟通工具,近年来随着全国各地中小学对外语教学重视程度的提升,在校生的英语水平普遍提高,英语专业的专业性也不像以往那样强,如果学生不将英语语言文学作为自己的研究方向,其专业的优势已经不再那么明显,因此很多英语专业的学生需要再选择一个专业作为自己的未来从业方向,其中法律就是一个重要的方向。在笔者开设的“法的基础理论与应用”公选课中,有1/5的学生为英语专业的学生,其比例远超过其他专业,很多学生还制定了专门的法律学习计划,进行系统的选修课,以期待未来投身法律事业。

2.小语种+法律

近年来,由于毕业去向较好,在全国普通高校招生中或多或少地出现了“小语种热”,小语种招生的规模不断扩大。作为语言类专业,小语种专业学生除了专业从事翻译行业,也大都面临专业方向的重新定位问题,因此对选择第二个“实务性”专业选择的需求也较为强烈,其中法学也是一个重要的选择方向之一,如近年来对南美贸易的发展,许多学习西葡语专业的学生对拉美国家政治法律制度的学习兴趣也渐趋浓厚,需要我们拓展相关领域的教育和教学。

(二)培养路径

在人才培养的具体路径上,“外语+”法学专业复合人才的培养根据其复合程度的不同,可分为三个层面,即专业复合、课程复合和技能复合。关于专业复合,有学者认为,“法学复合型人才的培养,需要的不仅仅是法学院系与其他单个院系的联合,而是需要法学院系与其他所有院系的共同联合,是针对学生的需求所设立,或者先设立后通过市场来检验……”①如南开大学曾进行经济、管理、法学跨专业人才培养试验,并且取得一定的成果。不过由于我国的本科专业大多为四年,进行专业的复合人才培养不可避免地要面临如何在“博”的基础上实现“专”的问题;关于课程复合,主要是在语言主修专业之外通过学习法学专业的辅修或双学位课程,使学生在精外语的同时还要懂法律,尤其是语言对象国的法律,但是由于没有系统的法律专业学习,学生想全面深入地了解对象国的

① 李良寓、王国梁:《法学复合型人才培养道路探索》,载《江南大学学报》(教育科学版)2007年第2期。

法律制度还要做更多的额外努力;技能复合,就是要使学生在精通外语的基础上具备处理对象国法律事务的能力。"外语+"法律复合人才培养的具体路径主要体现在以下几个方面:

1. 宽宽路径

即在原有专业学习的基础上,以本专业为主,法律专业强化外语学习,外语专业强化法律学习。

(1)法律专业拓展外语。法律专业为学生主业,同时强化英语或小语种的学习。2016年,我校修订了新的本科生培养方案,按照新的方案,专业复合培养成为覆盖多数学生的一种有效教育资源供给。鉴于当下学生在中学阶段的英语水平都普遍较高,在入学之初,学校即对新生进行难度很大的英语水平专门测试,有40余名学生通过测试,取得了大学期间英语免修的资格,他们可以修读另一门外语如阿拉伯语、法语、德语等作为大学英语的替代科目。法学专业通过测试的学生分别选择了法语和德语作为第二外语,形成了主修法律,外语为小语种的学习模式。

(2)外语专业加盟法律。英语专业为主业,同时进行法律专业的基础课程学习。目前,我校开设了近30个语种的外语专业,排名前10%的外语专业学生可以取得学习经贸、法律等专业的资格。通过上课时间的统筹安排,外语专业的学生可以加入法学专业学生的课堂,将法学专业作为辅修或双学位课程学习。这样,学生在具备良好的语言基础的前提下,可以基于自己的兴趣对对象国的法律进行专门的学习和研究,由于克服了语言的障碍,又有法律知识的熏陶,其研究的深度和广度都值得期待。宽宽路径的主要意义在于搭建了学生在法律和外语两个专业之间可进行游走的平台,为未来进一步深造提供了基础性的知识储备。

2. 宽窄路径

即英语+特定法律专业领域的学习。由于英语是外语类专业的主流,同时世界主要法律发达国家如美国、英国、加拿大、澳大利亚等国家的语言均为英语,故尽管英语专业人数较多,但其市场需求仍然巨大。同时,由于在4年本科期间,学生的精力有限,如果对自己研习法学专业的具体领域提前定位,则可以达到术业有专攻的效果。当下,法律实务领域的专业分工已经变得越来越细化,学生在一定程度上减少对各部门法律知识的全面学习,而专门强化对特定领域问题的研究也能达到事半功倍的效果。虽然我们强调法律人整体性法律思维的养成,但是对某些更多地采用技术性规范的法学研究和法律服务领域,欠缺一些其他的知识也并不影响在未来从事的法律领域做精、做好,如专门从事国际贸易、国家投资法律问题的研究和实务,对宪法、刑法等知识的需求并不显得十分迫切。宽窄路径在于培养英语国家从事特定法律事务的较为专业性的法律人才,使其在某一领域能够更加精深。

3. 窄窄路径

即小语种+特定法律专业领域的学习。对于小语种对象国的法律问题,我国往往缺乏专门的法律工作者进行专题的研究。如有关知识产权的管理,我们很缺乏同时熟悉欧洲发达国家的语言和知识产权制度的法律专业人才,相关人才在人力资源市场上缺口很大。2014 年我们曾和中国人民大学法学院、中国政法大学联合举办了知识产权国际管理高级人才班,主要招收本校德语、西班牙语、法语等专业的学生,学生利用周末时间进行学习,四个学期的学习收到了良好的效果。有些用人单位很欣赏这样的培养模式,希望我们能够培养出更多的这样的专业人才。

四、存在的问题及其解决方案

"外语 +"法学专业复合专业培养模式运行的基础是学校拥有多语种专业,因此其主要适合外语专业院校,但是相关的经验可在其他专业性法学院系复制。在学习期间,由于学生要学习两门专业,时间和精力有限,如果没有合理的时间安排,难以保障学生坚持到底并取得预期的学习效果。目前,我国高等教育本科专业学习期间大都是四年,这期间很多语言专业的学生还要去对象国学习半年到 1 年,以增强所学语言的应用能力,这样需要在课程设计上保证外语专业课时和法学专业课时的完整性。另外,在校学习期间,由于大都浸润在语言学习的氛围中,外语专业学生接受全面系统的法学专业学习不太容易。虽然学习期间学生可以获取一定的法律知识,但是还难以形成较为充分的法律思维,法律思维方式的养成绝不是一蹴而就的事情,但这种法律思维对于以后从事研究和处理具体法律问题是至关重要的。

为了解决以上问题,我们尝试从以下几个方面改进:(1)方法保证。强调实践教学的开展,强化教学中的实习环节,我们已经与一些企业包括国内知名的知识产权公司联系建立了实践合作基地,这样学生有机会进入名企进行法务的见习和实操,从而了解行业发展动态,增强实践技能,以便对自己的未来钻研或从业方向做进一步的定位。(2)师资保证。特定法律专业领域的专业教学需要良好的师资保证,因此具有扎实的理论功底和实践能力的师资,对于"外语 +"法律复合人才培养十分重要。为此,我们积极引进人才,在知识产权方向从国家知识产权局引进教授,从英国知名院校招聘海归博士,从而进一步充实师资队伍。(3)时间保证。为了将复合培养扎实有效地开展下去,学校调整了上课作息时间,使外语专业学习和法学专业学校的上课时间不冲突,学生可以根据自己的经历去双向选修课程,并根据自己的精力和学习情况选择取得辅修学位证书和双学位证书,这在最大限度上保证了教学效果。

法治人才的培养是实现全面依法治国的重要条件之一,在法治建设的新时代,法学专业的复合型人才培养是大势所趋,这决定了全国各法学院系要开动脑筋,扬长避短,在某些领域做出特色,做到以特色求发展,以特色求卓越。

新时代背景下涉外卓越航运法律人才培养模式初探

——以上海海事大学的具体实践为例*

王国华** 佟 尧***

摘 要:党的十九大报告提出,建设教育强国是实现中华民族伟大复兴的基础工程。在中国特色社会主义现已进入新时代的重要背景下,结合我国航海院校的专业实践,探索涉外卓越航运法律人才的培养模式,将为“一带一路”倡议以及海洋强国建设等国家战略的有效实施提供重要的人才保障。

关键词:涉外卓越航运法律人才 培养模式 上海海事大学

一、新时代涉外卓越航运法律人才培养的重要意义

党的十九大作出了中国特色社会主义现已进入新时代的重大判断。党的十九大报告明确了新时代背景下我国教育发展的总体要求,即把教育事业放在优先位置,深化教育改革,加快教育现代化;落实立德树人的根本任务,发展素质教育;完善职业教育和培训体系,深化产教融合、校企合作;加快“双一流”建设,实现高等教育的内涵式发展。①

在“一带一路”倡议以及建设海洋强国、国际海事司法中心、自由贸易试验区、上海国际航运中心等国家战略背景下,以社会经济发展需要与市场现实需求为导向,优化涉外卓越航运法律人才结构,培育出一支兼具航运和法律知识能力、能够熟练运用外语处理国际海事争端的高起点、高层次、高素质复合型人才队伍,已然成为新时期我国海商法教

* 本文为中国法学会部级法学研究课题“国际海事司法中心建设问题研究”(CLS2016D167)阶段性成果。

** 上海海事大学法学院院长、教授。

*** 上海海事大学法学院讲师。

① 参见习近平:《决胜全面建成小康社会,夺取新时代中国特色社会主义伟大胜利——在中国共产党第十九次全国代表大会上的报告》,载人民网:http://cpc.people.com.cn/n1/2017/1028/c64094-29613660-8.html,最后访问日期:2018年7月31日。

育界主要的目标与任务。

2017年5月习近平总书记在考察中国政法大学时表示,全面推进依法治国要坚持立德树人、德法兼修,培养大批高素质法治人才。其进一步指出,法治人才培养离不开法学学科体系建设,对于法学这种实践性较强的学科,要处理好知识教学与实践教学两者之间的关系。应打破体制壁垒,将法律实务部门中的优质资源引入高校课堂,加强法学教育、科研工作者同法律实务工作者的交流。①

可见,创新和探索航运法律人才培养机制,为航海院校、科研机构与海事法院、海事仲裁委员会、海事律师事务所等海商法实务单位搭建合作平台,培育系统掌握专业基础知识、通晓国际海事规则、能够在世界舞台上捍卫国家海洋权益的专业化、职业化人才,在新时代背景下更具重要的现实意义。

二、涉外卓越航运法律人才培养模式的现存问题

一方面,我国尚未形成一套完整高效的涉外卓越航运法律人才培养管理体系,各航海院校普遍缺失专门针对航运法律人才培养而制定的规范性文件及配套政策,这使培养管理工作长期处于无法可依、无文可依、无策可依的状态。同时,专业课程的设置未充分体现大专业小方向、宽专业精方向的“海商法主干学科+其他人文社科领域的基础学科”的复合交融和协同发展理念;教学组织形式相对僵化,未能从人才培养的不同行业、不同地域与不同层次面向角度出发,实现教学主体的多元;未建立起系统化的航运法律人才培养评价机制,评价反馈机制的缺位导致包括学校、用人单位、学生在内的人才培养相关利益者无法客观分析培养过程和质量,更无法判断涉外卓越航运法律人才培养目标是否有效达成。

另一方面,与英国、新加坡等国际航运中心相比,我国的高端航运法律人才数量明显短缺,在人才培养力度等方面仍有较大差距。② 以英国为例,由于其具有十分健全和完备的航运法律体系,拥有一大批海商法领域的权威专家,特别是在波罗的海航运公会、海事仲裁员协会等集聚在伦敦的全球最富影响力的行业组织推动下,英国长期雄踞国际航运服务业中心地位。英国高度重视高端航运人才的培育,其以服务市场为导向,支持高等院校与社会组织协同培养行业实际需要的高级专才及复合人才。③ 众所周知,航运领域所涉法律关系多与船、港、货密切相连,这就要求海商法人才不仅具备法律知识,更要拥有丰富的航运实践经验。我国对于海商法专业学生的业务能力及综合素质培养支持力度尚待增强,航海院校培育卓越航运法律人才实效的国际认可度也有待进一步提升。

---

① 参见王庆环等:《立德树人德法兼修——习近平总书记考察中国政法大学重要讲话在高校引起热烈反响》,载《光明日报》2017年5月4日,第3版。

② 参见真虹:《上海国际航运高端人才发展策略》,载《人才开发》2011年第2期。

③ 参见瞿群臻、李立鑫:《欧美日韩等国家航运人才培养体系研究及对我国的启示》,载《物流工程与管理》2014年第3期。

三、上海海事大学培养涉外卓越航运法律人才的具体实践

(一)专业设置和学科发展

20世纪60年代,上海海事大学魏文翰、魏文达教授创始了新中国海商法学学科,出版了新中国第一部海商法学专著,开创了新中国海商法教育的先河。①

上海海事大学法学院以海商法研究和教学为特色,以培养精通法学基础理论知识并体现航运、物流、海洋等专业领域特色的国际化创新型法律人才为办学定位,现设有法学(海商法)本科专业,法学硕士一级学位点和法律硕士专业学位点,同时还设有航运管理与法律专业二级学科博士点。法学(海商法)专业被列为上海市重点专业与教育高地建设专业。法学院下属的海商法研究中心是国内成立最早的海事海商法律研究智库,其被选为上海市人文社会科学重点研究基地。2012年法学院获批成为上海市涉外卓越法律人才培养基地。近年来,最高人民法院海洋司法保护理论研究基地、中国国际私法学会海事国际私法专题研究委员会、中国仲裁法学研究会海事仲裁研究中心相继在上海海事大学挂牌设立。

(二)教研组织与师资队伍建设

上海海事大学法学院设有海商法、国际法、民商法、经济法和公法教研室,师资力量雄厚,拥有一支结构合理、精干的教学科研团队。现有专任教师57人,教授10人,副教授18人,讲师29人,硕士生导师40人,博士生导师5人。从学历结构来看,具有博士学位的有41人,占71.9%。从年龄结构来看,45岁以下的青年教师占71.9%。从国际化程度来看,具有海外留学和国际交流经历的30人。团队中绝大多数成员都具有法律职业资格,并长期作为兼职企业法务、律师或海事仲裁员参与法律实务。

(三)毕业生就业情况

法学院毕业生就业情况良好,大部分学生就业于大型国有港航企业、行政和司法机关、事业单位、律师事务所以及业内知名的外资或民营港航企业。因毕业生法学功底较强,涉海专业特色明显,实践应用能力突出,长期获得用人单位的青睐,为学院赢得了良好的业界声誉。

(四)上海海事大学涉外卓越航运法律人才培养模式

在涉外卓越航运法律人才的培养模式方面,法学院重点探索国内外联合培养机制。法学院积极开拓资源,与国外海商法研究领域顶尖院校加强合作,联合开展一系列高水平的国际交流项目,在充分发挥法学院办学优势的同时,引进海外优质教育资源,提高海商法教育质量。

1. 创办涉外卓越航运法律人才培养双学位班

上海海事大学与澳大利亚莫道克大学展开合作,创办了涉外卓越航运法律人才培养

---

① 参见吉娜:《传承海商精神,培养卓越海事法律人才——上海海事大学法学院海商法教学团队》,载《时代金融》2016年第8期。

双学位班,莫道克大学是澳大利亚教学质量最好的几所公立综合性大学之一,学生满意度在澳大利亚创新研究大学联盟中位列第一。①

学生入学后,在结合个人职业发展意愿和学生父母意见的基础上,由学院组织英语分级考试,依据分数选拔出20名学生进入双学位班学习。双学位班的专业课程全部采用小班式教学,配备最优秀的师资团队,近半数专业课程为双语教学,个别课程由学院聘请的外教进行全英文授课。学校为该班学生制定专门的培养方案,兼具大陆法系和英美法系法学理论知识,尤其注重英语语言学习和法律英语应用能力的培养,该班学生所修读的英语类课程课时数是普通同学的2倍之多(双学位班46学分,普通班20学分)。

学生大一、大二学年在国内进行全日制学习,英语水平达到澳方大学最低要求(雅思成绩各科6.0)的,将于大三学年赴澳方大学学习,大四返回本校学习。学生需在澳方大学完成24个学分的普通法课程,包括澳大利亚普通法制度、合同法、侵权法、衡平法和信托法、财产法、司法救济和补偿等多门必修和选修课程。在澳期间,本班学生将和当地学生共同参加课程学习。

学生完成本校和澳方大学相应课程以及达到各项学位要求的,将同时获得国内法学学士学位以及澳方大学的普通法学士学位。在学生成功完成澳方大学的法律课程后,还有机会继续攻读澳方大学的法学学士学位以及法律博士学位。

2. 涉外卓越航运法律人才培养的专业课程设置与教学方式的创新

第一,以海商法课程设计与教学为抓手,强化学生英语语言学习和法律英语课程学习。对于本科生与研究生,除按教育部规定开设16门法学专业核心课程外,学院还设置了船舶物权法、国际海上货物运输法、海事法、海上保险法、海事诉讼法等海商法专业重点课程,同时注重双语课程建设,全面提高学生的专业英语交流、阅读、翻译与写作能力。

第二,创新教学方式,突出案例教学法的运用。学校专门设有案例库建设资助项目,由富有经验的学科带头人组织师资团队,收集和筛选典型案例,编写案例集,并将其作为实践教学的重要材料和分析模版。案例教学法在课堂中的运用,有助于深化学生对理论问题的认识,提升学生的理论水平,②培养学生发现问题、分析问题以及解决问题的能力,有利于调动学生主动学习专业知识的能动性,使教学内容生动具体、直观易学,有效地提高课堂教学质量。

第三,重点培养学生的就业实践能力。学院鼓励学生参与杰赛普(Jessup)国际法模拟法庭辩论赛、国际模拟仲裁庭辩论赛等高端赛事,令他们在大型赛事中历练成长,进而提升综合素质。组织学生开展上船航海实习等一系列实践活动,增强学生的就业能力。

---

① See Murdoch University, "Murdoch climbs international student rankings", *Annual Report of Murdoch University*(2016), p. 42.

② 参见王泽鉴:《法学案例教学模式的探索与创新》,载《法学》2013年第4期。

3. 积极开展国际交流与合作

聘请多位外籍教师为学生讲授国际贸易法、国际海上货物运输法等课程。每学期,学院都会邀请国外学者或专家开设学术讲座,令学生了解和掌握国外法学研究与行业发展的前沿动态,很大程度上提升了学生的法学素养,拓宽了他们的学术视野。除了与澳大利亚莫多克大学展开合作外,法学院还与美国杜兰大学、英国南安普敦大学、英国斯旺西大学、日本冈山大学等进行密切的交流与合作,开展本科"3 + 1 + 1"项目(本科生前3个学年在国内学习,大四一年在境外高校交流,交流期满后再深造一年,即可同时获得国内法学学士学位和境外法学硕士学位)或研究生"1 + 1"项目(研究生第一学年在国内学习,第二学年在境外高校交流,交流期满后可同时获得国内和境外高校的法学硕士学位)。学院与世界知名的海商法院校签有合作协议,学生可自主选择境外留学或游学项目,并享受一定的学费减免和奖学金优惠。每年约有50名学生参与交流项目。

四、新时代背景下涉外卓越航运法律人才培养模式的思考

(一)培养方案制订方面

海商法专业的培养方案应当凸显出法律的职业化特征。航海院校应以海商法课程教学为核心,重视和加强实践教学内容,着重培养学生理论联系实际的应用能力。除开设法律文书、模拟法庭和法律谈判等常规实践课程外,培养单位还可增设航运产业实务、国际货运代理实务、集装箱运输实务、租船实务、水险实务、船舶买卖实务、海事审判实务、海事仲裁实务、检察实务和海事律师实务等课程,邀请来自航运组织、海事法院、检察院、律师事务所、大型航运企业等部门的资深专家参与到海商法专业本科生、研究生的教学及培养工作中来。

虽然多数高校的培养计划要求学生在国家机关、企事业单位中的法律工作部门实习不少于6个月,但是并未像某些国外大学一样,必须由学生提供单位开具的实习证明才能获得相应学分,这使国内高校的实务实习课程很难落到实处。因此,建议从严把控海商法专业学生的实习实践活动,构建有效的学生实习表现反馈机制,加强实务课程的教学力度。

此外,海商法专业教育与现行的法律职业准入体系并未建立起有效的衔接。以我国目前的海事法官遴选制度为例,任职于海事法院的法官不仅要通过国家司法考试,还必须在竞争激烈的公务员考试中名列前茅,才可能进入海事法院工作。这种法官遴选方式对于普通法院或许有效,但对于海事法院而言,并非根据其专业化需求来确定人员选拔标准。通过该方式选定的人员与海事法院真正所需的任职人员相比,无论是在专业背景上还是在英语能力上,都存在一定的差距。在这种现实情况下,如果航海院校再未关注到加强学生职业规划和就业指导的重要性,海商法专业毕业生的就业难度将呈几何式递增,而就业指标又必然影响到专业招生计划的正常实施,极易导致"生源质量差—就业质量差—生源质量差"的恶性循环现象出现。为此,各航海院校应当进一步优化培养方案,以职业化教育为引导方向,在条件允许的情况下,专门开设海商法专业职业规划和就业指导类课程(主题包括但不限于简历制作、求职礼仪及面试技巧等)。

(二)课程教学设计方面

第一,应进一步拓宽对外沟通渠道,密切与行业单位的交流与联系,力争实现海商法专业实践基地数量不断增长的基础目标,建立管理规范、开放共享的运行机制,为在校生提供稳定、优质的学习与实践场所。① 同时,还应构建起高效的实习基地或用人单位信息反馈机制,对实习学生的校外表现进行长期跟踪以及动态把握,将管理、服务和质量评价纳入教学的整个过程之中,保证实践教学质量维持在较高水平。在时机成熟的前提下,参考订单式培养的人才培育模式,面向市场需要,为海事法院、海事法律服务机构、大中型航运物流企业等相关领域输送法律人才。

第二,应当全面推动海商法专业课程内容与教学手段的改革。对于航海院校而言,课程设置还是以传授基础理论知识为主,难以与综合法学院的本科生课程、硕士研究生课程相区分。虽然包括上海海事大学在内的航海院校都开设有模拟法庭等校内实践课程,但从学生普遍反馈的情况来看,此类课程教学效果一般,甚至课时量都不能得以全面保证,并且缺乏系统、科学的教材或讲稿体系。② 特别是对于海商法这种实践性很强的学科而言,针对培养涉外卓越航运法律人才所设计的课程体系应以职业化应用为最基本的指导思想。授课教师需从大量的航运案件、司法判例中提炼出海商法的基本理论问题,通过对国际海事公约、国内外涉海法律条文的分析和解读,引导学生阅读、思考与讨论,使他们深刻了解立法目的、条文含义以及司法实践对法律规定的具体运用,进而掌握海商法领域的各项特别制度。在课堂教学方式上,也不宜片面地采取传统"照本宣科"或"满堂灌"式的知识传授方法,应当采取拼盘式、启发式、参与式、研究式、辩论式等相对多元化的教学手段。在选修课方面,更多地赋予学生自主权,允许其根据自身需要,跨序列自由选修法学博士、法学硕士的部分课程,最大限度上实现修课机制灵活化、课程内容专精化、课堂教育多元化以及教学过程实务化。

第三,通过对海商法专业英语类课程进行改革以及加强与境外高校交流合作、创设境外实践基地等方式,提升卓越航运法律人才的国际化水平。现如今,第二语言能力是高端法律人才不可或缺的硬指标之一,未来进行课程改革时可以考虑开设航运法律实务双语或全英文课程,③例如,可以模拟国际海事诉讼、国际海事仲裁课程为切入点,引导学生进行英文语境下的法律实务练习。航海院校还可以根据师资情况,尝试设置外国海商法(史)课程作为学科扩展教育课程,鼓励学生自行收集和阅读外文学术著作,不断加深课程内容的趣味化、多样化、国际化程度。④ 无须讳言,我国目前的海商法专业教育实效

---

① 参见于杰、李佳、董翰霖:《中国高端航运法律人才培养模式探析》,载《世界海运》2014 年第 11 期。

② 参见王利明:《我国法律专业学位研究生教育的发展与改革》,载《中国大学教育》2015 年第 1 期。

③ 参见张芷凡:《海商法双语教学的探索与思考》,载《法学教育研究》2015 年第 2 期。

④ 参见郭萍:《中外高校海商法课程设置的比较研究》,载《航海教育研究》2016 年第 2 期。

与航运法律人才培养的国际化目标还相去甚远。这种现象的产生主要受到以下两方面因素的影响:一方面,与一般的法学专业相比,海商法专业学生除了要在有限时间内研习和夯实法学理论基础外,还要花费更多的精力去掌握大量复杂的航运专业知识,直接影响外语学习的广度与深度;另一方面,多数院校未将外语教学(特别是法律英语等专业英语教学)覆盖学生在校学习的整个期间,使不少学生误以为通过全国性英语标准化考试即画上了语言学习的"句号",部分高校甚至没能为学生提供合适的国际交流或锻炼机会,直接导致了某些海商法专业学生缺乏国际视野和国际交往能力。为此,航海院校应当注重培养学生的外语听力、表达、阅读、写作及综合运用能力;不断拓宽国际合作渠道与合作领域,发展高规格、高质量的合作办学或海外办学项目,逐步形成"教师互聘、学生互换、学分互认、学位互授"的新型合作机制,丰富海商法专业师生的国际交流经历;充分利用境外高校的优势教学资源,探索与国外大学合作开设海商法课程、建设高水平全英文法学课程、联合组织国际海事模拟法庭/仲裁庭竞赛等教育模式,全面提升卓越航运法律人才的国际化水平。

(三)学位论文标准方面

应当对海商法专业学位论文考核与评价体系加以完善,不宜将论文的理论学术性作为毕业考核或学位授予的唯一标准。考虑到海商法学科的实践性特征,笔者认为,该学科的学位论文形式也应当具备多样化特点,①不应局限于学术论文的成果形式。建议指导教师鼓励学生更多地撰写以实地调研和实际数据为基础、以航运法律实务中的现实问题为主要对象的研究报告、调查分析、案例评述、法律风险评估和控制文件等。

航海院校不能忽视教育质量保障规范制度的构建,应从学位论文写作、学术不端行为检测、学位论文答辩等方面建立起完备的学位授予管理规则体系,制定专门的规范文件从而确保学生培养的核心工作有章可循。可以参考全国法律硕士专业学位教育指导委员会制定的《法律硕士专业学位论文规范》,明确以下海商法专业学位论文标准:论文选题应同海商法理论和实践密切相关,概念精准,定位清晰,能够体现一定程度上的新颖性;将问题意识摆在首位,以最新的国内外理论研究成果为研究基础,以国内外司法实践为考察对象,综合运用文献分析、理论分析、实证分析、比较分析、跨学科分析等研究方法,独立思考、推理和论证;结构严谨、逻辑缜密、表述准确、语言通顺,格式符合规范;就选题所涉及的相关问题,能够提出自己独特见解或新观点。从整体上看,文章需在理论性、专业性、系统性、实践性、创新性方面体现出学生一定的学术水平。

(四)师资队伍建设方面

应当进一步深化海商法专业的"双导师"制度建设,加强对兼职教师的管理。成立专门的本科生、研究生导师组,在海商法教学过程中,试点导师组集体培养与导师具体负责

---

① 参见张梅、秦国际:《应用型本科法学学位论文的选题原则及方法》,载《沈阳师范大学学报》(社会科学版)2015年第4期。

相结合的方式,对于研究生导师组,负责人应由具有博士研究生指导资格的教授担任,组员以具有硕士研究生指导资格的教授、副教授为主。而对于本科生导师组,负责人可由具有硕士研究生指导资格的教授或副教授担任,组员宜以富有教学管理经验的教师以及青年讲师为主。航海院校还应聘请部分来自海事法院、海事仲裁委员会等实务单位的工作人员加盟导师组。虽然很多高校都已开始试点"双导师"制度,但在实际操作中,往往会出现所聘请的校外导师(尤其是政法部门的领导)只是挂名而不实际参与实际教学活动的现象。有些高校则未明确区分校内外导师的工作职责、分工安排、任务指标和奖惩标准,缺失制度性规范。校外导师队伍不够稳定,长期处于高流动性状态,部分外聘兼职教师的教学时间安排过于随意,无法与高校正常的教学秩序有序衔接,有的兼职教师还缺少教学实战经验,教学效果良莠不齐。因此,航海院校需要尽快打造一支与涉外卓越航运法律人才培养相适应、专兼职相结合的"双导师"教学科研人才团队,不断优化教师结构,加强整体梯队建设,关注人才的"引"与"育",逐步形成"引进人才—培育师资—传授经验—吸引人才"的长效运行机制,建立起兼职教师教学能力提升体系与青年教师职业发展规划体系。建设"双导师"教学科研人才团队是培养应用型法律人才的重要保障,①各高校可以考虑从绩效考核、职称评定、薪酬激励等多维角度向参与实践教学的校内教师适当倾斜,通过加大精神和物质奖励等途径,充分调动、发挥校外兼职教师参与教学活动的积极性。航海院校要进一步鼓励导师团队探索集体会诊、个别指导的师生互动模式,为海商法专业学生开设"导师课堂"或定期举办"导师分享会"等形式多样的教学活动,真正将"双导师"制度落到实处。

同时,笔者建议,将专任教师挂职锻炼单位同学生的实习单位紧密结合,这既有利于实现教师参与实践教学全过程的工作目标,又便于挂职教师为学生提供及时、专业的实习指导,可谓是双赢之举。创设专任教师挂职考核机制,要求教师秉持明确目标到与本专业相关的单位挂职锻炼、积累实务经验,挂职结束返校后需提交一篇与海商法教学相关的论文或考察报告以便学校掌握成果转化情况,考察因素应包括对目标订立、实现程度、教学成果的综合评价。航海院校在培养海商法专任教师实践教学能力的同时,还要进一步明确工作监督标准,对专任教师挂职锻炼效果进行动态跟踪,进而保障该项工作取得良好的预期效果。

在新时代背景下,培育涉外卓越航运法律人才还应重点关注协同创新与联动发展的问题。海商法专业人才的协同培养,离不开多措并举、多方合力。应以创新为人才协同培养的核心引擎,突出学科协同、校企协同、校际协同、教研协同以及中外协同的功能定位。2017 年全国高校海商法教学与研究论坛在上海成功举办,来自全国 25 所开设海商法课程的院校百余名专家学者、法学教育工作者参与,围绕"海商法教学与人才培养模

① 参见祖彤、孟令军、李娜:《法学专业"双师型"师资队伍影响因素分析》,载《黑龙江高教研究》2016 年第 9 期。

式”主题进行了广泛研讨。会上,中国海商法教育联盟宣告成立。全体参会代表作为联盟成员,共同签署《联盟宣言》,正式形成海商法教育联盟运作机制,“全国高校海商法教学与研究论坛”实现常态化。

高校应以实现合作共赢为目标,保持专业特色、寻求行业支持,不断探索与中国法学会及下属研究会、地方法学会以及中国海商法教育联盟等学术团体和高端智库之间的联动发展模式,发挥学科优势,坚持创新驱动,立德树人、德法兼修,互学互鉴、资源共享,为国家培育出更多、更优秀的航运法治人才。

模拟法庭教学常态化的中山大学模式

——多学科协同、教学研深度融合的数字化刑事诉讼仿真教学模式

杨建广* 李懿艺** 林 婧*** 陈丁怿****

摘 要：数字化刑事诉讼仿真教学模式从2000年开始，研制的国家“新世纪网络课程建设工程——刑事诉讼法”教学软件，并于2009年实现模式化和常态化运作。该教学模式采用系统工程方法，借助模拟刑事诉讼软件系统，整合了中山大学校内资源和校外资源，选取真实案件，不预设诉讼结果，法学、计算机科学、法医学等专业学生在不同校区进行同一案件的不同角色扮演，实现司法技能演练的智能化、高仿真性。该教学模式具有普适性，可进一步完善和推广。作为众多的模拟法庭教学模式之一，有必要充分发挥模拟法庭专业委员会的作用，有步骤、有计划地持续研究若干种模拟法庭教学模式的建设标准，建议教育部教指委尽快出台指导意见，以满足不同类型法学院校的开课需要。

关键词：模拟法庭 刑事诉讼仿真教学模式 数字化 常态化

“多学科协同、教学研深度融合的数字化刑事诉讼仿真教学模式”是法学国家级实验教学示范中心（中山大学）于2009年完成的。它是由一个教育部“新世纪网络课程建设工程——刑事诉讼法”网络教学平台、一本刑事诉讼法的国家级规划教材、多门刑事诉讼理论与实验课程共同构成的一种适用于当下司法体制改革大背景的受众主体广泛的新型刑事诉讼仿真教学模式（以下简称“数字化刑事诉讼仿真教学模式”）。这一教学成果获得了2017年度广东省教育教学成果奖（高等教育）一等奖。下面就这一模式的教学理念、基本功能、示范意义和运行推广情况做些说明，以就教于同行。

---

* 法学博士，教育部法学国家级实验教学示范中心（中山大学）主任，中山大学法学院教授。

** 法学博士，教育部法学国家级实验教学示范中心（中山大学）副研究员、博士后研究人员。

*** 复旦大学法学院博士研究生，教育部法学国家级实验教学示范中心（中山大学）助理。

**** 中山大学诉讼法学研究生，教育部法学国家级实验教学示范中心（中山大学）助理。本文所提及的教学模式的贡献者还有众多中山大学的相关老师和研究生，这里一并致谢！

一、数字化刑事诉讼仿真教学模式的发展历程

该教学模式源于2000年开始研制的国家“新世纪网络课程建设工程——刑事诉讼法”(教育部第一批立项的唯一的法学项目)教学软件。该教学软件是由中山大学杨建广教授领导的具有法学、计算机科学、网络工程、教育技术、法医学等多学科背景的教学科研团队,在建构主义理论①和法治系统工程思想②指导下于2002年完成的,③并于同年获得了第六届全国多媒体教育软件大奖赛二等奖。该教学软件率先在网络上实现了人机融合的数字化模拟法庭,拓展了模拟刑事诉讼实训的时空,提升了刑事诉讼法学和模拟法庭等课程的教学效果。随后,包含网络“虚拟法庭”刑事诉讼法网络课程(网址:http://course.sysu.edu.cn/xsssf/)教学软件成为网络共享的自主学习型课程资源供国内外读者使用。中山大学、中南大学、西南科技大学等多所大学也长期将该网络课程挂在校园网上供学生学习刑事诉讼法和开展模拟法庭实验。2003年前后,杨建广教授携带该教学软件到日本创价大学推广交流一年,受到国内外同行的充分肯定和广为传播,国际著名教育家池田大作对此高度评价。该教学软件所体现的教学理念和教学手段的创新探索引起学界同行的关注。

2003年8月杨建广教授与龙宗智教授(时任西南政法大学校长)合作,将该教学软件整合纳入教育部“面向21世纪课程教材”系列法学核心教材之一的《刑事诉讼法》(龙宗智、杨建广主编)之中,并由高等教育出版社和高等教育电子出版社同步发行。2007年《刑事诉讼法》教材连同配套教学软件获批为“十一五”国家级规划教材(至2017年已发行了153601册/套),发行广泛,影响深远。中国著名法学家陈光中教授对该教学软件给予高度评价。

2009年以该教学模式为主要教学机制支撑的中山大学法学实验教学中心被教育部、财政部批准为国家级实验教学示范中心建设单位,杨建广教授被任命为中心主任,郭天武教授(模拟法庭任课教授)和赵虎教授(法医系主任)为副主任,法学、法医鉴定技术、计算机网络技术等多学科、多领域协同的教学模式的整合和推广更为迅速。以此为契机,中山大学刑事诉讼法与模拟刑事诉讼教学团队进一步整合原有国家级网络教学平台、国家级规划教材、国家级法医鉴定中心等教学和实验资源,形成了体系完备、虚实结合、功能齐全、效果显著的稳定的具有中国特色和国际影响力的数字化刑事诉讼仿真教学模式。

为适应国家司法体制改革、法学卓越人才培养的需要,中山大学模拟刑事诉讼教学

---

① 参见何克抗:《建构主义的教学模式、教学方法与教学设计》,载《北京师范大学学报》(社会科学版)1997年第5期。

② 参见杨建广:《法治系统工程20年》(上),载《现代法学》1999年第5期。

③ 参见杨建广、苏顺开:《〈刑事诉讼法学网络课程〉的设计与实践》,载《中山大学学报》(自然科学版)2002年第S1期。

团队在多年探索整合刑事诉讼法理论课和模拟法庭实验课的基础上，逐步实现模拟刑事诉讼实验课程常态化，使这一数字化刑事诉讼仿真教学模式持续至今。10 多年来，亲自前来法学国家级实验教学师范中心（中山大学）参观学习、购买教学成果的国内外单位和个人超过 300 人次。以 10 家法学国家级实验教学示范中心联合主办的突出仿真诉讼过程的“全国大学生模拟法庭竞赛”也已举办了六届。

二、数字化刑事诉讼仿真教学模式的优势与创新

数字化刑事诉讼仿真教学模式贯彻以能力培养为核心的教育理念，以职业素养职业精神为导向的教育理念，以学生为中心，自主学习的学习理念，问题导向、团队学习、碎片化学习、深度学习等新兴教学手段理念，采用系统工程方法充分借鉴了多媒体表现形式，综合集成多种与刑事诉讼相关的法律、制度、专业理论和知识、案例、教师与学生等资源，联通模拟法庭课程与网络课程、教材，形成具有整体学习与交流功能的开放型知识系统，有效地解决了传统法学教学一直无法解决的问题。①

（一）运用法治系统工程方法，创设课内外多层次立体化教学模式

该教学模式运用了系统工程框架（Systems Engineering Framework）、对象导向框架（Objects-Oriented Framework）和法治系统工程（Legal System Engineering）方法。采用“初级、中级、高级”的阶梯型教学模式，以适应不同主体的学习要求。在思想方法上从整体出发，注重综合、立体网络式思维，在观察视角上完成从“实体”中心到“系统”中心的转换，从而实现知识与技能动态平衡和互动适应。所谓以系统为中心，就是在开展模拟刑事诉讼（模拟法庭）实验教学时，以 15 ~ 30 名学生为一实验小组（诉讼仿真系统），学生模拟真实的控、辩、审等各种角色进行角色扮演（不是演话剧式的有完整剧本的舞台扮演，而是不预设结果，只给侦查终结的基本证据材料，严格按照诉讼进程自主开展仿真实验）的验证性实验和探索性实验。这种模拟法庭不受教学场地的局限，充分利用课内外时间和网络空间，通过法治系统工程技术应用和实验检验，融合了多学科知识、理论与经验，调动了不同校区、不同专业的研究生、本科生协同司法人员合作开展模拟刑事诉讼实验，有效地解决了模拟法庭课堂与司法实践脱节，诉讼系统整体被不同课程人为割裂的问题。

（二）整合多种实验设备和软件，实现多学科、异地同步的理论与实务实时、交叉教学，实现法律技能演练的智能化、高仿真性

模拟法庭的开展需结合诉讼法、刑法、民法以及司法鉴定等知识形成完整的诉讼知识体系，更需要专门的模拟法庭实务技巧训练，仿真司法实践真实样态。该模式提出的综合性大课程将课程体系，包括理论教学与实验教学。理论教学内容融合刑法、刑事诉讼、民事诉讼、民法等法律分支学科，创新使用网络平台的人机对话、视频交互、案例教

---

① 参见苏顺开、夏纪梅、杨建广：《网络课程质量的关键是教学设计》，载《中山大学学报论丛》2003 年第 1 期。

学、网上答疑的形式;同时,结合司法实践,实验教学开设与理论课配套的模拟法庭课程,采用“1+2模式”(1位现场导师加2位实验助教指导一组实验的制度)。为提高学生参与热情,常规化组织学生参加校内、省内、国内、国际的模拟法庭竞赛。另外,结合中山大学实际,专门针对未成年刑事审判进行流程设计,深入发挥法律知识应用效果,从而提高学生的综合判断力以及行业敏锐度,做到学以致用。

在开设的高级自主研究式模拟刑事诉讼中,利用了模拟诉讼实验教学系统、审判业务实验教学系统、检察业务信息管理系统、侦查实务系统、司法实训教学模拟系统(Justice-L)、远程实时审判现场教学系统等教学设备,连通中心三个校区的实验分部,法学专业学生(担任模拟诉讼中的法官、公诉人、被告人、辩护人等角色)与法医学专业学生(担任模拟诉讼中的鉴定人、专家证人等角色)可通过该系统“异地、同时、同台、同步”模拟诉讼全过程。真正实现了法学与法医学两个学科的学科融合与优势互补。

通过审判业务教学系统,学生可远程观摩广州市中级人民法院、东莞市第一人民法院的庭审现场,指导老师则可在学校一端现场实时点评、指导和解答庭审中出现的专业问题而不影响法庭一端的庭审活动。使每一名学生能够及时、客观、全面地感受和了解到真实庭审的全过程。

通过远程实时审判现场教学系统,师生在模拟法庭内可与美国迈阿密大学法学院学生合上刑事诉讼法学课程,能够实现高清可视的同步录像、同步播放、同步互动,让中美两国学生犹如亲临对方课堂的现场。

(三)建立资源共享互动性平台,为老师与学生搭建线上线下的沟通桥梁

在“掌上网络课程、微博交流平台,微信公众平台”等二维码识别区,学生可点播法庭审判直播或录播、教师的视频教学内容,浏览课程的电子教案和电子教材等,获得最新推送的实用诉讼法学知识,还可以在微博、微信进行互动。

在该平台下分设有“学习感悟类、问题探讨类、意见建议类”三类Q&A,能够解答学生大部分的常见问题。此外,在模拟法庭教学过程中,还充分借助微信、微博、Blackboard等交流与网络教学平台来加强师生问题探讨。

采用人机交互智能技术。该教学模式通过与Blackboard平台与中山大学慕课平台、法学实验中心视频会议系统对接,利用3个平台的人机交互功能,师生能够以多媒体信息与计算机网络进行信息交流。

三、数字化刑事诉讼仿真教学模式的教学成效

近年来,中山大学通过一系列专业课程设置努力实现模拟法庭教学制度化、常态化。面向全院本科生、研究生开设的“模拟法庭”“法庭辩论”“模拟刑事诉讼”“模拟民事诉讼”“法律实务”“司法文书”等若干课程均贯彻适用数字化刑事诉讼仿真教学模式,融合理论教学和案例教学,通过刑事诉讼仿真教学方式,深入挖掘法律知识的应用效果,着重考察和培养学生实务操作能力、语言表达能力、思维应变能力、团结协作能力和法学专业素养。同时,充分发挥网络教学打破传统教学模式僵化的理论体系、融通各类资源和活

动的一体化教学优势，通过整合、更新形式多样的立体化学习资源，推动刑事诉讼理论教学、实验教学的深入融合，培养具有全球视野的复合型、创新型、融通型卓越法律应用人才。

以上课程采用由多学科专业教师与实务专家同堂上课、由刑事诉讼法学研究生辅导实验、学生积极参与模拟刑事诉讼实训的教学方式。模拟刑事诉讼课程与相关专业课程协同、校内专业导师与校外实务专家共同指导、仿真教学实验室硬件条件与软件条件并驱发展、选课学生与研究生助教共同探究，从而实现模拟法庭教学的常态开展。通过这种刑事诉讼仿真实验，学生根据实验材料（模拟刑事诉讼的卷宗材料），进行角色分工，学生各自担任法官、检察官、书记员、法警、辩护人、被告人、证人、专家辅助人等角色，模拟刑事诉讼程序，进行各项庭前准备，参与模拟法庭庭审，仿真进行法庭调查与法庭辩论，不预设案件结果，给予学生充分的讨论和发挥空间。学生经过一学期的模式化针对训练，法学知识水平、逻辑推理能力、言词表达能力、文书写作能力等方面都有极大的提升，实现了刑事诉讼仿真教学的教学目标。以上课程在中山大学法学院常规开设多年并坚持至今，学生创新能力得到显著提高，中心充分运用数字化仿真刑事诉讼仿真教学模式，组织并指导上百名学生参与各项竞赛及活动并取得不俗成绩。①

数字化刑事诉讼仿真教学模式取得的良好教学成效从学生对课程的评教数据中亦可一窥。以下是对2010～2015年中山大学模拟法庭教学评价情况的统计结果（见表1、图1、图2）：

表1　2010～2015学年中山大学模拟法庭课程教学评价情况统计

学年	所在单位	课程名称	课程类别	评教平均得分	参评人数	应参评人数	参评人数比例
2010学年	法学院	法庭辩论	专业选修课	91.87	183	209	88%
2011学年	法学院	法庭辩论	专业选修课	92.23	222	222	100%
2013学年	法学院	模拟刑事诉讼	专业选修课	94.56	316	325	97%
2014学年	法学院	模拟刑事诉讼	专业选修课	93.74	202	202	100%
2015学年	法学院	模拟刑事诉讼	专业选修课	95	162	219	74%

注：1.数据来源为中山大学法学院教务部；
2.2012年评教情况数据未能从教务部获得。

① 参见杨建广、李懿艺：《创新型法学实验教学示范中心的探索与实践》，载《实验室研究与探索》2012年第12期。

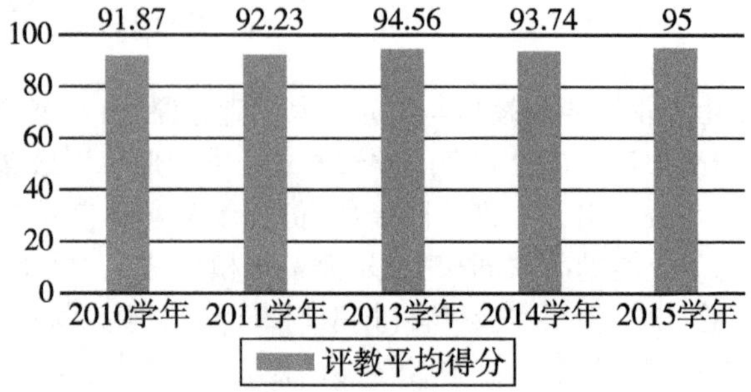

图1　2010～2015学年中山大学模拟法庭课程教学评价得分统计

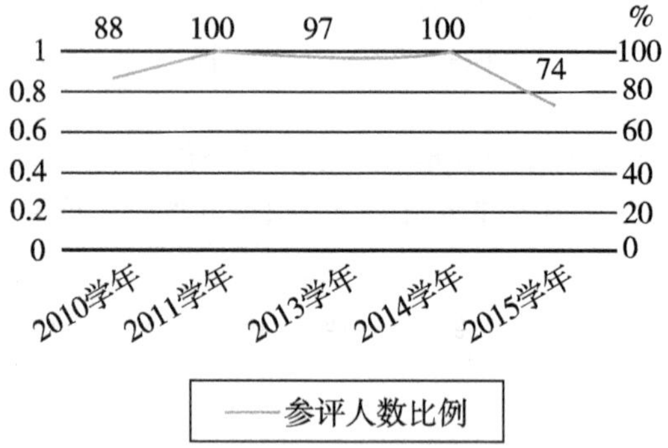

图2　参与2010～2015学年中山大学模拟法庭课程教学评价的学生比例统计

作为数字化刑事诉讼仿真教学模式支撑平台的网络课程软件系统从2003年经教育部验收并由高等教育出版社出版后,经过15年的教学实践检验、推广应用和升级改造,教学效果显著,已经成为引领实验教学潮流的示范课程。以原本缺乏师生交流的成人教育为例。2008年7月中山大学网络教育学院在学习平台上组织了学习过刑事诉讼法网络课程的学生参与网上调查。共有1598人参与其中,调查结果显示如图3所示:

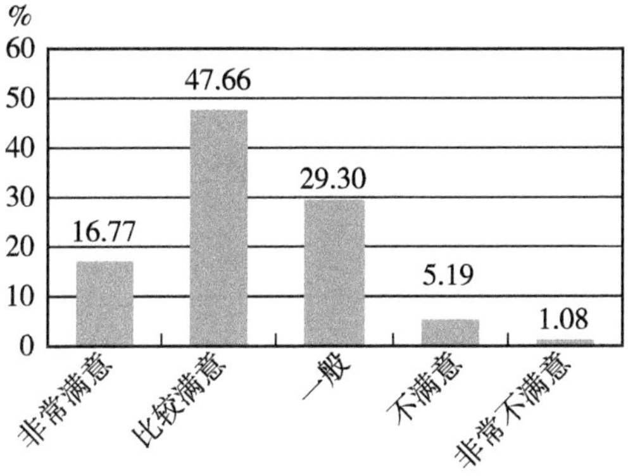

图 3　学生对远程学习平台运行的满意度分布

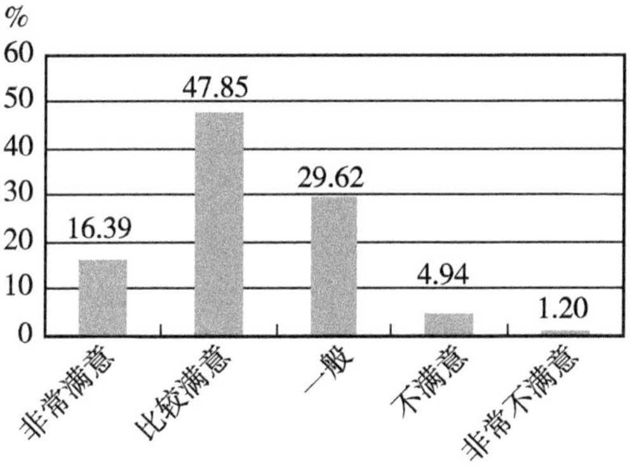

图 4　学生对网络课程授课质量的满意度分布

调查显示,大部分学生满意学习平台运行,学生对远程学习平台运行的满意度高达93.73%(见图3),对网络课程授课质量的满意度高达93.86%(见图4)。

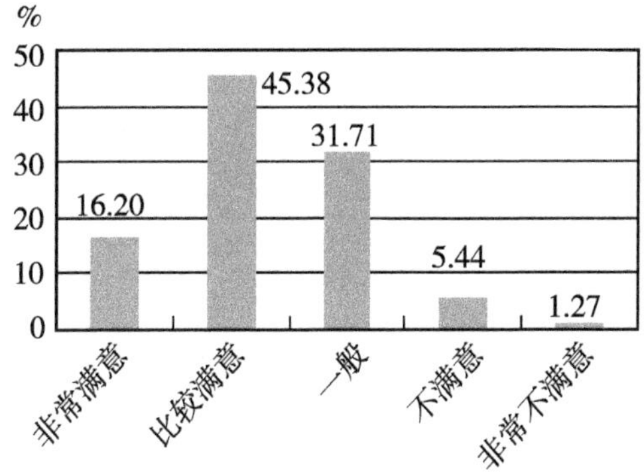

图 5　学生对辅导答疑情况的满意度分布

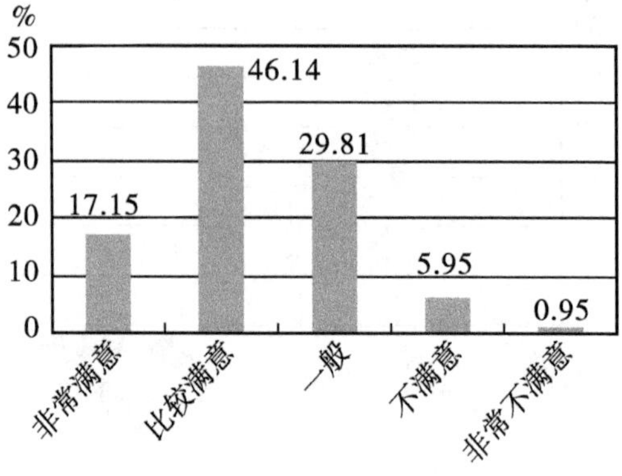

图6 学生对作业批改工作的满意度分布

教师答疑形式多样,包括在课程交流区答疑、通过电子邮件答疑等,便于教师及时调整教学辅导策略。问卷调查结果显示学生对辅导答疑辅导答疑高达93.29%的满意度(见图5)。另外,平时作业只要学生按时完成,辅导教师都会予以批改,并定期进行讲评,93.1%学生对作业批改工作满意(见图6)。

当然,调查结果反映出的一些问题也引起了课程团队的重视,尤其是辅导老师投入时间和精力不够的问题,这也成为促进现在的在校本科生模拟法庭课程与包含虚拟法庭的网络课程虚实结合、专任导师与校外导师结合、老师与研究生结合机制激活的最好催化剂,促进了教学模式的持续完善和常态化运作。

四、数字化刑事诉讼仿真教学模式的常态运作与示范价值

数字化刑事诉讼仿真教学模式是法学教育与法治实践紧密结合,成功实践中国特色法治系统工程理论和方法的一项具有较大国际影响力的新成果,具有重要的示范价值。

(一)数字化刑事诉讼仿真教学模式创设仿真性很高的模拟法庭赛制,依托国家级法学实验教学示范中心发挥数字化刑事诉讼仿真教学模式的辐射和示范作用

该教学模式自2009年在中山大学实验成功以来,已被固化在2013年由全国10家法学国家级实验教学示范中心联席会主办的"全国大学生模拟法庭竞赛"和北上广湘多地的省级大学生模拟法庭比赛的赛制之中,成为引领全国高校深化法学实验(实践)教学改革,着力培养卓越法律人才的重要举措之一。这类模拟法庭比赛仿真性高,着重考察和培养学生理论与实践的结合能力、司法实务操作能力、临场应变能力和团结协作能力,提高学生综合专业素养。

(二)数字化刑事诉讼仿真教学模式是整合中山大学校内资源的多学科协调、教学研究深度融合的数字化教学系统

自2002年起,该教学系统既不同于一般法学应用课程(教师结合案例教学),也不同于法学院校普遍开展的"模拟法庭"(类似于演话剧,台词、诉讼过程和审判结果预知),

而是适应网络时代法院、检察院和公安机关网上办案新形势，选取真实案件、不预设诉讼结果，借助模拟刑事诉讼软件系统，整合校内的法医、计算机、网络工程等学科的师生，以及校外法官、检察官资源，在不同校区进行不同角色扮演（如北校区法医系同学不用到东校区的模拟法庭出庭，而是直接在平时的课室中借助视频会议系统演练法庭中的鉴定人），大大提高了实验课的仿真效果和探索性实验的价值，学生上课兴趣和精力投入明显增加。

这一基于系统工程思想、对象导向框架和法治系统工程技术和方法，虚实结合，集文字、图像、声音、动画于一体，综合与刑事诉讼相关的法律、制度、专业理论和知识、案例、教师、司法人员与学生等资源，形成具有整体学习与交流功能的开放型知识系统的教学模式具有创新性和科学性。

（三）数字化刑事诉讼仿真教学模式所基于的所有条件为全国大多数法学院校所共有，只需模仿该教学模式进行整合就能开出同样的课程，具有普适性

该教学模式按照多学科、多行业、多层次、数字化和实用化的综合教学体系而设。多层次是指课程体系分为研究生、全日制本科生和非全日制本科生的课内与课外两大课程板块。

多学科是指将刑事诉讼法、法医鉴定、审计意见等一套与刑事诉讼相关的学科，整合进模拟刑事诉讼课程体系之中，形成综合集成各种知识的知识系统。

多行业是指邀请法官、检察官、律师、法医等专家远程指导模拟法庭全过程，或担任模拟法庭竞赛角色兼评委。

数字化手段是指通过网络平台实现教学小视频、多案例的交叉模式，并通过可视化系统、远程审判业务系统等设备提高法律实践的真实性、有效性。

实用化是指以案例为载体且模拟法庭全过程需制作各方司法文书，形成完整教案和司法卷宗。法律文书的准备涉及“公、检、法、律”四行业的规范，有利于锻炼学生的综合法律素质。这一模式现已被如中国政法大学、西北政法大学等多所法律院校所采用，并已固化于全国大学生模拟法庭竞赛的赛制之中，成为中国实验（实践）教学的主流模式。

五、结语

该教学模式虽然取得了一定的成效，但只是众多的模拟法庭教学模式之一，亟待与兄弟院校深入交流，取长补短。事实上，如果不能形成共识，我们坚持多年的教学模式也难以按质按量的坚持下去。事实上，我们也早已认识到，这样的模式在各高校推广仍有一些问题需要解决，如校内外教学资源的整合，包括远程审判系统运行的维护，院外、校外辅导老师聘任程序的确定，教学工作量计算标准的制定，研究生参与教学辅导的常态化机制设计，以及学校对实验课程的师资、设备的配备和评价等的政策延续性等。① 这些都是模拟法庭是否能够课程化、制度化、常态化的基础条件。

---

① 参见杨建广、郭天武、李懿艺、陈雪珍：《困境与选择　改革与创新——第二届国家级法学实验教学示范中心年会评点》，载《中山大学法律评论》（第10卷）第1期。

为了使这一被不少法学院校认可的模拟法庭教学模式进一步固化和完善,有必要充分发挥模拟法庭专业委员会的作用,有步骤、有计划地持续研究若干种模拟法庭教学模式的建设标准,建议教育部教指委尽快出台指导意见,以满足不同类型法学院校的开课需要。

信息动态

中国法学会党组召开会议传达学习习近平总书记在全国教育大会上的重要讲话精神

2018年9月10日至11日，全国教育大会在人民大会堂隆重召开。中国法学会党组书记、常务副会长陈冀平，党组成员、副会长、学术委员会主任张文显出席。2019年9月13日，中国法学会党组召开会议，传达学习习近平总书记在全国教育大会上的重要讲话精神，研究部署贯彻落实措施。

会上，陈冀平、张文显同志首先传达了习近平总书记的重要讲话和会议精神，随后党组同志进行了热烈发言。陈冀平指出，这次全国教育大会是党中央在中国特色社会主义进入新时代、全面建成小康社会进入决胜阶段召开的一次历史性会议，在我国教育发展史上具有重要里程碑意义。习近平总书记在大会上发表的重要讲话，站在新时代党和国家发展全局的高度，深刻总结了党的十八大以来我国教育事业发展取得的显著成就，深入分析了教育工作面临的新形势新任务，科学回答了关系我国教育现代化的几个重大问题，对当前和今后一个时期教育工作作出了重大部署，是指导新形势下做好教育工作的纲领性文献，为加快推进教育现代化、建设教育强国、办好人民满意的教育指明了前进方向、提供了根本遵循。我们一定要从牢固树立"四个意识"、做到"两个坚决维护"的高度，认真学习领会、全面准确把握，切实把思想和行动统一到党中央重大决策部署上来。

陈冀平强调，建设中国特色法治体系，建设社会主义法治国家，必须实现科学立法、严格执法、公正司法和全民守法。而高质量的立法、执法、司法和普法，离不开高素质的法治队伍，离不开高水平的法学教育。法学会作为党和政府联系广大法学法律工作者的群团组织，要按照《中国法学会改革方案》要求，积极参与法学教育改革创新和法治人才培养，参与中央政法委、教育部等部门实施的"卓越法治人才培养计划""双千计划""部校共建高校法学院计划"。要积极参与马克思主义理论研究和创新建设工程、哲学社会科学创新工程和教育部法学专业核心课程的设计、教材编写，巩固和发展马克思主义法学教育和法学理论阵地建设。大力推动法学研究基地建设；配合教育部开展法学教育质量评估；联合相关法学院校建立法学博士后科研工作站。

陈冀平要求，要充分发挥中国法学会法学教育研究会的平台作用，通过研究会加强与教育部门和法律实务部门的沟通联系，大力推动中国特色法律体系、法学理论体系、法治话语体系、法治人才培养体系、法学专业体系、法学课程体系、域外法学学科体系等的研究,尽快形成新时代中国法学教育发展和法学体系建设纲要等研究报告和咨询意见,为中国特色社会主义法学教育的繁荣发展贡献智慧和力量。

党组成员、副会长鲍绍坤、张鸣起、王其江参加会议并发言。

教育部高校法学类专业教学指导委员会、中国法学会法学教育研究会2018年年会暨“改革开放40年与中国法学教育的发展”论坛综述

2018年9月8日至9日，教育部高校法学类专业教学指导委员会、中国法学会法学教育研究会2018年年会暨“改革开放40年与中国法学教育的发展”论坛在吉林大学顺利召开。此次会议由教育部高校法学类专业教学指导委员会、中国法学会法学教育研究会主办，吉林大学法学院承办。此次年会适逢吉林大学法学学科建立70周年，学界同人共襄盛举，格外引人注目。年会和论坛就改革开放40年以来法学教育的发展进行回顾和总结，并就如何在党的十九大精神领导下全面推进“双一流”法学学科建设，创新法治人才培养体制等议题，展开了广泛和深入的研讨。

论坛开幕式由中国法学会法学教育研究会常务副会长、中国人民大学法学院韩大元教授主持。首先，由教育部高等教育司副司长徐青森讲话，他认为目前法律人才培养的目标是制订卓越法律人才教育计划2.0版，从八个方面深化改革，提高人才质量，找准人才培养的结合点，构建法治人才培养体制。要打破高校与社会之间的体制壁垒，加强与实务部门交流沟通。还要加强专业建设，加强教师队伍建设，深化教法改革。要深化教育教学改革，为法治中国建设构建基础。

中华全国律师协会会长、金杜律师事务所管委会全球主席王俊峰在讲话中首先回顾了中国改革开放40年中国法学教育的发展，认为这是一个规模累计到质量提升的转变，要建立中国特色，也要有国际对话能力。教育是灵魂的教育，法学教育更应注重启迪思想。目前法学教育与法律职业的关系是，法学教育无法承接和满足毕业生就业需求，法学毕业生无法满足事务部门的能力需求。关注法学教育更应关注法律实践。要进行法学教育供给侧改革，知识教学与实践教学相结合，法学院与法学实践工作部门一体联动培养法学人才。

教育部学位管理与研究生教育司副司长周佑勇提出法学院教育要以双一流为引领，走内涵式发展道路，要建设高校的主体地位和主体责任：(1)一方面，要坚持社会主义办学方向，传承中国法治成果；另一方面，要对标世界一流，比拼世界一流。(2)要转变发展理念与发展方式，实现从规模扩张到体制创新，强调内涵式发展。高层次人才、博士研究生规模需要进一步扩大，博士招生与研究项目结合，从招生单一计划模式向弹性需求转变。(3)以学科为基础支撑一流建设，以需求为导向，优化学业结构与动态调整，博士专

业学位及社科类博士专业类别细化,优化培养结构。(4)人才培养方面,第一,率先建设一流本科教育;第二,要进行研究生改革;第三,注重教师团队建设、师德师风建设,和良好师生关系;第四,要实现高水平创新,各方面一起重视。

司法部国家司法考试司副巡视员王红在讲话中首先回顾了司法考试的历史、取得的成果。她指出,依据党的十八届四中全会的精神,司法考试改革为国家统一法律职业资格考试。主要有以下特点。报考条件变化:非法学、非全日制的毕业生将不可以报考,对以往已经毕业的人员,可继续参加,包括自学考试等人员。考试风格和方法的变化:先考客观题,2 张卷,每张 150 分,客观题考试成绩合格人员才可以报名参加主观题考试;客观题机考。考试内容与范围也有所变化;18 个专业内容,将对法学教育产生引导性影响。对取得法律职业资格的人员的管理将更加完善:司法机关将对相关信息在网上公布,进行动态管理。

教育部学位与研究生教育发展中心主任黄宝印讲话的主要内容是学科评估和未来法学教育如何发展。他主要对学科评估和法律专业学位评估作了介绍。法律专业学位教育目前已经取得了很多成效。例如,校内外双导师制在各类院校的教学中得到了一定体现,与实践部门进行联合培养的模式逐渐成熟。目前存在的弱项是案例教学与实践教学方面。实践教学恰恰是法律硕士需要特别强调的。下一步需要深化改革,法律教育应与三阶段相结合,突出实践性和实用性。

在嘉宾致辞之后,中国法学会法学教育研究会副会长房绍坤教授代表张文显会长对研究会过去的工作进行了汇报总结,并对下一年度工作规划进行了汇报,主要包括 8 个方面:(1)学习、研究、宣传贯彻党的十九大精神,围绕中央重大决策部署开展相关方面工作。(2)落实总书记法治人才培养的讲话精神,在法学学科体系、法学课程体系、法学教材体系、法学人才培养及创新、法学实践教学等方面做出改革方案与措施。(3)深入开展法学教育的理论研究,推进法学教育理论创新,重点对全局性根本性问题进行研究。(4)进一步加强法学教育领域的核心制度建设,充分发挥研究会立论建言、理论创新、理论引导、社会服务、公共外交方面的作用,努力建设成中国法学教育的核心、高端支部。(5)继续开展重要奖项评选、创新平台产出成果,启动并做好 2019 年第六届中国法学教育研究成果奖、中国法律文化研究成果奖的评选工作,加大宣传和奖励力度。(6)立足前沿,提升中国法学教育的国际话语权,组织高水平法学教育国际研讨会,扩大中国法学教育的国际影响。(7)进一步加强研究会党委组织建设,丰富党支部活动形式。(8)进一步加强研究会组织机构建设工作。

随后的环节,由 3 位在法学教育领域有卓越贡献的前任或者现任法学院院校长进行了主题演讲。

第一位演讲人是中国法学会法学教育研究会学术委员会主任、华东政法大学原校长何勤华教授。他报告的题目是中国法学教育反思,何勤华教授认为,这些年来,中国法学教育取得了巨大成就,有以下几点:(1)培养的人才大大增加,数量众多。(2)法学教育涉及的行业广泛、层次丰富。(3)法学教育促进了我国的立法事业,提升了我国的立法水平。(4)法学教育,为法律实施、行政机关的执法、审判机关司法奠定了基础。(5)法学教育铸造了公民的法律理念与守法习惯,大大提升了国家各个层面的法治水平与法律意识。与此同时,中国法学教育40年的发展也出现了一些问题,值得我们深刻反思,主要有以下6个方面的问题:(1)法科学生的就业问题日益严峻。(2)受司法考试、法律职业资格考试的冲击,学校若处理不好就会沦为考试培训机构,法律基础知识教育欠缺,学生人文修养因培养计划、教学计划变化而受到影响。(3)法学教育当中理论与实践脱节问题到现在尚未得到根本解决,社会发展无法及时反映到我们法学教育中。(4)法科学生数量与质量关系需要理顺,教师少,学生多,师生关系异化。(5)受中国教育体制及评价体系的制约,法科专业教授科研压力大,导致老师无法全身心投入教学,投入到人才培养当中。(6)受中国教育大环境的影响,法学教育波动、甚至大起大落,虽然改革开放以来中国法学教育一直向前推进,但是仍然曲折反复。法学教育到底是通识教育还是专业教育,学界的讨论也从来没有停歇,各学者之间具有分歧。

第二位主题演讲者是上海交通大学法学院原院长季卫东教授。季教授针对何教授对改革开放40年的回顾,讲了三点感想。(1)如何把握过去40年法学发展的历程:过去40年法学教育的历程可以分为四个阶段。第一个阶段,1978~1988年,是法学教育的恢复阶段;第二个阶段,是1989~1999年,是转型阶段,法学教育规模随着市场经济发展不断扩张;第三个阶段,是2000~2010年,可以称为升级阶段;第四个阶段是2011年至今。一、二、三阶段以数量扩张为目标,是一种外延式的发展,第四阶段应该是以质量提高为目标的内涵式发展。(2)当今中国法学教育的特征:第一,法律职业主义的形成和发展作为其方向,法律职业资格考试实际上成为法学院教育的指挥棒,有资格要求涉法的领域越来越广,对实务技能的要求提高,法律职业人员定位变化,往职业化方向发展是非常清晰的。第二,与国际接轨,为吸引外资而改善我们自己的法律环境,全球自由贸易体系的形成、全球规则体系的形成,在这个过程中法学教育的发展与中国经济改革动向密切联系。第三,利用信息技术、计算机系统、互联网到现在的大数据、人工智能,提高司法改革的公平与教育,使法学教育内容有所改进,不断丰富化。问题是,大数据与人工智能直接影响教育时我们的处理。(3)法学教育中存在的问题以及可能的解决方案:第一,意识形态与专业技能,德法兼修;第二,学理性与实践性之间的关系,加强实践,同时,学生自身法律解释等素质;第三,情理法,多元化规范结构,善与正的关系。需要提出的问题是,如何寻找最大公约数?有两个原则我们必须坚持:一是正当程序原则;二是演绎推理规则。

第三位主题演讲者是对外经济贸易大学法学院院长石静霞教授。针对目前的法学教育改革,石教授提出了三点看法:(1)中国已经进入了改革开放深水区,对外开放不断扩大,要建设开放型新体制。这需要法治人才的支撑。(2)我国现在涉外法律人才现状是需求与供给不相符。涉外人才培养,卓越法学人才培养计划应该在大形势下进行关注。双一流建设要在学校层面上进行更多支持。(3)作为法学教育者来讲,机制体制约束、实务课程设置等,在具体管理体制中都带来一定羁绊。要加强师资队伍建设,引进外来教授,如退休律师等,采取更系统办法进行实践教育。

9月8日下午至9月9日上午的分论坛,与会法学专家学者分别就"改革开放40年中国法学教育的回顾与展望""法律人才培养标准和法学核心课程体系""法学教育与法律实务特别对话""推进案例教学与法治人才能力培养""国家法律职业资格考试与法学教育改革""涉外法律人才培养与西部法学教育"6个主题展开了热烈研讨,会议成果取得了广泛共识。

中国法学会法学教育研究会模拟法庭教学专业委员会2018年年会暨"模拟法庭教学的规律及常态化"论坛,和诊所法律教育专业委员会(CCCLE)2018年年会暨"诊所法律教育在新时代的推进"学术会议,也于本次年会期间,在吉林大学顺利召开。

9月9日中午年会闭幕式由中国法学会法学教育研究会副会长、吉林大学法学院院长蔡立东教授主持。中国社会科学院大学党委常务副书记兼副校长王新清教授、中国人民大学法学院龙翼飞教授、山东工商学院法学院院长张献勇教授和西南政法大学应用法学院副院长张光君教授就各个分论坛和专业委员会年会的主题进行陈述和总结。吉林大学法学院副院长何志鹏教授代表吉林大学法学院表达了对支持本次年会的各单位、兄弟院校及个人的由衷感谢。接下来是会旗交接仪式,由蔡立东教授将会旗交给上海政法学院校长刘晓红教授,并祝愿下届年会顺利进行。刘晓红教授表达了上海政法学院对承办2019年年会的信心,同时,向在场的各位领导、嘉宾发出热情的参会邀请。

最后,由中国法学会法学教育研究会秘书长、中国人民大学法学院副书记兼副院长杜焕芳教授对秘书处的工作进行汇报,包括理事增补情况的通报,宣布专业委员会建设:财经类、模拟法庭、法律诊所并新增理工类院校专业委员会(名称待定),年底启动第六届法学教育研究成果奖奖项的申报等。

附分论坛综述:

第一分论坛:改革开放40年中国法学教育的回归与展望

本论坛第一单元由安徽大学副校长程雁雷教授主持。

国家开放大学法学院院长叶志宏教授发言指出,改革开放40年来,面对社会主义建设中法律人才的缺乏,远程开放教育为国家培养了大批人才。在教学实践和改革中,积极在少数民族地区开展双语教育,积极与检察系统和军队合作并开展法学教育。伴随改革开放的深入,远程开放教育面向社会,运用新技术和新平台,实现课程资源的共享,扩大法学教育的社会影响。

中山大学法学院院长黄瑶教授提出,面对新时代下构建新型国家关系的需要,面对"一带一路"对涉外法律人才的需求,配合国家"双一流"高校建设要求,需要反思国际法教学存在的问题,诸如国际法地位在下降、课堂教学设置不科学、实践教学形式比较单一。这种不足和我们的教学技法缺乏创新、教学内容缺乏与相关学科的互联融合密不可分,因此我们应该进行不断地改革,进一步提高对国际法的认识,切实加强国际法师资建设,丰富国际法教学内容,增强国际关系理论,改革国际法教材。

辽宁大学法学院院长杨松教授重点分析了法学人才培养的特色问题。她提出,在法学人才培养中,要遵循三位一体模式推进法学人才教育,协同创新。不同学校或学院要考虑自己的定位和特色,使全国法学教育各有特色,但也要求基本的共同素质,如职业伦理、知识体系和技能。在法学教育中,实践教学和理论教学有机结合起来,一要实现实践导师的优质资源能够共享;二要重视职业伦理课,实现养成式教育。

大连海事大学法学院院长初北平教授通过外国法查明的理念来讨论涉外法律人才的培养。他指出,对外国法的学习成为高校非常关注的问题,给学生怎样培养外国法的判断是非常重要的问题。一方面,我们对外国法律的比较研究不足,对于普通法系和大陆法系中外国法查明的认识缺乏全面和深入的研究。另一方面,我们尚未能认识到外国法查明对法律职业共同体的影响,也未能认识到对我们相关专业性人才的缺失。在法学教育中展开外国法查明的相关人才的培养,能够扩展学生的从业范围,提升学生的法律素养,增强学生的社会适应能力。

北京理工大学法学院院长李寿平教授提出,当今世界处于一个新的时代,这个新时代呈现出两个重要特征与我们的法学教育发展密切相关。第一,我们处在全球化的后期,国际社会对自由限制,出现贸易保护主义,但国家之间相互的依赖越来越强,恐怖主义等对国际社会产生重大影响。第二,科技发展越来越快,对法律发展提出更多的挑战。新时代的法学教育发展,需要应对这种新的时代特点,需要实现法学教育国际化,需要知识结构的国际化,需要具有国家化的视野和国际化的理念。同时,还要注重复合型人才的培养。

在本单元会议讨论阶段,参会老师们围绕法学人才培养的国际视野和中国立场如何协调、法学课程中必修和选修如何配置的问题展开富有启发意义的讨论。

第一分论坛的第二单元由重庆大学法学院院长黄锡生教授主持。

黑龙江大学法学院党委书记胡东教授发言指出,我国的法学教育经历了一个发展变迁的过程,中华人民共和国成立初期深受苏联法学的影响,后来受法律虚无主义影响,法学教育进入低谷期。改革开放以来,法学教育开始恢复和发展,从政治教育转向法学通识教育,再后来转向法律职业教育。进入新时代,法学教育的发展要认识到法学是实践性很强的学科,认识到本科教育是基础,坚持法学的职业教育定位,职业教育与专业教育结合。增加实践教学比重,基础理论教学不能忽视,跟实务部门进行交流,打通法学教育和法律职业训练之间的通道。福州大学法学院院长黄辉教授从四个方面回顾和展望改革开放以来的法学教育。从法学教育内容来看,法学教育从最初的恢复到边学边教边建设教材,到建立相对完善的法学理论体系,未来要更为注重基础的夯实和理论的建立,更多地建立自己的制度和理论体系。从法学教育模式来看,从教学方式简单到现在我们学习先进教育方式方法,实现从学习到创新法学教育模式的转变。从师资来看,法学的师资在日益提升,教学与科研结合的更为适当。从学生的角度来看,职业要求相应提高,工作范围增加,也对法学教育提出更高的要求。展望未来的法学教育需要评估,评估应该是法学教育的指向标。评估不仅仅是督促,更是法学教育的引导。

宁波大学法学院董茂云教授指出,改革开放40年来法学教育具有长足的发展。第一,法学教育呈现规模化。大专院校培养学生的规模具有很大的增长。第二,法学教育呈现出多元化。从政法学院设立,慢慢扩展各个大学设立,具有本科生和研究生,还有专业硕士和留学生。第三,法学教育呈现学术化,学生培养转向研究型,研究促进了教育,也可能带来偏差,降低了教学要求。第四,法学教育呈现国际化。教师和学生的国际化对法学教育有促进,当然也有挑战,法学教育要量力而行。法学教育的未来展望,要保留教育的目的和初心;要营造一种情怀,法德兼修;要注重实践,面向社会的需要培养专业性实践性人才;要具有耐心,改革要有确定的方向,不能朝令夕改。

云南财经大学法学院院长佴彭教授重点讲述了法学文献检索与法学教育的关系。法学文献检索与法学教育具有密不可分的关系,但是在当前的法学教育中却处于一种鸡肋的位置。通过对7所高校的调研,法学文献检索课程缺乏,教材体系也不理想,近40年来也没有实现教育部的要求。法学文献检索能力的培养离不开师资队伍的建设,这在法学教育中是一块短板,需要通过法学和图书情报学的联合来培养优秀的师资队伍。西北大学法学院副院长代水平教授在发言中指出,法学教育中存在数量和质量之间的矛盾;法学教育缺乏个性;实践教学实施起来难度很大;教师的教学与科研之间存在不协调;教材的编写还需要加强案例分析。法学教育是与经济背景相关联的,但关键在于法学教育中的管制与自主问题,诸如硕士点设置、课程设置和评估标准等。

在自由讨论阶段,参会代表围绕案例教学、法学课程课时和学分设置、法学教育的道与术问题展开了热烈讨论。

第二分论坛:法律人才培养标准与法学核心课程体系

第一单元由上海财经大学校长助理郑少华教授主持,共有5位发言人进行了主题发言。

浙江大学光华法学院常务副院长周江洪教授详细介绍了浙江大学光华法学院的法律人才培养标准和法学核心课程体系建设。光华法学院每年都会根据情况对培养方案进行微调。除了学科要求外,光华法学院设置了单项理论模块,引导学生作出选择;除了案件模拟研讨,还设有讨论型课程,通过上课讲授、小组讨论,形成新的课程模式;另外,还设有在线化课程。周江洪教授认为,法学核心课程体系建设,在坚持国家标准的基础上,各校可以作出有特色的安排,避免学生培养的趋同化,形成综合性体系,最终形成优秀人才培养体系。

甘肃政法学院教育处处长郑高健教授提出了该校存在的一些问题请大家探讨:第一,法学核心课程体系“10+x”在具体设计时,在课程、课时选择等方面,出现了很多问题。第二,法学课程体系建设、教材编写应当满足学生的需求。在目前的情况下,应启动标准的教材大纲。教材的杂乱,不利于学生选择。第三,法律职业伦理课程是应当一年完成还是应当设置为四年课程,也是一个需要解决的问题。第四,受各种因素影响,法学实践教学基本流于形式,如何保证法学实践教学的实际效果?

南阳师范学院法学院副院长刘国强教授关注的是地方普通院校法学教育面临的问题。他指出,应当多关注地方普通院校的法律人才培养。法学师资队伍建设、法律人才培养的目标定位等如何结合地方特色进行,对于地方普通院校来说都是难点。在相关方面,希望部属院校能够对地方普通院校进行扶持。

河北经贸大学法学院院长王立军教授讲了三方面问题。第一,法律职业伦理课程的确不是一门课就可以学好的,应当以案例教学为主比较合适。第二,在职法硕和全日制法硕统一招生后,普通院校可能存在招生困难。在职人员报名的多,过分数的少。在职法硕和全日制法硕的录取分数线相同但毕业证不同,是否有失公允?第三,财经类院校的特色法学如何搞好,希望大家多提意见。

温州大学政法学院院长王宗正教授认为,应当加强法律人才培养体系的个性化建设。法律人才培养标准应当具有弹性,各院校应当根据自己的目标和特色进行培养。例如,法律人才培养的区域特色就应当成为一个方向。温州大学政法学院的实践课程就规定学生必须到企业实习,本科四年中必须要有实习的经历。

在自由发言阶段,江西师范大学的代表介绍了该校法律人才分类培养的三种方式:英语专业与国际经济法对接、拔尖人才创新班、实务人才培养,分别设置不同的课程和培养方式。英语专业与国际经济法对接面向培养复合型人才,拔尖人创新班才面向考研的学生,实务人才培养面向基层需要。在实践环节,除了实习还有三阶段的见习,按实习的标准,指派老师,分配任务。在教学中,注重学生参与,但老师的工作量变大。

中央司法警官学院的代表指出,目前,行业院校的法律人才培养目标仍不明确。对此如何解决,需要深入研究。行业院校的法学专业特色课程如何设置,也面临一定的问题。

第二单元由中国海洋大学法政学院徐祥民教授主持,共有5位发言人进行了主题发言。

山东大学法学院党委书记周长军教授讲了三方面问题。第一,目前,法律人才培养标准的国家标准还是侧重实务导向。按照这一定位,应当加强法学专业教育的课程和内容,例如,证据法就是需要加强建设的学科。第二,法律人才培养的国家标准是一般标准,“x”是可以选择的,但如何选择需要仔细研究。第三,实践课程与考研、法律职业资格考试的关系问题。实践课程设计要实事求是,要考虑现实可行性。

南京航天航空大学李栗燕教授认为,在当前的情况下,法律人才培养的标准和目标如何设置科学更加需要认真思考。法律人才培养标准存在争议的原因就包括目标定位不同。另外,培养的目标是法律人才还是法治人才也是需要思考的一个问题,法治人才应该是包括法律人才的。

河北大学政法学院院长孟庆瑜教授指出,社会对法律人才需求的变化给法学课程体系建设提出了新的要求。法学核心课程体系中的“10”是不能变的,“x”本身是做加法的时候做减法,给课程选择提供了空间。另外,马工程教材在推广的同时,应当提供统一的教学大纲,供各院校执行和参考。法学师资队伍的年龄结构和知识结构要跟得上时代的发展。

湖南商学院法学院院长龚志军教授认为,目前,法律人才培养是繁荣的。法学专业一度成为热门专业,各校竞相开设法学专业,但确实面临人才培养千篇一律的问题。在法学人才培养的国家标准的基础上,不应否定院校自身的特色,还应当求异。

中国海洋大学吕泽华副教授认为,智能时代的到来,引发了是否在法学教学中引入人工智能的问题。对此,教师不能无动于衷,应当利用先进的人工智能系统打破学生与老师的界限,树立以学生为中心的教育理念,推动法学教育发展。

在自由发言阶段,山西财经大学的代表认为,法律人才培养的国家标准是准入标准、评价标准还是质量标准,值得探讨。

青海师范大学的代表指出,法律人才培养想要彰显特色的确存在一定的难度,例如,民族院校法学专业的双语教学就存在较大压力。

第三分论坛:法学教育与法律实践特别对话

论坛全程分为上下两个半场,主要围绕法律教育与实践中存在的问题和未来发展方向开展跨界对话,上半场在清华大学法学院崔国斌副院长的主持下顺利进行。

论坛第一项由金杜律师事务所颜俊律师发言,作为一个从业26年的律师,他选择从实务角度来切入话题。他指出,学科教育的过度细化以及信息获取的便利性会导致学生知识体系的碎片化;在信息化高度发展的人工智能时代,对法律教育造成了巨大冲击;由于三段论推导模式根深蒂固,导致学生面对问题没有发散思维,知其然而不知其所以然,这是中国教育面临的共同问题。同时他认为我们看待律师职业时应当分为九个阶段:熟人、客户、专业、平台、产品、创新、战略、跨界、道。最高层的“道”即天道秩序,是对理想社会和人生的追求,是法律人对于天道法则的追求。

论坛第二项由德恒律师事务所于秀峰律师发言,他指出实务和教育有一定的差距,各有不同的特点。在律所招聘方面,他提出如下几个参考标准:一是看人品,而人品很大程度取决于忠诚度;二是能力,既包括工作能力也包括社会协调能力,人的能力需要全方位发展,如果单纯做学术可能在工作能力上会有短板;三是形象问题,恰到好处的外表修饰和宜人的言谈举止,是对自己及对客户的尊重,对律师来讲非常重要;四是具有较强语言表达能力,这对于法学生来说非常重要,未来想成为法官、检察官或是律师,语言能力必不可少。

论坛第三项由君合律师事务所武雷律师发言,他指出中国律所目前处于初级发展阶段,律所怎么发展以及律师该怎么做值得深思。关于这个问题他提出了个人意见:第一,可以参照金杜律所公司化管理的模式,未来在法律服务领域还有相当大的空间;第二,通过累加工作量来获得快速成长是作为杰出律师的标准之一,除了非常好的法律功底之外还需要强健的体魄,建议有志于从事律师行业的同学除了学习之外还要好好锻炼身体;第三,有时候选择比努力更重要,选择一个好的职业和好的平台至关重要;第四,学会表达,面对客户和法官、检察官,如何清晰表达自己的诉求并让其接受是一项必不可少的技能。

论坛第四项由恒丰律师事务所田大原律师发言,就他个人而言,在法律实务中更看重实践的作用。首先,他认为法律书籍浩如烟海,重要的是培养法律理念和检索资料的能力,多想一些实际的问题;其次,口头表述能力的缺失是目前法学教育所面临的问题,他本人是一个善于辩论并且热爱出庭诉讼的律师,在律所工作当中更需要文字功底深厚和语言表达清晰的律师;最后,在校教师应当培养学生思考问题的能力。作为律师从业者首先应当给自己定一个方向,就是成为一个大律师,而一个法律工匠和大律师之间的区别就是保有自己的初心,不以善小而不为,不以恶小而为之,做一个有理想有信念的法律人。

论坛第五项由大成律师事务所王哲律师发言,从律所和法学教育的角度来看,他提出如下观点:第一,理论研究很重要,但不要把理论搞得晦涩难懂,律所需要理论功底很深的律师加入,职业"瓶颈"往往是因为理论功底不够而造成的,作为律师不但需要记住法条而且还需要读懂法条,这就是理论功底的体现;第二,专业能力更重要,法学院培养的学生只是一个半成品,进入社会一般需要3~4年的系统培养才能够独当一面,在此过程中不应急躁;第三,目前法学教育的学科设置和现实需求有些脱节,应采取措施改变这一现状。

论坛第六项由天同律师事务所李壮律师发言,作为一名法官职业出身的律师,他认为理论指导实践,又来源于实践,法学教育应当在理论和实践之间找一个平衡点。过去上课完全是被动教学,学生参与度极低,现在老师更多思考如何让学生成为参与的主体,法律诊所、模拟法庭等就是很好的典范,可以发挥学生的主动性从而培养学生的思考能力和实践能力。他认为我们应当保持持续学习的状态,律师的学术研究能力及出庭能力都很重要,对于实习律师来说能够独立汇报案件、撰写文书以及解析判决书等是必不可少的技能。

论坛第七项由福建师范大学法学院杨垠红副院长发言,她的谈话主要从时代背景、现存问题以及实践探索三方面展开。当前我国大力推动法治化进程,需要大量法治人才,法学科要进行实践教学,实现校内资源优化配置从而培养出德才兼备的学生;然而目前实践教学呈现出碎片化状态,案例简单、实践平台简单以及科学证据评估能力不足;为此在学校法学科教育中采取了"1+3"实践教学模式,努力提高师资队伍,并且与校外律所达成合作,使各实践教学模块相结合,全面提升学生专业素养及道德素养。

上半场论坛接近尾声,主持人清华大学法学院崔国斌副院长总结各校友发言并提出自己的一些见解:通识教育很重要,法理很重要,这一基本概念应当明确;实践教学最好的办法是请律师来授课,用案例贯穿首尾,让学生理解实务操作中的程序;学生去律所实习应获得真正的系统性训练,不能任其无人管无人问;律师并非是仅仅研究法条和案例就够了,法学是很艰深的学科,案例是碎片化的知识,每个法条背后有其立法逻辑和社会政治背景,法律人必须建立自己的知识体系,才能够不被社会淘汰;法学院的培养目标定位需要重新思考,教材改革也应注意实践;中国传统不提倡能说会道,口头表达能力的缺失,不仅仅是律师行业,也是整个中国教育的缺失。

简短的茶歇过后,下半场论坛在汕头大学法律系陈瑞林主任的主持下继续进行。

下半场论坛第一项由君泽君律师事务所陶修明律师发言,他指出当前市场与学用是脱节的,法学生需要培养法律思维和学习方法。有些人选择做律师无外乎是因为追求自由,愿意努力并且交流能力不错,认为做律师能够实现个人价值;但同时应当明确一点,实现自我价值的根本在于能否学以致用,并非所有的法科学生都适合做律师,全国每年仅有少数的法学生可以成为优秀律师。作为一名律师要学会独立思考、求真务实,要具有很强的学习能力、商业意识,以及良好的品行及敬业精神。

下半场论坛第二项由科大讯飞赵志伟发言,他提出人工智能分为计算智能、感知智能及认知智能三个阶段,目前讯飞智能产品在小学、中学中应用较多,其优势在于可以通过科学技术来对学生进行“画像”,找出薄弱点并进行针对训练,从而达到孔子所提出的“因材施教”教育理念。目前感知智能技术已经成熟并且在社会各行业中广泛应用,预计未来可以推广到大学教育乃至法学教育中,这将给我们的教育带来突破性的进展。

下半场论坛第三项由中伦律师事务所许胜峰律师发言,他主要从管理者角度谈论律师职业:第一,教育要与实践相结合,法律的生命在实践,通过法律实务实践是找到个人兴趣点的最好方法;第二,很多法律人仅仅停留在法律工匠的阶段,但随着社会的发展,客户对律师的专业能力要求变高,法律人除了掌握法律知识外,还需要广泛涉猎如会计、证券等方面,并且掌握娴熟的法律技巧;第三,平台很重要,好的律所业务更多、成长更快,更有利于律师个人事业的发展。

下半场论坛第四项由上海财经大学统战部部长、法学院周杰普教授发言,她认为,在法科生教育上,司法前沿的课程应当是必修课,实践应当是立体化的。诸如派校内学生去法院学习,达到理论和实践的结合;与最高人民法院的巡回法庭进行合作,与律所进行实践课程合作;积极推进法律诊所与法律援助,在校内设立法律咨询热线,涉及消费者权益保护法、劳动法、环境法以及全英文对接的外国人来华居住与投资热线;定期举办辩论赛与模拟法庭;校外兼职双导师制度等,这些都为学生在专业素养的提升方面起到了极大的作用。

论坛最后,由汕头大学法律系陈瑞林主任做本场总结,现场各位校友进行交流沟通,并一起合影留念,至此一场关于法学教育与法律实践的跨界对话圆满结束。

中国法学会法学教育研究会诊所法律教育专业委员会(CCCLE)2018年年会

2018年9月8日下午至9日上午,诊所法律教育专业委员会(以下简称CCCLE)2018年年会“诊所法律教育在新时代的推进”学术会议在吉林大学成功举行。

9月8日下午首先举行了CCCLE 2018年年会。年会由CCCLE副主任许身健老师主持,CCCLE龙翼飞主任做工作报告。龙翼飞主任从分别就2018年CCCLE取得的工作成就、2019年新目标以及2019年的具体工作任务三个方面进行了发言,提出要继续推广诊所法律教育,落实推广诊所法律教育标准化体系,加强委员会自身建设,发挥示范作用。

之后,CCCLE学术顾问聘任仪式。许身健老师宣布CCCLE全体同意聘请原CCCLE常委纪祥德、纪立刚、李傲、高跃先、牟逍媛五位老师担任学术顾问。

聘任仪式后,CCCLE副主任杨晓蕾老师做了《诊所法律教育课程标准草案》的发布与解读,杨晓蕾副主任对该草案的“法律诊所课程开设的基本标准”“法律诊所课程运行标准”“法律诊所课程管理制度基本标准”等逐条进行了详细的说明并解答了有关老师的疑惑。

会议主题发言阶段由CCCLE常委李秀华老师主持,由CCCLE常委吉林大学李国强老师、中国传媒大学周凯老师、东北林业大学崔冬老师分别作了题为《论高校法律援助与诊所法律教育的整合》《诊所教学方法:过程、反馈、分析》《基于OBE教育理念的法律诊所教育创新研究》的主题报告。来自四川大学的CCCLE常委傅江老师、来自武汉大学的CCCLE顾问李傲老师、来自华东政法大学的CCCLE顾问牟逍媛老师、来自西南科技大学的CCCLE常委程皓老师、来自武汉大学的CCCLE常委项焱老师、来自四川大学的CCCLE顾问高跃先老师,两人一组分别对上述主题报告进行了精彩的点评。

会议自由发言阶段由来自清华大学的CCCLE常委黄新华老师主持。与会老师进行了热烈的讨论和交流。来自黑龙江大学的CCCLE常委胡东老师就自由发言阶段的发言进行了精彩的点评。

9月9日上午进行了诊所法律教育教师2018年度培训,培训主题为“诊所课堂教学与办案实践流程化”,由来自中国社会科学院大学的CCCLE常委苗鸣宇老师主持和组织,全体与会代表参加的培训。为了加深与会教师对于新型诊所教育工具的了解,苗老师使用“雨课堂”进行现场互动。会上依据后台大数据收集到的信息将各位老师进行分组并迅速熟悉案情,在情景中实际体验在线协作工具。中场休息后,各组代表进行简短发言,介绍相关案情以及讨论结果。并由李国强等四位老师扮演的“商家”组与由高跃先等四位老师扮演的“消费者”组进行的场景模拟对抗演连。实景扮演得到与会老师的一致好评。来自中国人民大学的 CCCLE 潘文军秘书长对培训进行了总结和点评,来自武汉大学的 CCCLE 常委黄伟明老师就培训做了精彩发言。

会议闭幕式由来自中国人民大学的 CCCLE 副秘书长刘志华老师主持,CCCLE 副主任许身健老师做闭幕式致辞。许老师简要概述为期两天的诊所论坛活动,呼吁诊所会员团结共进,将理念与方法全面落实。刘志华老师做闭幕总结发言,诊所法律教育专业委员会(CCCLE)2018 年年会圆满结束。

“改革开放40年与中国法学教育：法学课程体系改革与完善”高峰论坛在对外经济贸易大学隆重举行

2018年10月20日中国法学会法学教育研究会和对外经济贸易大学法学院主办的“改革开放40年与中国法学教育：法学课程体系改革与完善”高峰论坛在对外经济贸易大学举行。来自北京大学法学院、中国人民大学法学院、清华大学法学院、武汉大学法学院、中国政法大学、西南政法大学、华东政法大学、复旦大学法学院、山东大学法学院、四川大学法学院、厦门大学法学院、中山大学法学院和对外经济贸易大学法学院等60多所法学院校的院长或主管副院长参加了本次论坛。

本次论坛是对外经济贸易大学法学学科创建40周年传承发展大会的主题研讨，于下午1:30正式开始。首先进行的是题为“改革开放40年与中国法学教育：法学课程体系改革与完善”的主旨演讲。对外经济贸易大学法学院院长石静霞教授担任主持人，北京大学法学院院长潘剑锋教授和中国人民大学法学院院长王轶教授担任主旨发言人。

潘剑锋院长以《北京大学法学院课程设置改革：认识与实践》为题，向与会嘉宾分享了北京大学法学院课程体系设置及改革的经验和问题。潘院长认为，不同类型的学生需要分类培养，法学院的发展目标是培养引领未来者。学院的所有工作包括教学、科研、财务、人才队伍建设乃至后勤保障等各项工作，都应当为培养引领未来者这一核心目标服务。在总目标不变的情况下，应当考虑具体目标的多样化。学生培养的基本思路应是，以学生能力与社会需求为导向，而这最主要的表现在提升学生实践能力和开拓学生国际化视野两个方面。变革的总体思路主要有四个方面：理论研究与实践应用相结合、基础理论与前沿问题兼顾、能力培养与职业品德并重、关注现实与全球化视野。北京大学法学院目前对课程做了四类划分，包括基础类课程、专题类课程、实务类课程、英文类课程。基础类课程的目的是夯实基础，包括理论基础和基本知识。在掌握基础理论的基础上，对专题性的问题开展研究。实务类、英文类课程都是专门设立的系列。此外，还有案例研习系列课程、法律写作系列课程。案例研习课程包括刑法、民法、民诉法和刑诉法。法律写作课则分为两个部分，一是法律文献检索；二是论文写作。论文写作又下分两类，一类关于方法问题；另一类则涉及具体的实务。潘院长还指出，教改需要经过很多思考：第一，要有思路；第二，要有人；第三，要有钱；第四，要有方方面面的资源来支持。在这一过程中，老师的情怀、老师对学生的关爱至关重要。潘院长还特别说明课程体系改革需要学校教务处和研究生院的支持。

王轶院长以《人大法学院课程体系建设与改革的实践与思考》为题,向与会嘉宾分享了中国人民大学法学院的课程体系设置及改革的经验和问题。王院长指出,人大一流课程体系的探索和实践围绕三个关键词展开。第一个关键词是打通。面向法学本科学生所开设的一些学科基础课、专业必修课,在保持非法法硕特色课的同时,向非法法硕同学开放;并将非法法硕同学统一编入本科班级,与本科同学一起进行学科基础课和专业必修课的学习。要成为合格的法律人,必须经过系统学习和训练。第二个关键词是创新。如果在我们的法学院课堂上向我们学生讲授的知识全部是域外知识,就培养不出合格的社会主义法治事业的建设者。在课程体系改革的过程中,我们要求同学们首先回答一个问题,中国法学课堂上向学生讲授的知识从何来,即是要解决法学知识的来源问题。这个法学知识首先应当立足中国的实践,是在回应中国本土问题的过程中产生的。在这一过程中,我们当然不能忽视吸收和借鉴域外有益的经验,但是知识的主体应该是中国人独立思考所产生的成果,这是创新。第三个关键词是合作。若欲实现课程体系改革的目标,仅仅依靠人大法学院现有的这些老师,尚不足以承担向学生提供让他们满意的课程体系的任务。在这样的背景下,我们强调合作,这种合作既包括和兄弟法学院校的合作,如跟北大法学院合作;也包括跟社会机构比如香港大律师公会合作,只要他们到北京来,我们都会安排他给我们学生讲一次课,这个课就讲他办过的一个案件,完整地讲一个案件如何承办、在过程中出现哪些问题,他会进行思考,我们法学院的老师和同学会跟他一起就其中的问题进行讨论。还有双师同堂实务课,请法官、检察官和律师等,有些课程若在国内找不到合适的合作者,我们就与境外的高等法学教育机构合作,请他们来为我们开设课程。关于课程打通,我们跟研究生院和教务处进行了非常友好的沟通,中国人民大学研究生院和教务处给了我们特别宝贵的支持。当我们想不到一些解决问题的方案时,他们都会帮助我们去思考解决问题的方案。这其中主要涉及选课的课程体系问题,原因在于本科生和研究生分处两个不同的选课课程体系,非法法硕同学和本科同学则需要从两个不同的选课系统中进入同一个课堂。在这个过程中间,研究生院和教务处的宝贵支持是必不可少的。

清华大学法学院副院长邓海峰教授和复旦大学法学院副院长杜宇教授作为与谈人,也介绍了自己所在学校法学课程体系建设与改革的经验。

邓海峰教授认为,课程体系的设计与人才培养是不断推进、相辅相成的过程,在进行课程体系设计的过程中,可能也会与不同学校所处的发展阶段有很大的关系,清华大学无论是在本科课程体系,还是在硕士、博士课程体系的设计过程中,这几年遇到了来自两个方面的挑战:第一,是大类招生,这对于法学本科课程的结构设计产生了比较大的影响,清华大学法学院经过不懈的努力跟学校争取,把法学作为一个独立的大类保留了下来。大类培养讲求的就是从通识教育和跨学科专业融合两方面进行推进。第二,研究生教学与本科之间存在生长方式之间的矛盾。清华大学法学院现有的二级学科方向有 13

个,研究生招生方向有13个,将来可能更多,每一个招生方向都要有自己的培养方案,而有培养方案就必然会涉及课程体系的设计,也就当然会导致不同类型的课程比较多,从而会发生一定的矛盾和冲突,未来研究生课程体系应当如何进行建构,仅仅从课程本身的角度加以考虑尚且不够,恐怕要考虑学科本身的生长方式,甚至在必要时应考虑学科的整合,否则若无限制地发展下去,越分越细,便会与学科融合交叉甚至跨大类交叉方向存在矛盾。

杜宇教授主要介绍了实务课程的建设问题。杜宇教授认为,如果让实务人士过来做一次讲座,他们讲的很好,但是,如果让他们独立开设一门课程是非常困难的,这就出现了如何课程化的问题,如何把这样的实务课程作为建制化的课程加以建设,而不是体现为一个简单的分享,不是以职业感悟或者生涯的设计或者行业的见闻个体化经验分享作为一门课程内容,而应当是以体系化的知识作为传授内容的课。因此,在目前实务课程建设上,我们特别注意实验过程。每门课程从真正推出到能作为一门课程开设,我们需要经过比较长的前期建设阶段。第一,授课老师必须向我们提供一个系统的课程大纲,我们首先需要审查,然后经过反馈和修改。第二,我们要筛选一批适合这门课程的学生进入课程学习。第三,我们会进行每周一次的试授课过程,每位老师至少讲授四次,每一次课程都会进行详细的课堂笔记的整理,有专业老师随堂听讲,并将听课意见反馈给讲授者,而我们的学生则要进行质化和量化评估,并把学生的评估意见返回给讲授者。这些意见最终都会促进这门课程质量的提升。

随后论坛进入专题讨论环节。第一分会场的主题是《法学课程模块体系建设:个性化与特色培养》,共分两个单元。第一单元由安徽大学副校长程雁雷教授和山东大学法学院院长沈伟教授担任主持人。

首先由武汉大学法学院副院长何荣功教授发言,题目为《武汉大学法学本科课程体系改革的探索》。何教授介绍了武大法学院的基本情况和国际化程度,并以本科教育为例,提出了法学本科课程设置多、学科交叉程度低、课程设置碎片化三个问题,进而提出了要重基础、精简核心课程、加强学科交叉度、加强国际化教育三点措施。

接下来由中央财经大学法学院的尹飞院长发言,题目是《经济法治人才培养的课程体系设置》。尹飞院长介绍了法学院本硕博的培养模式,提出了要培养具备现代法治理念和国际化视野的高层次财经法治人才和行业精英,在具体培养上,应当强调培养方向类型化、开展法律实务专题、增加特色财经模块。

接下来由中南大学法学院的陈云良院长发言,题目是《法律职业伦理课程设计方案》。陈院长提出了法律职业伦理课程设置的重要性,对目前各种职业伦理进行分别授课的模式提出了质疑,并强调法律职业伦理教育不能仅靠知识的灌输。在师资方面,陈校长建议教育部可以进行一定的师资培训。

第四位发言人是中国政法大学国际法学院的祁欢副院长,题目是《中国政法大学国际法学院的课程模块和特色培养》。祁欢副院长重点介绍了国际法学院的涉外法律人才实验班,展现了涉外实验班的培养目标——培养厚基础、宽口径、高素质、强能力、国际化、全球治理的法治人才。近年来,涉外实验班招生增加了法语特色项目,致力于培养法英双外语人才,并指出涉外实验班也为国际模拟法庭竞赛提供了优质队员。

第五位发言人是对外经济贸易大学法学院的冯辉副院长,题目是《对外经济贸易大学法学本科课程体系的改革与完善》。冯辉副院长首先介绍了对外经济贸易大学法学本科课程体系和特色课程,其次则以学生参加司法考试的感受为例强调了在课程体系改革中,要注意解决人和课程的关系。同时,冯辉副院长结合自身经验指出在教学上要着重加强规范分析的教学,提出回归本科、回归基础法学教育、回归法条分析同样也是当下教育改革不容忽视的问题。

接下来是与谈环节。首先,四川大学法学院谢维雁副院长介绍了四川大学本科的人才培养模式,在强调人文课程和实践教学的基础上,提出了四川大学法学学科体系改革和完善所面临的问题。他结合学校改革的实际情况,提出了对教师工作量剧增、缺乏课程改革动力的担忧。随后,南京师范大学的姜涛副院长发表了对刚才五位报告人所介绍的经验的感受。姜涛副院长根据办学中面临的压力,提出了要发挥师范类院校特色,发展法教育学,同时更加关注地方实践,在本硕博方面增加区域法治方向的招生。最后,西安交通大学法学院的李万强副院长介绍了西安交通大学法学院在改革中的方法,如法律硕士采取协同培养方案,法学硕士采取硕博打通、贯通培养的方案。同时李万强副院长也就如何激励教师教学积极性、课程体系改革的理论依据等问题向大家发出了提问。最后他指出,现今法学课程体系应与时俱进,回应例如 AI、大数据、“一带一路”等现实问题。

第一分会场第二单元的专题讨论由北京师范大学法学院院长卢建平教授和甘肃政法学院法学院党委书记刘宁生教授主持。

第一位发言人是厦门大学法学院副院长李国安教授,题目是《法学课程体系改革与课程模块建设随想》。李国安教授介绍了法学院本科课程体系改革以及模块设置方面的做法。他指出,在教育部压缩学分实施跨学科宽口径培养模式导向下,法学课程面临着减学分压缩课程的问题。在课程模块的建设方面,厦门大学法学院建立了国际实验班并且开展了相关实务课程。同时李国安教授也特别指出,当今法学办学中存在培养分散化、学生选课任意性等问题。

第二位发言人是中山大学法学院副院长任强教授,题目是《法学实践教学中的模拟性与似真性》。任强教授介绍了中山大学法学本科的分流培养模式、以及在课程设置上增加经济学、博弈论等交叉学科课程和实务类课程的做法,并着重介绍了法学院的示范法院课程。

第三位发言人是大连海事大学副院长韩立新教授,题目是《大连海事大学法学个性化与特色课程体系建设》。韩立新教授首先介绍了大连海事大学法学院的概况,并就如何基于航运特色,在大类招生下对学生进行分流,实行个性化人才培养模式进行了说明。

另外,他还介绍了大连海事大学法学院在课程体系建设方面,开展特色专有方向课程和小学期实践课程模块设置这样的有益探索。

第四位发言人是首都经贸大学法学院党委书记米新丽教授,题目是《兼顾共性与个性的法学程模块体系建设》。米教授介绍道,针对课程压缩问题,首都经贸大学法学院采取课程学分压缩的方式缓解矛盾。而在课程设置上,法学院则根据学生需求,分别设置了学术类课程和实务类课程以供不同学生选择。同时,米新立教授也指出了目前课程设置存在对于现代科技的回应不够的问题。

第五位发言人是湖南师范大学法学院副院长欧福永教授。欧福永教授介绍了法学院课程体系设置以及体系改革的一些情况。他集中展现了湖南师范大学法学院在组建法律职业大赛、设置实务型、理论型、国际型课程模块、推动课程与教学资源共享、推动课堂教学改革等方面的积极措施。

第六位发言人是福州大学法学院院长蔡晓荣教授,题目是《关于法律实务专家进课堂的若干思考》。蔡晓荣教授介绍了法学院实务专家进课堂的课程模式,即由实务专家共同参与本科教学和研究生教学。此外,基于实践情况,蔡晓荣教授也提出该模式的发展存在一些问题,需要继续探索。

接下来开始与谈环节,西南民族大学法学院副院长周洪波教授指出教学平台、课程设置具有重要意义,完善的培养模式需要教师向时代、同学生一起学习,方能使改革取得实质性效果。北京交通大学法学院副院长李巍涛教授提出不同学校应结合各自情况因地制宜,并指出了法学教育应该是双向的,一方面应该越来越专业;另一方面也希望接受法学教育的人能够充斥到法学领域的各行各业中去。暨南大学法学院/知识产权学院院长助理乔素玲教授介绍了暨南大学法学院如何基于地域特色,在本科硕士培养上突出港澳台法律课程,培养适应地方社会经济发展需求的高素质人才的建设模式。

第二分会场的主题是《法学课程体系改革与法治人才培养》,同样分为两个单元。第一单元由江西财经大学法学院院长杨德敏教授担任主持人。

首先由华东政法大学国际金融法律学院的韩强院长发言,题目是《法律金融复合人才培养助力上海“五个中心建设”》。韩院长介绍了华东政法大学国际金融学院出于服务上海国际金融中心建设的战略考虑所采取的一种复合培养人才的基本模式。他提出目前遇到了学生知识结构单一、外语能力不突出、思维不够开阔这三点问题,并就这三点问题提出了未来进一步改革的构想。

接下来由来自广东外语外贸大学法学院的胡充寒院长发言,题目是《涉外法治人才培养:现状与展望》。胡院长介绍了广东外语外贸大学法学院的培养模式,提出在“一带一路”的国际视野中,学生应当掌握多门相应外语、了解国际规则、提高参与处理国际法律问题的能力,并重点介绍了广东外语外贸大学法学院采取的外语加法律的培养模式。

第三位发言人是上海对外经贸大学法学院副院长陶立峰教授,题目是《法商融合涉外卓越法律人才培养模式思考》。陶院长介绍了上海对外经贸大学法学院作为上海涉外卓越法律人才培养基地的建设过程,特别突出涉外卓越法律人才实验班培养的要点——法商融合、涉外性与追求卓越的经验。

第四位发言人是上海海事大学法学院副院长殷骏教授,题目是《一流法学专业实务课程建设》。殷院长介绍了上海海事大学的特色学科(如航运保险法),指出海事大学的课程设置对英语相当重视,并提出该校率先在国内引入全实务专家开设的正规必修课,即在法律卓越班由法官全程讲授民事诉讼法,且还考虑将这一做法扩大到整个学科。殷教授也对"一带一路"背景下学生仅关注英语因此不能完全切合国家战略需要表达了忧虑。杨德敏教授、侯怀霞教授与殷教授就其在法律卓越班引入全实务专家开设课程的具体细节进行了交流与探讨。

第五位发言人是对外经济贸易大学法学院副院长龚红柳副教授,题目是《卓越经贸法律人才培养机制的改革与探索》。龚院长结合对外经济贸易大学的具体情况对国家卓越计划的战略作了一个梳理,并根据对外经济贸易大学法学院的学科特色介绍了实验班等教学模式。龚院长针对此前几位教授提到的"一带一路"背景下学生应当掌握的语种问题,提出如下主张,即从国际经贸法的角度,英语基本是主导语言,最多再加上法语其实已经足够。龚院长还具体介绍了对外经济贸易大学实验班的情况和办学遇到的困难、面临的困惑,表达了与各位来宾就如何培养"一带一路"倡议所需要的人才进行进一步深入交流的意愿。

接下来是与谈环节。首先,湘潭大学法学院院长肖冬梅教授介绍了湘潭大学法学院知识产权学院特殊的人才培养模式,强调复合性人才和组织学生在企业参加实训的工作。主持人杨德敏教授对此稍作点评,提出实务课程的操作可能遇到一些困难,希望能够向兄弟院校学习。最后,石河子大学政法学院副院长李青武教授提出法律加外语不是简单相加,而是外语服务于法律,应让学生熟读法律原文文献,并提到实务界的有些做法可能是错误的,因此全实务专家的教学可能会在某些方面误导学生。李教授还认为应加强学生的爱国主义教育,提倡发达地区的院校关注向西部输送人才的问题。

第二分会场第二单元的专题讨论由上海政法学院经济法学院院长侯怀霞教授和河南大学法学院院长蔡军教授主持。

第一位发言人是贵州大学法学院院长冷传莉教授,题目是《法律思维训练在法学教育中的缺失与养成》。冷院长首先概括了中国法学教育中强调特色的模式,也同时指出不同法学院如何具体选择自己的特色仍然是困难的问题。一流院校采取的模式,到了西部的卓越人才培养基地,未必就能行得通。冷院长通过调研发现许多法官的法律思维能力有所缺失,然而法学教育的核心应当就是培养学生的法律思维,但这一思维的培养过程中不能忽视与实践的结合。

第二位发言人是重庆大学法学院副院长王本存教授,题目是《知识类型与法学教育》。王院长认为人才培养应强调三个要素:培养人的知识、提高人的能力、培养人的素质。王院长提出现在法学教育存在过于强调专业知识、教材膨胀等弊端,主张应当利用各种知识储备最终打动学生的灵魂。

第三位发言人是浙江工商大学法学院副院长宋杰教授,题目是《本科法学专业教学质量国家标准背景下法学教育的专业化问题》。宋教授首先对新的本科教育国家标准——10+X标准进行了分析,然后结合国际形势与国内形势,提出我国国内公法在国际关系中应用不足、受到严重忽视的问题,认为本科教育标准应当关注这个问题。宋教授还简要介绍了浙江工商大学全英语的国际法方向的本科项目。

第四位发言人是扬州大学法学院副院长李云波教授,题目是《法学专业实践教学体系的构建与应用》。李院长介绍了扬州大学法学院立足于为地方法律实务部门提供应用型复合型人才的特色,指出扬州大学法学院开展了实践性的教学,培养学生的基础能力、专业能力与创新能力。李教授还提到实践教学中面临的教师能力、积极性、学生毕业论文质量等困惑。

第五位发言人是武汉理工大学文法学院副院长刘介明教授,题目是《AI时代大学生创新与专利能力提升的实践教学及平台构建》。刘院长介绍了在武汉理工大学的理工科背景下法学人才培养的特殊战略——知识产权战略与创新人才战略,认为大学生的创新能力是专利能力的基础。刘教授也强调了人才培养中与实践结合的必要性。

第六位发言人是宁波大学法学院法律系主任赵意奋教授,题目是《沿海高校"平台+模块"法学人才培养课程体系建设的探索》。赵教授介绍了宁波大学法学院"平台+模块"的课程设置体系,结合该院学生的特点突出强调复合型人才,并表示该院也已经开设了实务型课程。

主持人侯怀霞教授对上海政法学院的特色稍作介绍,指出上海政法学院开设了法学人民调解专业方向,培养的学生与社会需求相当契合。

接下来开始与谈环节,山西大学法学院党委书记郭建有教授简要介绍了山西大学法学院的基本情况,南京财经大学法学院副院长胡宜奎副教授强调法学基础思维、人文素养的重要性,还提出开设实务课程与交叉融合在实际操作中可能遇到的困难。中南大学法学院副院长毛俊响教授介绍了中南大学法学院培养方案制定与修改中的一些问题,以及他们开设实务课程的方式。天津财经大学法律经济分析与政策评价中心副主任冯博介绍了天津财经大学法学院的情况以及建立法律加经济特色鲜明人才体系的计划。

智能科技时代理工类大学法学教育发展论坛在北京理工大学成功召开

2018年6月30日为探索当今智能科技时代背景下理工类大学的法学教育发展道路,北京理工大学法学院和中国法学会法学教育研究会共同主办的“智能科技时代理工类大学法学教育发展论坛”在北京召开。来自全国60多所理工类大学的法学院院长、副院长、系主任出席了论坛。北京理工大学校长、中国工程院院士张军和中国法学会副会长、中国法学教育研究会会长张文显出席开幕式。

张文显教授高度评价了北京理工大学法学教育25年来取得成绩。他指出,智能科技时代法学特色教育和拓展教育势在必行,鼓励理工类院校加强专利法、科技法、网络法、人工智能法、空间法、工程技术运用与管理法等特色课程建设,根据学校特色优势,设置新兴学科和交叉学科的课程模块和专业方向适应社会对法律专业人才多元化的需求。张文显教授表示,研究会原则上同意由北京理工大学等院校联合发起成立中国法学教育研究会理工类高等法学教育专业委员会,以推进理工类高校法学教育和人才培养的繁荣发展,推进理工类高校法学的拓展教育和特色教育。

张军在总结致辞中提到,北京理工大学作为我党创办的第一所理工科大学,建校78年来培养了一大批党政军学界的知名人士,目前正处在建设世界一流大学的关键时期。他指出,习近平总书记高度重视法治人才培养,北京理工大学认真贯彻落实习近平总书记提出的培养依法治国、德法兼修的高素质法治人才的指示精神,建设一流法学学科,实现依法治校,培养“胸怀壮志、明德精工、创新包容、时代担当”领军领导人才。张军强调,在科技发展水平迅速提升、全球一体化程度不断加深、经济与社会加速融合的历史交汇期,法学学科应抓住战略机遇,在航空航天、空间法、军民融合、人工智能、大数据、“一带一路”争端解决机制等领域抢占先机,在国家“双一流”建设中,突出理工类大学在智能科技时代发展法学教育的优势和特色,为国家法治人才培养作出应有的贡献。

中国法学教育研究会副会长、清华大学法学院院长申卫星教授,北京航空航天大学法学院院长龙卫球教授代表各自法学院对北京理工大学法学教育25周年暨法学院建院10周年,以及北京理工大学法学院取得的法学教育成果表示祝贺。会议由法学院党委书记杨海主持,法学院院长李寿平代表法学院致欢迎辞。

会议期间,申卫星、天津大学法学院院长孙佑海、重庆大学法学院院长黄锡生、华南理工大学法学院院长蒋悟真、中南大学法学院院长陈云良分别以本校法学教育发展历程为例,分享了各自在计算法学、环境资源法学、医疗卫生法学等领域建设交叉学科的经验,交流了各自学校的发展特色和发展思路。

与会代表分别就"智能科技时代理工类大学法学教育的创新发展""理工类大学的法学特色发展""双一流背景下理工类大学法学教育发展的新机遇""人才培养与科研"四个分议题展开深入讨论,共同探讨了智能科技时代和"双一流"背景下,理工类大学法学教育和法学学科面临的机遇和挑战,就如何应对共同的挑战,拥抱机遇进行了深入交流。

本次会议是北京理工大学法学教育25周年暨法学院建院10周年系列学术活动之一,通过本次会议进一步扩大了北京理工大学法学院在学界的影响力,带动了理工类大学法学教育凝智聚力、同行同心,以理工特色开创法学教育新局面,以科技优势助力国家法治建设新发展。

北京市法学会教育法学研究会 2018 年年会在首都师范大学举办

2018 年 11 月 25 日由北京市法学会教育法学研究会主办、首都师范大学法律系承办的北京市法学会教育法学研究会 2018 年年会在北京召开。会议以“受教育权的政府责任”为主题,来自实务部门、全国各高校及科研院所的几十位专家学者出席会议并展开讨论。开幕式由研究会常务副会长、首都师范大学法律系李昕教授主持,首都师范大学政法学院陈鹏院长致辞。

主题报告分三场,由教育部政策法规司原副司长张文女士主持。研究会会长、首都首都师范大学首席专家劳凯声教授从“教育权与受教育权”“对国家教育的监督”“受教育权的国家尊重义务”“国家与公民关系中的受教育权问题”和“国家教育义务的案例分析”等 5 方面对受教育权利的国家义务发表演讲。

英国格拉斯哥卡里多尼亚大学 Jim Gallacher 教授向大会报告了英国各地职业教育政策的演进以及英国脱欧后对社会经济、劳动力的影响,提出现阶段加强职业教育的结论。

北京市教委法规处王艳霞处长以改革开放 40 年首都教育立法的现状与展望为题,回顾了北京市教育立法发展的不平凡历程,并就本市教育立法未来发展方向提出了前瞻性意见。

会议第一阶段围绕“学前教育的政府保障”展开研讨。首都师范大学教育学院教育政策与法律研究院副院长田汉族教授就政府在教育均衡发展中的责任及其限度进行了阐述,分析了目前教育发展失衡中的问题和原因,并就各级政府保障教育的责任分割以及责任限度进行了深度剖析。

北京中医药大学文法学院霍增辉教授从“红黄蓝”事件为切入点,条分缕析地分析了学前教育阶段的政府保障职责。政府不仅在总量上要保障供给,并且对于教育资源要进行合理分配,在财、人、地等多方面都应积极发挥政府的宏观调控职能。

中国社会科学院大学政法学院柳建龙副教授从《宪法》第 19 条出发,结合《教育法》对学前教育的相关规定,对于国家政策和基本权利的互动关系进行了解读,论述了国家政策与基本权利之间的相互作用,分析了有关法律条文、基本权利的演进以及学前教育和义务教育的关系,对平等权利下学前教育的发展进行了重新审视。

北京师范大学法学院郭殊副教授从政府保障教育发展的必要性切入,提出了政府保障教育中的法理基础和宪法限度问题。基于不同的教育阶段和教育类型,政府的保障力度应有所区别。

北京市人民政府法制办公室法制二处郭文姝副处长从学前教育的性质入手,提出要通过立法固化幼儿园的认定标准,明确区分营利性与非营利性幼儿园。首都师范大学政法学院杜强强教授提出学前教育在宪法上的界定问题,对义务应采取限缩解释,即立法机关没有明确学前受教育是具体义务,从而应把此归为基本权利的范畴。首都师范大学教育学院蔡海龙副教授指出,普惠性幼儿园必须是合法园、收费项目不能高过公办幼儿园、登记须为非营利性。

第二单元报告围绕“义务教育的政府保障”展开研讨。中央财经大学法学院白斌副教授对宪法规范体系中的义务教育进行了精细化的解读,从《宪法》第46条切入,讲解了宪法中的受教育权问题。白教授认为正确理解义务教育需厘清宪法和义务教育法的关系,宪法规范体系的义务教育在逻辑上不能仅局限于义务教育法之中。

中国社会科学院国际法所曲相霏研究员提出关于“包容性教育的国家责任”的观点,围绕包容性教育的性质、特征、受教育的主体以及国家在包容性教育体系中应承担的责任作阐述。他认为,建立一个包容性教育的体系,要贯穿到学前教育、小学、中学、课外活动、职业教育、高等教育等各个教育方面。

中央民族大学法学院张步峰教授以“湖南耒阳学生被强制分流一事”切入,阐述了城镇化运动中义务教育资源配置的问题与对策,对教育政策的制定与实际社会发展之间的冲突进行了探讨。

北京市海淀区教育环境综合治理中心宋瑞勇主任、首都师范大学教育学院罗爽副教授、首都经济贸易大学法学院张鹏助理教授、首都师范大学法律系崔俊杰助理教授等专家学者相继发表了个人见解,从多方面对义务教育的政府保障进行了全面的论述。

第三阶段报告围绕“职业教育的政府保障”展开研讨。中国人民大学教育学院申素平教授围绕“职业教育学生实习权利保护中的政府角色问题”作报告,阐述了职业教育的学生权利框架,并结合英国、德国职业教育学生实习权利保护的政府角色与责任对我国政府相关责任的履行提出了建设性的意见。

北京外国语大学人事处姚金菊副处长就“职业教育法与教师法的关联”进行分析,对教师教育的法律如何更好地完善与运用提出自己独特的见解。

最后,中国政法大学法学院蔡乐渭副教授围绕职业教育中政府责任的界限,主要从政府积极鼓励办学、职业教育学院发展的主导权、政府保障财政经费投入、促进公平、建立评估体系5个方面进行了详细阐述。

首都师范大学教育学院荣利颖副教授、浙江大学城市学院法学院副院长邵亚萍副教授、首都师范大学教育学院何颖助理教授、首都师范大学政法学院安丽娜助理教授、首都师范大学政法学院汪雄助理教授等专家学者分别进行了与谈,主要就职业教育领域中政府、市场、社会三者的关系进行了较为深刻的剖析与探讨。

广西法学教育研究会2018年年会暨广西法学教指委会议在桂林举行

2018年1月12日广西法学教育研讨会2018年学术年会、广西法学类专业教学指导委员会会议在桂林隆重举行。此次学术年会由广西法学教育研究会、广西法学类专业教学指导委员会主办,桂林电子科技大学承办,桂林电子科技大学法学院/知识产权学院协办。广西各法学院系的90多名专家学者、法学教师参加。

会议开幕式由桂林电子科技大学法学院/知识产权学院院长高兰英教授主持。桂林电子科技大学校长徐华蕊代表学校向出席会议的人员表示欢迎,广西法学会副会长、广西法治日报社社长韦军教授,首任广西法学教育研究会会长、广西民族大学校长谢尚果教授也先后致辞。韦军副会长代表广西壮族自治区法学会,向年会的召开表示热烈祝贺,并指出,广西法学教育要坚持正确的政治方向,并加强职业素养教育,凸显教育的实践性、国际性、开放性。谢尚果会长报告了研究会成立5年来的工作,并对今后的工作提出希望。

开幕式之后,在秘书长何立荣教授的主持下,会议进行新一届的广西法学教育研究会的换届选举。大会选举广西师范大学法学院院长陈宗波教授为广西法学教育研究会新任会长,广西师范大学法学院周世中教授、广西财经学院法学院党委书记雷裕春教授等12人为副会长,我院副院长段海风为秘书长,广西警察学院副院长张军等19人为常务理事,还选举确定了理事人选。另外,选举产生了由广西民族大学法学院副院长杨红文任书记、桂林电子科技大学法学院副院长彭俊任副书记,黄琳富、段海风、邱玉成三名同志任支委委员的党支部。

接下来,中南财经政法大学副校长兼全国法学类专业教学指导委员会副主任委员刘仁山教授为会议作了专题报告,他提出法学本科人才培养质量关乎依法治国,强调"以本为本",并建议广西法学要针对民族区域自治、服务"一带一路"倡议、建设北部湾自贸港等领域开展特色研究。

随后,大会在广西民族大学法学院党委书记蒋慧教授、广西大学法学院院长蒋超教授主持下开展了两场专题报告,广西大学法学院副院长李晖副教授、广西民族大学徐黎明副教授对教育部、中央政法委联合发布的《关于坚持德法兼修实施卓越法治人才教育培养计划2.0的意见》进行了解读,并介绍了本学院的探索和实践。广西师范大学法律系主任刘训智副教授以法学独秀实验班为例,介绍了该校法学教育的改革尝试和经验。

此外,广西财经学院奉晓政教授、桂林电子科技大学贾媛媛教授、梧州学院法学与公共管理学院方勇副院长、玉林师范学院政法学院周伟萌副院长、南宁师范大学政法学院覃淮宇副教授、广西民族大学法学院李立景副院长分别介绍了本校法学类专业的教学经验,梧州学院副校长邱房贵教授、桂林电子科技大学图书馆馆长宋志国教授等对上述发言作了独到的点评。

下午,在广西师范大学研究生院副院长郭剑平教授等人的主持下,开展了3场法学类专业课程教学现场的观摩活动,广西大学陆凌副教授、广西师范大学法学院李庆灵副教授等9名教师做了法学类专业示范课的精彩演示,展现了各自的风采和教学技巧。

下午的闭幕式上,新任会长陈宗波教授对以谢尚果教授为代表的上一任研究会领导、理事为广西法学教育工作付出的辛勤劳动表示衷心感谢,并代表新一届广西法学教育研究会宣布谢尚果教授担任名誉会长的决定。陈宗波会长也为本次会议的成功举办对东道主致谢,并提出了研究会今后的工作方向。桂林电子科技大学法学院高兰英院长对本次参会代表的莅临予以感谢,肯定了此次大会所体现出的团结协作精神。下次年会的举办方玉林师范学院政法学院的周伟萌副院长表达了学院对年会的重视,欢迎大家来年到校参会。

之后,又举行了广西法学类专业教学指导委员会年度工作会议,各委员畅所欲言,讨论了有关事宜。主任委员谢尚果教授回顾了过去一年教学指导委员会的主要工作,表达了对大家团结起来、做大做强广西法学教育的希望。研究会党支部举行了第一次会议,分配了5名成员的具体工作,为今后工作的顺利开展打下良好的基础。

河南省法学会法学教育研究会2018年年会在河南警察学院举行

2018年7月15日河南省法学会法学教育研究会2018年年会在河南警察学院举行。河南省法学会专职副会长兼秘书长黄建中,河南省法学会法学教育研究会会长、河南警察学院院长张宝锋,河南省法学会法学教育研究会副会长、郑州大学法学院院长苗连营等出席年会。

黄建中在年会开幕式讲话中强调,法学教育研究应严格坚持以党建促会建的基本原则,高度强化政治自觉,通过建章立制持续提升法学教育研究工作的制度化、规范化、科学化水平,创新法学教育研究工作,不断优化法学教育研究人才队伍,采取扩大异地沟通交流等措施,有力推动全省法学教育研究工作再上新台阶。

本次年会以"德法兼修的法学专业人才培养模式改革"为主题,对"德法兼修与新时代法学人才培养模式改革""德法兼修背景下的法学专业课程设置与改革""德法兼修背景下的法学实践教学"等法学教育重大课题进行系统探讨研究,取得了丰硕的成果。

内蒙古自治区法学会法学教育研究会 2018 年年会在内蒙古财经大学举行

2018 年 7 月 18 ~ 19 日，第六届环渤海法学教育论坛暨内蒙古自治区法学会法学教育研究会 2018 年年会在内蒙古财经大学召开。

本次会议由内蒙古自治区法学会法学教育研究会主办，内蒙古财经大学承办，共有来自内蒙古自治区、山西省、山东省、辽宁省、天津市、河北省六省市法学教育界的 30 余所高校的 80 余名代表与会。会议以“提高培养质量：新时代中国法学教育”为主题，旨在深入推进法学教育改革和法学教育研究，提高法学教育质量，促进我国法学学科教育的进一步建设和改革，促进环渤海各法学院校的法学教育合作。朱海珅院长主持了会议专题发言第一单元“《普通高等学校本科（法学）专业类教学质量国家标准》与法学教育改革、专业建设”并进行评议。杨德桥教授作了《新国标下内蒙古科技大学法学本科培养方案修订情况介绍》的专题发言并受到与会专家的一致好评。

会后，内蒙古自治区法学会法学教育研究会和经济法学研究会举行了第四届理事会换届仪式。朱海珅教授当选为法学教育研究会副会长，杨德桥教授当选为法学教育研究会常务理事，郝振明副教授当选为法学教育研究会理事；李永林教授当选为经济法学研究会副理事长，韩弘力教授、杨玉英副教授当选为经济法学研究会常务理事，费建忠副教授当选为经济法学研究会理事。

广东省法学会法学教育研究会2018年学术年会在华南农业大学召开

2018年10月14日广东省法学会法学教育研究会、广东省本科高校法学类专业教学指导委员会、广东省高校法学院院长联席会议2018年学术年会在华南农业大学红满堂报告厅举行。广东省法学会专职副会长兼秘书长姜滨,广东外语外贸大学校长、教授、广东省法学会法学教育研究会会长石佑启,华南农业大学副校长咸春龙、人文与法学学院党委书记刘红斌、院长杨乃良,及来自省内各高校法学院(或法律系)院长、教师共130多人参加了会议。

咸春龙对到会人员表示热烈欢迎,感谢法学会法学教育研究会对我校法学专业的支持,希望学院利用这次学习交流机会,就深化高校法学学科建设、法学类专业教学改革、优化高校法学人才培养模式等方面加强交流研讨。

杨乃良介绍了人文与法学学院及法学专业的基本概况,就法学专业的办学特色、人才培养和取得成绩进行介绍,并对关心学院法学学科建设发展的各界领导、行业同人和学院师生表示衷心的感谢。

姜滨对做好新时代法学教育研究工作提出以下几点希望:一是要突出中国特色道路,坚定走中国特色社会主义法治道路;二是要突出与时俱进品格,激发同学们投身法治现代化建设热情;三是要突出公平正义本色,强化同学们对法律的敬畏之心和坚守公平正义的职业操守。

石佑启指出,中国特色社会主义进入了新时代,法治中国建设开启了新的征程,对广东省法学会法学教育研究会的工作带来了新的机遇,也提出了更高的要求。乘着国家推进高校双一流建设和广东省推动高水平大学建设的东风,广东省法学教育近几年取得了很大的成就,获得了快速的发展,但也面临着整体实力有待提升,人才培养特色有待加强,师资队伍的水平和竞争力有待提高,高层次学科平台建设有待增强等一系列问题。石佑启传达了《教育部　中央政法委关于坚持德法兼修实施卓越法治人才教育培养计划2.0的意见》(教高〔2018〕6号)的精神,并对新时代法学教育变革提出三点建议:第一,加强法学学科建设。第二,深化法学教育改革,强化实践教学。第三,强化法学师资队伍建设。

会议分为换届会议和学术年会两个阶段。换届会议上,姜滨宣读省法学会《关于同意省法学会法学教育研究会召开换届选举大会相关事项的批复》,广东省法学会法学教育研究会秘书长王荣珍介绍了新一届理事、常务理事、秘书长、副会长、会长候选人的产生程序,并提请会员大会进行表决,选举产生了以石佑启同志为会长的第三届理事会,聘请陈小君等教授为研究会顾问。在学术年会上,华南理工大学法学院院长蒋悟真教授等24位专家学者围绕“新时代法学教育的机遇与发展”“新时代高素质法律人才培养的理论与实践”分议题作主题发言和精彩评议。

会议还对参会论文进行了评奖,评选出一等奖2名、二等奖4名、三等奖7名。

本次会议完成了既定议程,在热烈的掌声中圆满结束。

山东省法学教育研究会 2018年年会在聊城大学举行

2018年11月3日山东省法学教育研究会2018年年会在聊城会议接待中心召开,聊城大学党委常委、副校长徐昌然,山东政法学院副院长许海波,聊城大学教务处副处长王桂清,山东省法学会法学研究会副会长张平华、秘书长宋振武,山东财经大学法学院院长赵信会,济南大学政法学院院长梁丽霞,曲阜师范大学法学院院长张益刚,山东工商学院法学院院长张献勇,青岛科技大学法学院院长王金堂,鲁东大学法学院院长孙明,临沂大学法学院院长姚建涛,烟台大学法学院院长刘经靖,山东师范大学法学院院长荆月新,聊城大学法学院院长杨道波,中国石油大学胜利学院文法与经济管理学院院长薛德枢,西藏大学政法学院院长高大洪,山东中医药大学管理学院院长田思胜,济南大学政法学院党委书记徐庆国,山东大学法学院副院长张海燕,山东理工大学法学院副院长王玲,山东工商学院法学院副院长刘亚丁,山东中医药大学管理学院副院长于海芳,临沂大学法学院副院长邱春林,山东交通学院法学院副院长崔晓,聊城大学法学院副院长王仰文,山东建筑大学法学院学术委员会主任刘国涛,山东农业大学文法学院法学系主任曹相见,山东中医药大学管理学院法学系主任于慧玲,聊城大学法学院法律系主任杨盛达,中国石油大学文学院法学系主任秦勇,山东科技大学法学院法学系主任李钢,齐鲁工业大学政法学院法律系副主任吴雪莲等各高校法学教学管理人员出席此次会议。

此次会议围绕法学本科教学质量国家标准解读和法学教育模式改革与方法创新两个主题进行。会议过程中,刘亚丁在讨论“新国标视角下法学本科生学术能力的理论和实务的关系”问题时表示:理论与实务相通应是当代法官、检察官等法律工作人员共同的能力,与此同时,孙明从法学教育方法反思与人才培养方式两方面入手对“法律职业发展与法学教育改革的关系问题”进行浅析,论述卓越法律人才培养到卓越法治人才培养的转变问题,而在讨论“民族地方的法学教育探索”问题时,高大洪指出民族地方的法学教育面临着教给谁、谁来教、教什么三个问题,并针对西藏一妻多夫制等差异,对某些民族自治区不适用个别国家法而适用民族习惯法现象进行讲解。此外,许海波结合丰富的法学教育管理工作经验对此次会议内容做出总结,深入浅出地剖析我国法学教育研究方面的难题,提出要坚持问题导向,增强法学教育研究的针对性和实效性,大力推进研究成果的应用转化,在根本上推进我国法学教育研究事业的发展。

此次会议,不仅推动了法学教育研究活动常态化,更加强了法学教育研究会内部管理体系建设,规范学术研讨活动,团结和引领法学法律工作者认真开展法学教育研究和学术交流活动,不断扩大研究会的吸引力和影响力,有助于法治人才的培养与提升,同时对山东省法学教育事业的开展起到积极作用。

四川省法学会法学教育研究会2018年年会暨改革开放40年与西部法治人才培养体制创新研讨会在西南民族大学举行

2018年11月10日由四川省法学会法学教育研究会主办,西南民族大学法学院承办的四川省法学会法学教育研究会2018年年会暨改革开放40年与西部法治人才培养体制创新研讨会在西南民族大学武侯校区顺利召开。来自四川省内各大高校、法律实务部门的专家学者共60余人参加会议。

会议开幕式由四川省法学会副会长、西南民族大学法学院王允武教授主持。西南民族大学党委副书记、校长曾明在开幕式上致辞。他代表学校向来自各地的专家学者表示热烈欢迎和诚挚问候,从共和国走过的几十年风雨历程和自己的人生经历,分享了自己对法治重要性的深刻体悟。他指出,在这个美好的新时代,我们更应以高度的责任心和使命感,深化法学教育教学改革,培育一流法治人才,为全面推进法治中国建设提供有力的智力支持与人才保障,希望与会专家学者能够积极为西部地区法治人才培养建言献策。

本届年会围绕"改革开放40年与西部法治人才培养体制创新"主题展开,设"主旨发言"以及"西部地区法治人才培养体制创新""新技术与法学教育教学改革""法学教育改革与司法实践"三个学术研讨单元。

大会主旨发言由四川警察学院副院长陈真教授主持,西南民族大学法学院王允武教授、四川警察学院法律系主任金光明教授分别就"法学(教育)教学改革:我们如何继续推进——以西部院校为视角""新时代公安院校法学人才培养的几点思考"进行了主旨发言。西华师范大学法学院刘永红教授与西南交通大学政治学院法律系邓大鸣教授分别进行了交流。

周洪波教授对本次会议进行了总结并宣读了本次年会论文评选的获奖名单。本次会议在专家学者们的积极讨论和交流中圆满结束。

辽宁省法学会法学教育研究会 2018 年年会在沈阳师范大学召开

2018 年 11 月 17 日辽宁省法学会法学教育研究会 2018 年年会在沈阳师范大学召开。应邀出席本次会议的嘉宾有“长江学者”特聘教授、沈阳师范大学法律与公共政策研究中心主任姚建宗教授,辽宁省法学会学术部王嘉彧主任,辽宁省内部分高校的法学院院长、副院长及研究会理事。

本次会议以“法学教学质量国家标准与法学人才培养”为主题。本次论坛旨在进一步繁荣辽宁省法学教育和理论研究,创新法治人才培养机制,促进法学理论与法治实践的结合,为辽宁省经济社会发展与法治建设提供人力资源。与会代表共同针对法学教学质量国家标准和法学教育改革,结合各自学校的办学特色分享了自己的做法和思考。本次会议紧紧围绕“法学专业教学质量国家标准研讨”“法学教学模式探讨”“法学教材使用情况研讨”三个议题展开讨论。

首先,辽宁省法学会法学教育研究会会长、沈阳师范大学法学院院长单晓华教授致欢迎辞,她对特邀嘉宾姚建宗教授、王嘉彧主任、与会的 26 所院校领导的到来表示热烈欢迎与由衷的感谢。单晓华院长表示,法学教育研究会作为辽宁省法学教育的品牌项目在未来应更好地持续发展下去,为大家提供交流经验、共享资源信息的平台。最后预祝与会人员在一天的议程中能够碰撞出激情的火花,有所收获。

接下来,辽宁省法学会学术部王嘉彧主任代表辽宁省法学会向所有与会代表对法学教育研究会工作的支持表示由衷的感谢。她表示,省法学会对此次会议的召开予以高度重视及关注,认为法学教育研究会是广大法学界和法律工作者的桥梁和纽带。她希望各位专家学者能够积极踊跃的参与到会议中,为辽宁省的法学教育进言献策,共同促进法学教育的发展。

随后,大连医科大学人文与社会科学学院石悦副院长宣读了本次年会优秀论文评奖的获奖名单,本届的获奖者既有学界专家教授、长期从事法学教育的工作者,又有学界年轻新秀。

大会第一单元主题为:“法学专业教学质量国家标准研讨”,由石悦副院长主持。

沈阳师范大学法学院杨彬副院长从文件《法学质量国家标准与法学专业人才培养方案的修订》出发,结合沈阳师范大学的教育模式,对文件中的培养目标、课程体系、教学效果、质量保障体系进行了深入系统的解读。她认为,具备法学思维方法、扎实的专业知识以及广阔的基础知识素养是法学专业人才培养的基础。

辽宁师范大学法学院夏红副院长以《法学专业创新创业教育评价体系和效果监测机制实证研究》为题作了主题发言,夏红副院长介绍了该议题的背景,并从创新能力培养、创新创业训练项目评价体系两方面进行了讨论。

在自由交流环节,姚建宗教授针对该主题分享了自己的看法与建议,并对东北法学教育的合作问题进行了展望。姚老师的精彩发言使我们受益匪浅感触颇深。

随后东北财经大学法学院邹世允副院长,大连海事大学法学院蒋跃川副院长先后分享了各自学院在教学中得出的经验及建议。

大会第二单元的主题为:“法学教学模式探讨”,由辽宁公安司法干部管理学院赵华明教授主持。

沈阳工业大学文法学院周绍强副院长以《法律职业资格考试背景下法学实践教学比重研究》为题作了主题发言,周绍强副院长通过对法学实践教学现状及存在的问题进行分析,探索了法律职业技能培养的教学方法,并对实践教学体系的完善提出了建议。

大连大学法学院王少华老师以《山东辱母案与我国法律教育问题的讨论》为题作了主题发言,王少华老师从“辱母杀人案”的判决入手,就正当防卫在本案中的法律适用进行讨论,并就此对我国的法学教育现存的问题进行了深入思考,最后他提出了法学教育改革的措施和相关建议。

沈阳工业大学文法学院张杨老师以《新时代法治人才培养机制研究》为题作了主题发言,张杨老师认为现有的培养机制不能满足新时代的法治建设对中国法学教育的需要,为此张杨老师通过发言提出了5个方面的建议和解决方式。

随后,大连大学法学院王爱群副院长,辽宁工程技术大学李凯伟副院长,辽宁科技大学经济与法律学院院长助理邵玲在自由交流中分享了自己学校的教学特色,畅言了自己的教学经验。

大会第三单元主题为:“法学教材使用情况研讨”,由大连财经学院法学院刘怡琳院长主持。

大连医科大学人文与社会科学学院荣振华老师以《互联网技术融入法学教材的内在需求、挑战与制度保障》为题作了主题发言,荣振华老师通过梳理中国法学教材的发展历史,总结了教材编写过程中融入互联网技术的各种挑战,并提出了自己的解决方案。

大连民族大学文法学院刘灵芝副院长以《马克思主义理论研究和建设工程教材适用体会》为题作了主题发言,她从多年的教学经验出发,对该书的编写体例提出了自己的看法。

在本单元的自由交流环节,来自渤海大学经法学院的吴富丽老师、沈阳城市学院法律系赵群主任、辽宁工程技术大学赵航宇老师分别介绍了各自学校的办学特色,并且在分享经验的同时对未来的共同合作进行了展望。

闭幕式由沈阳师范大学法学院院长助理武航宇副教授主持。

随后杨彬副院长高度评价了本次会议,认为本次年会的各组议题、论文符合现阶段法学教育的发展背景,讨论过程热烈而结果卓有成效,并再次对与会人员的积极参与表示感谢。最后杨彬副院长表示,希望今后各兄弟院校能够齐心协力、共享资源、共同进步、共振辽宁法学教育精神。

江苏省法学会法学教育研究会 2018 年年会暨换届大会在河海大学举行

2018 年 12 月 1 ~2 日,江苏省法学会法学教育研究会 2018 年年会暨换届大会在河海大学举行。江苏省社会科学院院长、江苏省法学会副会长、法学教育研究会会长夏锦文,河海大学党委常委、总会计师张兵出席开幕式并致辞。全省法学界和法律实务部门 100 余名代表参加了会议。

夏锦文会长总结了省法学会法学教育研究会过去几年的工作,希望研究会不断完善法学学科体系建设,面向行业需求,开展法学教育教学改革,创新法学实践教学模式,培养德法兼修的卓越法治人才。

张兵总会计师介绍了河海大学法学教育发展概况,并表示学校将以年会为契机,同与会专家一起就深化高校法学学科建设、法学类专业教学改革、优化高校法学人才培养模式等方面加强交流研讨,努力将河海大学法学院打造成为多层次高质量的法学人才培养基地和有特色有影响的法学学术研究阵地。

经大会选举,夏锦文教授当选为新一届法学教育研究会会长,河海大学法学院院长杨春福等 9 人当选为新一届法学教育研究会副会长,河海大学法学院副院长陈广华等 35 人当选为新一届法学教育研究会常务理事。

本次年会以"新时代的高素质法治人才培养"为主题,与会代表围绕"法学学科体系建设基本问题研究""行业需求、教育改革和法学实践教学模式创新""德法兼修的卓越法治人才培养"等问题展开了深入研讨。法学会法学教育研究会副会长、法学院院长杨春福致闭幕词。会议还对大会优秀论文进行了表彰。

湖南省法学会法学教育研究会 2018 年年会在长沙召开

2018 年 12 月 22 日由湖南省法学会法学教育研究会主办、湖南大学法学院和北京德和衡(长沙)律师事务所联合承办的“新时代法学教育理论与实践论坛”暨湖南省法学会法学教育研究会 2018 年年会在长沙召开。

湖南省法学会党组书记康为民,湖南省教育厅副厅长夏智伦,湖南大学党委副书记曹升元,湖南省法学会法学教育研究会会长刘定华,湖南大学法学院院长、湖南省法学会法学教育研究会常务会长屈茂辉,以及来自湖南大学、中南大学、湖南师范大学、湘潭大学、湖南省委党校、国家法官学院湖南分院、国家检察官学院湖南分院、长沙理工大学、中南林业科技大学、南华大学、湖南商学院、邵阳学院、吉首大学、怀化学院、衡阳师范学院、湘南学院、长沙大学、北京德和衡(长沙)律师事务所等多家单位的专家学者和研究生共 100 多人出席了本次会议。

会议以“新时代习近平法学教育思想”为主题,围绕“改革开放 40 年湖南法学教育回顾与展望”和“法学教育改革与探索”进行了深入研讨。与会专家分别就改革开放 40 年湖南法律硕士教育、湖南法官职业继续教育、法学教育改革与探索、培养德法兼修的卓越法治人才、促进高等学校法律援助中心开展人权教育与保护、普通地方高校法学专业建设的困境与对策、法学本科教育的理念与内容、以法律素养为导向的法学本科教学改革、法学硕士研究生科研创新能力培养、法治中国建设语境下法律硕士“U + 联合培养工作站模式”、新时代法律职业伦理教育之构建、SPOC 混合教学模式以及法学教育落实立德树人等问题展开了热烈的讨论,来自不同类型高等院校的法学教师,与法官、检察官、律师等实务专家进行了充分的对话。

会议还对湖南省法学会法学教育研究会上一年度的工作进行了总结,并对下一年度的工作进行了部署。

研 究 资 料

2018年法学教育研究著作目录

1.《中国法学教育研究》(2018年第1辑),黄进,中国政法大学出版社2018年版。

2.《法政教学研究》,张献勇,中国政法大学出版社2018年版。

3.《中国法学教育研究》(2018年第2辑),黄进,中国政法大学出版社2018年版。

4.《中国法学教育研究》(2018年第3辑),黄进,中国政法大学出版社2018年版。

5.《全国财经院校法学教育蓝皮书》,张献勇,中国政法大学出版社2018年版。

6.《清末民国时期中国法学教育的近代化研究》,管晓立,中国政法大学出版社2018年版。

7.《中国法学教育研究》(2018年第4辑),黄进,中国政法大学出版社2018年版。

8.《法学教育评论》(第2辑),夏锦文,法律出版社2018年版。

9.《法学教育的人文精神》,韩大元,知识产权出版社有限责任公司2018年版。

10.《法学教育研究》(第20卷),王瀚,法律出版社2018年版。

11.《法学教育研究》(第21卷),王瀚,法律出版社2018年版。

12.《法学教育研究》(第22卷),王瀚,法律出版社2018年版。

13.《法学教育及人才培养研究》,马航东,河北人民出版社2018年版。

14.《首都法学教育研究》,李长城,对外经济贸易大学出版社2018年版。

15.《法学教育改革与法律人才培养研究》,潘锦华,北京工业大学出版社2018年版。

16.《高校法学教育与人才培养研究》,陈淑芬、肖良平,河北人民出版社2018年版。

17.《法学教学模式研究》,赵雪洁、刘军,东北师范大学出版社2018年版。

18.《法学实践教育模式研究与创新》,唐波,上海人民出版社2018年版。

19.《中国比较法学 比较法学的教育与研究》(2017年卷),高鸿钧,中国政法大学出版社2018年版。

2018 年法学教育研究论文目录

1.《论法学教育"内涵式发展"的必由之路——解决我国当前法学教育的主要矛盾》,王新清,《中国青年社会科学》,2018/01。

2.《"法治中国"视域下的法学教育》,张娇,《高等教育评论》,2018/01。

3.《法学博雅教育探索》,韩桂君,《高等教育评论》,2018/01。

4.《保障善治:深化依法治国实践背景下的法学教育创新》,刘从德、陈永峰,《黑龙江高教研究》,2018/01。

5.《法学教育和实践是领导阶层的重要素养》,乌迪唯,《高等教育评论》,2018/02。

6.《批判性思维教育与一流法学拔尖创新人才培养》,李培锋,《高等教育评论》,2018/02。

7.《国家司法考试背景下法学本科教学模式探究》,秦晶晶,《山西警察学院学报》,2018/02。

8.《中俄法学教育交流回顾与展望》,王健,《中国大学教学》,2018/01。

9.《国家统一法律职业资格考试背景下本科法学教育的困境与突围》,张健一,《黑龙江高教研究》,2018/03。

10.《法学教育中的学生与老师》,王轶,《北京航空航天大学学报》(社会科学版),2018/03。

11.《中国法学教育的改革发展问题》,张文显,《北京航空航天大学学报》(社会科学版),2018/03。

12.《当前法学教育的问题与解决思路》,曹守晔,《北京航空航天大学学报》(社会科学版)2018/03。

13.《法学教育中的"二唯"现象反思》,姜朋,《中国法律评论》,2018/03。

14.《座谈:判例研究、法治发展与法学教育》,章剑生、朱芒、解亘、黄卉、孙维飞、陈越峰,《交大法学》,2018/03。

15.《中国法学教育历史回顾——评〈法律教育——从社会人到法律人的中国实践〉》,董施文,《中国高校科技》,2018/03。

16.《德国法律人培养模式对中国法学教育的借鉴意义》,季红明,《中南财经政法大学研究生学报》,2018/03。

17.《中国法学教育的沿革》,牛昱萱,《青年时代》,2018/04。

18.《我国法学教育的现状》,王一凡,《青年时代》,2018/04。

19.《法学课程中的经济实验应用研究》,叶秀,《宁波大学学报》(教育科学版),2018/04。

20.《法学教育的守成与创新》,宋方青,《北京航空航天大学学报》(社会科学版),2018/05。

21.《中国近代法学教育研究》,解锟、吕点点、Cao Yan,“China Legal Science”,2018/05。

22.《法学教育的发展策略与人才培养机制》,谢鹏程,《北京航空航天大学学报》(社会科学版),2018/05。

23.《法学教育内涵式发展的问题与理解》,胡玉鸿,《北京航空航天大学学报》(社会科学版),2018/05。

24.《法学教育的创新实验和面临的问题》,付士成,《北京航空航天大学学报》(社会科学版),2018/05。

25.《法学教育应增强社会回应和思想创造能力》,申卫星,《北京航空航天大学学报》(社会科学版),2018/05。

26.《构建适应未来社会新形态法治体系的法学教育》,李军锋,《北京航空航天大学学报》(社会科学版),2018/05。

27.《高等法学教育如何实现内涵式发展》,周佑勇,《北京航空航天大学学报》(社会科学版),2018/05。

28.《中国法学教育创新发展应遵循的原则》,张守文,《北京航空航天大学学报》(社会科学版),2018/05。

29.《新发展理念背景下中国法学教育的发展方向》,黄进,《北京航空航天大学学报》(社会科学版),2018/05。

30.《新发展理念下北航二十年法学教育回顾与展望》,龙卫球,《北京航空航天大学学报》(社会科学版),2018/05。

31.《人工智能技术的发展对法学教育的影响与应对》,张建文,《北京航空航天大学学报》(社会科学版),2018/05。

32.《法学教育创新应走内涵式发展的道路》,冯果,《北京航空航天大学学报》(社会科学版),2018/05。

33.《涉外型法学教育的特殊定位和新机遇》,石静霞,《北京航空航天大学学报》(社会科学版),2018/05。

34.《论环境法律诊所在法学教育中的定位与改革路径》,胡珀、程敏,《高教学刊》,2018/05。

35.《高等教育第三方评估机构的法律身份及其适用逻辑》,黄明东、陶夏,《大学教育科学》,2018/06。

36.《坚持改革调整创新立中国法学教育德法兼修明法笃行塑世界法治文明》,李树忠,《中国大学教学》,2018/06。

37.《高校法学本科专业教学效果调查分析》,马涛、夏洋,《西南师范大学学报》(自然科学版),2018/06。

38.《"人工智能+"背景下理工院校法学教育模式》,姜可,《智库时代》,2018/06。

39.《原典精读在法学教育中的作用研究——以贵州大学法学名著选读课为考察对象》,李丹阳、谢柔雯,《开封教育学院学报》,2018/06。

40.《基于司法大数据的高校纪律处分实证研究——兼论教育法学研究范式的拓展》,王工厂,《复旦教育论坛》,2018/06。

41.《知识产权法学课程教学改革的思考——评〈知识产权法学方法论〉》,徐明月,《中国教育学刊》,2018/06。

42.《法学专业研究性人才培养模式研究》,卢海君、龙立志,《中国大学教学》,2018/06。

43.《"不惑"之年应"不惑——40年来我国高等法学教育就业率之辨》,孙记,《中国高教研究》,2018/06。

44.《中国法学教育的思考》,李毅、李玉婷,《南昌师范学院学报》,2018/07。

45.《中国当代法学教育再思考》,刘少军、马玉婷,《淮南师范学院学报》,2018/07。

46.《国家统一法律职业资格考试背景下法学本科教育改革研究》,杨会、魏建新,《社会科学家》,2018/07。

47.《"互联网+"时代下"法学"智慧微课堂教育模式探讨》,汪琴,《合肥师范学院学报》,2018/07。

48.《法学教育的问题与解决思路》,时明,《商品与质量》,2018/07。

49.《高校应用型法学教育的实践教学方法应当体现理性精神》,黄春燕,《齐鲁师范学院学报》,2018/07。

50.《"一带一路"与中国法学教育的国际化》,甘羽柔,《长江丛刊》,2018/07。

51.《论法学本科教育与法律职业资格的衔接途径》,杨会,《教育界》,2018/07。

52.《法学本科学生就业价值取向变化特点及引导研究——以西南政法大学为例》,邓北燕,《商情》,2018/07。

53.《俄罗斯联邦高等法学教育改革》,於海,《哈尔滨工业大学学报》(社会科学版),2018/08。

54.《新时代中非法学教育与法律合作——"第三届中非法学院院长论坛"综述》,张小虎,《湘潭大学学报》(哲学社会科学版),2018/08。

55.《继往开来全面推进法学一流学科建设——中南财经政法大学法学学科的探索》,徐涤宇、陈柏峰,《人民法治》,2018/08。

56.《新时代中国法学教育的问题与使命》,周叶中,《人民法治》,2018/08。

57.《法学教育中辩论能力的培养》,王利明,《人民法治》,2018/08。
58.《法学教育改革中信息素养培养体系的构建》,刘明,《职业教育》,2018/08。
59.《以认证与评估制度体系引领中国法学教育改革》,刘坤轮,《人民法治》,2018/08。
60.《把法治教育做成大众化的法学教育》,魏胜强,《人民法治》,2018/08。
61.《从"法理学三部曲"看法学教育的发展》,付子堂,《人民法治》,2018/08。
62.《新时代的法学教育应发挥基础性先导性作用》,陈惊天,《人民法治》,2018/08。
63.《双一流背景下理工大学发展法学教育的学科需求及思路》,周佑勇,《人民法治》,2018/08。
64.《法学教科书如何支持探讨式教学》,王军,《人民法治》,2018/08。
65.《我国法学实践教学存在的问题及对策》,房绍坤,《人民法治》,2018/08。
66.《创新法学教育模式　培养德法兼修的高素质法治人才》,胡明,《中国高等教育》,2018/08。
67.《培养德法兼修的高素质法治人才引领中国法学教育进入新时代》,黄进,《中国高等教育》,2018/08。
68.《高等学校法学实践教育创新研究——从实训课程与模拟法庭的关系视角切入》,曹锦秋、郭金良,《辽宁大学学报》(哲学社会科学版),2018/09。
69.《台湾地区法学教育中的"去中国化"现象分析》,刘亚丁,《台湾研究》,2018/09。
70.《高校法学教育的方向及其实现路径》,刘素君,《科教导刊(电子版)》(中旬),2018/09。
71.《论我国法学教育"一体两翼"培养模式的构建与完善》,丁国峰,《河北法学》,2018/09。
72.《诊所式医事法学教育在实践教学中的困境与突破》,陈玮,《新课程研究》(中旬),2018/09。
73.《全球法学教育发展的趋势分析》,陈惊天,《人民法治》,2018/09。
74.《德国法学教育的特色与新动向》,张陈果,《人民法治》,2018/09。
75.《强调思辨的意大利法学教育及其新发展》,李俊,《人民法治》,2018/09。
76.《日本法学本科教育的特色》,刘颖,《人民法治》,2018/09。
77.《西方法学教育模式对我国高等法学教育的启发》,李若瀚、王宝磊,《广州广播电视大学学报》,2018/10。
78.《法学本科与研究生教育衔接常见问题及对措》,赵海盟,《黑龙江省政法管理干部学院学报》,2018/10。
79.《美国法学教育中苏格拉底教学法的变迁与反思》,李立丰,《江汉学术》,2018/10。
80.《新时代法学实践教学的性质及其实现方式》,蔡立东、刘晓林,《法制与社会发展》,2018/10。

81.《社会法治教育与专业法学教育的互动机制之探索——以美国"街头法律"项目为例》,帅颖,《湖北第二师范学院学报》,2018/10。

82.《探究法学教育与司法考试》,熊愈,《科教导刊》,2018/10。

83.《法学专业校外实践教学的优化——以东北大学法学专业为例》,赵凯、张斯雨,《科教文汇》(下旬刊),2018/10。

84.《中国法学教育目标演进的历史逻辑》,戚庆余、陈冠华,《教育理论与实践》,2018/10。

85.《法学教育与法律职业资格考试衔接路径研究》,袁钢,《中国高教研究》,2018/10。

86.《法学教育的使命:历史荣耀与社会责任——基于法的理性的思考》,徐冬根,《晟典律师评论》,2018/10。

87.《法律人才培养机制创新研究——从法学教育大众化到法律职业精英化》,陈海平、孙成伟,《科教导刊(电子版)》(下旬),2018/11。

88.《法学教育内涵式发展路径探析》,王惠中,《速读》(上旬),2018/11。

89.《论我国法学教育模式的反思与重构》,李若瀚、王宝磊,《重庆科技学院学报》(社会科学版),2018/12。

90.《论"枫桥经验"在公安法学教育中的引入路径》,王梦宇,《公安学刊》(浙江警察学院学报),2018/12。

91.《跨学科教育与研究:新时代法学学科建设的实现路径》,韩大元、杜焕芳、路磊、宫世霞,《中国大学教学》,2018/06。

92.《论新时代法学教育的公共精神向度》,冯果,《中国大学教学》,2018/12。

图书在版编目(CIP)数据

中国法学教育年刊. 2018. 第六卷 / 张文显主编
. -- 北京 : 法律出版社, 2019
ISBN 978 - 7 - 5197 - 3869 - 3

Ⅰ. ①中… Ⅱ. ①张… Ⅲ. ①法学教育 - 中国 - 2018 - 年刊 Ⅳ. ①D92 - 4

中国版本图书馆 CIP 数据核字(2019)第 210456 号

中国法学教育年刊(2018 · 第六卷)
ZHONGGUO FAXUE JIAOYU NIANKAN(2018 · DI-LIU JUAN)

张文显 主编

策划编辑 沈小英
责任编辑 贾方武
装帧设计 汪奇峰

出版 法律出版社
总发行 中国法律图书有限公司
经销 新华书店
印刷 北京虎彩文化传播有限公司
责任校对 马 丽
责任印制 吕亚莉

编辑统筹 法治与经济出版分社
开本 710 毫米 × 1000 毫米 1/16
印张 20
字数 440 千
版本 2019 年 10 月第 1 版
印次 2019 年 10 月第 1 次印刷

法律出版社 / 北京市丰台区莲花池西里 7 号(100073)
网址 / www. lawpress. com. cn
投稿邮箱 / info@ lawpress. com. cn
举报维权邮箱 / jbwq@ lawpress. com. cn
销售热线 / 400 - 660 - 8393
咨询电话 / 010 - 63939796

中国法律图书有限公司 / 北京市丰台区莲花池西里 7 号(100073)
全国各地中法图分、子公司销售电话:
统一销售客服 / 400 - 660 - 8393/6393
第一法律书店 / 010 - 83938432/8433 西安分公司 / 029 - 85330678 重庆分公司 / 023 - 67453036
上海分公司 / 021 - 62071639/1636 深圳分公司 / 0755 - 83072995

书号: ISBN 978 - 7 - 5197 - 3869 - 3
定价: 120. 00 元